EXCEL 품은 회계기초

유순미 · 정순여 · 양인하

도서출판 청람

| 머리말 |

학창시절 공부를 잘했건 못했건 주위의 직장인들이나 사회에서 사람들을 만나면 한결같이 회계는 정말 복잡하고 어렵다고 이야기한다. 혹자는 개인적으로 책도 읽고 유튜브도 보고 여러 가지로 노력을 했지만 외국어처럼 이해하기 힘들다고 말한다.

회계는 자전거 타는 것과 유사해서 한번 그 원리를 배워두면 절대 잊어버리지 않는다. 만일 회계를 학교 다닐 때 접해 보았다면 어땠을까? 학교에서 한 학기 동안 시험을 치러 가며 시간과 노력을 할애하여 배워두면 세상에 나가서도 절대 잊어버리지 않게 될 것이다.

회계의 기초만 알아두어도 제법 쓸모가 많다. 학생이라면, 앞으로 어떠한 회사에 입사할지를 결정하여야 하고, 직장에서 받은 소득을 관리하고, 향후 승진하여 관리자의 위치에서 기업의 의사결정에도 참여하게 될 것이다. 또한 열심히 종잣돈을 마련하여 조금씩 주식 및 부동산투자와 같은 재테크에도 관심을 가질 것이다. 이러한 상황마다 회계가 필요하다. 내가 입사하는 회사가 향후에도 지속적으로 성장하는 튼튼한 회사인지를 판단해야 하고, 직장에서 받는 소득을 어떻게 관리하는 것이 효율적인지, 나의 재무상황을 확인하고 앞으로 투자할 대상을 어떻게 결정할지 또한 어떠한 세금을 내야 하는지, 조직생활에서 매일매일 발생하는 의사결정상황에서 학교에서 배운 회계지식을 바탕으로 의사결정을 해나간다면 훨씬 도움이 될 것이다.

이 책의 목적은 회계전문가를 위한 것이 아니라 회계초보자를 위한 것이다. 재무제표를 작성하는 데 초점을 두지 않고 작성된 회계를 이해하고 해석하여 의사결정에 이용하는 데 초점을 두었다. 그러다 보니 기업의 공시되는 재무제표에 대한 기초적인 이해, 내부의 관리적 의사결정에 사용되는 회계정보, 일상생활에서 부담하는 세금이나 세금절세전략 및 회계감사에 대한 전반적인 내용을 실었다. 또한 이미 회계가 전산프로그램을 활용하여 운영되고 있으므로 본 교재에서 기본 엑셀을 접목하여 실무에 가까운 회계기초 지식을 쉽게 익힐 수 있도록 하였다. 이 책이 앞으로 사회에 나갈 학생 그리고 사회 초년생들에게 유용하게 이용되기를 바란다.

이 책을 이용하는 많은 교수님, 학생, 사회 초년생들께 감사드리며 본서를 출간하기까지 기다려 주시고 많은 도움을 주신 도서출판 청람의 이수영 대표님께 심심한 감사를 표한다.

2023년 2월 저자 일동

| 차례 |

CHAPTER 01 자본시장이란 무엇일까?

CHAPTER 02 회계란 무엇일까?

CHAPTER 04 회계정보는 어떻게 산출될까?

CHAPTER 05 재무제표는 어떻게 읽어야 할까?

CHAPTER 06 재무제표는 어떻게 분석할까?

CHAPTER 07 증권시장에서 얻을 수 있는 회계정보는 무엇일까?

CHAPTER 09 원가회계 정보는 어떻게 산출될까?

CHAPTER 10 관리의사결정에는 어떤 회계정보를 활용할까?

CHAPTER 11 알아두면 쓸모 있는 세무상식은 무엇일까?

CHAPTER 12 재무제표의 신뢰성을 어떻게 확보할까?: 회계감사

CHAPTER

1

자본시장이란 무엇일까?

1. 기업의 플레이그라운드: 자본시장
2. 기업의 활동을 어떻게 알려줄까? 기업공시

CHAPTER 01

자본시장이란 무엇일까?

1 기업의 플레이그라운드: 자본시장

1.1 자본시장이란?

자본시장(capital market)이란 기업, 정부 등이 투자자금을 조달하는 시장으로서 국채, 회사채, 주식 등이 발행 유통되어 수요자와 공급자를 연결시켜 주는 시장을 말한다. 자본시장에서 대표적인 자금의 수요자는 기업과 정부·지방자치단체라고 할 수 있는데 기업은 필요한 자금을 회사채와 주식을 발행해서 조달하며 정부나 지방자치단체는 부족한 재원을 조달하기 위해 국공채를 발행한다. 이에 반하여 자본시장의 자금의 공급자들은 투자자로 볼 수 있는데 이들은 자산운용회사, 보험회사 등 기관투자자와 개인이 주를 이룬다.

자본시장에서 미래수익이 높을 것으로 기대되는 기업은 다른 기업에 비해 낮은 금리로 필요한 자금을 조달하여 생산능력을 확충할 수 있으며 이들 기업을 중심으로 생산효율이 극대화되고 경제 전체의 부(富)도 증가한다. 투자자의 입장에서는 자본시장은 높은 수익률의 금융자산에 자금을 공급함으로써 자산운용의 효율성을 극대화할 수 있다. 결과적으로 성장성과 수익성이 높은 기업에 자금의 투자나 대여가 이루어짐으로써 자본시장에서는 효율적인 자원배분이 이루어진다.

자본시장에서 투자자는 자금을 공급하기 위해 판단할 수 있는 정보를 원한다. 기업에 대한 여러 가지 정보가 있겠지만 그중 하나가 기업의 성적표에 해당하는 회계정보라 할 수 있다. 기업의 활동을 외부인 입장에서 일일이 파악하기 어렵기 때문에 회계숫자와 그 숫자를 보충하는 내용을 공시하면, 투자자는 이를 근거로 어떠한 기업에 투자할지를 판단하여 자금을 배분한다. **따라서 회계정보의 신뢰성이 확보되어야 회계정보를 바탕으로 보다 정확한 의사결정을 내릴 수 있을 것이다.**

1.2 기업의 세 가지 활동

기업은 주주나 채권자로부터 자금을 조달을 받아 기업 본래의 목적인 수익창출활동을 하고 자금의 여유가 생기면 추가적인 활동을 통해 수익을 창출한다. 따라서 기업활동은 크게 세 가지로 나눌 수 있는데 주주나 채권자로부터 자금을 조달받는 재무활동, 기업 고유의 목적사업과 관련된 영업활동과 자금의 여유가 있을 때 주된 영업활동 이외의 투자활동이다.

먼저, **기업이 주주나 채권자로부터 자금을 조달받는 활동을 '재무활동'**이라고 한다.[1] 기업은 투자에 필요한 자금을 은행으로부터 차입하거나 회사채 또는 주식을 발행하여 조달한다. 채권자에게는 만기에 반드시 원금과 이자를 상환하여야 하며 주주에게는 배당금을 지급해야 한다. 주주에게는 이익이 많이 나면 배당금을 지급하고 손실이 나면 배당금을 지급하지 않아도 법적으로 아무런 문제는 없다. 하지만 채권자에게는 반드시 정해진 날에 이자를 지급해야 하고, 만기에 원금을 갚지 않으면 부도가 발생하게 된다. 따라서 채권자에게 지급하는 이자율이 주주의 수익률보다 통상적으로 낮은 이유는 원리금 지급을 보장받아 상대적으로 안전하기 때문이다.

다음으로 **기업의 주된 매출활동과 관련된 활동을 '영업활동'**이라고 한다. 만일 기업이 제품을 만들어서 판매하는 기업이라면 제품을 만들기 위해서 원재료를 구입하고, 원재료를 이용하여 제품을 만든다. 그리고 만든 제품을 판매하고, 이후에 판매대금을 회수한다. 회수한 자금으로 다시 원재료를 사서 제품을 만들고 판매하고 대금을 회수하는 활동을 반복

1) 회계학에서의 '재무활동'은 흔히 '자금조달'이라는 용어로 쓰이고 재무관리에서는 'Financing' 또는 'Finance활동'이라고 부르기도 한다. 일반적으로는 파이낸스활동이라고 하면 자금조달과 관련된 부분이라고 생각하면 된다.

한다. 이렇게 기업 고유의 영업활동이 활발하면 이로 인하여 점점 기업의 이익이 창출되고 보유자금이 증가할 것이다. 또한 제품을 만들기 위해서는 종업원을 고용해야 하고, 이익이 나면 세금도 내야 한다. 따라서 판매를 위하여 원재료를 구입하고 제품을 만들고 판매하며 세금을 내거나, 종업원에게 급여를 지급하는 관련된 모든 활동이 영업활동에 포함된다.

마지막으로 **고유한 영업활동 이외의 활동을 '투자활동'**이라고 한다. 기업의 여유자금이 증가하면 투자활동이 증가하게 된다. 예를 들어, 지금까지는 공장을 빌려서 제품을 생산하였지만 직접 공장 건물을 지어서 생산하기 위해 토지나 건물을 매입한다.[2] 또한 기업이 자금의 여유가 있을 때는 현금으로 보유하고 있는 것보다 누구한테 빌려주면 이자를 받을 수 있어 대여하거나 주식투자를 하기도 한다. 또한 자회사를 두면 나중에 필요한 부품수급이 용이하고 자회사가 성장하여 이익이 나면 곧 우리 회사(모회사)의 이익이 증가하므로 자회사의 주식을 매입할 수도 있다.[3]

그림 1-1 자본시장의 흐름

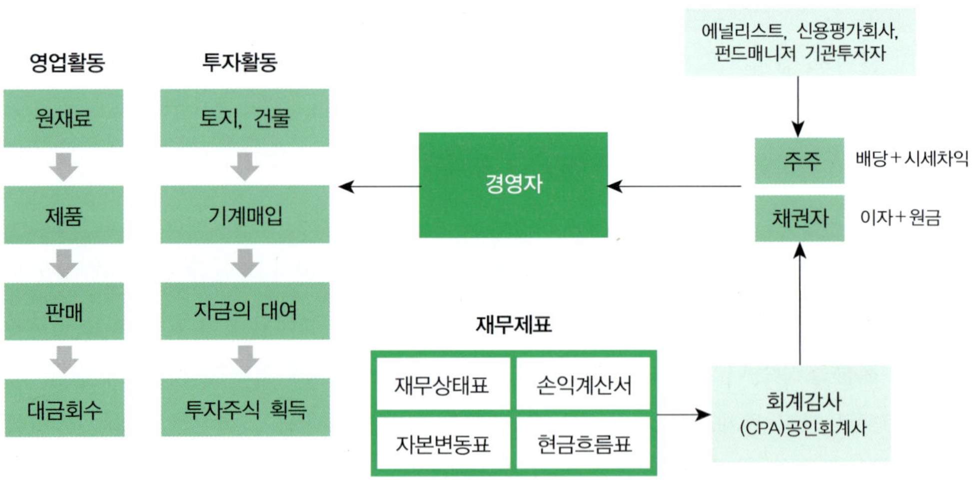

2) 물론 개인이 대출을 받아 부동산에 투자하듯이 기업도 대출은 받아 토지, 건물을 살 수도 있다.
3) 이러한 관계를 모회사-자회사(종속회사)라고 부른다. 실제 우리나라는 대규모 기업집단을 비롯하여 이러한 행태가 만연해 있다.

1.3 기업활동의 성적표인 재무제표

이렇게 기업의 경영자는 재무활동을 통하여 조달된 자금으로 열심히 영업활동과 투자활동을 하는데 1년 동안 주주나 채권자로부터 조달된 자금으로 어떠한 활동을 하고 이익은 얼마나 창출하였는지에 대한 경영성적표가 바로 재무제표이다. 만일 기업의 경영성적이 양호다면 추후 추가적인 자금이 필요할 때 주주로부터 추가적인 투자를 받거나 채권자로부터 낮은 이자율로 차입할 수 있을 것이다. 또한 경영자는 본인의 보너스나 성과에 대한 보상이 결정될 수도 있다.

재무제표는 재무상태표, 손익계산서, 자본변동표와 현금흐름표의 네 가지 종류가 포함된다.[4] 재무상태표란 일정시점의 재무상태(자산, 부채, 자본)를 나타내는 표로 일정시점의 부(富)를 나타내는 것이고, 손익계산서는 일정 기간의 이익을 나타낸다. 손익계산서는 수익에서 비용을 차감하여 이익이 어떻게, 얼마나 창출되었는지를 나타낸다. 따라서 1년 동안 얼마나 열심히 벌었느냐를 나타낸다. 자본변동표는 주주의 자본이 어떻게 변화하였는지를 나타내는 표이다. 여기에는 최초에 투자한 주주의 자본(납입자본)뿐만 아니라 회사가 지금까지 벌어들인 이익으로 인한 자본증가인 이익잉여금이 어떻게 변화하였는지를 나타낸다. 마지막으로 현금흐름표는 기업의 세 가지 활동(재무활동, 투자활동, 재무활동)별로 기업의 현금흐름의 행태를 보여준다.[5]

개인을 예로 들면 재무상태표는 현재시점에 개인이 가지고 있는 재산이나 빚을 나타내는 표이고, 손익계산서는 1년 동안 벌어들인 수익과 비용을 보여주는 표이다. 자본변동표는 올해 나의 순재산(재산-빚)의 변동을 보여주며, 현금흐름표는 현금의 증감내용을 보여주는 표라고 할 수 있다.

또한 자본시장에는 정보 불균형을 축소시키고 자원의 효율적 배분을 위하여 정보를 중개하는 정보중개인인 증권회사와 신용평가회사가 있고, 신뢰성 있는 회계정보를 위해 인증기

4) 엄밀히 말하면 주석(재무제표에 대한 설명)을 포함해서 다섯 가지인데, 여기서는 단순화를 위하여 네 가지로 한다.

5) 뒷장에서 설명하겠지만 손익계산서는 발생주의에 따라 수익, 비용이 작성되지만, 현금흐름표는 현금주의에 따라 현금의 유입, 유출이 작성되는 표이다.

능을 담당하는 외부감사인이 있다. 기업이 제시한 재무제표에 대하여 외부감사인은 회계감사라는 인증기능을 통하여 재무제표의 신뢰성을 높여주고, 증권회사는 감사받은 재무제표를 토대로 기업에 대한 분석보고서를 제공하며 신용평가회사는 기업의 신용등급을 제공함으로써 기업에 대한 정보를 중개한다.

▪ 외부감사인

경영자가 작성하여 제시한 재무제표에 대해 주주나 채권자 입장에서는 재무제표를 제대로 작성했는지에 대해 검증할 필요가 있다. 경영자의 성과급이 이익에 연동되는 경우 경영자가 이익을 상향조정할 유인이 있기 때문이다. 따라서 경영자가 작성한 재무제표에 대해 독립된 외부의 전문가가 인증(assurance)해 주는 회계감사가 필요하다.[6] 회계감사는 기업의 재무제표가 '일반적으로 인정된 회계원칙(Generally Accepted Accounting Principle: GAAP)'에 따라 작성했는지에 대해 감사하고 인증하는 과정이다. 이렇게 감사받은 재무제표를 감사인의 인증이 담긴 감사보고서와 같이 제출하면 자본시장에서는 신뢰성이 확보된 재무제표로 인정하고 주주나 채권자는 재무제표를 신뢰하고 의사결정에 이용하게 된다.

▪ 증권회사

증권회사의 애널리스트는 기업에 대한 분석보고서를 제공한다. 애널리스트의 정보 등을 바탕으로 주주는 기업에 투자하기도 하는데 만일 애널리스트가 '매수추천'을 할 경우 이 기업은 현재 주식가격이 적정가격보다 낮게 형성되어 있다는 의미이다. 물론 이것은 애널리스트의 개인적인 견해이므로 그 합리적 추정과 근거에 대해 면밀히 검토해야 하는 것은 투자자의 몫이다. 반대로 애널리스트가 이 기업에 대해 '매도 추천'의견을 낼 경우 투자자는 기업에 투자하기가 꺼려질 수 있다. '매도추천'의 의미는 현재 기업의 주식이 적

6) 회계감사대상은 자산총액 100억 원 이상이다. 따라서 그 미만은 외부감사를 받지 않아 재무상태표와 손익계산서만 제공되고 이마저도 인증받지 않은 재무제표로 신뢰성이 상대적으로 떨어진다고 할 수 있다. 회계감사는 회계법인이나 감사반(공인회계사 3명 이상 등록)만 할 수 있다.

정가치보다 과대평가되어 있으니 앞으로 기업의 주가가 하락할 것이므로 팔라는 의미이다. 실제 우리나라는 매도 추천보고서가 거의 발행되지 않는다.

■ **신용평가회사**

신용평가회사의 애널리스트는 기업의 신용등급을 산정한다. 기업의 신용등급을 바탕으로 채권이자율이 결정되는데 신용등급이 높으면 이자율이 낮고, 신용등급이 낮으면 이자율이 높다. 실제 신용이 좋으면 기업에게 돈을 빌려주려는 사람이 많아질 것이고, 기업 입장에서는 높은 이자율을 지불하지 않아도 되기 때문에 이자율이 낮아지고, 기업의 신용등급이 낮으면 그 기업에 돈을 빌려주려는 사람이 상대적으로 적기 때문에 기업은 높은 이자율을 지불하고서라도 차입을 하려고 한다. 예를 들어, 어떤 회사의 신용등급이 'A등급'이라고 가정하면, 이 회사의 신용도는 투자등급에 해당하므로 비교적 안정적으로 원리금을 상환받을 수 있다는 의미이다. 대신 신용이 좋으니 이자율은 상대적으로 낮게 책정된다. 반대로 어떤 기업의 신용등급이 'B등급'이라면 신용도는 투기등급에 해당하여 상대적으로 위험하여 만기에 원리금을 상환받을 확률이 낮을 것이다. 따라서 상대적으로 높은 이자율을 지급하여야만 채권자들이 돈을 빌려줄 것이다.

2 기업의 활동을 어떻게 알려 줄까? 기업공시

2.1 기업공시제도

주주나 채권자가 경영자를 매일 옆에서 지켜볼 수가 없기 때문에 기업에 자금을 투자한 주주와 채권자는 경영자가 경영을 잘하고 있는지 항상 궁금하다. 즉 경영자가 알고 있는 정보를 주주나 채권자는 잘 알지 못한다. 이러한 정보의 차이를 정보비대칭 또는 정보불균형(information asymmetry)이라 부른다. 따라서 주주나 채권자는 정보비대칭을 감소시키기 위한 장치의 하나로 기업의 재무제표를 요구하는 것이다. 경영자 입장에서는 본인은 열심히 잘하고 있는데도 주주나 채권자는 항상 의심스러운 눈초리로 지켜보곤 하기 때문에 이에 대해 경영자는 본인이 잘하고 있다는 사실을 회계정보를 비롯한 보고서를 통해 기업을 얼마나 효율적으로 운영했는지를 주주를 비롯한 여러 이해관계자들에게 공표한다. 이러한 제도가 바로 기업공시인데 회계정보를 비롯한 기업에 대한 정보를 널리 알리기 위한 방법이다. 즉 **실제로 회계정보를 필요로 하는 사람은 주주나 채권자 등 기업의 외부에 있는 사람이고, 기업을 둘러싼 여러 이해관계자들이 많기 때문에 회계정보를 공공적으로 생산하기 위해 기업공시제도**가 발달이 되었다고 할 수 있다.

2.2 기업은 왜 공시할까?

기업이 공시를 하려고 하는 유인으로 자발적 공시와 강제적 공시로 나눌 수 있다. 먼저 자발적 공시는 기업 스스로 공시를 하려는 유인이다. 기업 입장에서는 우리 회사는 정말 좋은 회사고 **실제가치가 높은 회사이기 때문에 채권자나 주주에게 그러한 정보를 알려 상대적으로 낮은 비용으로 자금을 조달받으려 할 것이다.** 하지만 기업의 실제가치가 낮거나 실적이 좋지 않은 경우에도 경영자는 공시를 하려고 한다. 왜냐하면 혹시 공시를 하지 않아 나중에 문제가 생겼을 때 책임을 떠안지 않기 위해서이다. 경영자는 문제가 생겼을 때 적시에 충분히 공시를 했기 때문에 그러한 공시를 했음에도 불구하고 그것을 간과하거나 그 정보를 바탕으로 의사결정을 한 것은 투자자나 채권자의 책임이라는 것이다. 따라서 **실제 소송이 제기되더라도 소송위험을 낮출 수 있기 때문에 실제가치가 낮은 회사도 공시를 할 유인이 존재**한다.

강제적 공시는 실제 금융당국에서 공시를 강제로 규정하고 있기 때문에 공시하는 것이다. 회계정보의 이용자는 주주나 채권자를 비롯한 이해관계자이다. 반면 회계정보를 제공하는 기업이 정보를 작성하고 공시하는 등의 비용을 부담하고 있어 소위 말하는 수익자부담원칙의 예외가 적용된다. 즉 정보를 필요로 하는 정보이용자는 정보이용에 대한 이용료를 지불하지 않고 무임승차를 하는 경향이 있어 기업 입장에서는 비용이 많이 드는 회계정보 공시를 하지 않으려고 한다. 따라서 **정보가 과소생산될 수 있기 때문에 당국에서는 강**

제적으로 공시하도록 하고 있다. 또한 기업이 공시하는 정보가 특정인에게 편향되지 않고 모든 정보이용자가 같이 공유할 수 있도록 정기공시, 수시공시 등을 통해서 법규로 공시를 강제하고 있다.

현행 「자본시장법」에서는 상장법인으로 하여금 증권의 내용이나 당해 법인의 재산 및 경영상태 등에 관한 중요한 기업정보들을 신속·정확하게 공시되도록 하기 위하여 공시의무를 규정하고 있다.

▪ 발행시장공시

발행시장공시란 증권의 발행인으로 하여금 당해 증권과 증권의 발행인에 관한 모든 정보를 투자자에게 투명하게 전달하도록 강제하는 제도로서 증권의 발행과 관련된 공시를 말한다. 발행시장공시에는 증권신고서, 투자설명서, 증권발행실적보고서 등이 있다.

▪ 유통시장공시

유통시장공시란 증권시장에 공급된 증권이 투자자 간에 이루어지는 거래와 관련하여 기업의 경영활동내역을 공시하도록 하는 제도로서 증권의 유통과 관련된 공시를 말한다. 유통시장공시에는 정기공시, 수시공시, 주요 사항보고서, 기타공시가 있다.

▪ ESG(환경(Environment)·사회(Social Responsibility)·지배구조(Governance)) 정보공시

ESG 정보공시란 ESG에 대한 사회적 관심과 기대가 높아짐에 따라 기업이 자율적으로 제공하는 단편적인 정보를 넘어 ESG 관련 정보의 공시를 의무화하는 내용의 법제도 도입이 전 세계적으로 급물살을 타고 있다. 우리나라는 2030년까지 모든 상장사를 대상으로 ESG 공시를 의무화하고 자산이 2조 원이 넘는 대기업의 경우 2025년부터 ESG 공시를 해야 한다.

2.3 회계정보는 어디서 볼 수 있을까?

금융감독원의 전자공시시스템(https://dart.fss.or.kr)에 들어가면 사업보고서나 재무제표만 공시하는 것이 아니라 최대 주주가 변경이 되거나 대규모 수주계약의 체결 등 중요한 기업의 경영에 변동사항이 발생하면 수시로 공시를 하도록 하고 있다. 즉 공시가 될 만한 사건이 발생하면 즉시, 신속하게, 모든 정보이용자가 볼 수 있도록 전자공시시스템에 공시하고 있다. 이렇게 금융감독원의 전자공시시스템뿐만 아니라 한국거래소 상장회사 공시시스템인 KIND(https://kind.krx.co.kr/) 및 기업의 홈페이지에서도 정보를 입수할 수 있다. 또한 포털사이트인 네이버 증권(https://finance.naver.com), yahoo finance(https://finance.yahoo.com/)에서도 입수할 수 있다. 또한 각 증권회사의 리서치센터나 신용평가회사 등(한국기업평가, http://www.korearatings.com/cms/frCmnCon/index.do? MENU_ID=360)에서도 입수가능하다.

그림 1-2 **금융감독원 전자공시시스템의 공시**

출처: https://dart.fss.or.kr/

그림 1-3 **한국거래소 상장회사 공시시스템**

출처: https://kind.krx.co.kr/

그림 1-4 **네이버 증권**

출처: https://finance.naver.com

그림 1-5 yahoo finance: 해외주식

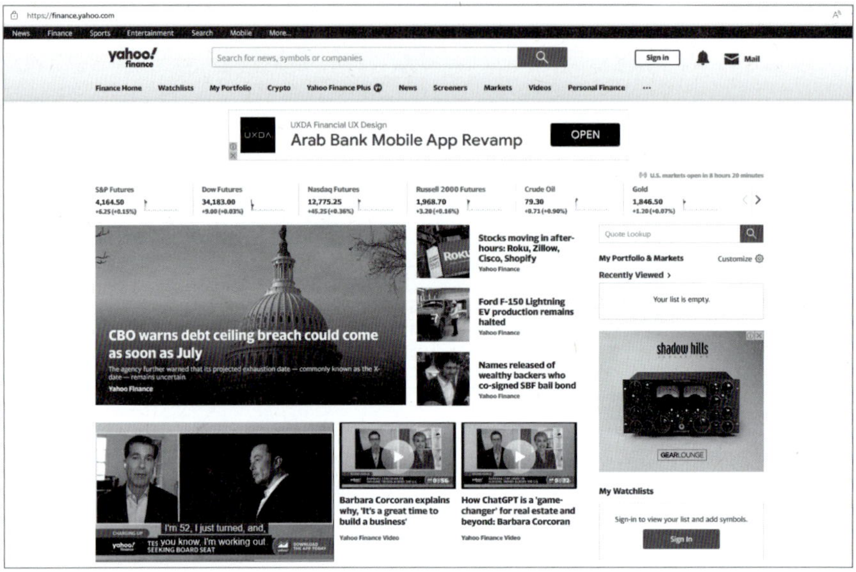

출처: https://finance.yahoo.com

그림 1-6 한국기업평가: 신용등급

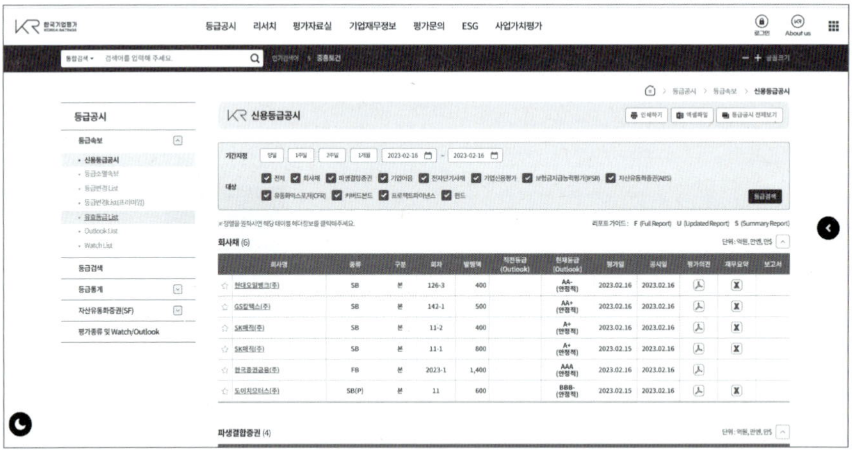

출처: http://www.korearatings.com/cms/frCmnCon/index.do?MENU_ID=360

/ 연 / 습 / 문 / 제 /

01. 기업의 활동은 크게 ① __________, ② __________, ③ __________ 세 가지로 나눌 수 있다.

02. 정보불균형을 축소시키고 자원의 효율적 배분을 위하여 정보를 중개하는 정보중개인인 ① __________와 ② __________이 있다. 또한 신뢰성 있는 회계정보를 위해 인증기능을 담당하는 ③ __________이 있다.

03. 회계정보는 ① __________로 불특정다수의 많은 이용자들이 다양한 의사결정을 하는 데 사용하기 때문에 각 기업의 홈페이지 공시, 금융감독원전자공시시스템, 각 증권회사의 분석 보고서 및 인터넷 등에서 쉽게 입수할 수 있다.

04. 기업의 공시를 하려고 하는 유인으로 ① __________와 ② __________로 볼 수 있는 데 먼저 ① __________는 기업 스스로 공시를 하려는 유인이고, ② __________는 실제 금융당국에서 공시를 강제로 규정하고 있기 때문에 공시하는 유인이다.

읽을거리

[2022 ESG] 김영식 공인회계사회 회장 "ESG 공시, 기업 이미지 위한 것 아닌 자본시장 요구에 따른 것"

김영식 한국공인회계사회 회장이 ESG(환경·사회·지배구조) 공시가 더 이상 기업 이미지 제고를 위한 기업의 자발적 전략이 아니라, 자본시장의 요구에 따른 것이라고 강조했다. 김 회장은 15일 서울 중구 코리아나호텔에서 조선비즈 주최로 열린 '2022 THE ESG 포럼'에 참석했다. 이날 김 회장은 축사를 통해 "ESG 공시는 투자자를 중심으로 한 자본시장의 요구에 따른 것"이라면서 "기업들이 ESG 경영의 필요성을 더욱 절실하게 받아들이고 지속가능성과 관련된 정보를 공시하는 시대가 도래했다"고 말했다.

지난해 1월 금융위원회가 발표한 ESG 공시 단계적 의무화 계획에 따라, 자산 2조원 이상인 유가증권시장 상장사는 친환경·사회적 책임활동에 대한 내용을 담은 '지속가능경영보고서'를 2025년부터 의무적으로 공시해야 한다. 2030년부터는 모든 코스피 상장사로 확대 적용된다.

김 회장은 "지난 2021년은 ESG의 원년, 올해는 ESG 2.0시대라고 칭할 정도로 최근 ESG에 대한 자본시장과 기업의 인식이 달라지며 국내외에도 많은 변화가 있었다"고 말했다. 이어 "국제적으로 가장 큰 변화는 IFRS 재단이 지속가능성 공시기준 초안을 발표한 것"이라면서 "특히 내년 초 지속가능성에 대한 국제공시기준이 확정될 것으로 예상되는데, 이 기준이 향후 국내에 도입되면 국내 기업에 큰 영향을 미칠 것"이라고 예상했다.

김 회장은 "ESG 공시 의무화를 앞두고 있는 이 시점에서 지속가능성 관련 정보 공시가 내실화되고 올바른 방향으로 정착되기 위해서는 정부·회계업계·기업 등 다양한 이해관계자가 힘을 모아 대응하려는 노력이 그 어느 때보다 절실하다"고 강조했다.

출처: 조선일보, 정현진 기자, 2022.11.15.

엑셀 이야기 + 1장

막연히 써먹을 데도 없는데 엑셀을 배우면 어디다 활용하겠습니까? 엑셀을 배우려고 한다면 먼저 사용할 일이 있어야 합니다. 그것도 바쁘게 자기 일이 있어야 합니다. 엑셀의 효용성은 사람이 하는 일을 자동화시켜서 투입되는 시간을 최대한 줄이는 데 있는 것입니다.

엑셀을 배우려는 분들은 스스로의 일이 많고(또 없다면 만들고), 분석할 일이 많은 분들이 하는 것입니다. 여러분들은 바쁘고, 생기 있게 정열적으로 인생을 살아가시는 분들(이래야 엑셀을 배울 수 있는 동기부여가 되는 것이니까요)이라고 간주를 하고 설명을 해나갈 것입니다.

자동차를 처음 배울 때 백미러 보랴, 앞 차 보랴, 신호등 보랴, 식은땀을 뻘뻘 흘리겠지만 익숙해지면 음악을 들으면서 일 생각도 하면서 여유롭게 운전을 잘 하고 갑니다. 마찬가지로 엑셀을 처음 배울 때는 시간이 좀 걸리고, 답답하고 짜증이 나겠지만, 엑셀도 시간을 투자하여 익혀놓으면 익숙해져서 어유롭게 키보드를 폼 나게 두들겨가면서 일을 할 수 있는 것입니다.

지금 이 교재를 보는 독자들의 수준은 어느 정도가 되는지 알 수 없습니다. 여러분의 수준을 컴퓨터를 켜고 끄고, 파일을 열고 저장하는 수준은 된다고 생각을 하고 이야기를 하겠습니다. 파일을 열고 닫고 저장하는 것도 모른다면 이것은 옆의 친구한테 물어보세요. 금방 알 수 있는 것이니까요.

우리는 대개가 컴퓨터를 한다고 하면 아래아한글, MS Word 등으로 문서작성을 한 것이 처음이었을 겁니다. 컴퓨터를 컴퓨터답게 사용 못하고 그냥 타자기 정도에서 저장기능 하나만 추가된 기계사용을 하는 것이라고 할 수 있습니다.

문서작성 프로그램을 주로 사용하셨던 분들이 엑셀을 보면 웬 작은 칸들이 이렇게 많지?라고 어지러워서 그냥 닫아버릴 수 있습니다. 문서작성 프로그램은 하나의 파일에 하나의 문장이 하나의 정보로 보관되어 있는 것입니다. 엑셀은 하나의 정보가 하나의 작은 셀에 구분되어 저장이 되는 것이 큰 차이점입니다.

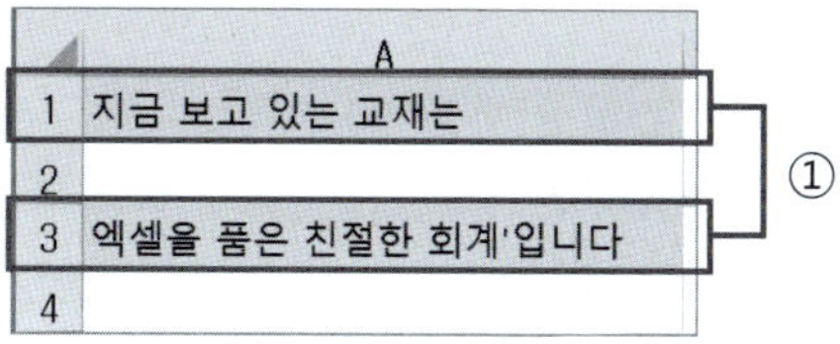

①셀에 한 줄씩의 문장이 들어가 있고, 위의 두 개의 ①셀의 내용을 합칠 수가 있습니다. ① 각각의 셀의 문장이 합쳐서 ②셀에 표현이 됩니다.

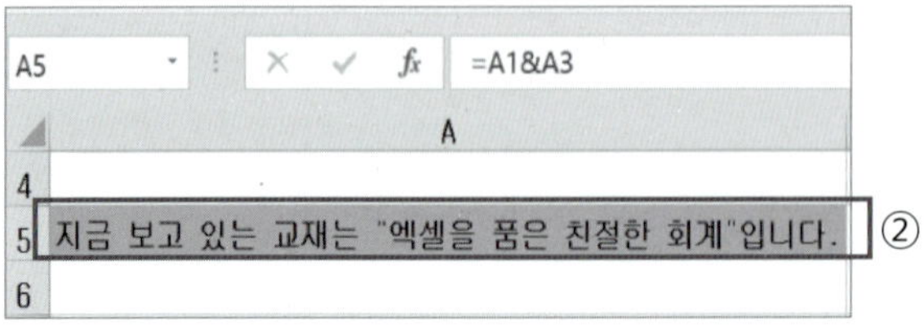

②셀에 위의 ①의 두 개 셀의 정보를 합쳐서 정보를 다시 넣었습니다. ②셀을 마우스로 선택을 하고 위의 수식줄을 보면 다음과 같이 나타날 것입니다. A1 & A3(①셀) 내용의 수식이 들어가 있습니다.

워드프로그램과 차별되는 것 중의 하나는 수식(Formula)을 넣을 수 있는 것입니다. 수식이란 위와 같이 =A1&A3와 같이 문자열 앞에 "="이 넣어지면 수식이 되는 것입니다.

골치 아픈가요? 너무 심각하게 생각하지 마시고 나중에 각 장마다 또 설명하니까 염려 마시고 우선 "**엑셀은 그냥 워드프로세서와 강력한 계산기가 같이 들어있는 프로그램이다**"라고 생각을 해둡시다. 계산기도 보통 계산기가 아닌 기가 막힌 계산기가 들어있다고 생각을 합시다.

그리고 엑셀 문서는 그림과 같이 여러 장의 시트로 구성되어 있습니다. 문서작성 프로그램과 다르게 입체적으로 구성이 되어 있습니다.

예전 bar에서 근무하는 지인이 "서양친구들은 맥주 각 1병씩 시켜놓고 밤새우다가 나간다"며 매상에 도움이 별로 안 된다는 푸념을 들은 적이 있습니다. 바로 이것이 외국과 우리가 다른 것입니다. 그들은 맥주 한 병을 마시면서 음악을 즐기고, 금전출납부에 맥주 한 병을 얼마에 마셨음!이라고 기록하기도 하고, 출장 중이었다면 회사에 정식으로 청구를 하기도 합니다. 이들은 모든 입금, 출금 기록을 하는 것이 생활화되어 있고 또 그렇게 하지 않으면 살아갈 수가 없는 사람들입니다. 물론 영수증도 꼬박꼬박 받아갑니다.

이렇게 생활 자체가 숫자와 모든 것이 문서로써의 기록입니다. 이런 생활 자체에서 그들은 엑셀의 필요성을 느끼고 만들어낸 사람들입니다. 우리는 술집에서 술을 마시면 "오늘은 아무개가 알아서 낼 거야! 다음에 내가 한 잔 사면 되지 뭐." 이러곤 하였습니다. 우선 누구 돈이든 내고 마시고 그렇게 사는 것입니다.

사람에 따라, 하는 일에 따라 엑셀의 사용 빈도는 전부 다르지만 학교나 직장에서 꼭 한번쯤은 사용하게 됩니다. 서점에 가면 엑셀 관련 책이 끊임없이 출간되고 팔립니다. 내용은 큰 차이 없이 거의 유사한데 왜 사람들은 매번 엑셀 책을 사고 또 사는 걸까요?

마음먹고 컴퓨터 앞에 앉아 두꺼운 엑셀 책의 실습내용을 순서대로 따라 해봐도 책을 덮고 나면 아무것도 기억나지 않거나, 몇 가지 배운 내용은 기억나도 새 워크시트를 열면 머릿속이 하얗게 되고 막막했던 경험이 있을 겁니다. 단순히 특정 기능을 암기하는 것만으로는 실무에서 사용하기가 쉽지 않기 때문입니다.

엑셀을 배우려면 엑셀의 필요성을 절실히 느껴야 합니다. 필요성을 느끼지 못하면 백날 아무리 훌륭한 교재로, 좋은 선생님이 가르쳐 주어도 엑셀 실력 향상은 저조할 것입니다. 무언가 기록하고, 정리하고, 정리된 자료를 분석하고 싶은 마음이 있어야 엑셀을 배울 수 있는 것입니다.

직장인에게는 쌍칼이 필요합니다. 한 손에 PPT, 다른 손에는 엑셀이 그것입니다. 간혹 "우리 회사는 PPT를 쓰지 않는다"고 강조하는 회사는 있는데, "엑셀을 쓰지 않습니다!"라고 강조하는 회사는 아직까지 보지 못했습니다. 엑셀은 그만큼 중요하고 거의 모든 회사에서 광범위하게 사용되기 때무입니다.

그러나 엑셀의 중요도에 비해 엑셀을 잘하는 사람들은 그 숫자가 적습니다. 엑셀은 무엇인가를 알고 싶기 때문에 쓰는 툴입니다. PPT가 커뮤니케이션의 툴이라면 엑셀은 '분석'의 툴입니다. 어떤 대규모의 숫자를 보고 바로 이해하기는 어렵습니다. 그래서 엑셀을 통해 데이터를 해석하고 인사이트를 얻는 것이 필요한 이유입니다.

따라서 엑셀을 잘한다는 것은 목적–추출–분석 3단계를 잘한다는 것을 의미합니다. 알고 싶은 것이 무엇인가? 어디서 필요한 데이터를 추출할 것인가? 이 데이터가 무엇을 의미하는가?

직장인에게 엑셀은 업무효율을 높여주는 요술봉이나 다름없습니다. 엑셀의 함수나 차트의 종류를 모두 외웠다고 엑셀을 잘하는 것은 아닙니다. 웹툰 작가가 단순히 만화를 잘 그려서 작가가 되는 것이 아닙니다. 소재를 발굴하는 일에서부터 기획, 구상과 취재를 거쳐 시나리오를 작성하는 일련의 과정을 통해 작품을 완성하기 때문에 감동을 줄 수 있는 것입니다.

엑셀 이야기는 각 장에 소개된 회계기초를 설명하는 예제를 통해 바로 적용가능한 엑셀 기초내용들로 구성하였습니다. 이 책을 통해 여러분들이 필요한 만큼의 회계기초와 더불어 엑셀 기초실력 습득에 기여할 수 있게 되길 기원합니다.

/ 주요 용어정리 /

- **회계정보시스템**: 수입과 지출의 책임을 정확히 하고 조직에 대한 제반 활동 계획과 비교하여 보고하는 것을 목적으로 하는 정보시스템
- **재무활동**: 기업이 필요한 자금을 조달하는 데 관련된 활동
- **영업활동**: 기업의 주요 수익창출활동
- **투자활동**: 기업이 유형자산·무형자산·투자자산을 취득하거나 처분하는 등의 활동
- **자본시장**: 기업의 투자를 위해 필요한 자금의 조달이 이루어지는 시장
- **재무제표**: 재무보고를 할 때 사용하는 가장 대표적인 전달수단
- **재무상태표**: 특정 시점 현재 기업의 자산, 부채 및 자본의 잔액을 보고하는 재무제표
- **자본변동표**: 당해 기간 동안 변동된 자본의 증가 및 감소의 내용을 보고하는 재무제표
- **현금흐름표**: 일정 기간 동안 기업의 현금유입액과 현금유출액에 대한 평가를 위한 정보를 제공하는 재무제표
- **정보의 비대칭**: 어느 한쪽이 다른 쪽보다 우월한 정보를 가지고 있는 상태
- **이해관계자**: 기업의 회계정보를 이용해 기업과 관련된 의사결정을 하는 주체
- **기업공시**: 기업의 법률관계 및 사실관계를 인정한 범위의 이해관계인 또는 일반인에게 알리는 행위
- **강제적 공시**: 금융당국에서 공시를 강제로 규정하고 있기에 해야 하는 공시
- **자발적 공시**: 기업이 스스로 공시를 하려는 유인
- **수시공시**: 상장기업이 영업활동을 통하여 발생되는 중대한 변동사항을 지체 없이 증권관리위원회나 증권거래소에 그 내용을 신고하여 공시해야 하는 사항
- **증권회사**: 「증권거래법」에 근거하여 재정경제원장관의 허가를 받고 증권업을 영위하는 주식회사
- **신용평가**: 증권을 발행하는 기업이나 금융기관의 재무상황, 경제적 환경 등 정치·경제적 요소들을 고려하여 발행자의 신인도를 등급으로 나타내는 것
- **신용등급**: 기업의 여러 가지 신용정보를 종합하여 신용상태를 수준별로 구분해 놓은 등급
- **이자율**: 원금에 대한 이자의 비율

- **금리:** 자금이 거래되는 금융시장에서 자금수요자가 자금공급자에게 자금을 빌린 데에 대한 대가로 지급하는 이자금액 또는 이자율
- **국공채:** 국가나 지방공공단체가 부족한 자금의 충당을 위하여 차입하는 경우에 발행되는 채권
- **배당금:** 기업의 경영성과를 지분상품 보유자에게 분배하는 금액
- **발행시장공시:** 증권의 발행인으로 하여금 당해 증권과 증권발행인에 관한 모든 정보를 전달하도록 강제하는 제도
- **유통시장공시:** 증권시장에 공급된 증권이 투자자 간에 이루어지는 거래와 관련하여 기업의 경영활동내역을 공시하도록 하는 제도
- **ESG 정보공시:** 기업의 ESG 활동 관련 정보의 공시를 의무화하는 제도
- **사업보고서:** 기업이 매 사업연도 말에 그 사업연도의 재무상태와 경영성과와 같은 기업 내용을 기재하여 제출하는 보고서
- **「자본시장과 금융투자업에 관한 법률」(「자본시장법」):** 모든 금융투자회사가 다양한 금융상품을 취급하도록 하기 위한 법률

CHAPTER

2

회계란 무엇일까?

CHAPTER 02

회계란 무엇일까?

1 회계에 관한 루머와 진실

매년 3월경 금융감독원의 전자공시시스템에는 많은 기업들이 지난 1년 동안의 성과를 집계한 회계보고서가 공시된다.[1)] 지난 1년간 얼마나 이익이 남았는지, 외상은 얼마나 되는지, 기계설비 등에 투자는 얼마나 하였는지, 필요한 자금은 어떻게 얼마나 조달하였는지, 그래서 현재 자금이 얼마나 남아 있는지 등 기업에 대한 무수히 많은 정보들이 그 속에 담겨져 있다.

회계보고서를 잘 이용하면 어떤 기업이 부실하고, 어떤 기업이 유망한지를 알아낼 수 있다. 그런 면에서 회계보고서는 건강기록부와 같다고 할 수 있다. 또한 회계를 기업의 언어(language of business)라고도 한다. 이러한 회계의 정의는 회계를 통하여 기업이 돌아가는 상황을 잘 알 수 있다는 것을 의미한다. 즉 **회계정보로 인하여 정보이용자들은 보다 합리적이고 정확하게 의사결정을 할 수 있게 된다.**

그러나 회계학을 모르는 사람들이나 혹은 처음 접하는 사람들은 회계학에 대해 막연한 두려움을 가지고 있거나 혹은 회계학을 잘못 이해하고 있는 경우가 많다. 우선 여기서는 그러한 오해를 먼저 풀고 이 책을 접하는 것이 좋을 것 같다.

1) 「상법」 제447조 및 제449조에 따르면 "주식회사는 매 결산기마다 재무상태표, 손익계산서 등의 재무제표를 작성하여야 하고 이를 주주총회의 승인을 얻은 때에는 지체 없이 재무상태표를 공고하여야 한다"고 규정하고 있다. 또한 「주식회사의 외부감사에 관한 법률」 제8조 2항에 따르면 "회사는 정기총회의 승인을 받은 재무제표를 대통령령으로 정하는 바에 따라 증권선물위원회에 제출하여야 한다"고 규정하고 있다. 2000년대 들어서는 그동안 일간신문에 공시하던 방식을 전자공시 형태로 바꾸어 운영하고 있다.

1.1 루머: 회계는 어렵다

명절날 오랜만에 많은 친척들이 모였다. 삼촌도 오셨고, 몇 년 만에 처음 뵙는 고모도 오셨다. 또 전에 뵌 적이 없는 것 같은데 아주 반가운 듯이 대해 주는 분도 계신다. 오랜만에 친척들이 모여 즐거운 한때를 보내다가 이야기의 중심이 나에게로 맞춰졌다. 이번에 대학 들어갔다는데 어디로 갔느냐? 무슨 과 갔느냐? 질문공세가 퍼부어진다. 대학에서 회계학을 전공하고 있다고 하자 친척들은 십중팔구 "와! 어려운 것 하네", "잘 들어갔네", "졸업하고 회계사 하면 되겠네"와 같은 반응을 보인다. 아마도 회계학을 전공하는 학생들이라면 한번쯤은 들었음직한 말이다.

또 입학시험 면접이나 신입생 면담을 할 때 학생들이 자주 듣는 물음 가운데 하나가 "회계학을 왜 전공하려고 하느냐"일 것이다. 이 질문에 학생들의 대답은 의외로 10명 가운데 서너 명이 꼭 "고등학교 때 수학이 재미있었고, 또 수학을 잘했기 때문"이라고 대답한다. 회계라고 하면 생각나는 것이 바로 숫자이며, 숫자 하면 생각나는 것이 수학인 모양이다. 수학을 잘하면 회계도 잘할 수 있다는 등식을 가지고 있는 셈이다. 그러면 이 의문들에 대해서 하나씩 풀어나가 보자.

먼저 회계는 정말 어려운 것인가? 회계학을 오랜 기간 공부해 온 필자가 보더라도 회계는 골치 아프고 어렵다. 친척들이 지적한 말이 옳다. 다만, 첫 시작단계가 어렵고, 그리고 마지막 단계가 그렇다. 다시 말하면 일정한 수준까지 도달할 때까지는 회계학이 아주 어려워 보인다. 또한 일정 수준을 넘어 상위수준에 도달했을 때도 그 이상의 단계를 넘어서는 데는 많은 연구가 필요하다. 여기서 후자는 연구자의 입장이라고 생각하고 여기서는 접어두도록 한다.

문제는 처음 시작단계인데, 이 단계에서는 회계학의 논리를 파악하는 것이 급선무이다. 논리만 파악되면 그 다음부터는 쉽게 중급수준으로 넘어가게 된다. 그러나 그 논리를 파악하는 데는 많은 노력이 필요하다. 일반적으로 '회계원리'라는 과목에서 회계학의 기본논리를 터득하도록 하고 있다. 회계학은 수업을 들으면서 억지로라도 시킬 때 해두어야 한다. 그렇지 않으면 나중에 하고 싶어도 못한다. 지금 하라고 시킬 때 해야 한다. 지금 할 것인가 아니면 나중에 후회할 것인가는 여러분의 선택이다. 처음 시작하는 첫 단계만 넘어서면 그 다음부터는 혼자 공부할 수 있는 능력도 생기게 된다. 첫 단계가 중요하다.

두 번째 의문은 수학과 회계학에 대한 문제이다. 물론 수학을 잘한다고 하면 회계학 공부에 도움이 될 것이다. 원래 수학 잘하는 사람이 다른 과목도 잘했다는 과거의 경험에서 나온 말이다. 그러나 수학을 전혀 모른다고 해서 고민할 필요는 없다. 회계학에서 미분이니 적분이니 하는 말은 없다. 회계학에서 필요한 것은 더하기, 빼기, 곱하기, 나누기이다. 계산기 숫자만 잘 두드리면 그 다음부터는 회계학의 논리다. 다만 일반인과 다른 것은 숫자를 읽는 능력이다. 예를 들어, 12,374,000,000원이라고 할 때 이것이 과연 얼마인지 직감적으로 파악하는 능력이 있으면 좋겠다. 그러나 지금은 없어도 된다. 숫자를 읽는 직감은 회계를 공부하면서 앞으로 하고 싶지 않아도 자연스럽게 그렇게 되기 때문이다.

마지막으로 필자가 즐겨 쓰는 표현 중에 하나가 "가랑비에 옷 젖는 줄 모른다"라는 말이다. 처음에는 아무것도 아닌 것 같지만 자꾸 맞다 보면 어느새 옷이 젖어 있다. 회계학을 공부하는 사람이 지금은 뭐가 뭔지 몰라도 2~3년이 지난 후 다른 전공의 친구를 만나서 사회현상에 대해 토론을 해봐라. 당신이 얼마나 뛰어난 회계학자가 되어 있는지 그때 실감할 것이다. 지금 잘 모른다고 포기하면 안 된다. 첫 단계를 넘어설 때까지 끝까지 물고 늘어져 보자.

1.2 진실: 회계를 알면 나도 전문가

어떤 학생이 질문을 하였다. "회계학을 잘하려면 어떻게 해야 합니까?" 그때 어떤 이가 "저녁마다 오늘 하루를 되돌아보며 회개하십시오."라고 대답하였다. 어느새 '회계'가 '회개'가 되어버렸다. 경상도 사람들은 이 둘의 발음을 잘 구분하지 못한다. 우스갯소리 같지만 이처럼 직장인들 가운데 많은 사람들이 회계학을 잘하고 싶어 한다. 그만큼 필요하다는 것이다. 그렇다면 회계학을 전공하고 있다는 것에 자부심을 가질 만하다. 그 자부심이야말로 회계학을 잘할 수 있는 첫 번째 조건이라고 생각된다.

회계학 혹은 회계부서는 다음과 같은 특징들이 있다.

첫째, 회계부서는 수많은 돈이 오고가는 곳이다. 기업에서 돈에 대한 모든 것들이 회계부서에 집결된다. 상품을 구입 혹은 판매하거나 아니면 급여를 지급하거나 그 내역들이 모두 회계부서에서 최종 처리된다. 돈에 대한 모든 것이 모이는 곳이다. 기업이 영리를 목적으로 한다는 점에서 보면 돈이 모이는 회계부서가 얼마나 중요한 곳인지 짐작이 간다.

둘째, 회사의 현상황을 가장 잘 파악할 수 있는 곳이다. 회계부서는 돈에 대한 모든 흐름이 집결된다. 예를 들어, 현재 상품의 판매가 얼마나 이루어지고 있고, 이것이 전년도와 비교해서 얼마나 늘어난 것인지 파악할 수 있다. 회계담당자는 이 흐름을 통해 기업의 경영상태를 파악할 수도 있다. 어떤 사람은 회계부서에서 일하다가 기업의 경영활동내용을 보고, 기업의 비전이 없다고 판단하여 직장을 옮기기도 한다. 또한 경영활동내용을 보고 경영자나 관리자의 입장에서 나름대로의 의사결정을 미리 해 볼 수도 있다. 예비 창업자로서 경영수업을 받는 셈이다.

셋째, 회사의 가장 많은 비밀을 다루는 곳이다. 회계부서에는 비밀이 많다. 돈의 흐름을 다루다 보니 당연할 것이다. 비밀이 많다는 것은 아무나 그 업무를 담당할 수 없다는 것과도 같다. 특히 중소기업들의 회계업무는 대부분 가장 신뢰할 수 있는 사람이 맡는다. 회계부서에 친인척이 많은 것도 그런 이유이다. 비밀이 많은 만큼 경영자의 총애와 신임을 받을 가능성도 그만큼 높다.

넷째, 미국 MBA(경영학석사 과정)에서 가장 인기 있는 전공이다. 미국의 MBA에서 회계학을 전공하게 되면, 다른 경영학 전공자보다 훨씬 높은 급여로 대기업에 취업하는 경우가 많다. 그래서 회계학을 전공하기 위한 바람이 한때 거세게 일어났었다. 미국 기업 임원들의 전공을 보면 회계학이 가장 많다는 것도 우연이 아니다.

다섯째, 진급할수록 빛을 발하는 것이 회계이다. 현대그룹의 창업주인 고 정주영 회장 역시 어린 시절 돈을 벌기 위해 고향을 떠나 가장 먼저 공부했던 것이 회계이다. 회계업무를 오랫동안 담당한 사람들은 올바른 기업경영을 위한 기획능력이 커지게 된다. 회사 전체를 한눈에 볼 수 있는 능력을 키워 왔다는 이야기다. 결국 이들이 기업의 중추적인 역할을 하는 임원이 되고 있다.

사람 셋만 모이면 계를 조직한다. 학교에도 총동창회가 있고, '재경동문회'나 '재부동문회' 등의 동문회가 있어, 한 학교에도 동문회는 아마 수십 개는 될 것이다. 학생들도 졸업하게 되면 학과 동창회에서부터 친한 친구끼리 모이는 계모임까지 여러 모임에 소속된다. 계모임의 동기도 다양하다. 지역사회 발전을 위한다는 원대한 취지에서부터 친목도모를 위한 계모임까지 천차만별이다.

그런데 이 모임에는 꼭 총무가 있다. 회장은 없어도 총무는 반드시 있다. 총무의 주역할은 회비를 관리하는 것이다. 만약에 여러분들이 납부한 회비가 총무 마음대로 사용되고 있다면 어떻게 하겠는가? 정으로 뭉친 계모임이기에 적당히 나무라며 넘어갈 수도 있을 것이다. 그렇다면 영리를 추구하는 거대 기업이라고 생각해 보자. 회계담당자가 적당히 회계처리를 한다면 여러분은 그 기업에 자금을 빌려줄 수 있을까?

회계에서 '적당히'라는 말은 통하지 않는다. 특히 회계처리는 엄격해야 한다. 우리나라 기업들 가운데서도 실제보다 매출을 부풀리거나 비용을 줄이는 등의 불법적이고 비도덕적인 행위가 적발되기도 한다.[2] 자본주의의 모체라고 하는 미국 기업들에서도 이러한 행위가 적발되어 큰 논란이 되기도 하였다. 기업의 경영자가 법정에 서고, 형법과 민법상의 책임을 지기도 하였다. 또 모 회계감사기관은 이러한 적당주의를 눈감아 주었다가 문을 닫고 말았다. 회계에서 적당주의는 우리가 가장 경계해야 할 적이다. 또한 회계담당자는 많은 돈을 다루다 보니 때로는 부정을 저지르기도 한다. 가끔씩 뉴스거리로 자주 등장하는 것이 몇 십억의 공금을 횡령하여 해외로 도피하였다는 이야기다. 이유야 여러 가지가 있겠지만 이 또한 적당주의에서 나온 사례이다.

2) 이것이 소위 말하는 '분식회계'이다. 분식회계란 쉽게 말하면 회계에 화장을 한다. 그러니까 예쁘게 덮어씌운다는 뜻으로 장부에 거짓기장을 한다는 것으로 기업이 자산이나 이익을 실제보다 부풀려 재무제표상의 수치를 고의로 왜곡시켜 행하는 회계를 말하며, 분식결산(粉飾決算)이라고도 한다.

2 회계의 정의와 목적

2.1 회계의 정의

회계란 특정의 경제적 실체(economic entity)에 관하여 이해관계를 가진 사람들에게 합리적인 경제적 의사결정을 하는 데 유용한 재무적 정보(financial information)를 제공하기 위하여 식별하고 측정하여 전달하는 정보시스템이라 할 수 있다. 과거에는 회계가 단순히 과거의 거래나 사건을 일정한 방법으로 기록하고 요약하는 기술이었다면 오늘날에는 유용한 정보를 제공하는 일련의 과정 또는 체계 전체를 의미한다. 인간이 사용할 수 있는 자원은 유한하기 때문에 자원의 소비로 인한 효익을 극대화하기 위하여 자원을 효율적으로 배분해야 한다. 이때 한정된 자원의 사용에 수반된 비용을 측정하여 보고하는 회계시스템이 우수할수록 더욱 유용한 정보를 제공할 수 있고, 이러한 정보를 이용한 자원배분 의사결정도 효율적으로 이루어질 것이다.

2.2 회계의 목적: 유용한 정보의 산출

회계의 목적은 기업을 둘러싸고 있는 이해관계자들의 경제적 의사결정에 유용한 정보를 제공하는 것이다. 그러면 이해관계자들에게 제공하는 회계정보가 어떠한 속성을 지니고 있어야 유용한 정보가 될 수 있을까?

그림 2-1 **회계정보의 유용성**

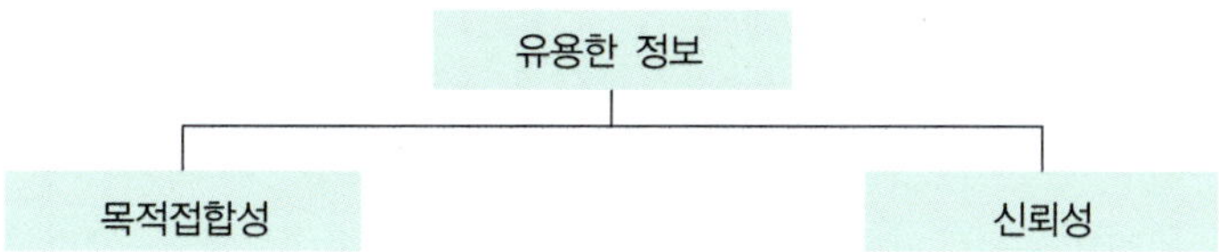

■ **목적적합성**

우선 자신의 의사결정문제를 해결하는 데 직접적으로 관련이 있어야 한다. 가령 (주)유니콘의 주식을 살 것인지를 고려하고 있다고 가정해 보자. (주)유니콘의 재무구조, 당기순이익, 향후 투자계획 등은 의사결정에 직접적으로 관련이 있는 정보인 데 반해, 현재 전혀 고려하고 있지 않은 오리온(주)의 재무구조, 당기순이익, 향후 투자계획 등은 현재의 의사결정과는 별로 관련이 없는 정보일 것이다. 또 다른 예를 들어보자. 내가 서울로 가려는데, 돈이 얼마 없다. 그래서 최소한의 비용으로 서울로 가야 하는데, 여기서 필요한 정보는 교통수단들의 요금이다. 그 정보가 있음으로 해서 내가 원하는 의사결정을 보다 정확하게 할 수 있다. 이와 같이 자신의 의사결정문제와의 관련성 여부를 정보의 목적적합성(relevance)이라고 한다.

그런데 그러한 정보들을 내가 필요로 하는 시점에 가질 수 없다면 그 정보는 유용하다고 할 수 없다. 즉 의사결정이 필요한 시점에 그 정보가 제공되어야 한다는 것이다. 이를 적시성(timeliness)이라고 한다. 예를 들어, 서울로 올라가고 난 이후에 제공된 교통요금의 정보는 적시성이 없는 정보이다.

■ **신뢰성**

신뢰성(reliability)은 얼마나 정보가 믿을 수 있느냐 하는 속성으로 누구나 동일한 방법으로 정보를 산출하면 동일한 결과가 나타나야 한다는 말이다. 예를 들어, 감가상각방법이 여러 가지가 있다고 하자. 그중 어떤 방법을 적용하여 감가상각비를 산출할 때 동일한 결과가 나타난다는 것은 신뢰성이 있는 정보이며, 또한 검증가능한 정보이다.

2.3 기업의 의사결정과 이해관계자

이해관계자들이 자신의 경제적 의사결정을 하는 데 어떠한 회계정보가 유용할 수 있을지를 파악하기 위하여 주요 이해관계자들의 경제적 의사결정문제를 살펴보자. 기업의 자금조달활동, 투자활동, 경영활동의 결과 일정 시점의 기업의 재무상태와 경영성과에 관심을 가지고 있는 주요 회계정보이용자로는 주주와 채권자를 비롯하여 정부기관(특히 세무 당국), 증권관련기관, 종업원 및 노동조합 그리고 회사의 최고경영자 등을 들 수 있다. 이들 이해관계자들 중 주주와 채권자가 가장 중요한 회계정보이용자 집단이다.

▪ 주주

특정 기업이 자금조달목적으로 발행한 주식을 가지고 있는 주주(stockholders)의 주 경제적 의사결정문제는 현재 소유하고 있는 주식을 계속 보유할 것인지, 아니면 즉시 처분할 것인지를 결정하는 문제일 것이다. 이것은 현재 소유하고 있는 주식의 가격이 앞으로 계속 상승할 것인지 아니면 하락할 것인지를 판단하는 문제로 귀결된다. 그리고 현재 그 기업의 주식을 가지고 있지는 않지만 앞으로 그 기업의 주식 매입을 고려하고 있는 잠재적 주주의 경우에도 의사결정문제의 핵심은 그 기업의 주식가격이 상승할 것인지 아니면 하락할 것인지를 판단하는 문제로 귀결된다.

▪ 채권자

기업활동에 필요한 자금을 빌려준 사람(혹은 기관)을 일괄하여 채권자(creditors)라고 한다. 즉 기업에서 필요로 하는 자금을 빌려준 금융기관과 자금조달목적으로 기업에서 발행한 채권(bonds)을 매입한 사람(혹은 기관)들을 말한다.

그림 2-2 **기업의 주요 이해관계자**

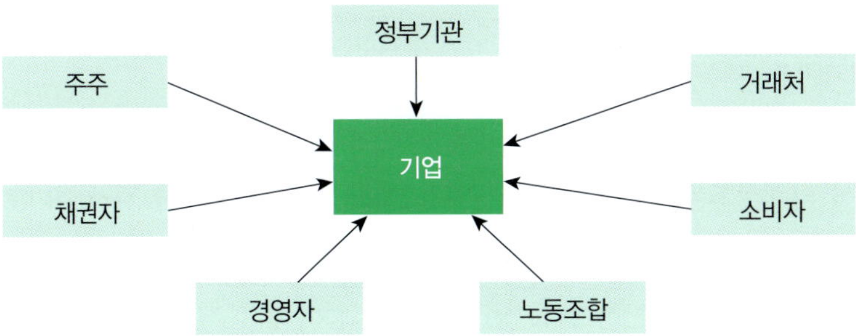

채권자들의 주된 경제적 의사결정문제는 자신들이 빌려준 돈의 원금과 이자(원리금)를 약정된 기일에 얼마만큼 확실하게 회수할 수 있을까 하는 문제로 요약할 수 있다. 즉 특정 기업에 자금을 빌려줄 것인지 혹은 특정 기업이 발행한 채권을 매입할 것인지 여부와, 자금을 빌려주거나 채권을 매입하기로 했다면 이자율은 어느 정도로 요구할 것인가 하는 것 등이다.

기업 자금조달의 원천인 주주와 채권자들은 많은 기업들 중 어떤 기업이 자신의 이해관계와 관련하여 더 좋은 기업인지를 알고 싶어 한다. 주주들의 경우에는 앞으로 주가가 오를 것으로 예상되는 기업의 주식을 매입함으로써 자신의 부(wealth)를 증가시킬 수 있고, 주식을 발행한 기업 입장에서는 기업활동에 필요한 자금을 그만큼 더 확보할 수 있게 된다. 그리고 채권자들의 경우에도 다른 모든 조건이 동일하다면 원리금 상환능력이 더 좋은 기업에 자금을 빌려주거나 원리금 상환능력이 더 좋은 기업에서 발행하는 채권을 매입함으로써 자신의 부를 증가시킬 수 있으며, 채권발행 혹은 자금차입 기업에서는 기업활동에 필요한 자금을 그만큼 더 확보할 수 있게 된다.

이러한 상황에서 기업의 언어인 회계가 제대로 작동하면 좋은 기업과 그렇지 못한 기업을 구분할 수 있고, 그럼으로써 사회적으로 희소한 자원(scarce resources)의 효율적 배분(efficient allocation) 기능을 수행할 수 있게 된다. 즉 좋은 기업에는 자금이 많이 투입되어 이들 기업이 성장 잠재력을 가지도록 하지만, 상대적으로 좋지 않은 기업에는 자금이 적게 투입되거나 투입되지 않도록 함으로써 자연스럽게 희소한 자원의 효율적 배분기능을 수행하게 되는 것이다.

■ 정부 · 규제기관

주주와 채권자 이외에도 기업의 회계정보에 관심을 가지고 있는 이해관계자들은 많다. 정부기관 역시 회계정보의 주요한 이용자이다. 예를 들면, 증권감독원 등의 증권관련기관은 특정 기업이 자금조달목적으로 자사 주식을 증권시장에 상장시키고자 할 때 해당 기업 주식의 상장 여부를 결정해야 하거나, 상장된 주식 중에서 문제가 발생할 경우 주식의 상장을 취소해야 하는 경우도 있다. 증권시장에 특정 기업의 주식을 상장하여 거래가 이루어지게 되면 불특정 다수의 투자자들이 해당 기업의 주식을 사고팔 수 있다. 따라서 만약 상장된 기업에 문제가 발생하였는데도 사전에 아무런 조치를 취하지 않으면 많은 투자자들이 막대한 피해를 볼 수도 있다.

■ 세무당국

세무당국은 개인의 소득에 대해서 세금을 징수하는 것과 마찬가지로 기업의 소득에 대해서도 세금을 징수한다. 또한 기업의 소득에 대해서 세금을 징수하는 것과는 별도로 재화나 용역의 매입 및 판매와 관련해서 부가가치세를 징수한다. 따라서 세무당국은 기업의 소득과 관련된 회계정보뿐만 아니라 매입 및 판매와 관련된 보다 상세한 회계정보를 이용하기도 한다.

■ 종업원과 노동조합

이외에도 종업원과 노동조합은 회사를 상대로 더 나은 임금 및 근로조건을 보장받고 싶어 한다. 이것을 위해 종업원 및 노동조합은 매년 사용자와 임금 혹은 근로조건 등에 대해 교섭을 하게 되는데 이 경우 더 나은 협상력을 가지기 위해 회계정보를 필요로 한다.

■ 거래처와 소비자

그리고 기업에 물품을 납품한 거래처의 경우에도 해당 기업이 앞으로도 계속 자신들과 거래를 할 수 있을 정도로 성장잠재력이 있는 기업인지 혹은 납품대금은 정해진 기간 내에 확실히 지급할 수 있는 기업인지를 알고 싶어 한다. 거래처와 마찬가지로 소비자들도 어떤 물품을 구입할 경우 현재 그 물품의 품질과 가격에 대한 정보도 필요로 하지만, 내구성 물품의 경우 해당 물품의 사용기간 동안 사후수리(after services) 업무를 제대로 이행해 줄 수 있을 것인지에 대해서도 중요하게 생각한다. 이러한 정보들은 대부분 회계정보를 통하여 구할 수 있다.

■ **경영자**

마지막으로 경영자는 회사의 경영계획을 기초로 필요한 자금의 조달 및 조달된 자금의 운용결과에 대해서 잘 파악하고 있어야 한다. 즉 자금조달활동과 관련해서 어떤 방식으로 자금을 조달하며 조달된 자금에 대한 대가는 어떤 방식으로 지급하고 또 그것을 제대로 지급할 여력이 있는지에 대해 항상 파악하고 있어야 한다. 그리고 자금조달활동을 통하여 조달된 자금을 영업 및 투자활동에 투입한 후 그 결과에 대한 분석이 제대로 되어야만 합리적인 경영활동을 수행할 수 있다. 경영자의 책임하에 진행되는 이러한 자금조달활동, 투자활동 및 영업활동의 결과는 모두 회계정보로 요약되므로 경영자는 자신의 경영의사결정과 관련하여 항상 회계정보를 필요로 한다.

3 회계의 네 가지 영역

[표 2-1] **회계의 네 가지 영역**

구분	재무회계	관리회계	세무회계	회계감사
주된 정보 이용자	주주, 채권자	경영자, 관리자	과세당국	주주, 채권자, 경영자, 과세당국
목적	정보이용자에게 유용한 정보의 제공	경영평가 및 통제, 경영능률 향상	조세확보, 공평과세를 위한 과세소득 계산	독립된 외부감사인에 의한 재무제표 인증
작성근거	회계기준	기준이 없음	세법	회계기준, 회계감사기준

3.1 재무회계와 관리회계

정보이용자를 기업의 내부이용자와 외부이용자로 구분할 수 있다. 내부정보이용자는 경영자나 관리자 등이 있으며, 외부이용자는 채권자나 투자자 등이 있다. 이러한 정보이용자에 따라 회계영역을 재무회계와 관리회계로 나눌 수 있다. 재무회계는 기업 외부의 정보이용자들에게 유용한 정보를 제공하는 분야라고 할 수 있으며, 관리회계는 기업 내부의 경영자나 관리자들에게 유용한 정보를 제공하는 분야이다. 주된 정보이용자가 다르기 때문에 재무회계와 관리회계에서 보고되는 정보의 내용, 준비방법 그리고 강조점 등에 있어 차이가 난다.

재무회계정보를 이용하는 정보이용자는 주로 외부의 정보이용자로 상당히 이질적인 집단이다. 서로의 관심사가 서로 상반되는 경우도 있다. 앞 절에서 논의했듯이 주주는 이익배당이나 현재 소유하고 있는 주식의 향후 가격상승(수익성)에 대해 관심이 있으며, 채권자는 자신들이 빌려준 돈의 원금과 이자를 약정된 기일에 회수할 만큼 기업의 자금력(재무안전성)이 있는지에 관심이 많을 수 있으며, 정부기관은 기업에 대한 공정한 과세가 실현되고 있는지, 기업이 세법을 준수하여 적절한 세금을 납부하고 있는지에 더 많은 관심이 있을 수 있다. 이렇듯 기업의 외부이해관계자들은 서로 상반된 관심사를 가지고 있다. 그렇다고 해서 어느 한 집단을 위한 회계보고서를 작성할 수 없는 것이다. 따라서 재무회계에서는 상충되는 정보이용자의 이해관계를 조정하고 다양한 의사결정목적을 보편적으로 충족하기 위해 일반목적의 재무제표, 즉 재무상태표, 손익계산서 등을 작성하고 재무제표를 작성할 때 일반적으로 지켜야 할 회계처리기준[3]을 가지고 있다. 기업은 반드시 기업회계기준에 따라 회계보고서, 즉 재무제표를 작성하여야 한다. 재무제표에는 재무상태표와 손익계산서 등이 있다. 감사인은 재무제표가 그 기준에 따라 적정하게 작성되었는지를 감사한다.

우리나라의 기업회계기준은 1980년도에 제정된 후 그동안 수십 차례에 걸쳐 개정되어 왔다. 과거에는 기업회계기준의 제・개정이 정부 주도로 이루어졌으나, 최근에는 민간부문으로 실질적인 제・개정 권한이 이관되어 2002년 7월부터 금융감독위원회에서 회계기준 제정업무를 민간단체인 사단법인 한국회계기준원(www.kasb.or.kr)에 위탁하였고 이에

3) 일반적으로 인정된 회계원칙(Generally Accepted Accounting Principle: GAAP, 재무제표를 작성하고 이해하는 경우에 판단의 기준이 되는 일정한 원칙을 말한다. 즉 일반적으로 인정된 회계원칙이란 기업실체에 영향을 미치는 경제적 사건을 재무제표 등에 보고하는 방법을 말한다. 우리나라의 경우 재무제표 등에 보고하는 방법 및 회계실무를 지도하는 일반원칙으로 기업회계기준을 공표하고 있다.

따라 현재 실질적인 기업회계기준 제정기관은 한국회계기준원이며, 한국회계기준원 내 회계기준위원회(KASB : Korean Accounting Standards Board)의 심의·의결을 통해 회계기준의 실질적인 제·개정이 이루어져 왔다. 그러던 중, 2007년 3월에 국제회계기준(IFRS)을 전면적으로 도입하기 위한 로드맵이 발표되면서 한국채택국제회계기준(Korean International Financial Reporting Standards: K-IFRS)을 제정하여 공표하였다. 따라서 우리나라는 2011년부터는 모든 상장기업에 대해 국제회계기준을 의무적으로 적용하도록 하고 있다.[4)]

한편 관리회계는 재무회계의 정보이용자보다 동질적이다. 동일한 기업목표를 가지고 경영활동을 하는 내부정보이용자들이기 때문이다. 관리회계에서 제공하는 정보들은 주로 특수한 상황에서의 의사결정에 필요한 정보, 경영계획 수립과 통제, 성과평가정보 등 매우 다양하다. 관리회계에서 산출되는 정보들은 화폐단위뿐만 아니라 물량정보들도 제공된다. 또한 관리회계는 특별한 목적을 위한 정보들을 내부적으로만 제공하기 때문에 어디까지나 내부용이며, 보고서의 형식이나 방법에 구애받지 않는다. 따라서 관리회계에서는 회계보고서를 제약하는 기준이 없다. 동일한 사안을 두고서도 기업에 따라 의사결정이 다르게 나타날 수 있다.

3.2 세무회계와 회계감사

회계분야는 정보이용자에 따라 구분되는 재무회계와 관리회계분야 외에도 세무회계나 회계감사 등과 같은 분야들도 있다. 예를 들어, 국세청에서는 개인이나 기업으로부터 세금을 걷어 정부의 각종 예산집행을 위한 재원을 마련한다. 조세당국이 기업에게 공평한 세금을 부과하려면 객관적인 기준이 있어야 하는데, 회계정보가 이러한 역할을 한다.

세무회계는 재무회계가 근간이 되긴 하지만 정부당국에서는 기업의 바람직한 행동을 유발하기 위하여 재무회계와는 다소 다른 원칙을 적용하는데, 이를 세법이라고 한다. 예를 들어, 기업의 연구개발활동을 촉진시키기 위해 연구개발활동에 소요되는 비용에 세금

4) 상장기업은 한국채택국제회계기준(K-IFRS)을 적용하고, 비상장기업에 대해서는 국제회계기준보다는 완화된 수준의 일반기업회계기준을 적용한다. 이것은 비상장기업에 대해 K-IFRS 적용에 따른 기업의 과다한 회계처리비용 부담을 경감해 주기 위한 것이다.

혜택을 준다든지 하는 것이다. 따라서 세무회계분야에서는 재무회계기준과 세법과의 차이를 조정하는 것에 대해 주로 공부한다.

한편 기업회계기준과 함께 재무제표의 유용성 제고를 위한 제도적 장치로 외부감사제도(external auditing)가 있다. 기업회계기준이 아무리 잘 만들어져 있다 하더라도 기업 외부의 이해관계자들이 경영자의 책임하에 작성·공표되는 재무제표가 기업회계기준을 준수하여 작성되었는지를 확인하기는 어렵다.

그러므로 기업과는 독립적인 외부 공인회계사(Certified Public Accountants: CPA)로 하여금 기업의 재무제표가 기업회계기준에 따라 적정하게 작성되었는지 여부를 감사한 후 전문가로서의 감사의견을 표명하도록 하는 것이 외부감사제도이다. 현행 「주식회사 등의 외부감사에 관한 법률」에 의하면 직전 사업연도의 자산총액이 100억 원 이상인 주식회사는 외부감사인으로부터 반드시 연 1회 외부감사를 받도록 되어 있다.[5)]

감사의견에는 적정의견과 비적정의견이 있다. 적정의견(unqualified opinion)은 재무제표가 기업회계기준을 준수하여 적정하게 작성되었다는 것을 확인해 주는 것이고, 비적정의견(non-unqualified opinion)은 그렇지 않다는 것을 확인해 주는 의견이다. 비적정의견에는 한정의견(qualified opinion), 부적정의견(adverse opinion), 의견거절(disclaimer) 등이 있다. 외부감사에서 비적정의견을 받은 기업은 주가 하락, 차입금리 상승 등의 악영향을 받는 것은 물론, 주식시장에서 여러 가지 제도적인 규제(주식의 관리종목 편입, 상장 혹은 등록 폐지 등)를 받게 된다.

---

5) 「주식회사 등의 외부감사에 관한 법률」 및 「시행령」 제2조에 따르면 직전 사업연도 말의 자산총액 100억 원, 부채총액 70억 원, 종업원 수 300명 이상인 법인은 외부감사인으로부터 반드시 외부감사를 받아야 한다.

4 회계는 약속이다

4.1 회계의 기본가정

복잡한 실물경제의 상황을 모두 회계보고서에 담아낸다는 것은 불가능하며, 가능하다 하더라도 그 정보량이 워낙 많기 때문에 정보로서의 가치가 없다. 따라서 재무회계분야에서는 보다 유용한 정보를 산출하기 위하여 몇 가지 가정을 가지고 있는데 이를 회계공준이라고도 한다. 예를 들어, 기업 내 책상을 회계보고서에 기록하여야 한다고 생각해 보자. 책상의 종류가 수십 혹은 수백 종이 될 것인데, 그 크기별로 혹은 종류별, 구입시기별로 어떻게 기록할 수 있을까? 이런 기록을 외부정보이용자들에게 제공한다는 것은 불가능하며 또한 불필요하다. 따라서 회계보고서는 다음과 같은 몇 가지 가정하에 작성된다.

▪ 기업실체의 가정

기업실체의 가정은 기업의 입장에서 경제활동을 측정하여 보고한다는 것이다. 사장이 기업에 ₩100을 투자했다면, 사장 입장에서는 ₩100이 지출된 것이지만 기업 입장에서는 ₩100이 입금된 것이다. 회계처리는 기업의 입장에서, 즉 ₩100이 입금된 것으로 처리한다.

▪ 계속기업의 가정

계속기업의 가정은 기업이 권리와 의무를 이행하기에 충분할 정도로 장기간 존속한다는 가정이다. 즉 기업은 경영활동을 청산하거나 중대하게 축소시킬 의도가 없을 뿐만 아니라 그러한 필요성도 없다는 가정이다. 예를 들면, 기업의 계약이 계약기간 동안 유효하게 지속되는 것도 이 가정을 따른 것으로 볼 수 있다. 그러나 정보이용자들은 지속적으로 경제적인 의사결정을 하여야 하기 때문에 주기적인 기업의 재무상태와 경영성과정보가 필요하게 된다. 우리나라 「상법」에서는 1년 단위로 결산하여 회계보고서를 공시하도록 하고 있다.

■ **기간별 보고의 가정**

기간별 보고의 가정이란 기업실체의 존속기간을 일정한 기간 단위로 분할하여 각 기간별로 재무제표를 작성하는 것을 말한다. 기업실체의 이해관계자는 지속적으로 의사결정을 해야 하므로 적시성이 있는 정보가 필요하게 된다. 이러한 정보수요를 충족시키기 위하여 기간별 보고가 도입될 필요가 있다. 따라서 기업실체의 존속기간을 일정한 회계기간 단위로 구분하고 각 회계기간에 대한 재무제표를 작성하여 기간별로 재무상태, 경영성과, 현금흐름, 자본변동 등에 대한 정보를 제공하게 된다. 다만 기업실체의 회계기간을 정함에 있어 회계기간의 장·단기에 따라 발생할 수 있는 정보의 목적적합성과 신뢰성 간의 상충관계를 고려하여야 한다.

이러한 회계들은 재무회계분야에 적용할 개념이다. 관리회계에서는 정보의 내용이나 보고서의 형태 등에 대한 규제가 없기 때문에 이러한 회계가정에 구애받지 않는다. 어떤 의사결정상황에서는 관리회계정보가 실시간으로 제공되어야 할 때가 있으며, 화폐가치가 아닌 물량정보로 제공되기도 한다.

4.2 재산상태 정리에 대한 약속

회계보고서를 작성하는 데 있어 가장 기본적인 사항으로 자신이 현재 어떤 물건을 가지고 있으며, 어떤 돈으로 구입하게 되었는지를 상상하면서 그 내용을 요약·정리해 보자. 예를 들어, 학생 A는 자신이 가지고 있는 물건을 다음과 같이 정리하였다.

학생 A:
나는 어제 새로 산 안경이 ₩50,000인데 그 전에 쓰던 안경은 축구하다 깨져서 친구에게 돈을 빌려 다시 구입한 것이고, 가방 ₩20,000, 책 ₩30,000, 옷은 ₩30,000인데, 아빠가 주신 용돈 ₩100,000원으로 구입한 것이다.

또 학생 B는 동일한 물건에 대해 다음과 같이 보고할 수 있을 것이다.

학생 B:
나는 안경 ₩50,000, 가방 ₩20,000, 책 ₩30,000, 옷 ₩30,000인데, 안경은 친구에게 빌린 돈으로 구입한 것이고, 나머지는 용돈으로 구입한 것이다. 그래서 지금 현금 ₩20,000원이 있다.

이와 같이 학생 A와 B가 정보를 요약하는 방식이 각각 다르다. 그러면 기업이 그 많은 물건들을 이렇게 정리해서 보고한다면 어떻게 될까? 기업끼리 서로 비교해 보려고 하면 그 내용을 따로 정리하여야 할 것이지만, 아마도 시도하기 전에 포기하고 말 것이다. 그 방대한 양의 자료를 어떻게 정리할 것이며, 정리한들 무슨 의미가 있겠는가?

그러면 금전출납부를 이용해 회계기록을 한다고 가정해 보자. 금전출납부는 용돈기록장이나 가계부 등 일상생활에서 자주 접할 수 있는 회계기록방식이다. 금전출납부는 말 그대로 돈의 입출금을 기록하는 장부이다. 위에 주어진 자료를 이용하여 금전출납부를 작성해 보면 [표 2-2]와 같다. 단, 모든 거래들은 20×7년 3월 1일에 발생한 것으로 가정한다.

[표 2-2] **나의 금전출납부**

일자	적요	수입	지출	잔액
20×7/03/01	친구에게 빌림	50,000		50,000
20×7/03/01	안경구입		50,000	0
20×7/03/01	용돈(아빠가 주신 것)	100,000		100,000
20×7/03/01	가방 구입		20,000	80,000
20×7/03/01	책 구입		30,000	50,000
20×7/03/01	옷 구입		30,000	20,000

[표 2-2]와 같이 금전출납부를 자세히 살펴보면 금전지출입이 발생한 순서대로 기재가 되며, 현금 수입과 현금 지출이 기록되어 있다. 최종적으로 현금 ₩20,000이 남아 있다는 것을 알 수 있다. 이와 같이 금전출납부는 현금의 증감변화와 남아 있어야 하는 현금 잔액을 쉽게 확인할 수 있다. 만약에 현금의 수입과 지출이 없는 경우, 예를 들어 가방을 외상

으로 구입했다면 이것은 금전출납부의 여백에 적당히 기록해 두게 된다.

그러나 다른 유형의 재산과 빚의 증감 및 현재 잔액을 확인하기 위해서는 일일이 다시 파악해 보아야 한다. 예를 들어, 1개월 동안 이런 기록이 1,000건 정도 있다고 생각해 보자. 그 1개월 동안 내가 어떤 물건들을 얼마나 구입하였는지, 빚은 얼마인지 등을 알려고 하기 위해서는 다시 꼼꼼히 살펴보아야 한다.

따라서 금전출납부에 의한 기록방식은 특별한 사전지식 없이도 누구나 회계기록을 할 수 있다는 장점이 있긴 하지만, 수시로 변화하는 기업의 재산상황을 제때에 파악하기 어려울 뿐만 아니라 재산의 변화과정을 파악하기도 어렵다는 단점이 있다. 이와 같이 금전출납부에 의한 회계기록방식을 단식부기(single entry bookkeeping)라고 한다. 하루에도 수천 건의 거래가 발생하는 기업에서는 이 방식을 적용할 수 없다. 따라서 기업에서는 복식부기방식으로 회계기록을 한다. 복식부기는 단식부기에 대립되는 개념이다. 앞으로 전개될 모든 회계기록은 복식부기에 의해 이루어진다.

학생 A와 학생 B가 구두로 혹은 서술적으로 자신의 소유물건을 요약했을 때 그 방식이 서로 달랐다. 금전출납부에서는 학생 A와 B가 동일하게 소유물건을 요약할 수 있지만 가치 있는 정보를 산출하기 위해서는 또 다른 추가 작업이 필요하였다. 하루에도 수천 건의 거래가 발생할 수 있는 기업의 상황을 가정한다면 그와 같은 방식으로는 회계정보를 기록하고 요약할 수 없다. 따라서 회계에서는 이를 [표 2-3]과 같이 정리하도록 약속을 하였다. 이 약속은 국제적으로도 통용되는 것이다.

[표 2-3] 현재 나의 재산상태: 재무상태표

소유물건(자금운영결과)		자금원천(자금조달원천)	
안경	50,000	친구	50,000
가방	20,000	아빠(내 돈)	100,000
책	30,000		
옷	30,000		
현금	20,000		
	150,000		150,000

[표 2-3]은 현재 소유 중인 물건을 일목요연하게 보여주고 있다. 눈여겨볼 것은 위의 표가 크게 왼쪽과 오른쪽 양쪽으로 구분되어 기록되어 있다는 점이다. 왼쪽에서는 내가 소유하고 있는 물건들이 기록되어 있으며, 오른쪽에는 그 물건들의 구입자금원천이 기록되어 있다. 즉 왼쪽에는 조달된 자금으로 어떠한 물건들을 보유하고 있는지에 대한 '자금운영결과'가 기록되어 있으며, 오른쪽에는 자금이 어디서 조달되었는지에 대한 '자금조달원천'이 기록되어 있다. 이것이 회계기록의 가장 근본적인 첫 번째 약속이다. 즉 기업에서 거래가 발생하였을 때 왼쪽에는 자금운용결과를, 오른쪽에는 자금조달원천을 기록하는 것이다. 당연히 왼쪽과 오른쪽의 값이 일치하고 있음을 알아야 한다. 이것이 재무상태표 기본구조라 할 수 있다.

즉 [표 2-3]은 특정 시점에서의 나의 재무상태를 알 수 있다. 나의 총재산은 ₩150,000인데, 그중에서 빚이 ₩50,000이며, 내 돈이 ₩100,000원이라는 것이다. 다시 말해서 나의 재무상태를 보면 내가 가진 재산을 왼쪽에 기록된 금액으로 모두 처분할 수 있다면, 현재의 빚 ₩50,000을 갚고도 ₩100,000이 남는다는 것을 알 수 있다. 이와 같이 특정 시점의 재무상태를 요약한 회계보고서를 재무상태표(statement of financial position: F/P)라고 하며, 그 구조는 [표 2-4]와 같다.

[표 2-4] **재무상태표의 구조**

<table>
<tr><td rowspan="2">자산</td><td>부채</td></tr>
<tr><td>자본</td></tr>
</table>

[표 2-4]에서 재무상태표는 크게 자산, 부채, 자본 세 가지로 구성되어 있다. 자산은 자금운영결과를 나타내는데, 안경과 가방 등이 여기에 해당한다. 자금조달원천은 부채와 자본으로 구성된다. 친구의 빚이 부채에 해당하며, 내 돈은 자본에 해당한다. 또한 자산은 부채와 자본을 합한 것과 같다. 따라서 다음과 같은 회계등식을 추론할 수 있다.

회계등식: 자산 = 부채 + 자본 [식 2-1]

4.3. 수입 · 지출 정리에 대한 약속

[표 2-3]의 내용을 좀 더 확장해 보자. 학생 A는 자신의 물건을 표로 정리해 보니 정말로 자기의 노력으로 구입한 것이 하나도 없음을 깨닫고 아르바이트를 시작했다. 3개월간 열심히 아르바이트해서 ₩1,000,000을 벌었다. 3개월 동안 아르바이트를 위해 차비가 ₩50,000 들었고, 점심값이 ₩100,000 들었다고 가정해 보자. 그러면 그 수입과 지출내역을 [표 2-5]와 같이 요약할 수 있다.

[표 2-5] **3개월 아르바이트 후 수입과 지출**

지출		수입	
차비	50,000	아르바이트	1,000,000
점심값	100,000		
순수입	850,000		
	1,000,000		1,000,000

[표 2-5]를 보면 3개월 동안 아르바이트한 **수입이 오른쪽에 기록되어 있으며, 그 돈을 벌기 위해 얼마가 지출되었는지 왼쪽에 기록되어 있다.** 이것이 회계기록의 가장 근본적인 두 번째 약속이다. 즉 오른쪽에는 수입(수익)이 기록되며, 왼쪽에는 지출(비용)이 기록된다. 또한 왼쪽과 오른쪽의 금액은 ₩1,000,000으로 일치한다. 이는 손익계산서 구조와 유사하다. [표 2-3]과의 차이점은 [표 2-3]은 특정한 시점에서의 소유물건들을 정리한 것이고, [표 2-5]는 일정한 기간(3개월간) 동안 벌어들인 수입과 지출내역을 기록한 것이다. 여기서 주의해야 할 것은 [표 2-5]는 3개월의 아르바이트 내역을 정리한 것이기 때문에 3개월 동안의 아르바이트 수입과 지출만 포함되어야 한다. 다른 기간의 내역이 포함되면 안 된다는 말이다.

[표 2-5]에서는 나의 총수입이 얼마였으며, 그 수입을 얻기 위해 얼마나 지출되었는지를 알 수 있다. 수입에 비해 지출이 많았다면 좋은 성과를 보인 아르바이트는 아니었다고 평가할 것이다. 극단적으로는 수입에 비해 차비와 점심값이 더 많이 지출되었을 수도 있을 것이다. 이를 평가해 볼 수 있는 것이 순수입이다. 이처럼 일정 기간 동안의 성과를 요

약한 회계보고서를 손익계산서(Income Statements: I/S)6)라고 한다. 손익계산서의 구조는 [표 2-6]과 같다.

[표 2-6] 손익계산서의 구조

비용	수익
순이익	

[표 2-6]에서 손익계산서는 크게 수익과 비용의 두 부분으로 구분된다. 아르바이트 수입은 수익에 해당하며, 차비와 점심값 등은 비용에 해당한다. 여기서 순이익은 수익에서 비용을 제외한 나머지를 말한다. 따라서 다음과 같은 산식으로 순이익이 구해진다.

순이익 = 총수익 − 총비용 [식 2-2]

3개월 동안의 아르바이트 순수입이 ₩850,000이다. 그 돈으로 노트북을 ₩600,000에 구입하였고, 친구에게 빌린 돈 ₩50,000도 갚았다. 신발도 한 켤레 구입하였는데 ₩50,000을 주었다고 가정해 보자. 처음에 내가 가지고 있었던 물건의 내역이 바뀌게 된다. 그 변동내역을 [표 2-3]에 반영하면 현재 시점에서의 소유물건을 새롭게 정리할 수 있는데 이를 작성한 것이 [표 2-8]이다.

[표 2-8]에서 아르바이트 후의 소유물건을 보면 [표 2-7]과 차이를 보인다. 전에 오른쪽에 기록되어 있던 친구의 돈은 갚았기 때문에 없어졌으며, 왼쪽에 보면 현금과 노트북, 신발이 새롭게 기록되어 있다. 현금은 아르바이트 전 ₩20,000에서 아르바이트로 인하여 ₩850,000이 증가하고 빌린 돈 갚기 ₩50,000, 노트북, 신발 사기로 ₩650,000을 써서 현재는 ₩170,000이 남은 것이다. 앞서 본 것과 마찬가지로 왼쪽과 오른쪽의 총금액은 ₩950,000으로 동일하다.

6) K-IFRS(한국채택국제회계기준)에서 사용하는 공식적인 명칭은 포괄손익계산서(comprehensive income statement)이나 이 책에서는 이해를 용이하게 하기 위하여 단순히 손익계산서로 이용하기로 한다.

[표 2-7] **아르바이트 전 나의 재산상태**

소유물건		자금원천	
안경	50,000	친구	50,000
가방	20,000	아빠(내 돈)	100,000
책	30,000		
옷	30,000		
현금	20,000		
	150,000		150,000

[표 2-8] **아르바이트 후 소유 중인 나의 재산**

소유물건		자금원천	
안경	50,000		
가방	20,000	아빠(내 돈)	100,000
책	30,000	아르바이트	850,000
옷	30,000		
신발	50,000		
노트북	600,000		
현금	170,000		
	950,000		950,000

/ 연 / 습 / 문 / 제 /

01. 재무회계는 여러 가지 가정을 가지고 있다. 회계처리는 기업을 중심으로 한다는 것은 ① __________ 가정에 해당하며, 기업이 권리와 의무를 이행하기에 충분할 정도로 장기간 존속한다는 가정은 ② __________ 가정에 해당한다. 회계처리의 대상을 화폐단위로 측정하여 보고한다는 것은 ③ __________ 가정이다.

02. 회계학은 정보이용자에 따라 ① __________와 ② __________로 구분되는데, ① __________은 기업내부의사결정에 필요한 정보를 제공하기 위한 분야이며, ② __________는 외부정보이용자들에게 정보를 제공하는 분야이다. 특히 외부정보이용자에게 보고하는 재무제표는 객관적으로 투명하게 이루어져야 하는데 이와 관련된 분야는 ③ __________이며, 세법에 따라 세금을 산출하는 과정은 ④ __________분야이다.

03. 우리나라의 기업회계기준은 ① ________에서 권한을 위임받은 민간기구인 ② ________에서 공표하는 ③ ________가 그 역할을 한다.

04. 재무회계에서는 ① __________라는 회계보고서를 작성하여 공시한다. 주요 재무제표에는 ② ________, ③ ________, ④ ________, ⑤ ________, ⑥ ________ 등이 있다. 우리나라 상법에는 ⑦ ________을 1년으로 규정하고 있으며, ⑧ __________이 종료된 후 그 결과를 주요 일간지에 공시하여야 한다.

05. 재무회계와 관리회계는 많은 차이점이 있다. 먼저 재무회계의 정보이용자는 주로 ① __________이용자들이며, 관리회계는 ② __________이용자들이다. 작성원칙도 재무회계에서는 반드시 ③ __________에 따라 작성하여야 하지만 관리회계는 구애받지 않는다. 보고서의 형태도 재무회계에서는 ④ __________를 작성하여 공시하여야 하지만 관리회계에서는 보고서의 형태에 구애받지 않는다.

06. 현재 시점에서 나의 소유물건을 보고서 형태로 작성한다고 가정해 보자. 회계보고서에 내가 갚아야 할 돈은 보고서의 ① __________에 기록되며, 소유하고 있는 물건은 보고서의 ② __________에 기록된다. 즉 자금의 원천은 ③ __________에 기록되며, 그 결과는 ④ __________에 기록된다는 의미이다.

07. 회계보고서에서 아르바이트 수입은 보고서의 ① ____________에 기록되며, 지출은 ② __________에 기록된다.

08. 1개월 전에 친구에게 ₩30,000을 빌려 지갑을 구입한 적이 있다. 그 후 아르바이트로 ₩100,000을 벌어서 그 돈을 갚았다. 1개월 전과 현재의 소유상태를 각각 보고한다면 어떻게 기록되는가? 단, 다른 것은 없다고 가정한다.

09. 나의 소유물건이 총 ₩100,000이며, 갚아야 할 돈이 ₩30,000이다. 내 돈은 얼마인가?

10. 한 달 동안 아르바이트 수입이 ₩100,000이며, 지출금액이 총 ₩70,000이다. 남아 있는 현금은 얼마인가?

11. 회계의 목적을 설명하시오.

12. 회계를 기업의 언어(language of business)라고 하는데 이 말의 의미를 설명하시오.

13. 회계전문가로서 공인회계사의 역할과 외부감사제도(external auditing)의 기능을 설명하시오.

14. 회계가 제대로 작동하면 회계를 통하여 '희소한 자원의 효율적 배분'이 가능하다고 하는데 이 말의 의미를 설명하시오.

15. 기업의 주요 이해관계자를 열거하고, 이해관계자들 중 주주(stockholders)와 채권자(creditors)의 주 경제적 의사결정문제를 설명하시오.

16. 회계정보가 정보이용자들의 경제적 의사결정에 유용한 정보가 되기 위해서 갖추어야 할 주요 질적 특성을 설명하시오.

17. 기업회계기준이 만들어진 배경과 그 역할을 설명하시오.

회계의 영역과 전문자격증

읽을거리

회계의 네 가지 영역과 전문직업

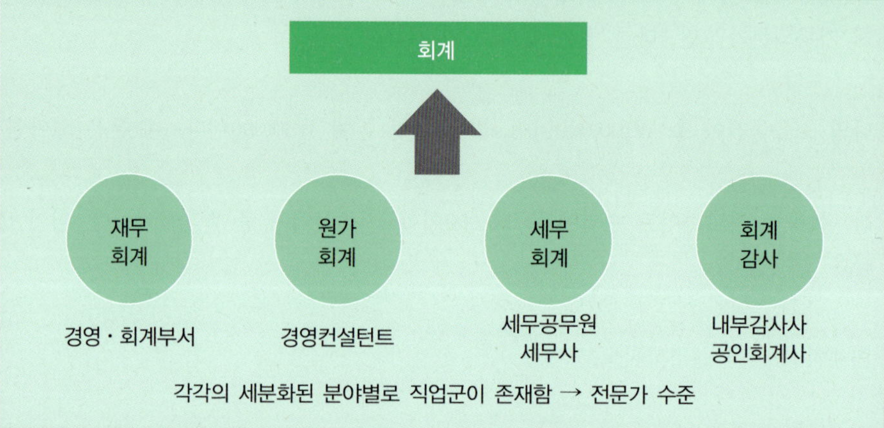

회계관련 전문자격증

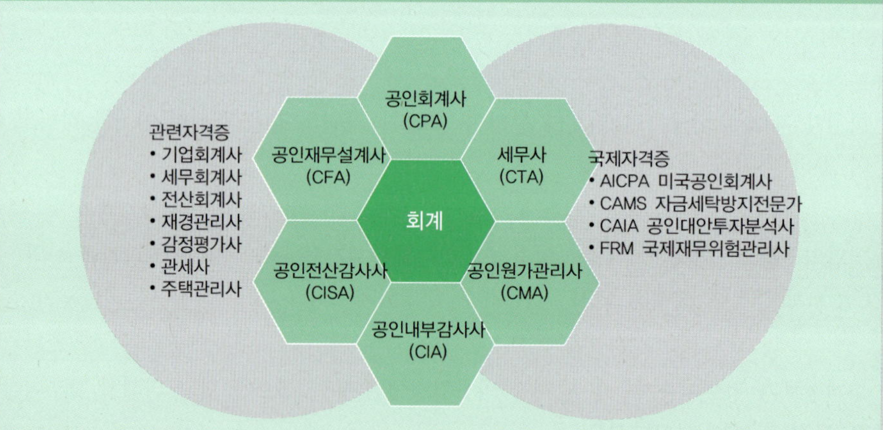

출처: 한국증권금융연구소(https://www.kosfi.com/)

엑셀 이야기 + 2장

기업목표의 변경, 신제품 개발, 조직구조의 재편성 등 기업은 다양한 의사결정상황에 직면합니다. 이처럼 기업이 직면한 문제를 해결하거나 주어진 기회를 살리기 위하여 어떤 전략이나 행동 대안을 선택하게 되는데 이를 의사결정이라 합니다. 다양한 상황에서 합리적이고 효과적인 의사결정을 이끌어 내기 위해 회계정보를 분석합니다. 회계학은 측정가능한 계량적 정보이며, 화폐액으로 표현되는 회계정보를 분석합니다.

마찬가지로 엑셀프로그램 또한 가장 중요한 컨셉은 정보의 분석입니다. 어느 산업현장이나 데이터와 정보가 쌓입니다. 쌓인 정보를 어떻게 활용할 것인가? 바로 어떤 상황에 대한 의사결정을 하기 위함입니다. 엑셀프로그램은 정보를 분석하고 의사결정을 도와주는 툴(tool)입니다. 회계정보가 회계정보 이용자에게 의사결정을 도와주는 것처럼 엑셀프로그램을 활용한 회계정보 제공은 강력한 힘을 발휘할 것입니다.

❶ 열, 행, 셀

엑셀프로그램의 기본기능을 알아보기에 앞서 엑셀을 처음 접하면 반드시 알아야 하는 필수항목인 열, 행, 셀에 대해 먼저 알아봅시다.

처음 엑셀프로그램을 실행하면 [그림 2-3]과 같습니다.

그림 2-3 엑셀프로그램 실행화면

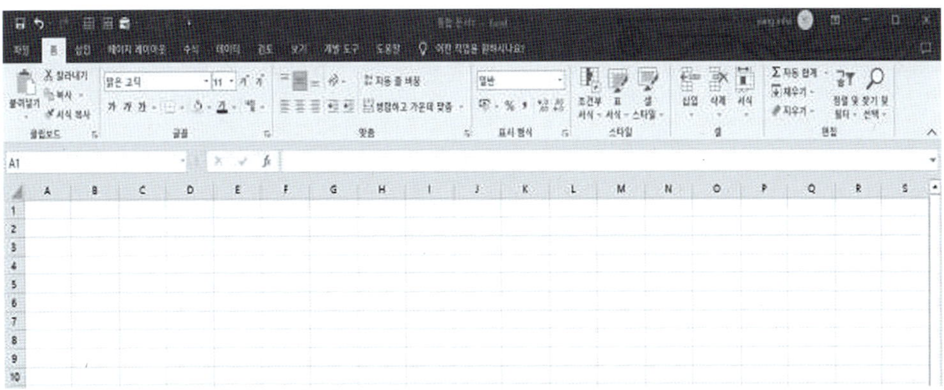

실행한 엑셀프로그램의 위쪽과 왼쪽을 보면 각각 알파벳과 숫자가 나열되어 있습니다.

그림 2-4 **엑셀프로그램 행, 열, 셀**

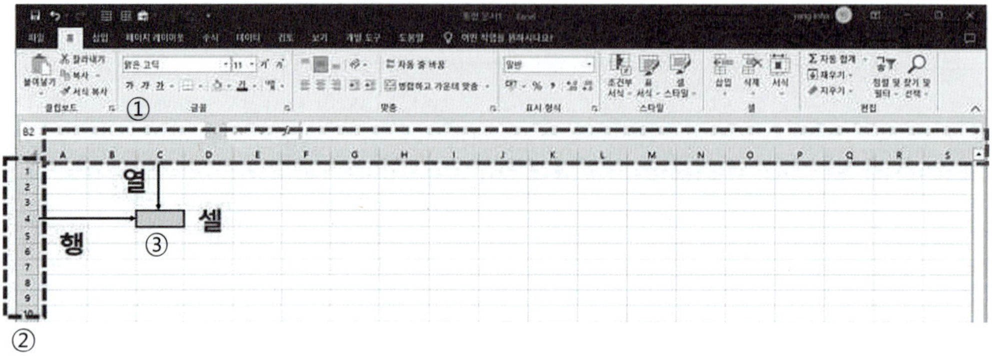

[그림 2-4] 상단 수평 알파벳 부분, 즉 ① 점선 사각형에 있는 부분(A, B, C, …)을 열이라고 하며, 좌측 수직 숫자 부분 ② 사각형에 있는 부분(1, 2, 3, …)을 행이라고 합니다. 그리고 열과 행이 만나는 ③ 박스를 셀(Cell)이라 합니다.

셀(Cell)은 모든 생물의 조직을 이루는 기본 단위인 세포를 부르는 말이기도 합니다. 엑셀프로그램의 워크시트도 하나의 생물로 본다면 세포에 해당하는 셀로 이루어져 있습니다. 워크시트에는 수많은 사각형이 가지런히 정렬되어 있습니다. 이 사각형 각각이 모두 셀입니다. 셀은 데이터를 입력할 수 있는 가장 작은 단위입니다.

즉 셀은 숫자나 문자 또는 계산을 필요로 하는 수식 등이 입력되는 가장 기본적인 공간입니다. 엑셀프로그램은 셀로 시작해서 셀로 끝난다고 해도 과언이 아닙니다.

[그림 2-4]에서 보듯 엑셀프로그램은 수많은 셀로 구성되어 있어 셀마다 불리는 이름이 있습니다. [그림 2-5] 사각형(①)에 있는 2행과 B열이 만나는 셀이 B2, 3행과 C열이 만나는 셀이 C3인 것처럼 알파벳+숫자가 셀의 이름입니다.

그림 2-5 **엑셀프로그램 셀 이름**

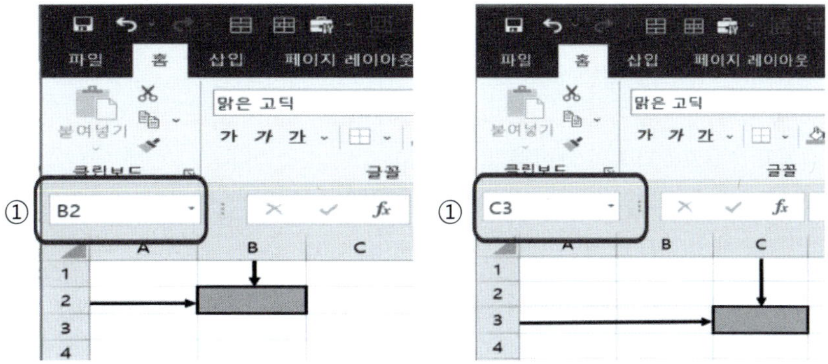

❷ 수식과 참조

[표 2-5]에서 예를 든 다음달 아르바이트 수입을 지난달보다 10% 더 높게 책정하면 얼마일까요? 또 9%, 8%, … 이렇게 책정하면 얼마가 될까요?

책정한 금액을 계산하려면 먼저 계산기를 꺼내 들고 비율마다 일일이 계산을 하여야 할 것입니다.

이것을 엑셀프로그램에 입력해 봅시다. [그림 2-6]처럼 우선 D2 ①셀에 지난달 아르바이트 수입인 100만 원을 숫자로 입력하고, 비율을 F3~F7셀에 10~6%를 입력합시다.

그림 2-6 **비율에 따른 아르바이트 인상금액**

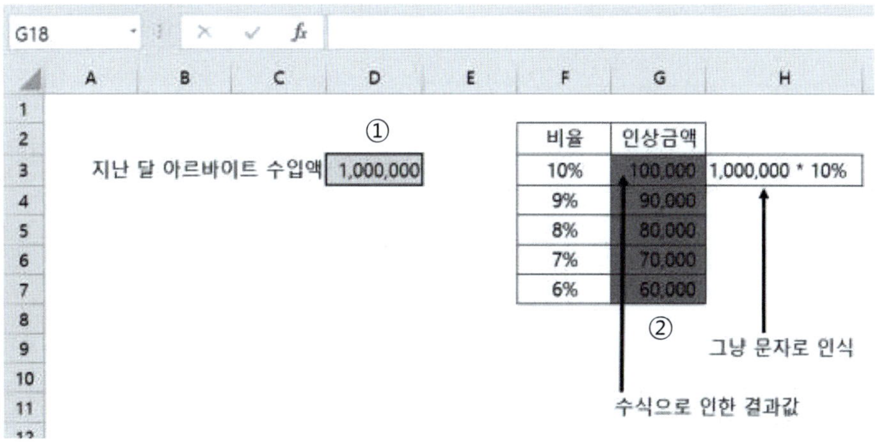

수식이란 것이 워드프로세서와 다른 것 중의 하나라고 했었지요. 수식은 항상 "="로 시작을 해야 엑셀프로그램이 수식으로 알아서 처리를 해줍니다.

H3셀에 1,000,000*10%라고 하면 엑셀프로그램은 워드프로세서와 같이 그냥 문자로 생각을 하지 수식으로 생각을 하지 않는 것입니다. G3 ②셀이 알고자 하는 아르바이트 수입 백만 원의 10% 인상 금액인 십만 원이 엑셀프로그램의 계산엔진에 의하여 나타난 것입니다. 그런데 G3 ②셀에 수식은 눈에 보이지 않고 100,000이라는 결과값(Value)만 나타났습니다. 즉 **수식의 결과값이 수식이 들어 있는 셀인 G3에 나타나는 것**입니다.

수식이 뭘까요? 아무 셀에나 =**4*3**이라고 입력한 후 엔터키를 쳐보세요. 엔터키를 치자마자 12라는 결과값을 볼 수 있습니다. 초등학교 학생들이 4*3=라고 계산하는 것과 똑같습니다. 단지 =등호기호가 앞에 붙는 것입니다. 계산기가 필요 없습니다.

=4*3에서 만약 앞의 4라는 숫자가 상수가 아니고 변수라고 하면 어떻게 하면 좋을까요? 일일이 수식을 바꿔줘야 할까요? 아닙니다. 수식은 여러 셀을 **참조(Reference)**하는 기능이 있습니다.

그림 2-7 **엑셀프로그램 수식입력창과 참조기능**

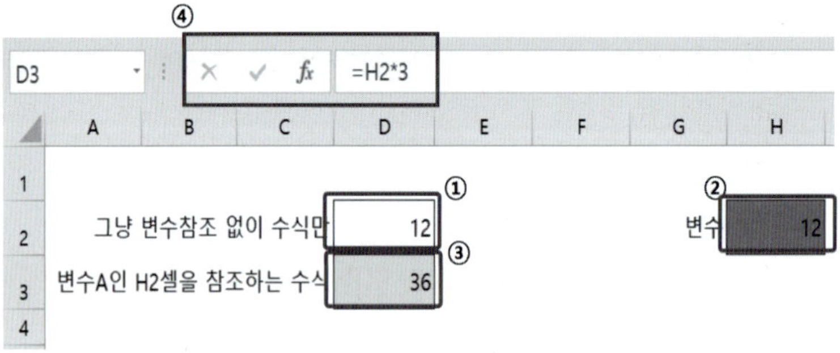

[그림 2-7]에서 ① D2는 그냥 수식만 =4*3이라고 입력하여 얻은 결과값입니다. 반면 ② H2에 12라는 숫자가 있고, ③ D3는 =H2(변수)*3이라고 입력하여 얻은 결과값입니다. ② 변수인 H2값을 다른 숫자로 변경할 때마다 ③ D3의 값이 변경됩니다. 이것이 엑셀의 힘입니다.

수식에서 어떤 셀을 참조할 때는 = 하고서 수식의 해당 변수가 될 부분(H2)을 마우스로 선택하면 자동으로 셀의 주소가 입력됩니다. 변수인 H2라는 셀의 주소가 수식의 상수였던 4와 바꿔지게 됩니다. =H2*3

그런데 마우스로 셀을 선택해도 수식이 안 보인다고 할 수 있습니다. 이때 [그림 2-7]처럼 마우스로 ③ D3를 선택 후 ④ 수식입력창을 보시면 확인할 수 있습니다.

어떤 일을 하든 시뮬레이션이 가능해지는 것입니다. 의사결정을 하는 데 지대한 도움을 줍니다. 예를 들어, 이번 달 아르바이트 수입액을 변경할 때 비율에 따른 인상금액이 얼마일까? 등을 확인할 수 있습니다.

엑셀은 강력한 계산기가 포함된 프로그램입니다. 또 수많은 셀들은 수식으로 원하는 셀들을 참조(Reference)할 수 있습니다. [그림 2-6]에서 비율이 입력된 셀 F3 10% 옆 셀(G3)에 있는 내용이 곧 수식(Formula)이라고 하는 것입니다. 이 수식이 참조하고 있는 셀의 값을 얻어서 엑셀프로그램의 계산엔진에게 명령을 내리고 계산엔진은 수식의 결과값을 열심히 계산하여 돌려주는 것입니다.

❸ 자동채우기

[그림 2-6]에서 비율을 입력할 때 일일이 다 키보드로 입력하였을 것입니다. 그러나 자동채우기 기능을 활용하면 그럴 필요가 없습니다.

그림 2-8 **엑셀프로그램 자동채우기**

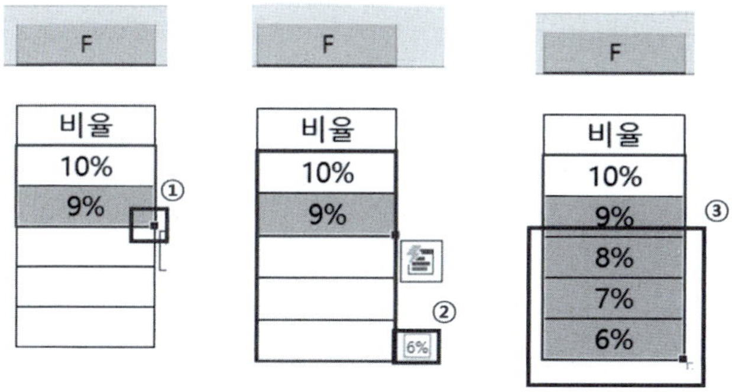

10%, 9%와 같이 연속 입력을 하면 두 개의 변화패턴, 즉 1%씩 변화를 줍니다. 그리고 두 개의 셀을 마우스로 선택한 후(10%, 9%), [그림 2-8]의 ①과 같이 사각형 부분에 있는 두꺼운 포인트를 마우스로 쭈욱 끌어 내립니다(Draging).

쭈욱 끌어내리면 [그림 2-8] ② 사각형처럼 최종 입력될 값이 작은 표시로 나타납니다. 원하는 %에서 마우스 버튼을 놓습니다. [그림 2-8] ③ 사각형이 결과물입니다.

엑셀프로그램은 중복되는 같은 작업은 싫어합니다. 중복된다 싶으면 어떤 기능이라도 지원해서 바보같이 반복되는 일을 하지 못하게 합니다.

이렇게 단순한 자동채우기도 되지만 수식도 같은 요령으로 자동채우기가 됩니다. 셀에 같은 수식이 들어갈 때 이것을 일일이 입력하지 않는 것입니다. 수식이 들어가 있는 셀들 중에서 하나의 셀에만 수식을 입력한 후 마우스로 쭈욱 끌어내리면 수식이 복사되어 자동 입력됩니다.

주어진 조건에 따라서 [그림 2-6]의 ②셀에 원하는 값을 얻어내는 아주 간단한 맞춤형 계산기가 만들어진 것을 확인할 수 있습니다.

❹ 절대주소와 상대주소

모든 셀은 자신의 주소를 갖고 있습니다. 주소의 형식은 열과 행의 좌표값으로 표시됩니다. 그래서 셀 주소는 열 머리글과 행 머리글의 조합으로 셀 주소가 만들어집니다. 셀 주소는 교차하는 열 머리글의 문자와 행 머리글의 숫자를 순서대로 조합해 만듭니다. [그림 2-9]에서 ① 셀 주소는 무엇일까요? 열방향값은 C이고, 행방향값은 3입니다. 그래서 두 개의 값을 합쳐서 C4라고 표현되는 것입니다.

그림 2-9 **엑셀프로그램 셀 주소**

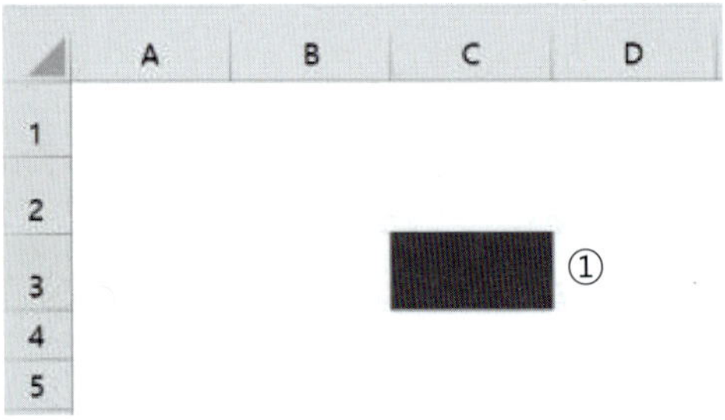

그리고 엑셀프로그램의 워크시트에는 셀이라는 수많은 집들이 있고, 이 각각의 셀을 인식하기 위해서는 주소가 항상 있어야 합니다. 어디에 무엇을 넣어두었는데 어디에 두었는지 알 수가 없으면 곤란하겠지요. 그래서 각각의 셀은 주소를 갖고 있는 것입니다.

그런데 주소를 인식하는 방법은 상대적인 주소로 인식하는 방법이 있고 절대적인 위치에 대한 주소로 인식하는 방법이 있습니다.

여러분이 어느 곳을 찾아가는데 "네가 있는 곳에서 두 블록 위에 있는 건물이다"라고 한다면 여러분이 있는 위치를 중심으로 상대적인 위치가 되는 것입니다. 또 여러분이 한 블록을 지난 후에는 "네가 있는 곳에서 한 블록 위에 있는 건물"이 되는 것입니다.

그러나 절대주소는 여러분이 어느 곳에 있든 변하지 않는 주소를 이야기하는 것입니다. 여러분이 두 블록 위에 있든 아래에 있든 성산일출봉은 성산리 일출로 284-12라는 고유주소에 있는 것입니다.

주소값에 $표시가 있는 것은 절대주소라고 하고, $표시가 없는 것을 상대주소라고 합니다. 왜 이런 것이 필요한지 예를 들어 보겠습니다.

[그림 2-10]처럼 지난달 아르바이트 수입 100만 원이 있고 비율(10~6%)을 적용한 인상금액을 계산하고 싶을 때, 지난달 아르바이트 수입과 비율값을 참조한 수식의 결과가 원하는 값일 것입니다.

아하 그렇다면 수식도 자동채우기가 된다고 하였으니 먼저 10%일 때 인상금액값을 구하면 되겠거니 할 것입니다. 그래서 G3셀에 =G3*F3이라는 수식을 넣은 후 자동채우기를 합니다.

그런데 어라 엉뚱한 결과값이 나오네요. 비율 10%인 경우에는 원하는 값인 100,000을 얻었는데, 9~6%인 경우에는 엉뚱한 값인 0을 얻었습니다.

그림 2-10 엑셀프로그램 상대주소

	A	B	C	D	E	F	G	H
1								
2						비율	인상금액	
3		지난 달 아르바이트 수입액		1,000,000		10%	100,000	=D3*F3
4						9%	0	=D4*F4
5						8%	0	=D5*F5
6						7%	0	=D6*F6
7						6%	0	=D7*F7
8								

그러나 [그림 2-11]과 같이 G3셀에 =$D$3*F3 수식을 넣은 후 자동채우기를 하니 비율에 맞는 원하던 값을 얻었습니다.

그림 2-11 엑셀프로그램 절대주소

	A	B	C	D	E	F	G	H
1								
2						비율	인상금액	
3		지난 달 아르바이트 수입액		1,000,000		10%	100,000	=$D$3*F3
4						9%	90,000	=$D$3*F4
5						8%	80,000	=$D$3*F5
6						7%	70,000	=$D$3*F6
7						6%	60,000	=$D$3*F7
8								

$기호는 $기호 뒤의 행번호나 열번호를 고정시키라는 의미로 생각하면 됩니다. 즉 상대주소는 수식이 들어있는 셀이 복사 또는 이동이 되면 상대적으로 셀 주소가 바뀌지만 절대주소는 수식이 들어있는 셀이 복사 또는 이동이 되어도 셀 주소가 변하지 않는 주소형식입니다.

쉬운 것 같아도 헷갈리기 쉬운 절대・상대 참조를 명확히 이해해야 합니다. 회계가 약속인 것처럼 엑셀도 약속입니다. 회계의 약속과 달리 엑셀에서의 약속은 약간 다릅니다. 엑셀의 약속은 컴퓨터와 나와의 약속입니다.

금전출납부는 용돈기록장이나 가계부 등 일상생활에서 자주 접하는 회계기록방식입니다. 이런 금전출납부 정보로 분석한다면 내가 지출을 몇 % 줄이면 또는 수입을 몇 % 늘리면 등등 내가 사고 싶은 것을 또는 하고 싶은 것(여행 등)을 막연하게가 아니고 구체적으로 행동정리가 될 수 있습니다.

엑셀프로그램의 수식과 자동채우기를 활용하여 [표 2-2]와 [표 2-8]의 금전출납부를 정리해 봅시다.

그림 2-12 엑셀프로그램 활용 금전출납부 정리

	A	B	C	D	E	F
1						
2	일자	적요	수입	지출	잔액	
3	20x7/03/01	친구에게 빌림	50,000		50,000	=C3-D3
4	20x7/03/01	안경구입		50,000	0	=E3+C4-D4
5	20x7/03/01	용돈	100,000		100,000	
6	20x7/03/01	가방구입		20,000	80,000	
7	20x7/03/01	책구입		30,000	50,000	
8	20x7/03/01	옷구입		30,000	20,000	
9	20x7/03/01	아르바이트	1,000,000		1,020,000	
10	20x7/03/01	차비		50,000	970,000	
11	20x7/03/01	점심값		100,000	870,000	
12	20x7/03/01	빌린돈상환		50,000	820,000	
13	20x7/03/01	신발		50,000	770,000	
14	20x7/03/01	노트북		600,000	170,000	

잔액 첫 번째 셀(E3)과 두 번 째셀(E4)에 수식(=잔액+수입−지출)을 이용하여 정리를 한 후 상대적으로 셀 주소가 바뀌도록 하여 자동채우기를 활용하면 잔액부분은 자동 계산됩니다. E3셀과 E4셀에 내용을 채운 후 자동채우기를 해보세요. 그리고 현재 나의 재산상태를 소유물건과 자금원천으로 구분하여 엑셀에 정리를 해보세요.

/ 주요 용어정리 /

- **회계**: 회계정보이용자가 합리적인 판단이나 의사결정을 알 수 있도록 기업실체에 관한 경제적 정보를 전달하는 과정
- **회계보고서**: 특정 기간 동안 일어난 거래, 그것의 변화나 계정대차에의 영향을 기록한 보고서
- **분식회계**: 실제보다 좋게 보이도록 거짓으로 회사의 회계장부를 조작하는 행위
- **경제적 의사결정**: 기업의 소유자 또는 경영자가 기업 및 경영상태 전반에 대한 방향을 결정하는 일
- **재무정보**: 기업의 자본조달과 운용활동 등을 담고 있는 정보
- **유용한 정보**: 기업의 이해관계자들 및 정보이용자의 합리적 의사결정에 도움을 주는 정보
- **목적적합성**: 의사결정문제를 해결하는 데 직접적으로 관련이 있어야 한다는 정보의 특성
- **신뢰성**: 의사결정 시 사용되는 정보가 얼마나 믿을 수 있는지에 대한 속성
- **주주**: 기업의 주식을 보유하는 주체
- **채권자**: 제3자에게 일정한 행위를 할 것을 청구할 수 있는 자
- **희소자원**: 요구되는 자원의 양은 많으나 사용할 수 있는 자원이 한정되어 있는 자원
- **효율적 배분**: 제한된 자원을 합리적으로 배분하는 행위
- **재무회계**: 외부정보이용자에게 유용한 정보를 제공하기 위한 회계
- **관리회계**: 내부정보이용자에게 기업활동에 관련된 의사결정 시 도움을 주는 회계
- **세무회계**: 재무회계시스템을 통해서 산출된 회계이익으로부터 세법규정에 의한 과세소득을 산정하는 과정
- **회계감사**: 독립된 제3자가 기업의 회계기록을 검토하고 재무제표에 신뢰성을 부여하는 것
- **회계기준**: 회계행위를 할 때 준수하지 않으면 안 될 행위의 지침
- **정보이용자**: 회계정보를 통해 합리적인 의사결정을 도모하는 자
- **내부정보이용자**: 기업의 이해관계자 중 기업 내부에 소속되어 있는 자
- **외부정보이용자**: 기업의 회계정보이용자 중 기업 외부에 존재하는 이용자
- **기업회계기준**: 기업이 재무제표를 작성하는 데 있어 준거해야 할 통일된 지침의 필요성에 의

해 제정된 기준

- **계속기업**: 재무제표를 작성하는 기본가정으로서 일반적으로 기업이 예상가능한 기간 동안 영업을 계속할 것이라는 가정
- **단식부기**: 거래의 이중성이라는 거래가 가지는 두 가지 효과를 모두 기록하지 않고 단순히 개별 항목의 변동만을 단독으로 기록하는 방식
- **복식부기**: 하나의 회계상 거래를 기록할 때 차변과 대변에 동일한 금액을 기록하는 방식
- **회계등식**: 자산, 부채, 자본의 상호관계를 식으로 표시한 등식(자본=자산+부채)
- **손익계산서**: 한 회계기간에 기업의 모든 비용과 수익을 비교하여 손익의 정도를 밝히는 계산서
- **GAAP**: 일반적으로 인정된 회계원칙으로서 재무제표의 작성에 있어 기준이 되는 지침

CHAPTER

3

기업활동! 무엇을 어떻게 기록해야 할까?

CHAPTER 03

기업활동! 무엇을 어떻게 기록해야 할까?

1 기본 용어를 알아보자

1.1 자산 · 부채 · 자본

1) 자산

일반인들이 상식적으로 알고 있는 재산 개념과 유사하다. 우선 회계학에서의 자산에 대한 정의를 살펴보자. **자산(assets)이란 과거의 거래나 사건의 결과로서 현재 기업에 의해 지배(control)되고 미래에 경제적 효익을 창출할 것으로 기대되는 자원**이다. 자산의 정의에서 핵심적 개념은 ① 미래의 경제적 효익(future economic benefits)이다. 그리고 ② 미래의 경제적 효익을 기업이 배타적으로 누릴 수 있어야 하고, ③ 미래의 경제적 효익을 창출할 수 있는 사건이 과거에 발생했어야 한다.

■ 미래의 경제적 효익

자산의 정의에서 핵심적인 개념은 '미래의 경제적 효익'이다. 이것은 추상적인 개념이어서 쉽게 이해하기 어려울 수도 있다. 조금 더 쉬운 용어로 풀어보자.

미래의 경제적 효익 = 미래의 순현금유입을 창출할 수 있는 잠재력

"미래의 경제적 효익이 있다"는 말의 의미는 "미래의 순현금유입을 창출할 수 있는 잠재력을 가지고 있다"는 것이다. 즉 특정 자산을 가지고 있으면 ① 그것을 이용하여 미래의 현금유입을 창출할 수 있거나 ② 해당 자산을 미래에 현금으로 전환할 수 있거나 ③ 그렇지 않았다면 유출되어야 할 현금의 유출을 감소시킬 수 있다. 자산의 정의와 관련하여 위의 세 번째 의미도 상당히 중요하나 당분간 첫 번째와 두 번째의 의미로만 자산을 이해하기 바란다. 세 번째의 의미에 대해서는 제4장에서 설명한다. 자산의 예를 들면 다음과 같다.

- 현금, 예금 등
- 상품, 제품 등의 판매목적으로 보유하고 있는 자산
- 소모품 : 필기류, 용지 등 단기간 사용·소모될 자산
- 비품: 책상, 집기 등 장기간 영업활동에 사용될 자산
- 매출채권(외상매출금, 받을어음): 상품 외상판매 시 돈을 받을 수 있는 권리
- 유가증권: 다른 기업이 발행한 주식이나 채권의 매입분
- 대여금: 다른 사람에게 빌려준 돈
- 미수이자: 빌려준 돈에 대한 이자 중에서 아직 받지 못한 부분
- 건물, 기계장치, 토지 등
- 전세보증금: 전세기간이 끝나면 돈을 돌려받을 수 있는 부분

이와 같이 자산은 해당 자산의 판매 혹은 처분을 통하여 현금화할 수 있거나(건물, 기계장치, 토지, 비품, 상품, 제품, 유가증권 등), 상거래, 금전대차거래 혹은 계약에 의해서 발생한 채권, 즉 돈 받을 수 있는 권리(매출채권, 대여금, 전세보증금, 미수이자) 등으로 구성되어 있다. 따라서 자산은 현금 그 자체이거나, 판매 혹은 처분을 통해서 현금화할 수 있거나, 채권의 행사를 통해서 모두 미래의 현금유입 창출능력을 가진다는 것을 알 수 있다.

2) 부채

일반인들이 상식적으로 알고 있는 빚의 개념과 유사하다. 우선 회계학에서의 부채에 대한 정의를 살펴보자. 부채(liabilities)란 과거의 거래나 사건의 결과로서 현재시점에 부담하고 있는 경제적 의무이며, 그 의무를 이행하기 위해서 미래의 경제적 효익의 희생이 수반되는 것이다.

▪ 현재의 경제적 의무

부채의 정의에서 핵심적 개념은 ① 현재시점에서 기업이 부담해야 하는 경제적 의무이며, ② 이러한 경제적 의무를 유발시키는 사건이 과거에 발생했어야 하며, ③ 경제적 의무를 이행하기 위해서는 현금을 지급하거나 다른 재화나 용역을 제공해야 하는 등 미래의 경제적 효익의 희생을 수반한다는 것이다. 부채의 예를 들면 다음과 같다.

- 매입채무(외상매입금, 지급어음): 상품매입대금 중 나중에 갚기로 한 금액
- 미지급이자: 빌린 돈의 이자 중에서 아직 지급하지 않은 부분
- 선수금: 상품판매를 약속하고 상품제공 전에 미리 받은 대금
- 차입금: 개인이나 금융기관 등으로부터 빌려 쓴 돈
- 사채: 필요자금을 조달하기 위해 발행한 회사채 발행액

이와 같이 부채는 대부분 미래에 현금을 지급해야 하거나(매입채무, 미지급이자, 차입금, 사채 등), 재화나 용역을 제공해야 하는(선수금) 현재의 경제적 의무로 구성되어 있다. 그리고 현재의 경제적 의무를 이행하기 위해서는 미래에 현금을 지급하거나 재화나 용역을 제공해야 하는 등 미래의 경제적 효익의 희생이 수반된다는 사실을 알 수 있고, 이러한 현재의 경제적 의무를 유발하는 사건이 이미 과거에 발생했다는 사실을 알 수 있다.

3) 자본

자산에서 부채를 차감한 잔액을 말하는 것으로서 순자산(net assets)이라고도 한다. 즉 회계등식(자산=부채+자본)에서 등식의 오른쪽에 있는 부채를 왼쪽으로 이항하면 '자산

−부채=자본'이라는 산식을 만들 수 있다. 이것을 자본등식(capital equation)이라고도 하는데 자산, 부채 및 자본 간의 관련성을 잘 설명해 주고 있다.

자산−부채=자본
=자본금 + 이익잉여금 [식 3−1]

이와 같이 자산에서 부채를 차감하여 계산할 수 있는 자본(owners' equity)은 크게 주주의 출자액인 자본금과 영업활동과정에서 발생한 이익 중 회사 내에 유보시켜 둔 이익잉여금으로 구성되어 있다.

1.2 수익 · 비용

기업활동의 결과 일정 기간 동안의 경영성과는 보통 이익(earnings)으로 표시된다. 수익(revenues)에서 비용(expenses)을 차감하여 계산되는 이익은 일정 기간 동안의 기업 경영성과 평가지표로 널리 사용되고 있다. 회계학에서 사용되는 수익, 비용 개념은 일반인들이 사용하는 수입(inflows of cash), 지출(outflows of cash)과는 그 의미가 다르다.

1) 수익

수익(revenues)은 일정 기간 동안 기업의 주요 경영활동, 즉 재화의 생산 · 판매, 용역의 제공 등에 따른 대가의 유입을 말한다. 수익이 발생하면 자산의 증가나 부채의 감소를 수반하게 되어 결과적으로 순자산(=자산−부채), 즉 자본의 증가를 가져오게 된다. 예를 들어, 매출(수익)이 발생하면 현금이나 매출채권(자산)이 증가하게 되어 결과적으로 순자산이 증가하게 된다. 수익은 경영활동의 내용에 따라 다양한 형태로 나타날 수 있다. 수익의 예를 들면 다음과 같다.

- 매출액: 상품 혹은 서비스의 판매대가
- 임대료수익: 건물 등의 자산을 빌려준 대가로 받을 임대료

- 이자수익: 빌려준 자금에 대해서 받을 이자
- 배당금수익: 다른 기업의 주식투자를 통해 받은 배당금

2) 비용

비용(expenses)은 일정 기간 동안 기업의 주요 경영활동, 즉 재화의 생산 · 판매 혹은 용역의 제공 등과 관련된 수익창출활동 과정에서 유출 또는 소비된 경제적 자원을 말한다. 이러한 비용이 발생하면 이는 자산의 감소나 부채의 증가를 수반하게 되어 결과적으로 순자산(자산－부채), 즉 자본의 감소를 가져오게 된다. 비용은 경영활동의 내용에 따라 다양하게 나타날 수 있다. 비용의 예를 들면 다음과 같다.

- 매출원가: 판매과정에서 유출 혹은 소비된 재고자산(상품)의 원가
- 광고선전비: 광고선전활동에 사용된 경제적 자원
- 급여 : 회사 임직원의 급여
- 이자비용: 차입금에 대해서 지급할 이자
- 지급수수료: 서비스를 제공받은 대가로 지급할 수수료
- 지급임차료: 건물 등의 자산을 빌려서 사용한 경우 지급할 임차료

▪ 매출원가

판매과정에서 유출 또는 소비된 재고자산(제품 혹은 상품)의 원가를 매출원가라고 한다. 대형마트에서 판매를 목적으로 ₩40,000에 매입했던 상품을 소비자에게 ₩50,000 받고 판매하는 경우를 가정해 보자. 상품판매를 통해 수익이 ₩50,000 발생하였으며, 판매과정에서 ₩40,000에 매입하였던 상품자산이 유출(감소)되었다. 이와 같이 기업의 주요 경영활동과정에서 유출 혹은 소비된 경제적 자원을 비용이라고 하며, 특히 재고자산(상품 혹은 제품)의 판매과정에서 유출된 재고자산의 취득원가(혹은 제조원가)를 매출원가(cost of goods sold)라고 한다.

1.3 수익과 수입, 비용과 지출

1) 수익과 수입의 차이

일반인들이 사용하는 수입(cash inflows)과 회계학에서의 수익(revenues)은 다른 개념이다. 가령, (주)유니콘은 재판매목적으로 ₩40,000에 매입하였던 상품을 ₩50,000에 판매하면서 대금 중 ₩30,000은 현금으로 받고 나머지 ₩20,000은 20일 후에 받기로 하였다고 가정하자.

상품판매로 인한 (주)유니콘의 수익(상품판매 대가)은 ₩50,000이 된다. 그러면 수입은 얼마인가? ₩30,000이다. 이것은 상품판매 시 거래처로부터 현금으로 받은 부분(수입)이 ₩30,000이기 때문이다. 따라서 **현금의 유입을 의미하는 수입과 회계학에서의 수익은 다른 개념**이라는 것을 알 수 있다.

2) 비용과 지출의 차이

일반인들이 사용하는 지출(expenditures) 개념과 회계학에서의 비용(expenses)은 다른 개념이다. 위의 상품매매거래에서도 판매된 상품의 원가인 매출원가라는 비용이 ₩40,000 발생하였지만 판매 당시에는 현금지출이 전혀 없었다. 즉 현금지출 없이도 비용은 발생할 수 있다는 것이다. 또한 자금이 필요하여 은행에서 ₩10,000을 차입한 후 해당 차입금의 만기가 되어 원금과 이자 ₩11,000을 현금으로 지급했다고 가정하자. 이 경우 현금 ₩11,000이 지출되었으나 그중 ₩10,000은 차입금이라는 부채를 갚기 위한 것이며 이자비용은 ₩1,000이 된다. 즉 현금지출액(₩11,000)과 이자비용(₩1,000)은 일치하지 않게 된다. 이와 같이 **현금의 유출을 의미하는 지출과 수익창출활동 과정에서 유출(소비)된 경제적 자원을 의미하는 비용은 다른 개념**이다.

2 무엇을 기록해야 하는가?

2.1 기업의 형태

기업의 형태를 분류하는 기준은 여러 가지가 있을 수 있으나, 회계정보 산출과정과 관련하여 기업의 주 영업활동내용에 따라 제조기업, 상품매매기업 및 서비스기업 등으로 구분하는 것이 회계기록 측면에서 의미가 있다.

그림 3-1 **제조기업에서의 기업활동**

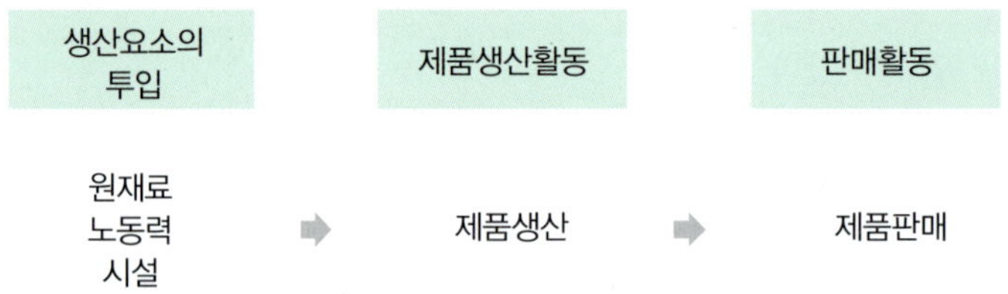

▪ 제조기업

제조기업(manufacturing companies)은 제품(products)을 생산하여 판매하는 것을 주 영업활동으로 하는 기업을 말한다. 이를 위해 제조기업에서는 외부로부터 원재료 등을 구입하고, 생산공정을 거쳐 구입한 원재료를 완제품으로 만드는 제품생산활동이 이루어지며, 생산된 제품을 판매하는 판매활동 등을 수행하게 된다. 그리고 이러한 구매, 생산 및 판매활동 등이 효율적으로 수행될 수 있도록 다양한 지원활동이 동시에 이루어지게 된다.

▪ 상품매매기업

상품매매기업(merchandising companies)은 **다른 기업에서 이미 만들어 놓은 제품 혹은 상품(merchandises)을 구매하여 이것을 재판매하는 것이 주 영업활동인 기업**을 말한다. 여기서 상품이란 제조기업에서 생산된 제품(products)과는 구분되는 것으로서 이미 생산이 완료되고 재판매를 목적으로 구입한 재화를 말한다. 상품매매기업은 크게 도매상(wholesalers)과 소매상(retailers)으로 구분할 수 있다. 도매상은 제조기업으로부터 제품을 직접 구입하거나 다른 도매상으로부터 상품을 구입하여 이것을 다른 도매상 혹은 소매상에게 재판매하는 것을 주업으로 한다. 따라서 최종 소비자들이 도매상으로부터 직접 재화를 구입하는 경우는 드물다. 소매상 역시 도매상과 마찬가지로 제조기업으로부터 제품을 직접 구입하거나 도매상으로부터 필요한 상품을 재판매목적으로 구입하지만 도매상과는 달리 소매상에서는 이것을 최종 소비자들에게 직접 판매한다는 점에서 다르다. 소매상의 대표적인 예로는 백화점, 슈퍼마켓, 대형할인점 등을 들 수 있다.

■ 서비스기업

서비스기업(service companies)은 변호사사무소, 회계사사무소, 병원 등과 같이 **전문적인 용역(services) 제공을 목직으로 하는 기업과 심부름센터, 세닥소 등과 같이 일상생활에서 필요한 일반적인 용역 제공을 목적으로 하는 기업**을 들 수 있다. 상품매매기업 혹은 서비스기업이 제조기업과 다른 점은 상품매매기업의 경우 자체적인 제품생산활동을 하지 않으며, 서비스기업의 경우는 제품생산활동과 상품구매활동을 하지 않는 대신 자체적인 전문적 서비스 제공활동을 주로 한다는 점이다. 그러나 이들 기업도 나머지 기업활동, 즉 자금조달을 위한 재무활동, 투자활동 및 영업활동 등의 목적이나 내용은 제조기업에서와 마찬가지로 동일하다. 따라서 일부 기술적인 부분을 제외하고는 상품매매기업, 서비스기업 및 제조기업의 회계정보 산출과정은 동일하며 또한 산출된 회계정보의 의미도 기본적으로 같다.

■ 복합기업

위에서 제시한 세 가지 기업활동 영역에 전문화하여 기업활동을 수행하는 기업들도 있지만 때로는 **두 가지 이상의 기업활동을 동시에 수행하는 기업**들도 많다. 이들 기업을 복합기업(hybrid companies)이라고 한다. 복합기업의 회계정보 산출과정 및 산출된 회계정보의 의미 역시 개별 기업활동 영역에 전문화된 기업의 경우와 동일하다. 자동차기업의 경우 자체적으로 자동차를 생산·판매하지만 외국산 자동차를 수입해서 재판매하기도 하고, 또한 판매된 자동차에 대한 사후수리업무(after services)를 직접 수행하기도 한다. 마찬가지로 제약회사들의 경우 자체 상표로 약을 생산·판매하지만 때로는 외국산 약품을 수입해서 재판매하기도 한다. 이들 기업의 경우 제조기업이면서 동시에 상품매매기업의 형태를 취하고 있고, 때로는 서비스기업의 형태를 동시에 갖추고 있는 경우도 있다.

2.2 기업활동

회계정보의 산출과 관련하여 기업활동은 크게 자금조달활동과 조달된 자금의 운용활동으로 구분할 수 있다. 즉 기업의 형태에 관계없이 모든 기업들은 필요한 자금을 조달해야 하며, 기업목적 달성을 위해 다양한 투자활동 및 영업활동 수행을 위해 조달된 자금을 사용하게 된다. 이러한 자금조달활동, 투자활동 및 영업활동은 서로 연결되어 있다. 즉 최초 창업 시 창업에 필요한 자금은 자금조달활동을 통하여 충분히 조달되어야 창업 자체가 가능하며, 창업 이후에도 매년 투자 및 영업활동을 수행하기 위해서는 투자 및 영업활동계획에 따라 필요한 자금이 다양한 형태를 통하여 조달되어야 한다.

그림 3-2 **자금조달 및 운용**

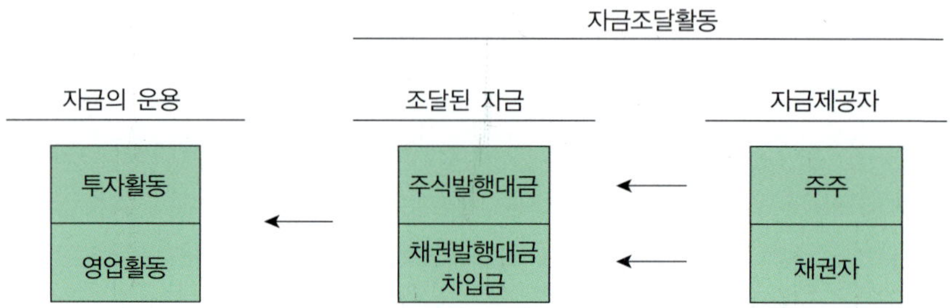

1) 자금조달활동

자금조달활동은 재무활동(financing activities)이라고도 한다. 기업활동에 필요한 자금조달원천으로는 크게 주식을 발행하여 기업에 필요한 자금을 조달하는 방법과, 기업외부의 제3자인 채권자로부터 차입하는 방법으로 구분할 수 있다. 주식을 발행하여 조달된 자금에 대해서는 경영성과에 따라 주식 소유주인 주주에게는 매년 배당을 지급해야 하며, 자금을 빌려준 채권자(금융기관 혹은 개인)에게는 차입한 자금에 대해서 매년(혹은 이자지급기일) 사전에 약정된 이자율로 이자를 지급해야 하고, 차입금의 만기에는 차입원금을 상환해야 한다. 이와 같이 주식, 채권발행 혹은 차입금을 통한 자금조달과 조달된 자금에 대한 대가인 배당금 지급 혹은 원리금 상환과 관련된 일련의 기업활동을 자금조달활동이라고 한다.

그림 3-3 **자금조달활동**

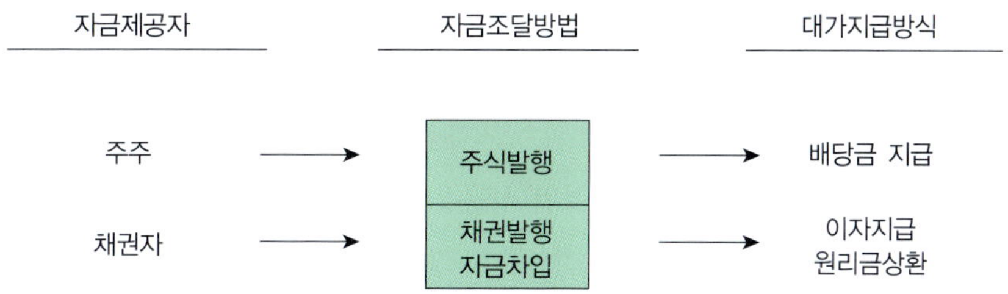

2) 투자활동

자금조달활동을 통하여 조달된 자금은 기업목적 달성을 위해 다양한 형태로 사용된다. 상품매매기업의 경우 재판매목적으로 상품을 구입하거나 종업원에게 인건비를 지급하는데 자금을 사용하기도 하고, 영업활동의 원활한 수행을 지원할 목적으로 건물, 자동차, 비품 등을 구입하기도 한다. 또한 자금의 여유가 있을 경우에는 여유자금을 현금의 형태로 보유하지 않고 주식, 채권 등의 수익성 있는 자산에 투자하기도 한다.

이와 같이 자금조달활동을 통하여 조달된 자금으로 건물, 자동차, 비품 등을 구입하거나 필요에 따라 이들 재산을 처분하여 투자된 자금을 회수하는 활동, 그리고 여유자금의 효과적 관리를 위하여 여유자금으로 주식, 채권 등의 유가증권을 구입하거나 매각하는 일련의 활동을 투자활동(investment activities)이라고 한다.

3) 영업활동

세 가지 기업활동 중에서 자금조달활동과 투자활동은 기업의 형태에 관계없이 비슷한 내용으로 구성되어 있지만, 영업활동의 내용은 기업의 형태에 따라 다른 점이 많다. 기업의 형태를 제조기업, 상품매매기업, 서비스기업으로 분류했을 때 그 기준이 되는 것은 해당 기업의 주된 영업활동(operating activities)이 무엇이냐 하는 것이다. 즉 영업활동의 결과 창출된 이익은 기업의 존속 및 성장에 필수적인 것인데, 주된 영업활동의 내용에 따라 이익창출과정이 상당히 다르기 때문이다.

제조기업의 경우 주된 수익창출활동인 영업활동은 제품의 생산과 판매가 되며, 상품매매기업은 이미 다른 기업에서 만들어 놓은 상품의 매입 및 판매가 되고, 서비스기업의 경우에는 고객이 요구하는 서비스를 제공하는 것이 주된 영업활동이 된다.

서비스기업의 경우에는 서비스 제공을 위해 다른 기업으로부터 서비스를 매입하는 과정이 필요 없지만 상품매매기업의 경우는 거래처로부터 재판매목적의 상품을 매입해야 한다. 따라서 거래처로부터 재판매목적의 상품을 얼마에 매입했는지 그리고 그것을 얼마에 판매했는지 하는 것을 구분할 필요가 있다. 그리고 제조기업의 경우에는 상품매매기업에서는 볼 수 없는 제품생산활동이 영업활동의 주요 부분을 차지하게 된다. 이러한 제품생산활동과 관련된 회계정보의 산출과정 및 산출된 회계정보의 의미에 대해서는 회계학의 전공과목(원가회계, 관리회계)에서 배우게 된다.

2.3 회계상의 거래

기업의 재산상태, 재산의 변화과정 및 경영성과와 관련된 정보를 축약하여 재무제표를 작성하기 위해 회계기록의 대상으로 삼는 것을 '회계상의 거래(accounting transactions)'라고 한다. 즉 자금조달활동, 투자활동 및 영업활동 등으로 구성되어 있는 기업활동을 수행하게 되면 다양한 경제적 사건(economic events)이 발생한다. 이때 회계기록의 대상으로 삼는 경제적 사건을 회계상의 거래라고 한다. 회계상의 거래로 인식하여 반드시 장부에 기록해야 하는 경제적 사건은 다음과 같은 두 가지 인식기준을 충족시켜야 한다.

1) 회계상의 거래 인식기준

- 회계등식에 영향을 주는 경제적 사건이어야 한다.
- 그 영향의 크기를 화폐액으로 신뢰성 있게 측정할 수 있어야 한다.

▪ 회계등식

회계상의 거래는 회계등식(accounting equation)에 영향을 미치는 경제적 사건으로서, 그 영향의 크기를 화폐액으로 측정가능한 것을 말한다. 회계등식에 영향을 미친다는 말의 의미는 회계등식을 구성하고 있는 요소를 보면 알 수 있다.

회계등식: 자산 = 부채 + 자본	[식 3-2]

자산, 부채 및 자본으로 구성되어 있는 회계등식에 영향을 미치기 위해서는 자산, 부채 및 자본의 증감변화를 일으키는 경제적 사건이어야 한다. 따라서 회계상의 거래란 자산, 부채, 자본의 증감변화를 일으키는 경제적 사건으로서, 그 증감변화의 크기를 화폐액으로 신뢰성 있게 측정할 수 있는 것을 말한다.

자산, 부채 및 자본으로 구성되어 있는 위의 회계등식은 그 자체로는 간단한 산식이지만 굉장히 중요한 의미를 가지고 있다. 그것으로부터 복식부기에서의 모든 회계기록 원리가 도출되기 때문이다. 회계등식의 의미를 제대로 파악하기 위해서는 우선 회계등식을 구성하고 있는 자산, 부채, 자본 및 이것들과 연결되어 있는 수익, 비용의 의미를 명확히 하는 것이 필요하다. 자산, 부채, 자본, 수익, 비용의 개념을 잘 이해하면 앞으로 공부하게 될 회계학의 많은 문제가 저절로 해결되는 경우를 자주 경험하게 될 것이다.

3 어떻게 기록할 것인가?

3.1 회계기록의 원리

경영활동과정에서 기업의 재산상태와 그 변화과정 및 경영성과와 관련된 정보를 제공하기 위하여 회계기록을 하게 된다. 경영활동과정에서 발생하는 다양한 경제적 사건들 중 회계기록의 대상이 되는 것을 회계상의 거래라고 하였다.

1) 회계상의 거래와 회계등식

회계상의 거래가 발생한 경우 회계기록의 모든 원리는 회계등식에서 찾을 수 있다. 즉 자산・부채・자본의 증감변화 및 수익・비용의 발생과 소멸로 요약되는 회계상의 거래가 발생할 경우 복식부기에서 회계기록의 모든 원리는 "항상 회계등식이 유지되도록 기록한다"는 것이다. 회계등식(자산=부채+자본)이 유지되도록 기록한다는 말의 의미를 설명하기 위해 간단한 예를 들면 다음과 같다.

▪ 회계등식의 양쪽에 영향을 미치는 거래

가령, 현금 ₩50,000을 은행에서 차입하였다고 가정하자. 이 경우 ₩50,000의 현금이 기업으로 유입되어 현금자산이 증가한다. 이것은 다음과 같이 기록된다.

회계등식:	자산	=	부채	+	자본
	+현금 50,000		차입금 50,000		0
계	50,000	=	50,000	+	0

위의 은행차입거래를 잘 살펴보면 차입과정에서 차입금이라는 부채(차입시점 현재 갚아야 할 경제적 의무)가 ₩50,000 발생하였다는 것을 알 수 있다. 결과적으로 거래 후에도

회계등식이 유지되고 있는 것을 볼 수 있다.

■ **회계등식의 한쪽에만 영향을 미치는 거래**

또 다른 예를 하나 들어보자. 가령, 상품 ₩30,000을 현금지급하고 매입하였다고 가정하자. 상품 ₩30,000이 기업에 유입되어 상품자산이 그만큼 증가하였다. 상품자산의 증가를 기록한 후에도 회계등식이 유지되도록 하기 위해서는 등식의 오른쪽에 ₩30,000의 증가를 기록하거나 왼쪽에 ₩30,000을 차감하기 위한 기록을 해야 한다.

회계등식:	자산	=	부채	+	자본
	+상품 30,000		0		0
	−현금 30,000				
계	0	=	0	+	0

은행차입거래의 예에서와는 달리 여기서는 회계등식의 오른쪽에 있는 부채(상품매입시점 현재의 경제적 의무) 혹은 자본이 증가했다는 사실을 확인할 수 없는 대신, 상품매입대금으로 현금을 지급하여 상품자산 증가분만큼 현금자산이 감소한 것을 알 수 있다.

이와 같이 거래 후 등식의 왼쪽 및 오른쪽에 기록된 금액의 합계는 모두 ₩0이 되어 회계등식(자산=부채+자본)이 유지된다. 즉 회계등식이 유지되도록 기록하기 위해서 반드시 등식의 왼쪽 및 오른쪽 항목을 동시에 기록해야 할 필요는 없다는 것이다. 회계상의 거래는 등식의 왼쪽 항목으로만 이루어질 수도 있고 반대로 오른쪽 항목들만으로도 구성될 수 있다.

■ **회계상의 거래가 회계등식에 미치는 영향**

위에서 살펴보았듯이, 회계상의 거래가 발생하면 주로 회계등식의 양쪽 구성요소에 영향을 미치지만 때로는 한쪽 구성요소에만 영향을 미칠 수도 있다. 그러나 어떠한 경우라도 회계상의 거래가 발생하면 회계등식의 구성요소 중 하나 이상에 직접적으로 영향을 미친다. 위에서는 개별 거래를 대상으로 회계상의 거래가 회계등식에 미치는 영향을 설명하였다. 기업활동을 계속하게 되면 회계상의 거래가 연속하여 발생한다. 이러한 일련의 회계거래를 기록할 경우 회계등식의 변화를 살펴보도록 하자.

위에서 예로 든 은행차입거래 및 상품매입거래가 연속적으로 발생한 것으로 가정하고, 이들 두 가지 거래의 기록결과를 결합하여 표시하면 다음과 같다.

회계등식:	자산			=	부채	+	자본
	현금		상품		차입금		자본금
은행차입거래	50,000	+	0	=	50,000	+	0
상품매입거래	−30,000	+	30,000	=	0	+	0
거래기록결과	20,000	+	30,000	=	50,000	+	0

두 가지의 개별 거래를 회계등식이 유지되도록 기록한 후 두 가지 연속된 거래기록을 결합할 경우에도 회계등식은 유지된다는 것을 알 수 있다. 이것이 기업회계에서 사용하는 복식부기(double entry bookkeeping)의 기본원리이다. 즉 자산·부채·자본의 증감변화를 일으키는 회계상의 거래를 회계등식이 유지되도록 기록하면, 개별 거래를 수없이 기록한 후 그 기록결과를 결합하여 요약할 경우에도 회계등식은 유지되어야 한다는 것이다.

3.2 자산 · 부채 · 자본변동과 회계기록

(주)유니콘의 20×1년 1월 중 거래자료를 통해 자산·부채·자본의 증감변화를 일으키는 회계상의 거래기록방법을 살펴보도록 한다.

예제 3-1

(주)유니콘의 1월 중 거래가 다음과 같이 발생하였다.

① 1월 1일 액면 ₩5,000의 주식 100주를 발행하였으며, 주주로부터 주식발행대금 ₩500,000을 전액 현금으로 받아 영업을 개시하였다.
② 1월 2일 건물 ₩300,000을 현금으로 구입한다.
③ 1월 3일 건물을 담보로 은행으로부터 현금 ₩250,000을 차입하였다. 차입금에 대한 이자는 매월 1일에 ₩2,500씩 지급하기로 하였다.
④ 1월 4일 책상 10개를 ₩100,000에 현금으로 매입하였다.
⑤ 1월 5일 상품 50개를 ₩50,000에 외상으로 매입하였다.
⑥ 1월 6일 상품 30개를 ₩30,000에 현금으로 매입하였다.
⑦ 1월 7일 소모품 ₩5,000을 현금으로 매입하였다.

① 1월 1일의 거래 : 주식발행대금 ₩500,000으로 영업개시

1월 1일의 거래로 (주)유니콘의 주식을 발행함으로써 자본금이 증가하였고 주식발행대금을 모두 현금으로 받음으로써 현금자산 ₩500,000이 증가하였다. 이것을 회계등식이 유지되도록 기록하려면 왼쪽의 현금자산 ₩500,000 증가에 대응하여 동일한 금액을 자본의 증가로 기록해야 한다.

거래번호	자산			=	부채	+	자본
	현금		건물				자본금
①	500,000	+	0	=	0	+	500,000
요약	200,000	+	300,000	=	0	+	500,000

이와 같이 회계등식이 유지되도록 자산·부채·자본의 증감변화를 기록할 경우, 다른 유형의 자산·부채 및 자본을 서로 구분하기 위해 이들의 종류별로 다른 명칭을 사용하여 기록한다. 어떤 명칭을 사용할 것이냐 하는 것은 현재로는 별로 중요한 문제가 아니다. 다만, 동일한 사건에 대해서 한 번 사용한 명칭은 통일해서 계속 사용해야 한다는 점만 명심

하자. 자본을 구성하는 항목들에 대해서는 뒤에서 다시 설명한다. 여기서는 일단 액면가로 발행된 주식을 통하여 기업의 주인인 주주로부터 조달된 자금을 자본금이라고 한다는 것만 알고 있으면 된다.

② 1월 2일의 거래 : 건물 ₩300,000 현금 구입

1월 2일의 거래로 건물자산 ₩300,000이 증가하고, 건물구입대금으로 지급한 현금자산이 그만큼 감소하게 된다. 1월 2일의 거래를 기록하면 자산의 구성항목 및 금액에는 변동이 있으나, 거래기록 후에도 여전히 회계등식은 유지된다는 것을 알 수 있다.

거래 번호	자산			=	부채	+	자본
	현금		건물				자본금
①	500,000	+	0	=	0	+	500,000
②	−300,000	+	300,000	=	0	+	0
요약	200,000	+	300,000	=	0	+	500,000

③ 1월 3일의 거래: 건물을 담보로 은행으로부터 ₩250,000 차입

건물을 담보로 현금 ₩250,000을 은행으로부터 차입하면, (주)유니콘 입장에서는 현금자산 ₩250,000이 증가하게 되지만 동일한 금액의 차입금이라는 부채가 발생한다. 여기서 차입금이란 금융기관이나 기타 기업 외부로부터 빌려온 자금을 말한다. 이때 차입금에 대한 이자는 매월 1일에 지급하기로 하였으므로 1월 3일의 거래에는 반영되지 않는다. 1월 3일까지의 거래를 요약하면 다음과 같다.

거래 번호	자산			=	부채	+	자본
	현금		건물		차입금		자본금
①	500,000	+	0	=	0	+	500,000
②	−300,000	+	300,000	=	0	+	0
③	250,000	+	0	=	250,000	+	0
요약	450,000	+	300,000	=	250,000	+	500,000

④ 1월 4일의 거래 : 책상 10개를 ₩100,000에 현금매입

현금 ₩100,000을 지급하고 책상을 매입하면 책상자산이 ₩100,000 증가하고 현금자산이 그만큼 감소하게 된다. 여기서 책상과 같이 1년 이상 영업활동목적으로 사용하기 위해 취득한 자산을 '비품'이라고 한다. 비품으로 기록하는 다른 예로는 사무실용 캐비닛, 진열대 등을 들 수 있다. (주)유니콘의 1월 4일까지의 거래를 요약하면 다음과 같다.

1월 4일의 책상 매입거래(④)를 통하여 (주)유니콘의 총자산, 부채와 자본총계는 변하지 않았으며, 단지 자산의 구성내역만 바뀌었다는 것을 알 수 있다. 즉 1월 4일의 거래는 부채와 자본에는 영향을 미치지 않고 비품자산 및 현금자산이 동일한 금액만큼 증감하였기 때문이다.

거래 번호	자산					=	부채	+	자본
	현금		건물		비품				자본금
①	500,000	+	0	+		=	0	+	500,000
②	−300,000	+	300,000	+		=	0	+	0
③	250,000	+	0	+		=	250,000	+	0
④	−100,000	+	0	+	100,000	=	0	+	0
요약	350,000	+	300,000	+	100,000	=	250,000	+	500,000

⑤ 1월 5일의 거래: 상품 ₩50,000 외상매입

상품 ₩50,000을 외상매입하게 되면 상품자산 ₩50,000이 증가하는 반면, 동일한 금액의 부채(매입시점 현재의 경제적 의무)가 발생한다. 여기서 상품 외상매입 시 발생한 부채를 매입채무(외상매입금)라고 한다. 1월 5일까지의 거래를 요약하면 다음과 같다.

거래	자산							=	부채			+	자본
번호	현금		건물		비품		상품		차입금		매입채무		자본금
①	500,000	+	0	+	0	+	0	=	0	+	0	+	500,000
②	−300,000	+	300,000	+	0	+	0	=	0	+	0	+	0
③	250,000	+	0	+	0	+	0	=	250,000	+	0	+	0
④	−100,000	+	0	+	100,000	+	0	=	0	+	0	+	0
⑤	0	+	0	+	0	+	50,000	=	0	+	50,000	+	0
요약	350,000	+	300,000	+	100,000	+	50,000	=	250,000	+	50,000	+	500,000

1월 5일의 상품 외상매입거래(⑤)를 통하여 (주)유니콘의 자산과 부채는 각각 ₩50,000씩 증가하여 외상매입거래를 기록한 후에도 회계등식이 유지된다는 것을 알 수 있다.

⑥ 1월 6일의 거래: 상품 ₩30,000 현금매입

상품 ₩30,000을 매입하면서 거래대금을 현금으로 지급하게 되면 상품자산이 ₩30,000 증가하는 반면, 동일한 금액의 현금자산이 감소한다. (주)유니콘의 1월 6일까지의 거래를 요약하면 다음과 같다.

거래 번호	자산							=	부채			+	자본
	현금		건물		비품		상품		차입금		매입채무		자본금
①	500,000	+	0	+	0	+	0	=	0	+	0	+	500,000
②	−300,000	+	300,000	+	0	+	0	=	0	+	0	+	0
③	250,000	+	0	+	0	+	0	=	250,000	+	0	+	0
④	−100,000	+	0	+	100,000	+	0	=	0	+	0	+	0
⑤	0	+	0	+	0	+	50,000	=	0	+	50,000	+	0
⑥	−30,000	+	0	+	0	+	30,000	=	0	+	0	+	0
요약	320,000	+	300,000	+	100,000	+	80,000	=	250,000	+	50,000	+	500,000

⑦ 1월 7일의 거래: 소모품 ₩5,000 현금매입

소모품 ₩5,000을 매입하면서 거래대금을 현금으로 지급하였으므로 소모품자산이 ₩5,000 증가하는 반면, 동일한 금액의 현금자산이 감소한다. (주)유니콘의 1월 7일까지의 거래를 요약하면 다음과 같다.

거래 번호	자산									=	부채			+	자본
	현금		건물		비품		상품		소모품		차입금		매입채무		자본금
①	500,000	+	0	+	0	+	0	+	0	=	0	+	0	+	500,000
②	−300,000	+	300,000	+	0	+	0	+	0	=	0	+	0	+	0
③	250,000	+	0	+	0	+	0	+		=	250,000	+	0	+	0
④	−100,000	+	0	+	100,000	+	0	+	0	=	0	+	0	+	0
⑤	0	+	0	+	0	+	50,000	+	0	=	0	+	50,000	+	0
⑥	−30,000	+	0	+	0	+	30,000	+	0	=	0	+	0	+	0
⑦	−5,000	+	0	+	0	+	0	+	5,000	=	0	+	0	+	0
요약	315,000	+	300,000	+	100,000	+	80,000	+	5,000	=	250,000	+	50,000	+	500,000

1월 7일까지 발생한 거래자료를 요약하면, 1월 7일 현재 (주)유니콘의 총자산은 ₩800,000이며 부채와 자본 총계 역시 ₩800,000이다. 즉 개별 거래를 회계등식이 유지되

도록 기록하면 개별 거래를 기록한 후 자산, 부채, 자본의 구성항목 및 금액에는 변동이 있으나, 거래기록 후에 회계등식은 여전히 유지된다는 점을 알 수 있다.

3.3 수익 · 비용 발생과 회계기록

■ 수익이 발생하면 순자산(자본)이 증가한다

수익(revenues)은 일정 기간 동안 기업의 주요 경영활동, 즉 재화의 생산·판매, 용역의 제공 등에 따른 대가를 말한다. 즉 수익에는 매출수익, 용역수익, 수수료수익, 임대료수익 등이 포함되며, 기타영업수익, 그리고 금융수익 등이 포함된다. 수익이 발생하면 주로 현금이나 매출채권 등의 자산이 증가하거나 차입금 등의 부채의 감소를 수반하게 되어 결과적으로 순자산(=자산−부채), 즉 자본의 증가를 가져오게 된다.

수익이 발생하면 순자산이 증가한다는 말의 의미를 살펴보자. 회계등식(자산= 부채+자본)의 오른쪽에 있는 부채를 왼쪽으로 이항하면 다음과 같은 자본등식(capital equation)을 구성할 수 있다.

자산 − 부채 = 자본(순자산)	[식 3-3]

[식 3-3]의 자본등식에서 오른쪽에 있는 순자산(자본)이 증가하기 위해서는 부채가 일정할 경우 자산이 증가하거나, 자산이 일정할 경우 부채가 감소하면 된다는 것을 알 수 있다. 대표적인 수익발생거래를 통하여 수익이 발생할 경우 순자산(자본)이 증가한다는 것을 살펴보자.

예 1 상품을 ₩50,000에 판매하고, 대금 중 ₩30,000은 현금으로 받고 나머지 ₩20,000은 20일 후에 받기로 하였다.

위의 상품판매를 통한 (주)유니콘의 수익(상품판매대가)은 ₩50,000이다. (주)유니콘은 상품판매 당시 거래처로부터 ₩30,000의 현금을 받았고(현금자산 증가), 나머지 ₩20,000

은 20일 후에 받기로 하였다(매출채권자산 증가). 그리고 (주)유니콘의 상품매매거래를 잘 살펴보면 상품매매거래를 통하여 (주)유니콘이 부담해야 할 부채는 없다는 것을 알 수 있다. 따라서 상품매매거래를 통하여 (주)유니콘에는 순자산이 ₩50,000 증가하였는데, 이것은 상품판매대가인 수익과 일치하는 금액이다.

자산		−	부채	=	순자산
+ 현금	30,000		0		+ 50,000*
+ 매출채권	20,000				

*(30,000 + 20,000) − 0 = 50,000

예 2 상품을 ₩50,000에 판매하고, 대금 중 ₩30,000은 현금으로 받고 나머지 ₩20,000은 거래처로부터 전에 빌렸던 차입금(부채)과 상계하기로 하였다.

이 경우에도 수익(상품판매대가)은 ₩50,000이다. 그리고 상품매매거래의 결과 (주)유니콘의 현금자산은 ₩30,000 증가하고 동시에 부채(차입금)가 ₩20,000 감소한다. 따라서 (주)유니콘의 순자산은 ₩50,000이 증가하게 되는데, 이것은 상품판매대가인 수익과 일치하는 금액이다.

자산		−	부채	=	순자산
+ 현 금	30,000		− 차입금 20,000		+ 50,000*

*30,000 − (20,000) = 50,000

이와 같이 수익의 발생은 자산을 증가시키거나 부채의 감소를 통하여 순자산(자본)의 증가를 가져온다. 다른 유형의 수익에 대해서도 마찬가지이다.

예 3 은행예금에 대한 이자 ₩10,000을 현금으로 받았다.

예 4 회사 소유의 건물을 임대해 주고 임대료 ₩10,000을 현금으로 받았다.

은행예금에 대한 이자 ₩10,000을 현금으로 받았을 경우 또는 건물을 임대해 주고 임대료 ₩10,000을 현금으로 받았을 경우, 이자수익 혹은 임대료수익 ₩10,000이 발생하였다는 것은 수익의 정의를 통해서 알 수 있다. 그리고 이자 혹은 임대료로 받은 현금자산 ₩10,000의 증가로 인하여 ₩10,000의 순자산이 증가하였는데, 이것은 이자수익 혹은 임대료수익의 금액과 일치한다.

	자산		−	부채	=	순자산
예 3 예금이자:	+현금	10,000		0		+10,000*
예 4 임 대 료:	+현금	10,000		0		+10,000*

*10,000 − 0 = 10,000

■ 비용이 발생하면 순자산(자본)이 감소한다

비용(expenses)은 일정 기간 동안 기업의 주요 경영활동, 즉 재화의 생산·판매 혹은 용역의 제공 등과 관련된 수익창출활동과정에서 유출 또는 소비된 경제적 자원을 말한다. 비용에는 매출원가, 판매비와관리비, 이자비용, 법인세비용 등이 있다. 이러한 비용이 발생하면 이는 자산의 감소나 부채의 증가를 수반하게 되어 결과적으로 순자산(자산−부채), 즉 자본의 감소를 가져오게 된다.

비용이 발생하면 순자산이 감소한다는 말의 의미를 살펴보자. 순자산이 감소하기 위해서는 자산이 감소하든지 아니면 부채가 증가하면 된다. 대표적인 비용발생거래의 예를 들면 다음과 같다.

예 5 (주)유니콘은 재판매목적으로 ₩40,000에 매입하였던 상품을 ₩50,000에 현금을 받고 판매하였다.

위의 상품판매를 통한 (주)유니콘은 판매대가로 현금 ₩50,000을 받았으므로 현금의 증가를 통해 순자산이 그만큼 증가하였다. 이것은 이미 수익의 발생부분에서 설명을 하였다. 그리고 **예 5** 의 거래를 잘 살펴보면, 판매를 통해 수익(매출액) ₩50,000을 창출하는 과정에서 상품 ₩40,000이 감소되었다는 것을 알 수 있다. 이와 같이 매출액이라는 수익을 창출하는 과정에서 감소된 상품자산의 원가를 매출원가(비용)라고 한다. 따라서 매출원가라는 비용의 발생은 같은 금액의 상품자산 감소를 통한 순자산 감소와 일치하게 된다.

	자산		-	부채	=	순자산
판매수익:	+ 현금	50,000		0		+ 50,000*
매출원가:	- 재고자산	40,000		0		- 40,000**

*50,000 - 0 = 50,000
**40,000 - 0 = - 40,000

예 6 차입금에 대한 이자지급 기일이 되어 이자 ₩30,000을 현금지급하였다.

이 경우 부채는 새로이 증감한 것이 없고 이자비용(₩30,000)에 해당하는 금액만큼 현금자산이 감소하게 된다. 따라서 자산에서 부채를 차감한 순자산(자본)은 ₩30,000 감소하게 된다.

자산		-	부채	=	순자산
- 현금	30,000		0		- 30,000*

* - 30,000 - 0 = - 30,000

■ 순이익은 수익과 비용의 차이

순이익(net income)은 이익(profit 또는 earnings)이라고도 불리는데, 순이익은 수익에서 비용을 차감한 것이다. 즉 '수익－비용＝순이익'이 된다. 따라서 순이익은 특정 기간 동안의 총수익이 총비용을 초과하는 금액을 말한다. 결국 이러한 순이익은 기업의 경영활동의 결과를 나타내고, 연도별 순이익 합계액에서 주주에게 배당하고 남을 것을 기업내부에 누적시켜 놓은 것을 이익잉여금이라고 한다.[1] 다시 말해서 'Σ당기순이익－배당금＝이익잉여금'이라는 공식이 성립함을 알 수 있다. 이러한 이익잉여금은 기업의 자본을 구성한다.

결과적으로 '당기순이익＝수익－비용'이므로 기업의 수익이 발생할 경우 이익잉여금은 증가하고, 비용이 발생할 경우 이익잉여금은 감소한다는 것을 알 수 있다.

이익잉여금의 증가를 위에서 제시한 예(예 4, 예 6)를 통해 다시 한번 확인해 보자.

예 4 건물임대료 ₩10,000을 현금으로 받았다.

수익:	임대료	10,000	
－비용:		0	
이익:		10,000	→ 이익잉여금 증가 → 자본(순자산) 증가

예 6 차입금 이자 ₩30,000을 현금지급하였다.

수익:		0	
－비용:	이자비용	30,000	
이익:		－30,000	→ 이익잉여금 감소 → 자본(순자산) 감소

1) 기업의 자본은 크게 주식발행을 통하여 필요한 자금을 조달할 경우 주주가 기업에 출자한 것인 납입자본과 기업의 경영활동결과 수익이 비용을 초과하여 이익이 발생할 경우 이 이익을 누적시켜 놓은 것인 이익잉여금으로 구분할 수 있다. 따라서 자본(순자산)의 증가는 주식발행을 통한 자본금의 증가를 통해서도 가능하고, 기업의 영업활동결과 이익이 발생할 경우 이익잉여금의 증가를 통해서도 가능하다.

위의 예를 보면, 수익이 발생하면 이익이 증가하고, 이를 통하여 이익잉여금 곧 자본(순자산)이 증가하게 된다. 반대로 비용이 발생하면 이익이 감소하고, 이를 통하여 이익잉여금 곧 자본(순자산)의 감소로 이어진다는 것을 알 수 있다. 따라서 수익이 발생하면 자본(이익잉여금)의 증가로 기록하고, 비용이 발생하면 자본(이익잉여금)의 감소로 기록하면 된다.

▪ 수익 · 비용의 발생과 회계기록

앞서 [예제 3-1]에서 살펴보았던 (주)유니콘의 1월 7일까지의 거래는 모두 자산 · 부채 · 자본의 증감변화만 일으키는 거래들로 구성되어 있었다. 그러면 일정 기간 동안의 기업활동 수행결과 (주)유니콘은 얼마나 이익을 창출하였을까? 일정 기간의 총수익에서 총비용을 차감하여 계산되는 이익은 경영성과 평가를 위한 좋은 지표이다. 여기서는 (주)유니콘에서 1월 중 추가 발생한 거래를 통해 수익 · 비용거래의 기록방법을 설명한다.

예제 3-2

[예제 3-1]의 거래 발생에 이어 (주)유니콘의 1월 중 거래가 다음과 같이 추가로 발생하였다.

⑧ 1월 11일 건물 임대하고 1개월분 임대료 ₩30,000을 현금으로 먼저 받았다.
⑨ 1월 16일 건물 화재보험에 가입하고, 1개월분 보험료 ₩40,000을 현금지급하였다.
⑩ 1월 20일 종업원 급여 20일 치 ₩20,000을 현금지급하였다.
⑪ 1월 30일 상품 60개(취득원가 ₩60,000)를 ₩100,000에 현금판매하였다.

⑧ 1월 11일의 거래: 1개월분 건물임대료 ₩30,000을 현금으로 미리 받음

임대료수익의 발생으로 인해 현금자산이 ₩30,000 증가하였다. 이 과정에서 부채가 발생한 것은 없으므로 동일한 금액의 순자산(자본)이 증가하게 된다.

자산		−	부채	=	순자산
+ 현 금	30,000		0		+ 30,000

이제 수익, 비용, 순이익과 이익잉여금이라는 개념을 이해하였으므로 이 개념에 맞추어 접근해 보자. 1월 11일의 거래에서 임대료수익 ₩30,000이 발생하였으나 이 과정에서 비용이 발생한 것은 없다. 따라서 수익에서 비용을 차감한 이익이 ₩30,000 증가하여 이익잉여금 역시 동일한 금액만큼 증가하게 된다. 이러한 이익잉여금의 증가는 자본금과 이익잉여금으로 구성되어 있는 자본(순자산)의 증가로 연결되어 결국 수익이 발생한 만큼 자본(순자산)이 증가하게 된다. 이것을 [예제 3-1]의 (주)유니콘의 1월 7일까지의 거래에 연결하여 기록하면 다음과 같다.

거래번호	자산					= 부채		+ 자본	
	현금	건물	비품	상품	소모품	차입금	매입채무	자본금	이익잉여금
1/7	315,000 +	300,000 +	100,000 +	80,000 +	5,000	= 250,000 +	50,000 +	500,000 +	0
⑧	30,000 +	0 +	0 +	0 +	0	= 0 +	0 +	0 +	30,000
요약	345,000 +	300,000 +	100,000 +	80,000 +	5,000	= 250,000 +	50,000 +	500,000 +	30,000

▪ 자본금과 이익잉여금으로 구분 표시하는 이유

자본의 구성요소는 크게 자본금과 이익잉여금으로 구분할 수 있다. 자본금의 증가와 이익잉여금의 증가는 모두 자본을 증가시킨다는 점에서 동일한데 굳이 이것을 구분 표시하는 이유는 무엇일까?

그것은 순자산(자본)의 증가 원인이 서로 다르기 때문이다. 자본금은 출자를 통해 주주가 기업에 내어놓은 기업의 순자산 증가분을 나타내는 반면, 이익잉여금은 기업의 경영활동결과 수익이 비용을 초과함으로 인해 발생한 순자산의 증가분을 나타낸다. 따라서 자본을 자본금과 이익잉여금으로 구분 표시하면 순자산 증감의 원인을 구분하여 파악할 수 있으므로 정보이용자들의 정보욕구를 더 잘 충족시켜 줄 수 있다.

⑨ 1월 16일의 거래: 화재보험료 ₩40,000 현금 미리 지급

보험료 ₩40,000의 현금지급으로 동일한 금액만큼 현금자산 ₩40,000이 감소하였다. 따라서 보험료비용으로 인해 ₩40,000의 순자산(자본)이 감소하게 된다.

자산		-	부채	=	순자산
- 현금	40,000		0		- 40,000

1월 11일의 임대료수익 거래(⑧)와 마찬가지로 이것을 조금 다른 각도로 접근해 보자. 1월 16일의 거래에서 보험료비용 ₩40,000이 발생하였으나 이 과정에서 수익이 발생한 것은 없다. 따라서 비용의 발생하면 순손실 ₩40,000이 발생하여 이익잉여금은 동일한 금액만큼 감소하게 된다. 이러한 이익잉여금의 감소는 자본의 감소로 연결되는데 결국 비용이 발생하면 그만큼 이익잉여금(자본)이 감소하게 되는 것이다. 이것을 1월 11일까지의 거래에 연결하여 기록하면 다음과 같다.

거래번호	자산					=	부채		+	자본	
	현금	건물	비품	상 품	소모품		차입금	매입채무		자본금	이익잉여금
1/7	315,000 +	300,000 +	100,000 +	80,000 +	5,000	=	250,000 +	50,000	+	500,000 +	0
⑧	30,000 +	0 +	0 +	0 +	0	=	0 +	0	+	0 +	30,000
⑨	- 40,000 +	0 +	0 +	0 +	0	=	0 +	0	+	0 +	- 40,000
요약	305,000 +	300,000 +	100,000 +	80,000 +	5,000	=	250,000 +	50,000	+	500,000 +	- 10,000

⑩ 1월 20일의 거래: 종업원 급여(₩20,000) 현금지급

이 거래는 1월 16일의 거래기록방법과 논리가 동일하다. 즉 급여비용 ₩20,000이 발생하였으나 이 과정에서 수익이 발생한 것은 없다. 따라서 수익에서 비용을 차감하면 손실 ₩20,000이 발생하여 이익잉여금, 곧 순자산(자본)이 동일한 금액만큼 감소한다. 이것을 1월 16일까지의 거래에 연결하여 기록하면 다음과 같다.

거래 번호	자산					= 부채		+ 자본	
	현금	건물	비품	상품	소모품	차입금	매입채무	자본금	이익 잉여금
1/7	315,000 +	300,000 +	100,000 +	80,000 +	5,000 =	250,000 +	50,000 +	500,000 +	0
⑧	30,000 +	0 +	0 +	0 +	0 =	0 +	0 +	0 +	30,000
⑨	−40,000 +	0 +	0 +	0 +	0 =	0 +	0 +	0 +	−40,000
⑩	−20,000	0	0	0	0	0	0	0 +	−20,000
요약	285,000 +	300,000 +	100,000 +	80,000 +	5,000 =	250,000 +	50,000 +	500,000 +	−30,000

⑪ 1월 30일의 거래: 상품(취득원가 ₩60,000) 60개 ₩100,000에 판매

상품판매를 통한 (주)유니콘의 수익(매출액)은 ₩100,000이며, 상품판매대가로 받은 현금자산 증가를 통해 순자산이 그만큼 증가하였다(⑪−1). 그리고 판매를 통한 수익을 창출하는 과정에서 상품자산 ₩60,000이 유출(감소)되었다. 즉 비용(매출원가) ₩60,000이 발생하였으며, 그만큼의 순자산 감소가 있었다(⑪−2).

	자산		− 부채	= 순자산(자본)
[⑪ − 1] 판매수익:	현금	+100,000	0	+100,000
[⑪ − 2] 매출원가:	상품	−60,000	0	−60,000

이것을 조금 다른 각도로 접근해 보자. 1월 30일의 거래는 앞의 수익, 비용거래와는 달리 판매과정에서 수익(매출액) ₩100,000과 비용(매출원가) ₩60,000이 동시에 발생하였다. 따라서 수익발생을 통한 이익잉여금 증가와 비용발생을 통한 이익잉여금 감소가 동시에 발생하여 결과적으로 이익잉여금 ₩40,000이 순증가하였다.

				이익잉여금		자본
수익 :	매출액	100,000 (발생)		100,000 (증가)		
− 비용 :	매출원가	60,000 (발생)		60,000 (감소)		
이익 :		40,000 (증가)	⇒	40,000 (순증가)	⇒	40,000 (증가)

이것을 1월 20일까지의 거래에 연결하여 기록하면 다음과 같다.

거래번호	자산					=	부채		+	자본	
	현금	건물	비품	상품	소모품		차입금	매입채무		자본금	이익잉여금
1/7	315,000 +	300,000 +	100,000 +	80,000 +	5,000	=	250,000 +	50,000	+	500,000 +	0
⑧	30,000 +	0 +	0 +	0 +	0	=	0 +	0	+	0 +	30,000
⑨	−40,000 +	0 +	0 +	0 +	0	=	0 +	0	+	0 +	−40,000
⑩	−20,000 +	0 +	0 +	0 +	0	=	0 +	0	+	0 +	−20,000
⑪−1	100,000 +	0 +	0 +	0 +	0	=	0 +	0	+	0 +	100,000
⑪−2	0 +	0 +	0 +	−60,000 +	0	=	0 +	0	+	0 +	−60,000
요약	385,000 +	300,000 +	100,000 +	20,000 +	5,000	=	250,000 +	50,000	+	500,000 +	10,000

4 재무상태표와 손익계산서

1월 말까지의 거래결과가 요약된 부분을 재배치하여 조금 더 읽기 쉬운 형태의 표로 만들어 보면, (주)유니콘의 1월 31일 현재 재무상태표와 1월 한 달간의 손익계산서를 만들 수 있다. 재무상태표(statement of financial position)란 특정 시점의 재무상태를 나타내는 보고서로서 그 시점에서의 자산과 부채, 그리고 자본의 상태를 나타낸다. 또한 포괄손익계산서(statement of comprehensive income)는 일정 기간 동안의 영업성과를 측정하는 보고서로서 영업성과인 수익, 비용과 그 결과 남은 당기순이익과 총포괄이익에 대한 정보를 제공한다.

4.1 재무상태를 보여주는 재무상태표

1월 말까지의 거래결과가 요약된 부분을 재배치하여 왼쪽에 자산, 오른쪽에 부채와 자본을 표시하면 (주)유니콘의 특정 시점(1월 31일 현재)의 재무상태표를 작성할 수 있다.

재무상태표

㈜유니콘 1월 31일 현재 (단위: 원)

자산		부채	
현금	385,000	매입채무	50,000
건물	300,000	차입금	250,000
비품	100,000	자본	
상품	20,000	자본금	500,000
소모품	5,000	이익잉여금	10,000
자산총계	810,000	부채와 자본총계	810,000

자금운용결과 자금조달원천

위의 재무상태표에는 1월 1일 영업을 개시한 후 일련의 기업활동(자금조달활동, 투자활동 및 영업활동)을 수행한 결과 1월 31일 현재 (주)유니콘이 보유하고 있는 자산과 부채 및 자본의 내역이 요약되어 있다. (주)유니콘의 재무상태표를 통하여 우리는 무엇을 알 수 있을까?

▪ 자금조달원천 및 자금운용결과를 알 수 있다

(주)유니콘의 경우 1월 31일 현재 자산규모 및 그 내역은 재무상태표의 왼쪽을 보면 알 수 있다. 즉 1월 31일 현재 (주)유니콘이 보유하고 있는 총자산 규모는 ₩810,000이며, 구체적으로 현금 ₩385,000, 건물 ₩300,000, 비품 ₩100,000, 상품 ₩20,000, 소모품 ₩5,000

등으로 구성되어 있다. 그리고 1월 31일 현재 총 ₩810,000의 자산을 보유하기 위해 (주)유니콘은 어떻게 자금을 조달하였을까? 이에 대한 답은 재무상태표의 오른쪽을 보면 알 수 있다. 즉 외부 금융기관으로부터 ₩250,000을 차입하고, 거래처에 ₩50,000의 매입대금을 다음에 지급하기로 하였으며, 주주들이 출자한 ₩500,000과 경영활동결과 기업내부에 유보시킨 이익잉여금 ₩10,000 등을 통해 자금을 조달하였다는 것이다.

이것을 조금 다른 각도로 표현해 보면, 1월 31일까지 (주)유니콘에서는 총 ₩810,000의 자금이 자금조달활동으로 조달되었으며, 조달된 자금을 투자활동 및 영업활동에 운용한 결과 1월 31일 현재 (주)유니콘의 총자산은 ₩810,000이다. 즉 자금조달활동을 통하여 조달된 자금 중 건물 매입에 ₩300,000, 비품 매입에 ₩100,000을 사용하였다. 그리고 재판매목적의 상품재고 ₩20,000과 영업활동에 사용할 소모품 ₩5,000을 보유하고 있으며, 나머지 ₩385,000은 현금으로 보유하고 있다는 것이다.

▪ 기업의 안정성을 평가할 수 있다

재무상태표에서는 특정 시점의 기업 재무상태(financial position), 즉 자산, 부채 및 자본의 상황을 파악할 수 있다. 특정 시점에서 기업의 자산규모 및 그 내역과 부채와 자본의 규모 및 그 내역을 파악하면, 해당 기업의 재무적 안정성(stability)을 평가할 수 있다. 즉 재무상태표의 오른쪽에 표시되어 있는 부채는 미래에 기업이 갚아야 할 부분을 나타내는 것이고, 갚아야 할 부채를 약속한 기간 내에 갚지 못하면 부도가 발생하여 큰 어려움을 겪게 되는데 부채를 갚기 위한 현금성자산을 얼마나 보유하고 있는가를 평가할 수 있다.

안정성 평가에 도움이 되는 재무비율로는 부채비율(debt-to-equity ratio)이 있다. 부채비율은 재무상태표 오른쪽의 부채와 자본의 비율(부채/자본)로 계산할 수 있다. 즉 자본에 대비해서 부채를 얼마나 보유하고 있느냐 하는 것으로 기업의 자기자본에 비해 빚을 얼마나 지고 있느냐 하는 것이다. 부채비율이 높은 기업은 다른 모든 조건이 동일할 경우 부채비율이 낮은 기업보다 재무구조가 나쁘다고 할 수 있는데 이것은 부채비율이 높으면 그만큼 부도의 위험성이 높아 안정성이 낮다는 것을 의미한다. (주)유니콘의 20×1년 1월 31일 현재 부채비율은 약 60%로서 상당히 낮은 편에 속한다.[2)]

4.2 경영성과를 보여주는 손익계산서

(주)유니콘의 1월 말까지의 거래기록을 통해서 기업의 수익과 비용을 발생시키는 거래는 궁극적으로 재무상태표의 자본항목인 이익잉여금에 반영된다는 것을 살펴보았다. 따라서 특정 시점의 이익잉여금 잔액을 보면 그 기간 동안의 경영성과인 당기순이익을 파악할 수 있다. 그러나 정보이용자들에게는 기업의 당기순이익 규모뿐만 아니라 이것이 계산된 세부내역도 중요한 정보가 된다.

이러한 정보욕구를 충족시켜 줄 수 있는 수단이 손익계산서이다. (주)유니콘의 손익계산서를 작성하기 위해서는 1월 중에 이익잉여금의 증감변화를 일으켰던 거래들을 잘 분석해 보면 된다. 즉 이익잉여금의 증가로 표시된 부분은 수익의 발생을 기록한 것이고, 이익잉여금의 감소로 표시된 부분은 비용의 발생을 기록한 것이다. 따라서 이익잉여금을 증가시켰던 수익항목은 오른쪽에 표시하고, 이익잉여금을 감소시켰던 비용항목은 왼쪽에 표시한 후, 총수익이 총비용을 초과하는 부분을 당기순이익으로 표시하면 일정 기간(1월 1일부터 1월 31일까지)의 손익계산서를 작성할 수 있다.

손익계산서

(주)유니콘 1월 1일부터 1월 31일까지 (단위: 원)

비용		수익	
매출원가	60,000	매출액	100,000
보험료	40,000	임대료	30,000
급여	20,000		
당기순이익	10,000		
계	130,000	계	130,000

2) 부채비율이 높거나 낮다고 하는 것에 대한 정확한 기준은 없다. 하지만 통상적으로 한국은행이 발표한 기업경영분석지표 중 부채비율을 기준으로 평가한다. 한국은행 발표 2007년 및 2010년 우리나라 제조업 부채비율은 각각 107.10%와 101.53%였다. 따라서 (주)유니콘의 부채비율은 상당히 낮은 편에 속한다고 할 수 있다.

위의 손익계산서에는 1월 1일부터 1월 31일까지 (주)유니콘의 총수익과 총비용 및 그 결과로 계산되는 당기순이익이 요약되어 있다. (주)유니콘의 손익계산서를 통하여 우리는 무엇을 알 수 있을까?

▪ 경영성과를 알 수 있다

위의 손익계산서를 보면 (주)유니콘의 1월 한 달 동안의 총수익은 ₩130,000이고, 총비용은 ₩120,000이 발생하여 1월 한 달 동안의 당기순이익은 ₩10,000이라는 것을 알 수 있다.

▪ 당기순이익의 발생원인을 세부적으로 추적할 수 있다

그리고 위의 손익계산서에는 총수익, 총비용, 당기순이익뿐만 아니라 수익과 비용의 구성항목이 열거되어 있어서 기업의 경영성과를 나타내는 당기순이익의 발생원인과 근거를 알 수 있게 해준다. 즉 (주)유니콘은 20×1년 1월 동안 10,000원의 당기순이익을 얻었는데 이것은 매출 ₩100,000과 임대료 ₩30,000의 수익을 얻었으나 매출원가 ₩60,000, 보험료 ₩40,000과 급여 ₩20,000을 지급하여 결과적으로 남은 것은 ₩10,000이라는 세부정보를 제공해 준다.

4.3 재무상태표와 손익계산서의 관계

1) 회계기간

기업의 경영활동은 영업을 시작하는 날로부터 폐업하는 날까지 계속된다. 따라서 그 기간 전체를 두고 재무상태와 경영성과를 파악하게 되면 기업을 둘러싸고 있는 여러 이해관계자들의 정보욕구를 충분히 충족시켜 줄 수 없게 된다. 이러한 이유로 기업에서는 일정기간(분기, 6개월 혹은 1년)마다 기업의 재무상태와 경영성과 등을 파악하여 이해관계자에게 보고한다. 이것을 위해 인위적으로 설정한 기간을 회계기간(accounting period)이라고 하며, 설정된 회계기간에 따라 작성된 재무제표를 분기재무제표, 반기재무제표 혹은

연차재무제표라고 한다.[3)]

회계기간이 1월 1일에 시작하여 12월 31일로 종료되는 경우, 1월 1일을 기초라고 하고 12월 31일을 기말이라고 한다. 따라서 기초재무상태표는 전기말의 재무상태표와 동일하고 기말재무상태표는 차기의 기초재무상태표와 동일하다.

그림 3-4 회계기간과 재무제표

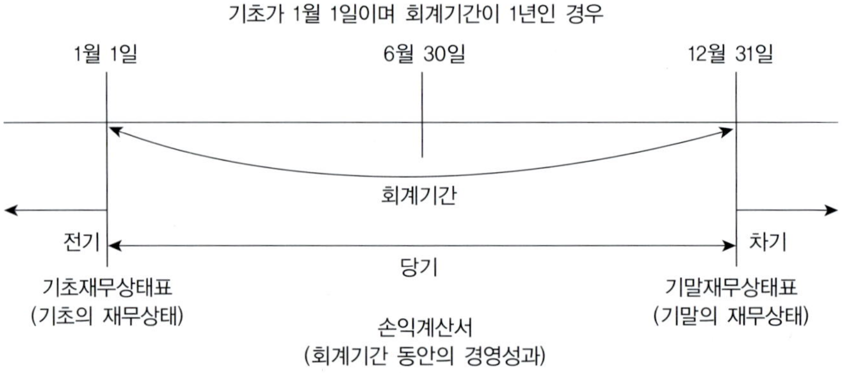

2) 재무상태표와 손익계산서의 연계관계

앞에서 예를 든 (주)유니콘은 회계기간을 1월 1일부터 1월 31일까지 1개월이라고 가정한 것이다. 1월 1일 현재 (주)유니콘의 자산, 부채, 자본으로 재무상태표를 만들면 기초재무상태표가 되고, 1월 말 재무상태표는 기말재무상태표가 된다. (주)유니콘의 기초재무상태표, 기말재무상태표 및 손익계산서가 어떠한 관계를 가지는지 [그림 3-5]를 통해 살펴보자.

3) 이렇듯 회계연도를 기준으로 1년 단위보다 짧은 기간을 대상으로 작성하는 재무제표를 중간재무제표라고 하는데 「자본시장과 금융투자업에 관한 법률」(이를 줄여, 자본시장통합법 또는 자본시장법, 자통법 등으로 부름) 등에서 중간재무보고를 하도록 정한 경우 한국채택국제회계기준에 따라 중간재무보고를 할 때는 기업회계기준서 제1034호 '중간재무보고'를 적용하도록 하고 있다. 따라서 분·반기 보고서 제출대상법인은 ① 상장법인, ② 증권을 모집·매출한 법인, ③ 외부감사대상으로서 주주, 채권자 등의 수가 500인 이상인 법인으로 되어 있다. 또한 중간재무제표의 작성도 기본적으로는 연차재무제표의 작성원칙과 기본적으로는 같다고 볼 수 있다.

(주)유니콘은 1월 1일 주주들로부터 ₩500,000의 출자를 받아서 영업을 개시하였다. 따라서 1월 1일 현재의 기초재무상태표를 굳이 만들자면 왼쪽에 현금자산 ₩500,000, 오른쪽에 자본금 ₩500,000으로 표시되는 재무상태표가 될 것이다. 1월 한 달 동안 경영활동을 수행한 결과 1월 31일 현재 (주)유니콘의 기말재무상태표상에는 자산, 부채, 자본의 구성항목과 금액이 변화되어 있다. 이것은 1월 한 달 동안의 회계거래가 반영된 결과이다.

그림 3-5 재무제표 간의 관계

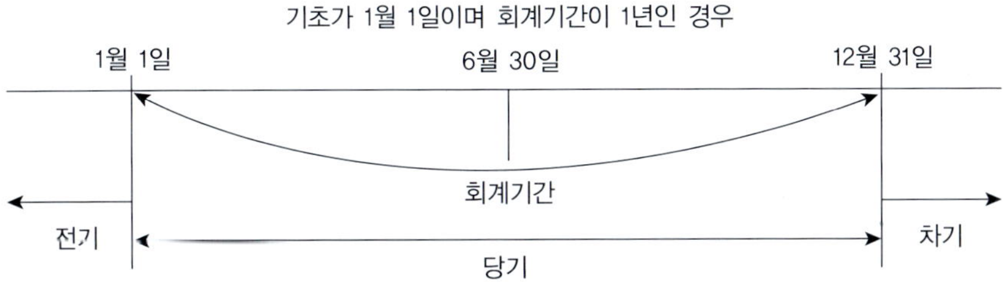

기초재무상태표

(주)유니콘	1월 1일 현재		(단위: 원)
자산		부채	
현금	500,000		
		자본	
		자본금	500,000
	500,000	계	500,000

기말재무상태표

(주)유니콘	1월 1일 현재		(단위: 원)
자산		부채	
현금	385,000	매입채무	50,000
건물	300,000	차입금	250,000
비용	100,000	자본	
소모품	5,000	자본금	500,000
상품	20,000	이익잉여금	10,000
계	810,000	계	810,000

손익계산서

(주)유니콘	1월 1일부터 1월 31일까지		(단위: 원)
비용		수익	
매출원가	60,000	매출액	100,000
보험료	40,000	임대료	30,000
급여	20,000		
당기순이익	10,000		
계	130,000	계	130,000

(주)유니콘의 기초재무상태표, 기말재무상태표 및 손익계산서를 살펴보면 재무상태표와 손익계산서의 밀접한 연계관계를 확인할 수 있다. (주)유니콘의 손익계산서를 보면, 1월 한 달 동안 총수익(₩130,000)에서 총비용(₩120,000)을 차감하여 계산되는 당기순이익은 ₩10,000이다. 이와 같이 계산된 손익계산서상의 당기순이익은 기초재무상태표상의 자본(₩500,000)에 가산되어 기말재무상태표상의 자본(₩510,000)이 된다. 즉 경영활동을 통해서 창출된 손익계산서상의 당기순이익은 기말재무상태표상의 이익잉여금에 가산되어 궁극적으로 기말재무상태표상의 자본의 증가를 나타내게 된다.

▪ 당기순이익의 계산

위에서 설명한 재무상태표와 손익계산서 간의 연계관계를 통해서 대표적인 기업경영성과지표인 당기순이익은 다음과 같은 두 가지 방식으로 계산할 수 있음을 알 수 있다. 재무상태표상의 기초·기말 순자산의 비교를 통해서 당기순이익을 계산하는 방법을 재무상태표접근법이라고 하고, 손익계산서상의 총수익과 총비용을 비교하여 당기순이익을 계산하는 방법을 손익계산서접근법이라고 한다.

[재무상태표접근법]		[손익계산서접근법]
기말순자산(자본)		총수익
− 기초순자산(자본)		− 총비용
당기순이익	=	당기순이익

재산법	(기말자산 − 기말부채)	−	(기초자산 − 기초부채)	=	당기순이익
	기말자본	−	기초자본	=	당기순이익
손익법	총수익	−	총비용	=	당기순이익

/ 연 / 습 / 문 / 제 /

01. 제조기업과 상품매매기업, 서비스기업에서의 주 영업활동을 설명하시오.

02. 제품(products)과 상품(merchandises)의 차이를 설명하시오.

03. 기업활동을 크게 구분하면 ① ________, ② ________, ③ ________ 등 세 가지가 있다. 기업경영에 필요한 자금을 조달하는 것은 ①________라 하며, 조달된 자금을 기업목적 달성을 위하여 사용하는 것은 ② ________한다. 그리고 여유자금의 효과적인 관리를 위하여 사용하는 것을 ③ ________이라 한다.

04. 재무상태표는 특정 시점의 ① ________를 표시한다. 대표적인 세 가지 구성요소로는 ② ________, ③ ________, ④ ________기 있다.

05. "자산(assets)은 지분(equities)과 같다"라는 말의 의미를 설명하시오.

06. 회계상의 거래(transactions)에 대해서 설명하시오.

07. 회계상의 거래인식기준은 ① ________에 영향을 주는 경제적 사건이어야 하며, 그 영향의 크기를 ② ________으로 신뢰성 있게 측정할 수 있어야 한다.

08. 회계상의 자산(assets), 부채(debts), 자본(owner's equities)을 정의하시오.

09. 자산의 정의에서 핵심적 개념은 '미래의 경제적 효익(future economic benefits)'이다. 이것은 추상적인 개념인데 좀 더 쉬운 용어로 설명하시오.

10. 자산의 정의에 비추어서 상품, 비품, 매출채권 등이 자산으로 처리되는 이유를 설명하시오.

11. 부채의 정의를 통해 회계에서 부채로 인식하기 위한 세 가지 조건을 설명하시오.

12. 자본을 순자산(net assets)이라고도 한다. 이 말의 의미를 설명하시오.

13 회계상의 수익(revenues) · 비용(expenses)과 일반인들이 사용하는 수입(cash inflows), 지출(expenditures) 개념의 차이를 설명하시오.

14. 매출원가(cost of goods sold)란 무엇을 말하며, 이것이 왜 비용으로 기록되는지를 비용의 정의에 비추어서 설명하시오.

15. 단식부기(single entry bookkeeping)의 단점을 설명하시오.

16. 회계상의 거래가 발생하면 장부에 기록해야 한다. 회계기록의 모든 원리를 한마디로 제시하시오.

17. "수익이 발생하면 순자산(자본)이 증가하고 비용이 발생하면 순자산(자본)이 감소한다"라는 말의 의미를 간단한 예를 들어 설명하시오.

18. 자본(순자산)의 구성요소를 설명하고, 순자산이 증가할 경우 회계에서는 이것을 자본금과 이익잉여금으로 구분하여 기록하는데 그 이유를 설명하시오.

19. 재무상태표(balance sheet)와 손익계산서(income sheet)를 통해 알 수 있는 주요 정보에 대해서 설명하시오.

20. 회계기간(accounting period)이란 무엇을 말하며, 이것이 왜 필요한지를 설명하시오.

21. 회계기간 말의 재무상태를 나타내는 재무상태표와 회계기간 동안의 경영성과를 표시하는 손익계산서 사이에는 밀접한 연계관계(articulation)가 있다고 한다. 재무상태표와 손익계산서의 연계관계를 설명하시오.

22. 당기순이익은 기초 · 기말재무상태표의 비교를 통해서도 계산할 수 있고, 당기의 총수익과 총비용을 비교해서도 계산할 수 있다. 두 가지 방법으로 당기순이익을 계산한 결과가 같아지는 이유를 설명하시오.

23. (회계상의 거래) 다음 중 회계상의 거래로 볼 수 있는 것을 모두 고르시오.

① (주)유니콘에 1년간 ₩20,000의 만두를 제공해 주기로 계약을 체결하였다.

② 5층 건물 1동을 ₩100,000에 매입하기로 매매계약을 체결하였다.

③ 주식 100주를 액면가 ₩5,000에 발행하고 대금은 전액 현금 납입되었다.

④ 창고에 도둑이 들어 만두 ₩100,000이 없어졌다.

⑤ 종업원을 월급여 ₩500,000을 주기로 하고 채용하였다.

⑥ 당월 사용 전기료 ₩1,000을 이달 말까지 납부하라는 청구서를 받았다.

⑦ 원가 ₩6,000의 만두를 ₩10,000에 외상으로 판매하였다.

⑧ 거래처의 부도로 매출채권 ₩4,000을 받지 못하게 되었다.

⑨ 오리온은행에서 현금 ₩20,000을 차입하였다.

⑩ 컴퓨터가 고장이 나서 수리하고 그 대금 ₩1,000은 외상으로 하였다.

⑪ 주식을 발행하여 조달된 자금으로 채무 ₩5,000을 상환하였다.

⑫ 주주들에게 주당 ₩200의 배당금을 현금으로 지급하였다.

24. (회계상의 거래가 자산, 부채, 자본에 미치는 영향) 다음 거래를 분석하여 회계상의 거래가 자산, 부채, 자본에 미치는 영향을 [예시]와 같이 표시하시오.

[예시] 소모품 ₩500을 현금으로 구입하였다.			
자산의 증가(소모품)	500	자산의 감소(현금)	500

① 오리온은행에서 차입한 ₩1,000을 현금으로 상환하였다.

② 액면가 ₩500의 주식 10주를 발행하고 대금은 전액 현금으로 납입받았다.

③ 여유자금이 있어서 재테크목적으로 다른 기업이 발행한 주식 10주를 ₩50,000에 현금으로 매입하였다.

④ 매출채권 ₩3,000 중 ₩1,000을 현금으로 회수하였다.

⑤ 급여 ₩2,000을 현금으로 지급하였다.

⑥ 컴퓨터 수리비 ₩1,000을 현금으로 지급하였다.

⑦ 업무용 토지 ₩20,000을 현금으로 매입하였다.

⑧ (주)은하수에게 용역을 제공하고 그 대금 ₩30,000은 외상으로 하였다.

⑨ 오리온은행에서 현금 ₩30,000을 차입하였다.

25. **(회계상의 거래와 회계등식)** 다음 거래를 분석하여 회계상의 거래가 회계등식에 미치는 영향을 [예시]와 같이 표시하시오.

> [예시] 소모품 ₩500을 현금으로 구입하였다.
> 자산 = 부채 + 자본
> +소모품 500
> −현금 500

① 업무용 토지 ₩10,000을 현금으로 매입하였다.

② 거래처로부터 매출채권 ₩3,000을 회수하였다.

③ 광고비 ₩500을 현금으로 지급하였다.

④ 액면가 ₩100의 주식 10주를 발행해 차입금 ₩1,000을 상환하였다.

⑤ 당기분 보험료 ₩1,200을 지급하였다.

⑥ 임대료 ₩800을 현금으로 받았다.

⑦ 오리온은행에서 ₩5,000을 차입하였다.

26. **(회계등식과 회계상의 거래 추정)** 다음의 거래기록을 보고 거래의 내용을 추정하시오. 수익과 비용에 대해서는 구체적 항목을 알 수 없으므로 수익 혹은 비용 얼마 발생으로만 표시하면 된다.

거래번호	자산								=	부채				+	자본		
	현금		건물		비품		상품			차입금		매입채무			자본금		이익잉여금
①	500,000	+	0	+	0	+	0		=	0	+	0		+	500,000	+	0
②	−300,000	+	300,000	+	0	+	0		=	0	+	0		+	0	+	0
③	250,000	+	0	+	0	+	0		=	250,000	+	0		+	0	+	0
④	−100,000	+	0	+	100,000	+	0		=	0	+	0		+	0	+	0
⑤	0	+	0	+	0	+	50,000		=	0	+	50,000		+	0	+	0
⑥	−30,000	+	0	+	0	+	30,000		=	0	+	0		+	0	+	0
⑦	30,000	+	0	+	0	+	0		=	0	+	0		+	0	+	30,000
⑧	−40,000	+	0	+	0	+	0		=	0	+	0		+	0	+	−40,000
⑨−1	100,000	+	0	+	0	+	0		=	0	+	0		+	0	+	100,000
⑨−2	0	+	0	+	0	+	−60,000		=	0	+	0		+	0	+	−60,000

27. **(재무상태표 작성)** 다음은 (주)유니콘의 자산, 부채, 자본의 내역이다. 이것을 참고하여 요구사항에 답하시오.

현금	200,000	매입채무	170,000	매출채권	400,000
상품	500,000	비품	50,000	이익잉여금	280,000
차입금	(　　)	자본금	500,000	유가증권	300,000

① (주)유니콘의 차입금을 계산하시오.

② (주)유니콘의 재무상태표를 작성하시오.

28. **(손익계산서 작성)** 다음은 (주)유니콘의 수익, 비용 내역이다. 이것을 참고하여 요구사항에 답하시오.

급여	100,000	매출액	570,000	광고선전비	50,000
이자비용	100,000	임대료	100,000	보험료	80,000
운반비	150,000	이자수익	50,000		

① (주)유니콘의 당기순이익을 계산하시오.

② (주)유니콘의 손익계산서를 작성하시오.

29. **(회계등식과 자산, 부채, 자본의 추정)** 다음에 주어진 자료를 보고 요구하는 항목을 추정하시오.

① 자산총액은 ₩200,000이며 부채총액은 ₩120,000이다. 이 기업의 이익잉여금이 ₩20,000이라면 자본금은 얼마인가?

② 기초부채총액이 ₩500,000이며 기말자산증가액이 ₩500,000이다. 당기의 자본금 출자액은 ₩100,000이며 순이익은 ₩80,000이다. 기말부채총액은 얼마인가?

③ 자산총액이 기초는 ₩500,000이고 기말은 ₩1,000,000이다. 당기의 자본금 출자액은 ₩200,000이며 순이익은 ₩50,000이다. 기초부채총액이 ₩200,000이라면 기말부채총액은 얼마인가?

③ 기초의 자산, 부채, 이익잉여금은 각각 ₩500,000, ₩200,000, ₩100,000이다. 당기순이익이 ₩50,000이고 기말자산총액이 ₩700,000이라면 기말자본금은 얼마인가?

30. (재산법과 손익법에 의한 당기순이익) 다음은 세 기업의 기초 · 기말재무상태표와 기중의 수익 · 비용 발생액을 요약해 놓은 것이다. 빈칸에 알맞은 금액을 계산하시오.

	(주)오리온	(주)유니콘	(주)은하수
기초			
자산	1,000,000	(A)	500,000
부채	(B)	800,000	200,000
자본	500,000	(C)	300,000
기중			
수익	1,000,000	200,000	500,000
비용	(D)	150,000	400,000
기말			
자산	1,600,000	2,730,000	650,000
부채	700,000	1,000,000	250,000
자본	900,000	1,730,000	(E)

현금주의(cash basis) VS 발생주의(accrual basis)

읽을거리

회계 기본가정 중 하나는 발생주의이다. 발생주의의 상대적인 개념으로 현금주의가 있다. 현금주의는 말 그대로 현금의 유출입에 따라 재무제표를 작성하는 것이다. 현금이 들어오면 수입으로 인식하고 현금이 나가면 지출로 처리함으로써 실제 현금유출입에 대한 정보를 제공해 줄 수 있다는 장점이 있다. 실제로 경영을 하면 수익이 많이 나는 것도 중요하지만 궁극적으로는 이것이 현금유입으로 연결되어야 한다. 따라서 현금을 기업경영의 혈액이라고도 부르고 현금이 부족한 경우 '돈맥경화'라는 용어를 쓰기도 한다. 사람도 키만 크고 체형이 크다고 해서 건강한 것이 아니라 몸속의 혈액순환도 잘 되고 보이지 않는 문제가 없는지 그런 것들이 더 중요할 수 있다. 현금주의에 기반한 부기가 바로 단식부기이며 단식부기의 가장 대표적인 예가 용돈기입장, 가계부 이런 것들이 있다. 하지만 현금주의는 정확한 손익계산이 어렵다는 단점이 있다.

발생주의는 중요한 결정적 사건이 발생한 시점에 수익과 비용을 인식한다. 올해 제품을 생산해서 11월 말에 판매를 완료했다. 판매대금은 2개월 후인 내년 1월에 받기로 하였다. 그렇다면 이것은 올해의 매출일까? 아니면 내년의 매출일까? 발생주의는 이미 물건을 팔아서 인도까지 완료했고 판매대금은 다음 달에 들어올 것이 확실하다면 중요한 결정적 사건이 발생했고 채권의 금액과 회수가능성도 높으므로 당연히 올해의 매출로 인식하여야 한다는 것이다. 따라서 발생주의는 현금주의에 비해 정확한 성과측정이 가능하다는 장점이 있다. 하지만 실제 현금흐름과는 차이가 있을 수 있다.

그렇다면 회계정보는 어떠한 기준으로 작성하는 게 맞는 걸까?

만일 개인이 본인의 자금만을 가지고 사업을 한다면 현금주의를 적용해도 무방하다. 사실상 경영실적을 정확하게 측정하는 것보다 누구한테 얼마를 받고, 어디에 얼마를 지급해야 하느냐 하는 자금흐름에 대한 정보가 더 필요하기 때문이다. 그런데 개인의 자금에 추가하여 다른 주주로부터 투자를 받고 채권자로부터 자금을 대여하는 등 이해관계자들이 있을 때, 이해관계자들은 실제 현금흐름도 중요하지만 경영자가 경영을 잘했는지 정확한 성과측정에 더 관심이 있을 것이다. 결국 정확한 손익계산이 우선되고 추가로 현금흐름이 잘 따라오는지를 살피는 것이 필요하다. 이러한 취지에서 회계는 기본적으로 발생주의에 따라 재무상태표, 손익계산서, 자본변동표가 작성된다. 또한 여기에 추가로 현금흐름에 대한 정보를 제공하기 위하여 현금흐름표를 작성한다.

엑셀 이야기 + 3장

회계처리의 결과는 최종적으로 재무제표라는 회계보고서로 요약됩니다. 복식부기에서 회계기록의 모든 원리는 회계상의 거래가 발생하면 '항상 회계등식이 유지되도록 기록하는 것'입니다. 엑셀도 유사합니다. 엑셀은 수식이라는 것이 있어 엑셀의 계산엔진을 돌립니다. 계산엔진을 좀 더 파워풀하게 하기 위하여 논리값이라는 것을 알아야 합니다.

❶ 논리값(Yes and No)

어떤 질문에 대한 답이 그렇다, 아니다 두 개의 값으로 떨어집니다. 예를 들어, 어두운 방에 들어가면 벽에 스위치가 붙어 있습니다. 이것은 켜고, 끄고(On and Off) 딱 두 가지 일만 합니다. 이것도 하나의 논리값입니다.

아무리 복잡한 프로그램도 모두 이런 Yes or No 두 개의 끊임없는 질문과 답에 따라서 작업을 수행하게 되는 것입니다. 대표적인 놀이가 스무고개입니다. 답을 유추하기 위해 예, 아니오의 끊임없는 작업을 통해 정답을 알아맞히는 놀이입니다.

[그림 3-6]처럼 B1셀(①)에 1을 입력하고 E1셀(②)에 =B1=1을 입력하여 보시기 바랍니다. 또 B1셀(①)에 1 이외 아무것이나 입력하여 보시기 바랍니다.

그림 3-6 **엑셀프로그램 논리식**

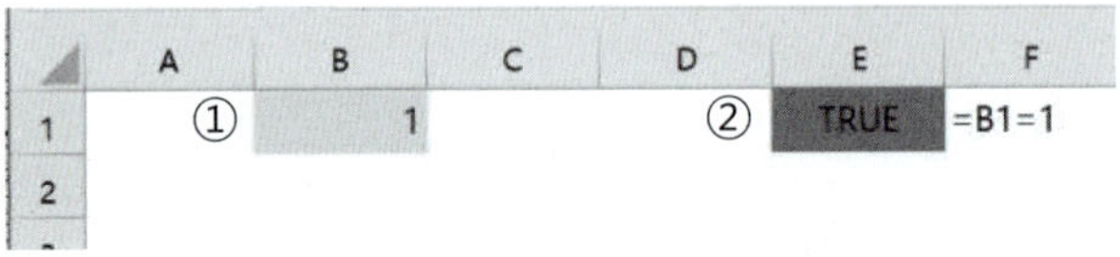

B1셀(①)에 1을 입력하면 항상 E1셀(②)이 TRUE가 되고 B1셀(①) 셀에 1 이외의 다른 어떤 값을 넣어도 모두 FALSE가 되는 것을 볼 수 있습니다. 이렇게 TRUE/FALSE라는 **논리값**을 가져오는 수식을 **논리식**이라고 합니다.

그리고 논리식을 가져온 값이 논리값입니다.

그림 3-7 **엑셀프로그램의 다양한 논리식과 논리부호**

	A	B	C	D	E	F
1				논리값	논리식	
2		12	10	TRUE	=B2>C2	>
3		12	11	FALSE	=B3<C3	<
4		16	17	FALSE	=B4>=C4	>=
5		14	14	TRUE	=B5<=C5	<=
6		12	16	FALSE	=B6=C6	=
7		11	19	TRUE	=B7<>C7	<>

논리값을 얻기 위한 논리식은 몇 개의 부호가 필요합니다. 논리부호라고 하는데 [그림 3-7]과 같이 초등학교에서 배운 것입니다. 프로그래밍은 전부 논리식, 논리값을 통하여 이루어집니다. 엑셀은 프로그램 도구입니다. 셀에 하나의 수식을 작성한다면 이것이 작은 프로그래밍인 것입니다.

그런데 이런 것을 도대체 어디에 활용하느냐고 할 수 있을 것입니다. 수도 없이 활용됩니다.

❷ 조건부 서식

논리식을 응용할 수 있는 조건부 서식에 대해 알아봅시다. 조건부 서식은 [그림 3-8] ①과 같이 메뉴의 홈탭에서, ② 조건부 서식을 선택합니다. 그리고 ③ 새 규칙을 선택한 후, 규칙유형 목록에서 ④ [▶수식을 사용하여 서식을 지정할 셀 결정] 선택한 후 규칙설명편집 ⑤ [수식이 참인 값의 서식 지정] 이곳에 서식하고자 하는 셀을 마우스로 선택하면 해당 참조주소가 입력됩니다. $B$1=10이라고 논리식을 입력합니다.

그리고 ⑥ 서식 버튼을 클릭하여 어떤 서식을 할 것인지를 지정할 수 있는 ⑦ 셀 서식 대화상자가 나타나고 이곳에서 적절한 원하는 서식을 지정하면 ⑤ 이곳의 논리값이 TRUE면 지적한 서식대로 셀에 서식이 적용됩니다.

그림 3-8 엑셀프로그램 조건부 서식 1

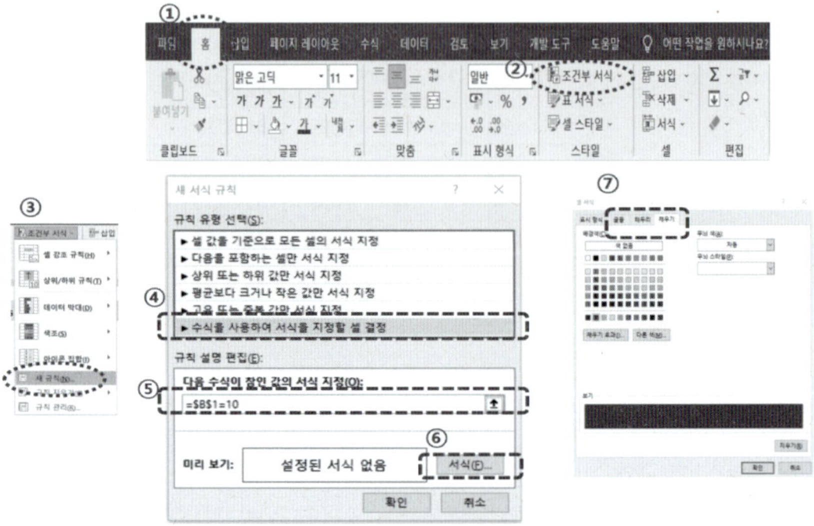

[그림 3-9]와 같이 노란색 B1셀(①)에 10을 입력하고 D1셀에 =B1=10을 입력하여 보시기 바랍니다. 그리고 노란색 B1셀에 11을 넣어 보시기 바랍니다.

그림 3-9 엑셀프로그램 논리식과 조건부 서식

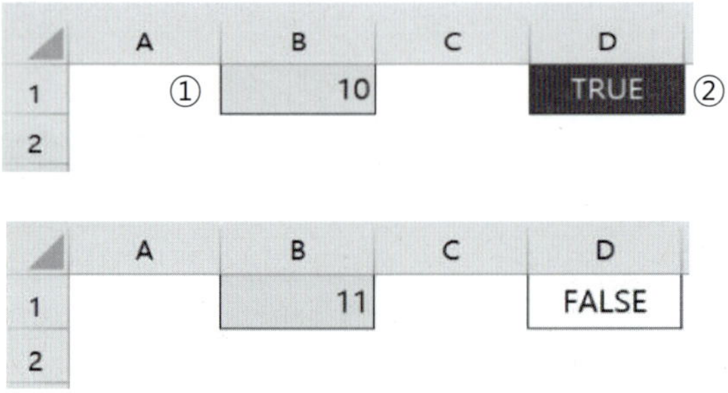

그러면 노란색 B1셀(①)에 10이라는 숫자를 입력하였을 때는 D1셀(②)이 빨간색으로 바뀌고 글자색이 하얀색으로 변하고, B1셀에 11이라는 숫자를 입력하였을 때는 D1셀이 원래대로 되는 것을 확인할 수 있을 것입니다. 노란색 B1셀(①)에 10이라는 숫자를 넣으면 D1셀(②) 논리식 =B1=10이라는 것의 결과값이 TRUE면 빨간색으로 하고 글자색을 하얀색으로 한 것입니다. FALSE면 당초의 색상으로 돌아오게 됩니다. 이것을 조건부 서식이라 합니다.

❸ RAND함수, INT함수와 조건부 서식

위와 같이 서식을 조건에 맞게 바뀌게 하는 것은 작업하는 문서를 다이내믹하게 만들 수 있습니다.

[그림 3-10]처럼 B1셀에 =INT(RNAD()*2)+1이라고 입력을 하고 D10셀까지 엑셀이야기 2장에서 배운 자동채우기를 해봅시다. 그리고 F9키를 누르고 B1:D10셀들을 보기 바랍니다.

그림 3-10 RAND함수와 조건부 서식

	A	B	C	D	E
1		1	2	1	
2		1	1	2	
3		1	2	1	
4		2	2	2	
5		2	1	1	
6		1	1	1	
7		2	2	1	
8		1	1	2	
9		1	2	2	
10		1	1	2	

1과 2가 랜덤하게 나타나면서 1이라는 값에서는 바탕색상이 노란색(음영박스 셀)으로 바뀌는 것을 볼 수 있을 것입니다. F9는 계산키입니다. 이것을 누르면 시트의 모든 수식의 값이 다시 한번 계산됩니다. B1:D10셀 안에 입력한 =INT(RAND()*2)+1이라는 수식이 다시 계산되는 것입니다.

B1:D10셀 안에 입력한 수식인 =INT(RAND()*2)+1을 통해 함수라고 하는 것을 하나 더 챙깁시다. 로또추첨을 한다거나 시뮬레이션을 위해 랜덤(Random)하게 값을 만들어 내는 함수가 RAND()함수입니다.

그림 3-11 RAND함수와 INT함수

	A	B	C	D
1				
2	①	0.78223	=RAND()	
3		0.903544		
4		0.921435		
5				
6	②	0.471169	=RAND()*2	
7		1.757637		
8		0.299476		
9				
10	③	1.496681	=RAND()*2+1	
11		2.287396		
12		1.293159		
13				
14	④	1	=INT(RAND()*2)+1	
15		2		
16		1		

[그림 3-11]에서 ①테이블인 B2:B4셀에 나타난 값은 RAND()함수가 만들어내는 난수입니다. RAND()함수는 1보다 작고 0보다 큰 값을 무수히 산발적으로 만들어 냅니다.

[그림 3-11]에서 ②테이블인 B6:B8셀에 나타난 값은 RAND()함수의 결과값에 2를 곱하니까 1보다 큰 숫자도 나타납니다.

[그림 3-11]에서 ③테이블인 B10:B12셀에 나타난 값은 RAND()함수 결과값에 2를 곱하고 1을 더하면 1보다 크고, 2보다 큰 숫자가 교대로 나타납니다.

[그림 3-10]처럼 1과 2라는 숫자로 나타나게 하고 싶다면 소수점 이하를 잘라 버리면 됩니다. 이때 INT함수라고 하는 것의 도움을 받으면 됩니다. INT함수는 Integer의 약자로 정수값을 뽑아내는 함수입니다.

[그림 3-11]에서 ④테이블인 B14:B16셀에 나타난 값은 INT함수를 하나 더 씌워주어서 정수값인 1과 2를 얻어낸 것입니다. 이렇게 하여 [그림 3-10] 테이블의 값을 만든 것입니다.

다시 돌아가서 [그림 3-10] 테이블을 조건부 서식을 하여 봅시다. 조건부 서식을 할 범위를 마우스로 선택합니다.

그림 3-12 **엑셀프로그램 조건부 서식 2**

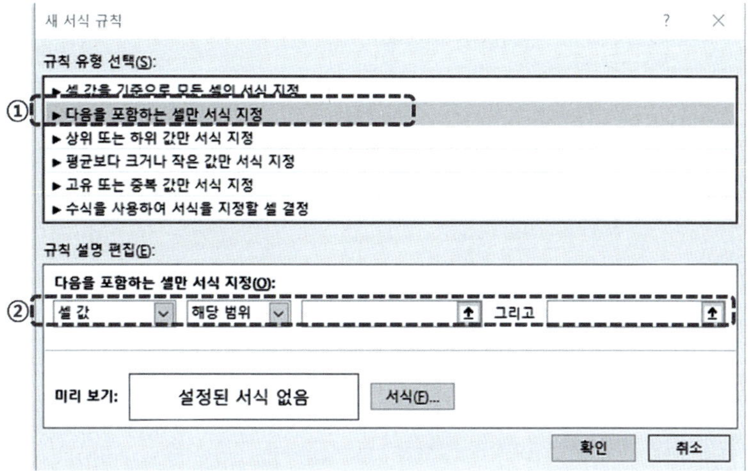

그림 3-13 **엑셀프로그램 조건부 서식 2-1**

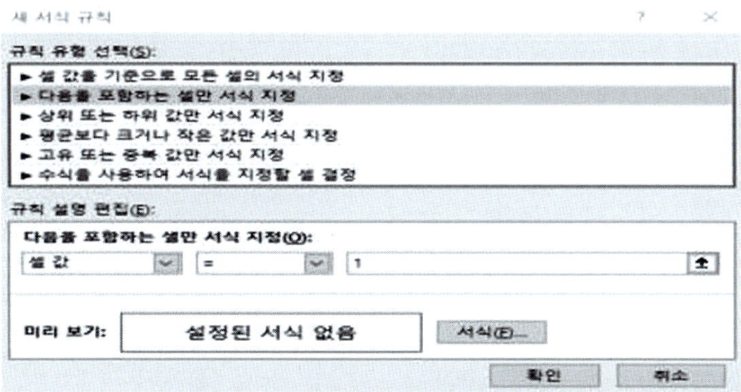

[그림 3-12]에서 ①처럼 [▶다음을 포함하는 셀만 서식 지정]이라는 목록을 선택한다. 그러면 ②처럼 모양이 바뀝니다. 이 부분을 [그림 3-13]처럼 셀값 = 1이라고 상자에 설정한 후 서식 버튼으로 하고 싶은 서식을 하면 됩니다. 이것은 엑셀프로그램이 자체적으로 논리식을 작성하고 논리값을 얻은 후 서식을 하는 겁니다.

❹ 대표논리함수인 IF함수

[그림 3-14]와 같이 B2셀, C2셀에 [그림 3-11]에서 익힌 난수를 발생시키는 RAND함수를 이용한 INT(RAND()*50)+10을 입력하고, D2셀에 IF(B2+C2)>=50, "합격", "불합격"을 입력하고 D2셀

값의 변화를 봅시다.

그림 3-14 **엑셀프로그램 대표 논리함수 IF함수**

	A	B	C	D	E	F	G
1		영어점수	수학점수	합격여부			
2		30	46	합격	=IF(B2+C2>=70, "합격","불합격")		

B2셀 영어점수와 C2셀 수학점수를 [그림 3-11]에서 익힌 난수를 발생하고, 이 값을 D2셀의 수식에서 판단하여 70보다 크면 합격, 그렇지 않으면 불합격이라는 값을 얻게 한 것입니다.

계산키인 F9를 눌러보면 D2셀 값이 합격 또는 불합격이 바뀌는 것을 볼 수 있을 것입니다. 이것이 가장 작은 프로그래밍의 하나라고 할 수 있습니다.

그런데 수식을 작성하는데, 영어점수와 수학점수의 값의 합계가 70보다 크면 합격 아니면 불합격이라는 논리를 수식으로 어떻게 작성하느냐의 문제가 있습니다.

이때 논리를 따져야 하는 함수를 엑셀이 지원하는 데 가장 대표적인 함수가 IF함수라고 할 수 있습니다.

[그림 3-14]를 조금 해체하여 놓고 봅시다.

그림 3-15 **엑셀프로그램 IF함수 설명**

	A	B	C	D	E	F
1		영어점수	수학점수		논리값	
2		19	68	①	TRUE	=(B2+C2)>70

	A	B	C	D	E	F	G
1		영어점수	수학점수		논리값	합격여부	
2		19	68		TRUE	합격	
3						② =IF(E2,"합격","불합격")	

	A	B	C	D	E	F	G	H
1		영어점수	수학점수		논리값	합격여부		
2		19	68		TRUE	합격		
3						③ =IF((B2+C2)>70,"합격","불합격")		

[그림 3-15]에서 ①인 E2값은 B2셀의 값+C2셀의 값의 합계가 70보다 큰가요?라고 물어보았을 때 크면 TRUE, 작거나 같으면 FALSE라는 논리값입니다.

그리고 [그림 3-15] ②는 IF함수라는 논리함수를 사용하여 F2셀 =IF(E2, “합격”, “불합격”) E2값의 논리값이 TRUE면 합격, FALSE면 불합격입니다.

[그림 3-15]의 ①과 ②의 수식을 하나로 조합을 하면 ③이 됩니다. 즉 B2+C2〉70이라는 논리값이 TRUE면 합격, B2+C2〉70 논리값이 FALSE면 불합격이라는 것입니다.

❺ 데이터 유효성 검사

[그림 3-14] D2셀인 =IF((B2+C2)〉70, “합격”, “불합격”)에서 IF함수의 합격 여부 기준인 70은 수시로 바뀌어야 한다면 어떻게 될까요?

이 70이라는 숫자는 상수라고 하는데 이것을 변수로 주면 좋지 않을까요? 엑셀프로그램은 셀 자체가 변수역할을 하여 줍니다.

그림 3-16 **엑셀프로그램 IF함수설명 2**

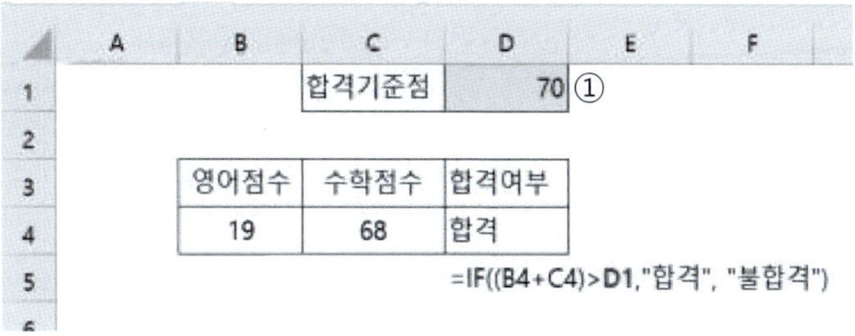

[그림 3-16]의 D4인 =IF((B4+C4)〉D1, “합격”, “불합격”)처럼 상수 70이라는 숫자 대신에 D1셀(①)을 변수로 사용하는 것입니다.

합격기준점인 D1셀에 있는 값을 매번 자판을 쳐서 바꿔주는 것이 번거롭다고 느낄 수 있습니다. 이때 자판을 치지 않고 마우스로만 처리할 수 있는 기능이 있습니다. 바로 데이터 유효성 검사입니다.

그림 3-17 **엑셀 프로그램 데이터 유효성 검사**

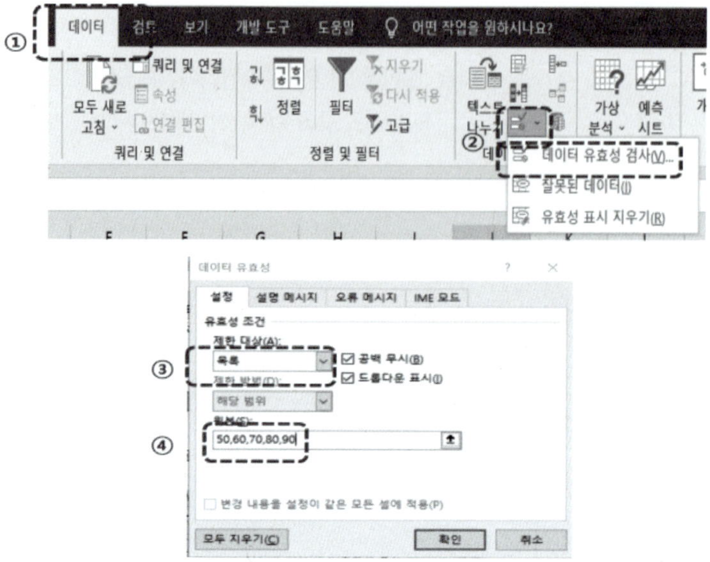

[그림 3-18]의 D1셀을 선택한 후 [그림 3-17]의 ①처럼 메뉴탭에서 데이터를 선택한 후 ② 데이터 유효성 검사를 선택합니다. 그리고 데이터 유효성 대화상자가 팝업되고, ③ 제한대상을 목록으로 선택한 후, ④ 원본에 50, 60, 70, 80, 90과 같이 다양한 합격기준 정보를 입력하여 줍니다.

그림 3-18 **데이터 유효성 검사 결과**

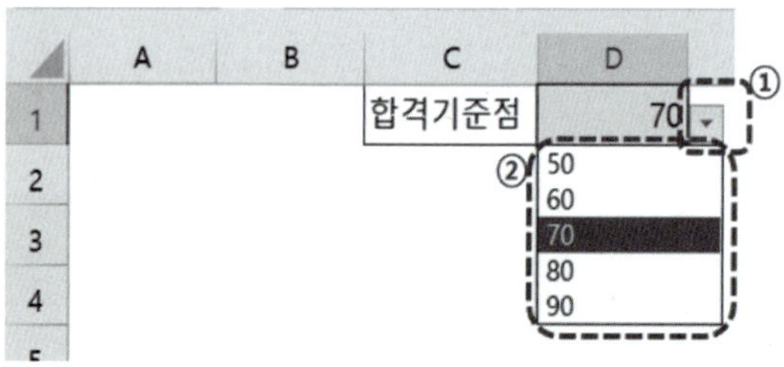

그럼 [그림 3-18] ①처럼 목록단추가 생성되고, ②처럼 입력하였던 목록이 나타나게 됩니다. 이렇게 엑셀프로그램은 아주 다양하고 편리한 도구들을 제공합니다. 여러분들이 잘 알고 활용하면 사무실에서 뛰어난 인재가 될 수 있는 기본이 갖추어지게 됩니다.

❻ 고급필터와 SUMIF함수

회계등식은 자산=부채+자본입니다. 즉 논리식과 논리값인 것입니다. [그림 3-19]에서 A1:G17까지는 [예제 3-1] 자산·부채·자본의 증감변화와 [예제 3-2] 수익·비용 증감변화를 거래발생 순서대로 엑셀프로그램에 정리한 것입니다.

그림 3-19 **[예제 3-1], [예제 3-2] 거래발생 증감변화와 일치 유무 확인**

	A	B	C	D	E	F	G	H
1	거래순서	자산		부채		자본		회계등식 일치유무
2	①	현금	500,000			자본금	500,000	일치
3	②	건물	300,000					오류
4		현금	-300,000					오류
5	③	현금	250,000	차입금	250,000			일치
6	④	책상	100,000					오류
7		현금	-100,000					오류
8	⑤	상품	50,000	외상매입	50,000			일치
9	⑥	상품	30,000					오류
10		현금	-30,000					오류
11	⑦	소모품	5,000					오류
12		현금	-5,000					오류
13	⑧	현금	30,000			이익잉여금	30,000	일치
14	⑨	현금	-40,000			이익잉여금	-40,000	일치
15	⑩	현금	-20,000			이익잉여금	-20,000	일치
16	⑪-1	현금	100,000			이익잉여금	100,000	일치
17	⑪-2	상품	-60,000			이익잉여금	-60,000	일치

그리고 H2:H17은 회계등식인 자산=부채+자본이 맞으면 논리값 일치, 틀리면 오류라고 표시하라는 논리식을 적용하여 회계등식의 일치 여부를 확인한 겁니다.

즉 H1셀에 =IF(C2=E2+G2, "일치", "오류")라는 논리식을 적용한 후 H17셀까지 쭉 끌어서 정리를 하였습니다.

그래서 회계등식이 일치하지 않는다는 오류메시지가 표현되도록 하여 오류가 오기입인지, 오타인지 등을 쉽게 확인할 수 있습니다.

[예제 3-1]과 [예제 3-2]에 나타난 계정별 합계를 구해 봅시다. [그림 3-19]에서와 같이 각 계정들이 중복되어 기록되어 있어서 계정별 합계를 구하기가 번거롭습니다. 더욱이 이런 거래기록이 아주 많이 있다고 할 경우 계정별 합계를 구하기는 더욱 어려울 것입니다. 어떻게 할까요? 엑셀에서 제공

하는 기능인 SUMIF함수와 고급필터기능을 이용하여 처리하여 봅시다.

그림 3-20 엑셀프로그램 고급필터

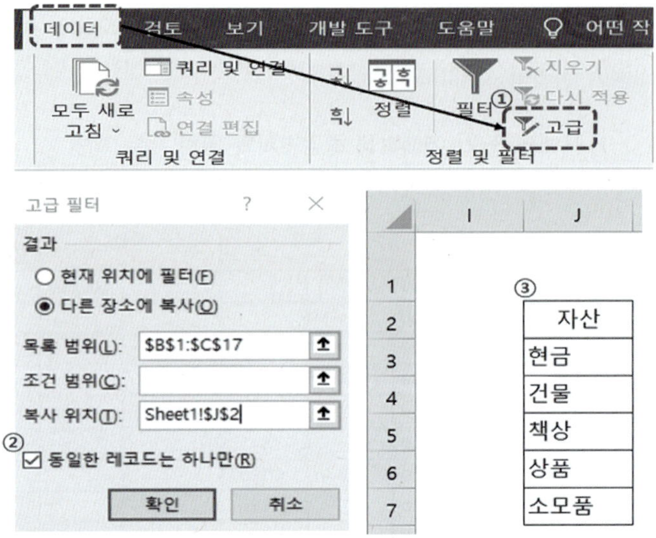

먼저 중복된 계정들을 동일한 계정으로 하나만 나타나게 해봅시다. [그림 3-20]에 나타난 순서대로 처리합니다. 먼저 ① 데이터탭에서 고급을 선택한 후 ② 고급필터 대화상자 설정탭에서 다른 장소에 복사를 선택하고, 목록범위(계정과목들)와 복사위치를 정한 후 동일한 레코드는 하나만을 체크합니다. 그럼 ③ J2셀에 중복된 계정을 하나의 계정으로 정리된 것을 확인할 수 있습니다.

그림 3-21 SUMIF함수 원형

엑셀프로그램 아무 셀에서나 =SUMIF(라고 입력을 하면 [그림 3-21]처럼 표시되는 것을 확인할 수 있습니다. 이것이 SUMIF함수의 원형입니다. SUMIF함수는 말 그대로 하나의 조건(우리가 찾고자 하는 계정)에 만족하는 합계를 구하는 함수입니다.

그림 3-22 SUMIF함수 사용

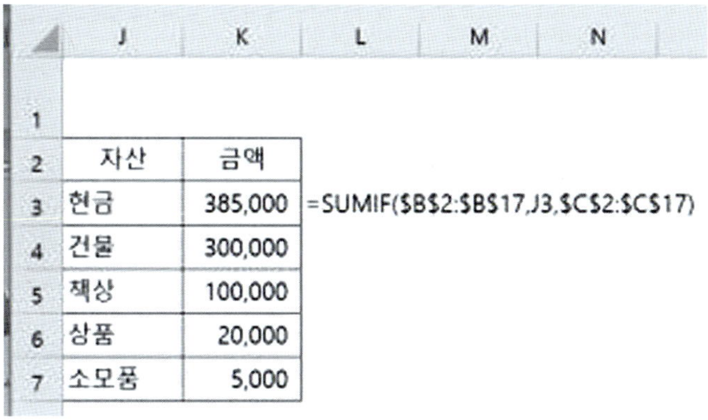

	J	K	L	M	N
1					
2	자산	금액			
3	현금	385,000	=SUMIF($B$2:$B$17,J3,$C$2:$C$17)		
4	건물	300,000			
5	책상	100,000			
6	상품	20,000			
7	소모품	5,000			

함수 사용은 [그림 3-21]처럼 SUMIF(range, criteria, [sum_range])라고 표시되는데 range는 내가 찾고자 하는 범위를 말하며, criteria는 내가 찾고자 하는 범위에서 내가 필요로 하는 조건을 말하며, sum_range는 조건에 맞는 값에 대한 합계를 나타내는 것입니다.

[그림 3-22]에서 K3 셀에 입력된 SUMIF함수는 =SUMIF($B$2:$B$17, J3, $C$2:$C$17)입니다. SUMIF함수를 관찰해 봅시다.

=SUMIF(① $B$2:$B$17, ② J3, ③ $C$2:$C$17)

① $B$2:$B$17: 내가 찾고자 하는 범위, 즉 [그림 3-19]의 B2:B17

② J3: 내가 찾고자 하는 범위에서 내가 필요로 하는 조건(현금계정)

③ $D$2:$D$17: 조건에 맞는 값(현금계정에 대한 값들)에 대한 합계, 즉 [그림 3-19]의 C2:C17을 나타낸 것입니다.

절대주소와 상대주소를 다시 한번 상기하고, 현금 금액이 있는 셀 K3에서 자동채우기를 하면 계정별 합계를 구할 수 있습니다.

/ 주요 용어정리 /

- **자산**: 과거 사건의 결과로 기업이 통제하고 있고, 미래 경제적 효익이 기업에 유입될 것으로 기대되는 자원
- **미래의 경제적 효익**: 미래의 순현금유입 창출이 가능한 능력
- **부채**: 과거 사건에 의하여 발생하였으며, 경제적 효익이 내재된 자원이 기업으로부터 유출됨으로써 이행될 것으로 기대되는 현재의 의무
- **현재의 경제적 의무**: 경제적 의무를 이행하기 위하여 미래에 재화나 용역을 제공해야 하거나 현금의 유출이 예상되는 의무
- **자본**: 기업의 자산에서 모든 부채를 차감한 후의 잔여지분
- **자본금**: 기업의 소유자 또는 소유자라고 생각되는 자가 사업의 밑천으로 기업에 제공한 금액
- **이익잉여금**: 회사의 정상적인 영업활동, 자산의 처분 및 기타 일시적인 손익거래에서 발생한 이익을 원천으로 하여 회사 내에 유보되어 있는 잉여금
- **이익**: 기업활동의 결과 일정 기간 동안의 경영성과
- **수익**: 자산의 유입이나 증가 또는 부채의 감소에 따라 자본의 증가를 초래하는 특정 회계기간 동안에 발생한 경제적 효익의 증가
- **매출액**: 상품의 매출 또는 서비스의 제공에 대한 수입금액
- **비용**: 자산의 유입이나 증가 또는 부채의 감소에 따라 자본의 증가를 초래하는 특정 회계기간 동안에 발생한 경제적 효익의 희생
- **매출원가**: 기업의 영업활동에서 영업수익을 올리는 데 필요한 비용으로서 판매된 상품의 생산원가 혹은 구입원가
- **제조기업**: 각종 원료를 가공 또는 제조하여 제품을 만드는 기업
- **상품매매기업**: 제조기업으로부터 생산된 제품을 매입하여 일정 이윤을 붙여 최종 소비자에게 판매하는 기업
- **서비스 기업**: 전문적인 용역 제공을 목적으로 하는 기업 또는 일상생활에 필요한 일반적인 용역 제공을 목적으로 하는 기업
- **제품**: 제조기업에서 판매목적으로 제조한 생산품, 부산물 등

- **원재료**: 제품을 생산하는 데 소비할 목적으로 외부에서 매입한 물품
- **상품**: 상기업이 판매를 목적으로 구입한 재화
- **도매상**: 재판매업자나 기관구매자에게 상품이나 서비스를 제공하는 상인 또는 유통기구
- **소매상**: 개인용으로 사용하려는 최종 소비자에게 직접 상품이나 서비스를 제공하여 소매활동을 하는 유통기관
- **용역**: 물질적인 재화의 생산 이외의 생산이나 소비에 필요한 노무
- **복합기업**: 서로 다른 시장에 속하는 여러 가지 재화 또는 용역을 생산하는 기업, 기업군
- **회계상의 거래**: 재무제표를 작성하기 위한 회계기록의 대상
- **경제적 사건**: 회계등식에 영향을 주는 회계상의 거래
- **차입금**: 금융기관, 기타 기업 등 외부로부터 빌려온 자금
- **당기순이익**: 기업이 일정 기간 동안 얻은 모든 수익에서 지출한 모든 비용을 공제하고 순수하게 이익으로 남은 몫
- **취득원가**: 자산을 취득하기 위해서 지급한 금액
- **비품**: 내용연수가 1년 이상으로 그 금액이 상당액 이상인 물품
- **소모품**: 쓰는 대로 닳거나 줄어들어 없어지거나 못 쓰게 되는 물품
- **부채비율**: 부채를 자기자본으로 나눈 비율
- **회계기간**: 기업이 영업활동을 통해 얻은 이익을 계산할 때 임의로 나누는 기간 단위
- **분기재무제표**: 분기 말에 분기별 결산보고를 하기 위해 작성하는 회계보고서
- **반기재무제표**: 일년을 전반기와 후반기로 나누어 작성하는 재무제표
- **연차재무제표**: 1회계연도를 대상으로 작성하는 재무제표
- **재무상태표접근법**: 재무상태표상 기초·기말 순자산의 비교를 통해 당기순이익을 계산하는 방법
- **손익계산서접근법**: 손익계산서상 총수익과 총비용을 비교하여 당기순이익을 계산하는 방법

CHAPTER

4

회계정보는 어떻게 산출될까?

1. 계정을 이용하여 기록하자
2. 분개부터 시작하자
3. 원장으로 전기하자
4. 시산표를 작성하자
5. 결산까지 가보자
6. 종합예제

CHAPTER 04

회계정보는 어떻게 산출될까?

1 계정을 이용하여 기록하자

1.1 계정이란 무엇인가?

기업이 경영활동을 함에 따라 기업의 자산, 부채, 자본 등이 끊임없이 증감변동한다. 복식부기에서는 이러한 자산, 부채, 자본의 증감변동을 각 항목별로 세분하여 기록 · 계산하는 방법을 사용하고 있으며, 궁극적으로 자본의 증감변동을 일으키는 수익과 비용의 발생에 대해서도 같은 방법을 사용한다.

[표 4-1] **계정과 계정과목**

구분		계정과목
재무상태표 계정	자산계정	현금, 매출채권, 재고자산(상품 혹은 제품), 대여금, 미수수익, 선급비용, 소모품, 비품, 건물 등
	부채계정	매입채무, 미지급비용, 차입금, 사채 등
	자본계정	자본금, 이익잉여금 등
손익계산서 계정	수익계정	매출액, 수수료수익, 임대료, 이자수익 등
	비용계정	매출원가, 급여, 보험료, 광고선전비, 소모품비, 수수료비용, 임차료, 이자비용 등

이와 같이 자산, 부채, 자본과 수익, 비용의 개별 항목별로 세분된 기록·계산의 단위를 계정(account)이라고 한다. 그리고 자산, 부채, 자본, 수익, 비용 중 구체적으로 어떤 항목의 증감변화를 기록·계산하는지를 나타내기 위해 계정에 붙인 명칭을 계정과목(account title)이라고 한다. 자산, 부채, 자본과 수익, 비용 계정의 대표적 예를 보면 [표 4-1]과 같다.

1.2 회계등식을 기억하자

1) 계정의 양식

자산, 부채, 자본, 수익, 비용의 개별 항목별로 각각의 증감변화를 기록하기 위하여 계정의 왼쪽과 오른쪽에 금액을 기록할 수 있는 두 개의 난이 있다. 두 개의 난은 그 계정의 금액을 증가시키는 거래와 감소시키는 거래의 기록을 구분하여 같은 장소에 기록하기 위한 것이다. 회계학에서는 계정의 왼쪽을 차변(debit), 오른쪽을 대변(credit)이라고 한다. 그리고 자산, 부채, 자본, 수익, 비용 등 어떤 종류의 계정이든지 간에 계정의 왼쪽에 기록하는 것을 차변기입(debit entry)이라 하고 오른쪽에 기록하는 것을 대변기입(credit entry)이라고 한다.

계정과목
(모든 종류의 계정과목)

차변 (계정의 왼쪽)	대변 (계정의 오른쪽)

회계학에서 사용하는 차변, 대변은 계정의 왼쪽 혹은 오른쪽을 나타내는 것 이외에는 다른 의미가 없다. 특히, 차변과 대변은 어떤 계정의 증가나 감소 혹은 차입이나 대여와는 전혀 관계가 없는 용어이다.

2) 회계등식과 거래의 이중성

자산, 부채, 자본의 증감변화를 일으키는 거래와 수익, 비용이 발생하는 거래를 계정의 왼쪽과 오른쪽에 기록하기 위한 계정기록 원리는 제2장에서와 마찬가지로 항상 회계등식이 유지되도록 기록한다.

회계등식: 자산 = 부채 + 자본	[식 4-1]

제3장에서 설명한 회계기록의 원리는 회계등식의 왼쪽에 자산이 있으므로 모든 자산항목은 회계등식의 왼쪽에 그것의 증감을 동시에 기록(증가는 +, 감소는 −)하였고, 부채와 자본은 회계등식의 오른쪽에 그것의 증감을 동시에 기록(증가는 +, 감소는 −)하였다. 그러나 이러한 방식으로 회계거래를 기록할 경우 자산, 부채, 자본의 항목이 늘어날 경우 회계기록을 하기가 쉽지 않다.

계정을 이용한 기록 원리도 항상 회계등식이 유지되도록 기록한다는 면에서는 제3장에서 설명하였던 회계기록 원리와 동일하다. 그러나 모든 자산, 부채, 자본항목을 하나의 회계등식 틀을 이용하여 기록하지 않고, 개별 계정별로 회계등식의 틀을 적용한다. 예를 들어, 다음과 같은 세 가지 거래가 연속하여 발생하였다고 가정하자.

① 은행에서 ₩50,000을 차입하다.
② 상품 ₩30,000을 현금으로 매입하다.
③ 차입금 중 ₩10,000을 상환하다.

제3장에서의 기록방법에 따르면 위의 거래를 다음과 같이 기록했을 것이다.

회계등식:	자산			=	부채	+	자본
	현금		상품		차입금		자본금
① 은행차입거래	50,000	+	0	=	50,000	+	0
② 상품매입거래	−30,000	+	30,000	=	0	+	0
③ 차입금 상환거래	−10,000	+	0		−10,000	+	0
거래기록 결과	10,000	+	30,000	=	40,000	+	0

자산 혹은 부채의 감소를 표시하기 위해 해당 자산 혹은 부채 난에 (−) 부호를 붙여 금액을 기록하였다. (−) 부호를 표시하지 않고 동일한 결과를 나타낼 수 있는 방법은 없을까? (−) 부호가 붙은 부분을 등식의 오른쪽으로 이항하면 된다.

	현금		상품		차입금		차입금		자본금		현 금
①	50,000	+	0	+	0	=	50,000	+	0	+	0
②	0	+	30,000	+	0	=	0	+	0	+	30,000
③	0	+	0	+	10,000	=	0	+	0	+	10,000
결과	50,000	+	30,000	+	10,000	=	50,000	+	0	+	40,000

여기서 등식의 오른쪽에 있는 현금 ₩30,000과 ₩10,000의 의미는 무엇일까? 그것은 ②와 ③의 거래결과 그만큼의 현금자산이 감소하였다는 것이다. **즉 회계등식의 왼쪽에 있는 자산은 그것이 증가하면 왼쪽, 감소하면 오른쪽에 (+)로 기록하면 된다.** 부채와 자본의 경우에도 마찬가지이다. 등식의 왼쪽에 있는 차입금 ₩10,000의 의미는 ③의 거래를 통하여 차입금이라는 부채가 그만큼 감소하였다는 것을 의미한다. **즉 회계등식의 오른쪽에 있는 부채와 자본은 그것이 증가하면 오른쪽, 감소하면 왼쪽에 (+)로 기록하면 된다.**

▪ 회계등식과 거래의 이중성

회계상의 거래가 발생할 경우 그 기록원리는 항상 회계등식이 유지되도록 기록한다는 것이다. 위에서 회계등식의 양쪽에 '−'로 표시되는, 즉 감소를 나타내는 항목을 등식의 반대편으로 이항하여 '+'로 표시되도록 기록하면, 회계상의 거래가 발생할 경우 항상 회계등식의 양쪽에 같은 금액이 이중 기록된다는 것을 알 수 있다. 이것을 거래의 이중성(dual effects of accounting transactions)이라고 하며, 복식부기(double entry bookkeeping)라는 용어도 여기서 유래되었다.

▪ 원인과 결과의 관계로 표시

이와 같이 회계상의 거래가 발생하면 항상 등식의 왼쪽과 오른쪽에 같은 금액을 이중 기록한다. 이것은 중요한 의미를 가지고 있다. 단식부기에서는 거래의 한쪽 측면만 기록하기 때문에 거래의 결과만 알 수 있는 반면, 항상 왼쪽과 오른쪽에 같은 금액을 이중 기록하는 복식부기를 통해서는 거래의 원인과 결과를 동시에 알 수 있다.

위에서 예로 든 은행차입거래(①)와 상품매입거래(②)에서 각각 현금 ₩20,000의 유입과 ₩30,000의 유출이 있었는데 그 원인은 무엇일까? 현금자산의 증감을 기록한 회계등식의 다른 한쪽을 보면 그것을 알 수 있다. 즉 현금자산 ₩20,000이 증가한 원인은 차입금이라는 부채의 증가를 통해서 이루어졌고, 현금자산 ₩30,000이 감소한 것은 같은 금액의 상품자산 증가에 기인한 것이라는 것을 알 수 있다.

▪ 대차평균의 원리

거래의 이중성에 따라 회계상의 거래를 기록하게 되면, 어떤 거래가 발생하더라도 회계등식의 양쪽에 같은 금액을 이중 기록하게 되므로 수많은 거래를 기록한 후에도 왼쪽(차변)과 오른쪽(대변) 기록 금액의 합은 항상 일치해야 한다. 이것을 대차평균의 원리(principle of equilibrium)라고 한다. 이러한 대차평균의 원리에 기초하여 회계에서는 기록, 계산의 정확성 여부를 자동적으로 검증할 수 있다.

3) 회계등식과 계정기록

회계등식의 양쪽에 '−'로 표시되는, 즉 감소를 나타내는 항목을 등식의 반대편으로 이항하여 '+'로 표시되도록 기록하면 위에서 예시한 거래는 다음과 같이 요약할 수 있다.

	현금		상품		차입금		차입금		자본금		현금
①	50,000	+	0	+	0	=	50,000	+	0	+	0
②	0	+	30,000	+	0	=	0	+	0	+	30,000
③	0	+	0	+	10,000	=	0	+	0	+	10,000
결과	50,000	+	30,000	+	10,000	=	50,000	+	0	+	40,000

위의 표를 약간 변형하면 계정기록의 원리를 쉽게 알 수 있다. 등식의 왼쪽과 오른쪽에 있는 개별 계정금액을 해당 계정의 왼쪽과 오른쪽에 그대로 옮겨 기록하면 된다. 현금계정과 차입금계정을 예로 들어 설명하면 다음과 같다.

현금	
① 50,000	② 30,000 ③ 10,000

차입금	
③ 10,000	① 50,000

회계등식의 왼쪽에 있는 자산계정은 항상 그 잔액이 차변잔액으로 남고(위에서 현금계정은 차변잔액 ₩10,000임), 회계등식의 오른쪽에 있는 부채와 자본계정은 항상 그 잔액이 대변잔액으로 남게 된다(위에서 차입금계정은 대변잔액 ₩40,000임). 이것은 자산의 경우 증가했을 때 차변에 기록하고 감소했을 때 대변에 기록하기 때문에 증가에서 감소를 빼면 항상 증가를 기록한 쪽에 잔액이 남게 되기 때문이다. 부채와 자본의 경우도 마찬가지이다.

지금까지 설명한 자산, 부채, 자본, 수익, 비용의 계정기록 원리를 요약하면 [표 4-2]와 같다.

수익이 발생하면 대변에 기록하고 비용이 발생하면 차변에 기록한다. 그 이유는 수익, 비용의 발생은 이익잉여금의 증감을 초래하여 궁극적으로 자본의 증감으로 이어지기 때문이다. **즉 수익이 발생하면 이익이 증가하고 이를 통해 이익잉여금이 증가하며 이것은 곧 자본의 증가로 이어지기 때문이다.** 따라서 자본의 증가를 대변에 기록하는 것과 동일한 논리로 수익이 발생하면 대변에 기록한다. 반대로 비용이 발생하면 이익잉여금의 감소를 초래하여 궁극적으로 자본의 감소를 가져오기 때문에 자본의 감소를 차변에 기록하는 것과 동일한 논리로 비용이 발생하면 차변에 기록한다.

[표 4-2] 계정기록의 원리

회계등식: 자산 = 부채 + 자본

자산		부채		자본	
(차변)	(대변)	(차변)	(대변)	(차변)	(대변)
증가	감소	감소	증가	감소	증가

↑

비용		수익	
(차변)	(대변)	(차변)	(대변)
발생			발생

예제 4-1

제3장에서 [예제 3-2]의 거래가 다음과 같았다.

⑧ 1월 11일 건물을 임대하고, 1개월분 임대료 ₩30,000을 먼저 받았다.
⑨ 1월 16일 건물에 대한 화재보험에 가입하고, 1개월분 보험료 ₩40,000을 현금지급하였다.
⑩ 1월 20일 종업원 급여 20일 치 ₩20,000을 현금지급하였다.
⑪ 1월 30일 상품 60개(취득원가 ₩60,000)를 ₩100,000에 현금판매하였다.

| 요구사항 |

위의 거래를 계정에 기록하시오.

제3장의 [예제 3-1]로 다시 돌아가 보자. 1월 7일 현재 (주)유니콘의 보유자산은 현금 ₩315,000, 건물 ₩300,000, 비품 ₩100,000, 상품 ₩80,000, 소모품 ₩5,000 등이 있었으며, 부채와 자본은 매입채무 ₩50,000, 차입금 ₩250,000, 자본금 ₩500,000 등이 있었다. 또한 [예제 3-2]에서는 거래분석 후 위의 거래를 다음과 같이 기록하였다.

거래번호	자산					=	부채		+	자본	
	현금	건물	비품	상품	소모품		차입금	매입채무		자본금	잉여금
1/7	315,000 +	300,000 +	100,000 +	80,000 +	5,000	=	250,000 +	50,000	+	500,000 +	0
⑧	30,000 +	0 +	0 +	0 +	0	=	0 +	0	+	0 +	30,000
⑨	−40,000 +	0 +	0 +	0 +	0	=	0 +	0	+	0 +	−40,000
⑩	−20,000 +	0 +	0 +	0 +	0	=	0 +	0	+	0 +	−20,000
⑪−1	100,000 +	0 +	0 +	0 +	0	=	0 +	0	+	0 +	100,000
⑪−2	0 +	0 +	0 +	−60,000 +	0	=	0 +	0	+	0 +	−60,000
요약	385,000 +	300,000 +	100,000 +	20,000 +	5,000	=	250,000 +	50,000	+	500,000 +	10,000

이것을 자산, 부채, 자본, 수익, 비용 등의 개별 계정을 이용하여 계정기록방법에 따라 기록해 보자. 회계등식의 왼쪽에 있는 자산은 그것이 증가(감소)할 경우 해당 계정의 차변(대변)에 기록하고, 회계등식의 오른쪽에 있는 부채와 자본의 경우는 그것이 증가(감소)할 경우 해당 계정의 대변(차변)에 기록한다.

[거래 ⑧] 현금자산 ₩30,000 증가, 임대료(수익) ₩30,000 발생

현금 (차변)	현금 (대변)
1/7 315,000	
⑧ 30,000	

임대료 (차변)	임대료 (대변)
	⑧ 30,000

현금계정의 차변에 있는 ₩315,000은 1월 7일 현재 이미 보유하고 있던 현금자산을 의미한다. 즉 현금계정을 보면 [거래 ⑧]을 통해 ₩30,000의 현금자산이 증가하여 1월 11일 현재 (주)유니콘의 현금자산은 ₩345,000이라는 것이다. 동시에 [거래 ⑧]을 통해 ₩30,000의 임대료수익이 발생하였다. 임대료수익의 발생은 이익잉여금의 증가로 파악하여 이익잉여금계정의 대변에 기록할 수도 있으나, 이익잉여금을 증가시키는 개별 수익항목의 내역을 파악할 수 있도록 하기 위하여 개별 수익계정의 대변에 그 발생액을 기록한다.

[거래 ⑨] 보험료비용 ₩40,000 발생, 현금자산 ₩40,000 감소

현금			
1/7	315,000	⑨	40,000
⑧	30,000		

보험료			
⑨	40,000		

[거래 ⑨]에서는 ₩40,000의 보험료비용이 발생하였다. 임대료수익과 반대로 보험료비용이 발생하면 이익잉여금이 감소하여 그만큼 자본이 감소한다. 따라서 이익잉여금계정의 차변에 기록할 수도 있으나 이익잉여금을 감소시키는 개별 비용항목의 내역을 파악할 수 있도록 하기 위하여 개별 비용계정의 차변에 그 발생액을 기록한다. 동시에 [거래 ⑨]를 통해 ₩40,000의 현금자산이 감소하였다. 따라서 현금계정의 대변에 ₩40,000을 기록한다. [거래 ⑨]를 기록한 후 (주)유니콘의 현금 잔액은 ₩305,000이다. 이것은 현금자산의 증가를 기록한 차변금액 합계에서 현금자산의 감소를 기록한 대변금액 합계를 차감하여 구할 수 있다.

[거래 ⑩] 급여(비용) ₩20,000 발생, 현금자산 ₩20,000 감소

현금			
1/7	315,000	⑨	40,000
⑧	30,000	⑩	20,000

급여			
⑩	20,000		

[거래 ⑩]에서 ₩20,000의 급여비용 발생과 관련된 계정 기록 방법은 위의 보험료비용 기록방법과 동일하다.

[거래 ⑪] 매출(수익) ₩100,000 발생, 현금자산 ₩100,000 증가(⑪-1)
매출원가(비용) ₩60,000 발생, 상품자산 ₩60,000 감소(⑪-2)

현금			
1/7	315,000	⑨	40,000
⑧	30,000	⑩	20,000
⑪-1	100,000		

매출			
		⑪-1	100,000

상품				매출원가			
1/7	80,000	⑪－2	60,000	⑪－2	60,000		

[거래 ⑪]은 두 가지 거래로 구성되어 있다. 즉 상품판매를 통해 ₩100,000의 매출액(수익)이 발생하면서 그만큼 현금자산이 증가하는 거래(⑪−1)와, 매출액이라는 수익을 창출하는 과정에서 상품자산 ₩60,000이 감소하여 매출원가(비용)가 그만큼 발생하는 거래(⑪−2)로 구성되어 있다. 자산의 증감과 수익, 비용의 발생을 기록하는 논리는 위에서 설명한 것과 동일하다.

1월 30일의 상품 판매거래(거래 ⑪)를 기록한 후 (주)유니콘 현금계정의 잔액은 ₩385,000으로 위에서 제시한 제2장에서의 기록방법 결과와 동일하며, 다른 자산, 부채계정의 잔액도 동일하다. 그리고 수익계정 잔액의 합계(총수익)에서 비용계정 잔액의 합계(총비용)를 차감하면 ₩10,000인데 이것은 제2장에서의 기록방법에 의한 이익잉여금 잔액과 동일하다는 것을 알 수 있다.

2 분개부터 시작하자

2.1 분개는 왜 하는가?

회계상의 거래가 발생하면 이를 자산, 부채, 자본의 증감 및 수익, 비용의 발생 등으로 분석하여 계정기록방법에 따라 해당 계정에 기록한다. 이때 발생된 거래를 분석하여 해당 계정에 직접 기록하면 잘못 기록할 가능성이 많다. 실무에서 실제 발생하는 계정은 책에서 지금까지 소개했던 것보다 훨씬 더 복잡하고, 계정과목의 수도 많기 때문이다.

■ **거래기록과정의 오류를 줄이도록 해준다**

회계상의 거래가 발생하면 우선 거래분석을 통해 거래를 자산, 부채, 자본의 증감 및 수익, 비용의 발생 등으로 구분하여 차변과 대변의 계정과목과 금액을 정한다. 이와 같이 계정기록을 정확히 하기 위해 회계상의 거래를 계정에 직접 기록하는 대신 계정기록 전에 먼저 회계상의 거래를 분석·기록하는 절차를 분개(journalizing)라고 한다.

■ **과거 거래의 추적을 용이하게 해준다**

분개하는 장부를 분개장(journal)이라고 한다. 분개장에는 기업경영활동과정에서 발생한 모든 거래가 발생순서대로 기록된다. 따라서 특정 일자나 특정 기간의 거래정보를 알고자 할 때 거래의 발생일자만 알면 분개장으로 언제든지 거래의 내용을 추적할 수 있다.

2.2 분개는 어떻게 하는가?

계정기록의 정확성을 확보하기 위하여 회계상의 거래를 분석·기록하는 절차를 분개라고 하였다. 따라서 분개의 대상이 되는 경제적 사건도 당연히 회계상의 거래에 한정된다. 회계상의 거래는 회계등식(자산=부채+자본)에 영향을 미치는 경제적 사건으로서, 그 영향의 크기를 화폐액으로 신뢰성 있게 측정할 수 있는 것이다. 그리고 회계상의 거래가 발생하면 항상 회계등식이 유지되도록 기록하는 것이 자산, 부채, 자본의 증감변화 및 수익, 비용의 발생을 기록하기 위한 기록원리의 전부이다.

분개하는 방법도 지금까지 설명하였던 계정기록의 원리와 동일하다. 즉 회계등식의 왼쪽에 있는 자산항목은 그것이 증가할 경우 차변에, 감소할 경우 대변에 기록하면 되고, 회계등식의 오른쪽에 있는 부채와 자본항목은 그것이 증가할 경우 대변에, 감소할 경우 차변에 기록하면 된다. 수익과 비용은 그것이 발생할 경우 자본의 증감을 가져오므로 자본의 증감을 기록하기 위한 방법으로 기록하면 된다. 즉 수익의 발생은 대변에, 비용의 발생은 차변에 기록하면 된다.

[표 4-3] 거래의 기록원리

회계등식:	자산	=	부채 + 자본
	차변		대변
	자산증가		자산감소
	부채감소		부채증가
	자본감소		자본증가
	비용발생		수익발생

[표 4-3]은 자산·부채·자본의 증감변화를 일으키는 회계상의 거래를 기록하기 위한 기록원리를 요약한 것으로 거래의 8요소라고 부른다. 회계상의 거래가 발생하면 최소한 1개 이상의 차변과 1개 이상의 대변요소에 영향을 미친다. 일반적인 거래의 경우 회계등식의 왼쪽 항목과 오른쪽 항목에 1 대 1로 영향을 미치는 거래가 대부분이지만, 1 대 다수, 다수 대 1 및 다수 대 다수의 대응거래도 자주 발생한다.

① 1 대 1 대응거래

자산증가 ₩100 : 자산감소 ₩100

자산증가 ₩300 : 수익발생 ₩300

부채감소 ₩200 : 자산감소 ₩200

비용발생 ₩200 : 부채증가 ₩200

② 1 대 다수 대응거래

자산증가 ₩500 : 자산감소 ₩300 및 부채증가 ₩200

부채감소 ₩300 : 자산감소 ₩100 및 부채증가 ₩200

③ 다수 대 1 대응거래

자산증가 ₩500 및 부채감소 ₩100 : 수익발생 ₩600

부채감소 ₩300 및 비용발생 ₩100 : 자산감소 ₩400

2.3 거래분석과 분개의 예

[예제 3-1]과 [예제 3-2]에서 제시하였던 (주)유니콘의 20×1년 1월 중 거래자료를 이용하여 거래의 분석과 분개하는 방법을 설명하면 다음과 같다.

[(주)유니콘의 1월 중 거래]

① 1월 1일: 액면 ₩5,000의 주식 100주를 발행하였으며, 주주로부터 주식발행대금 ₩500,000을 전액 현금으로 납입받아 영업을 개시하였다.

- 거래분석: 현금자산 ₩500,000 증가, 자본금 ₩500,000 증가
- 분　　개: (차변) 현금　　500,000　　(대변) 자본금　　500,000

② 1월 2일: 건물 ₩300,000을 현금으로 구입하였다.

- 거래분석: 건물자산 ₩300,000 증가, 현금자산 ₩300,000 감소
- 분　　개: (차변) 건물　　300,000　　(대변) 현금　　300,000

③ 1월 3일: 건물을 담보로 은행으로부터 현금 ₩250,000을 차입하였다. 차입금에 대한 이자는 매월 1일에 ₩2,500씩 지급하기로 하였다.

- 거래분석: 현금자산 ₩250,000 증가, 차입금(부채) ₩250,000 증가
- 분　　개: (차변) 현금　　50,000　　(대변) 차입금　　250,000

(주의) 건물의 담보제공은 자산, 부채, 자본의 증감변화를 일으키는 사건이 아니므로 분개할 필요는 없다. 그러나 이해관계자들에게는 중요한 사건이므로 담보제공 사실은 별도로 기록해 두어야 한다.

④ 1월 4일: 책상 10개를 ₩100,000에 현금으로 매입하였다.

- 거래분석: 비품(책상)자산 ₩100,000 증가, 현금자산 ₩100,000 감소
- 분　　개: (차변) 비품　　100,000　　(대변) 현금　　100,000

⑤ 1월 5일: 상품 50개를 ₩50,000에 외상으로 매입하였다.

• 거래분석: 상품자산 ₩50,000 증가, 매입채무(부채) ₩50,000 증가

• 분　　개: (차변) 상품　50,000　(대변) 매입채무　50,000

⑥ 1월 6일: 상품 30개를 ₩30,000에 현금으로 매입하였다.

• 거래분석: 상품자산 ₩30,000 증가, 현금자산 ₩30,000 감소

• 분　　개: (차변) 상품　30,000　(대변) 현금　30,000

⑦ 1월 7일: 소모품 ₩5,000을 현금으로 매입하였다.

• 거래분석: 소모품자산 ₩5,000 증가, 현금자산 ₩5,000 감소

• 분　　개: (차변) 소모품　5,000　(대변) 현금　5,000

⑧ 1월 11일: 건물 한 층을 임대하고, 1개월분 임대료 ₩30,000을 먼저 받았다.

• 거래분석: 임대료수익 ₩30,000 발생, 현금자산 ₩30,000 증가

• 분　　개: (차변) 현금　30,000　(대변) 임대료　30,000

⑨ 1월 16일: 건물에 대한 화재보험에 가입하고, 1개월분 보험료 ₩40,000을 현금지급하였다.

• 거래분석: 보험료비용 ₩40,000 발생, 현금자산 ₩40,000 감소

• 분　　개: (차변) 보험료　40,000　(대변) 현금　40,000

⑩ 1월 20일: 종업원 급여 20일 치 ₩20,000을 현금지급하였다.

• 거래분석: 급여비용 ₩20,000 발생, 현금자산 ₩20,000 감소

• 분　　개: (차변) 급여　20,000　(대변) 현금　20,000

⑪ 1월 30일: 상품 60개(취득원가 ₩60,000)를 ₩100,000 받고 판매하였다.

• 거래분석: 매출(수익) ₩100,000 발생, 현금자산 ₩100,000 증가(⑪－1)
  매출원가(비용) ₩60,000 발생, 상품자산 ₩60,000 감소(⑪－2)

• 분개(⑪－1): (차변) 현금 100,000 (대변) 매출 100,000
  분개(⑪－2): (차변) 매출원가 60,000 (대변) 상품 60,000

3 원장으로 전기하자

3.1 원장이란 무엇인가?

기업경영활동과정에서 자산, 부채, 자본의 증감과 수익, 비용의 발생 등을 기록・계산하기 위하여 회계에서는 계정(account)을 사용한다. 자산, 부채, 자본, 수익, 비용 등에 속하는 개별 계정과목별 계정을 한곳에 모아놓은 장부를 원장(ledger) 혹은 총계정원장(general ledger)이라고 한다. 이러한 원장의 기록을 기초로 재무상태표와 손익계산서 등의 재무제표가 작성되므로, 원장은 회계기록을 하는 데 있어서 기본이 되는 주요한 장부이다. 따라서 앞에서 소개한 분개장과 함께 총계정원장을 주요부 혹은 주요 장부라고 한다.

3.2 원장에의 전기는 어떻게 하는가?

회계상의 거래가 발생하면 거래를 분석하여 분개장에 분개를 한다. 분개장에는 자산, 부채, 자본의 증감과 수익, 비용의 발생거래가 섞여 있는 거래자료가 발생일자에 따라 기록되어 있으므로, 분개장을 보고 바로 특정 시점 혹은 일정 기간 동안의 자산, 부채, 자본의 증감과 총수익, 총비용 등을 확인하기 어렵다. 이것을 용이하게 하기 위해 분개장에 기록되어 있는 거래자료를 원장의 해당 계정에 그대로 옮겨 적는 절차를 수행하게 되는데 이것을 전기(posting)라고 한다. 예를 들면 [표 4-4]와 같다.

[표 4-4] 분개장의 총계정원장으로의 전기방법

[거래의 예] 1월 5일 상품 50개를 ₩50,000에 외상으로 매입하다.

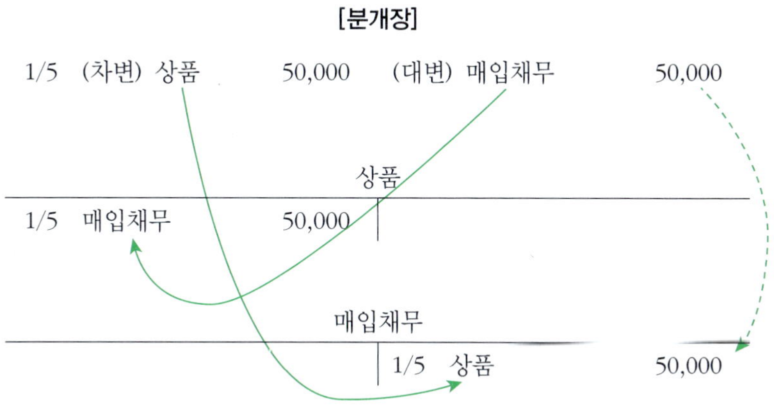

분개장의 기록을 총계정원장으로 전기하는 방법은 거의 기계적인 과정이다. 즉 분개장의 차변에 기록된 금액은 원장의 해당 계정 차변에 옮겨 적고, 대변에 기록된 금액은 원장 해당 계정의 대변에 옮겨 적으면 된다. 대신 계정과목은 상대 계정과목을 기록하여야 한다. 거래를 구분·파악할 수 있도록 거래일자를 동시에 옮겨 적는다. 상품계정을 예를 들어 살펴보자. 먼저 상품계정이 분개장의 차변에 있으므로, 총계정원장의 상품계정 차변에 상대 계정과목인 매입채무를 기록하고, 그 금액은 상품계정의 자기 금액을 기록한다.

상품계정에 상대 계정과목인 매입채무를 기록하는 이유를 알아보자. 상품계정에는 상품과 관련된 거래만이 기록되며, 상품계정의 차변에는 상품(자산)이 증가했을 때 기록된다. 그러면 굳이 상품계정에 상품이라는 계정과목을 또 기록할 이유가 없으며, 상품이 차변에 기록되어 있으므로 상대 계정과목인 매입채무를 기록함으로써 "상품이 증가하였는데 외상으로 구입한 것이구나"라는 것을 누가 보더라도 쉽게 알 수 있다.

한편, 상품계정의 금액을 기록하는 이유 또한 간단하다. 예를 들어, 상품구입금액

₩50,000 가운데 ₩20,000을 현금으로 주고, 나머지 ₩30,000을 외상으로 하였다고 하자. 그러면 상품계정의 차변에 기록되어야 할 금액이 ₩20,000도 아니고 ₩30,000도 아닌 ₩50,000이 기록되어야 한다. 상품(자산)의 증가금액이 ₩50,000이기 때문이다.

3.3 실제 원장으로 전기해 보자

(주)유니콘의 1월 중 거래(추가부분)자료를 이용해 원장으로의 전기방법을 설명하면 [예제 4-2]와 같다. 1월 11일부터의 거래를 기록하기 전 1월 7일 현재 자산계정 잔액은 현금 ₩315,000, 건물 ₩300,000, 비품 ₩100,000, 상품 ₩80,000, 소모품 ₩5,000 등으로 구성되어 있고, 부채계정 잔액은 매입채무 ₩50,000, 차입금 ₩250,000 등으로 구성되어 있으며, 자본계정 잔액은 자본금 ₩500,000으로 구성되어 있다. 1월 11일부터 (주)유니콘에서 발생한 거래는 분개장에 다음과 같이 기록되어 있다고 가정한다.

예제 4-2

제3장의 [예제 3-2]의 거래에 대한 분개장 기록이 다음과 같다.

[분개장]

일자	차변	금액	대변	금액
1/11	(차변) 현금	30,000	(대변) 임대료	30,000
1/16	(차변) 보험료	40,000	(대변) 현금	40,000
1/20	(차변) 급여	20,000	(대변) 현금	20,000
1/30	(차변) 현금	100,000	(대변) 매출	100,000
	(차변) 매출원가	60,000	(대변) 상품	60,000

| 요구사항 |

분개장의 기록을 총계정원장에 전기하시오.

분개장의 차변에 기록되어 있는 것은 총계정원장의 해당 계정 차변에 거래일자와 금액을 옮겨 적고, 분개장의 대변에 기록되어 있는 것은 총계정원장 해당 계정의 대변에 거래일자와 금액을 옮겨 적으면 전기가 이루어진다.

[총계정원장]

현금

1/7	315,000	1/16	40,000
1/11	30,000	1/20	20,000
1/30	100,000		

매출

		1/30	100,000

임대료

		1/11	30,000

상품

1/7	80,000	1/30	60,000

매출원가

1/30	60,000		

소모품

1/7	5,000		

보험료

1/16	40,000		

비품

1/7	100,000		

급여

1/20	20,000		

건물

1/7	300,000		

차입금

		1/7	250,000

매입채무

		1/7	50,000

자본금

		1/7	500,000

총계정원장에서 1월 7일의 기록은 1월 11일부터의 거래를 기록하기 전에 있었던 해당 계정의 잔액을 표시한 것이다. 각 계정의 차변합계에서 대변합계 혹은 대변합계에서 차변합계를 차감하면 해당 계정의 1월 말 현재 잔액을 계산할 수 있다.

4 시산표를 작성하자

4.1 시산표란 무엇인가?

회계상의 거래를 분개하면 항상 차변금액과 대변금액의 합계는 같고, 분개된 차변금액과 대변금액은 전기를 통해 총계정원장상의 해당 계정에 그대로 옮겨진다. 따라서 분개와 전기에 문제가 없으면 총계정원장에 있는 모든 계정의 차변 합계와 대변 합계는 항상 일치하게 된다. 이것이 대차평균의 원리이다. 그러나 분개와 원장으로의 전기가 제대로 이루어졌는지 여부를 총계정원장상의 개별 계정기록을 통해서는 알 수 없다. 이를 위해 실무에서는 재무제표를 작성하기 전에 일종의 계정집계표를 작성하는데, 이를 시산표(trial balance)라 한다.

4.2 시산표는 어떻게 작성하는가?

시산표는 총계정원장에 있는 모든 계정의 합계 혹은 잔액을 한곳에 모아놓은 일종의 계정집계표이다. 따라서 그 작성방법은 총계정원장상의 모든 계정의 차변과 대변의 합계 혹은 잔액을 시산표의 차변과 대변에 옮겨 적으면 된다. 모든 계정의 차변과 대변의 합계를 모아놓은 것을 합계시산표, 잔액을 모아놓은 것을 잔액시산표, 합계와 잔액을 동시에 모아놓은 것을 합계잔액시산표라고 한다. 위에서 예를 든 (주)유니콘 원장 자료를 이용해 시산표를 작성하면 [표 4-5]와 같다.

[표 4-5] **수정전 합계잔액시산표**

수정전 합계시산표

(주)유니콘　　1월 31일 현재　　(단위: 원)

계정과목	합계시산표		잔액시산표		
	차변	대변	차변	대변	
현 금	445,000	60,000	385,000		자산
상 품	80,000	60,000	20,000		
소 모 품	5,000		5,000		
비 품	100,000		100,000		
건 물	300,000		300,000		
매입채무		50,000		50,000	부채
차 입 금		250,000		250,000	
자 본 금		500,000		500,000	자본
매 출		100,000		100,000	수익
임 대 료		30,000		30,000	
매출원가	60,000		60,000		비용
보 험 료	40,000		40,000		
급 여	20,000		20,000		
총 계	1,050,000	1,050,000	930,000	930,000	

위의 (주)유니콘 합계잔액시산표를 보면 왼쪽에는 자산과 비용이 오른쪽에는 부채, 자본, 수익이 기록되고 자산, 부채, 자본, 수익, 비용 사이에는 다음과 같은 관계가 유지된다는 것을 알 수 있다. 이것을 시산표등식이라고 한다.

시산표등식: 자산+비용=부채+자본+수익　　[식 4-2]

4.3 시산표는 어떠한 기능을 하는가?

1) 재무제표 작성을 용이하게 한다

[표 4-5]의 합계잔액시산표 중 잔액시산표를 약간 변형하면 [표 4-6]과 같이 나타낼 수 있다. 변형된 잔액시산표를 보면 이것을 통해 재무상태표와 손익계산서를 쉽게 작성할 수 있다는 것을 알 수 있다.

[표 4-6] **잔액시산표**

잔액시산표

㈜유니콘 1월 31일 현재 (단위: 원)

구분	계정	금액	계정	금액	구분
자산	현금	385,000	매입채무	50,000	부채
자산	상품	20,000	차입금	250,000	부채
자산	소모품	5,000	자본금	500,000	자본
자산	비품	100,000	매출	100,000	수익
자산	건물	300,000	임대료	30,000	수익
비용	매출원가	60,000			
비용	보험료	40,000			
비용	급여	20,000			
	합계	930,000	합계	930,000	

즉 수익과 비용계정의 잔액을 모아서 손익계산서를 만들면 되는데 수익이 비용을 초과하는 부분(₩10,000)은 당기순이익이다. 이것은 물론 재무상태표상의 자본항목인 이익잉여금으로 반영된다. 당기순이익이 이익잉여금을 통해 자본에 반영되면 재무상태표 구성항목인 자산합계와 부채·자본의 합계도 일치하게 된다.

2) 오류를 검증할 수 있다

회계상의 거래가 발생하면 항상 회계등식이 유지되도록 기록하였으므로, 분개와 전기 및 시산표 작성 등의 과정에서 오류가 없었다면 시산표상의 자산, 부채, 자본, 수익, 비용

간의 관계는 [식 4-2]의 시산표등식에서와 같이 나타나야 한다. 따라서 시산표를 작성해 보면 회계정보 산출과정에서 오류가 발생하였는지 여부를 자동적으로 검증할 수 있다.

그러나 시산표상의 차변합계와 대변합계가 일치하였다고 하더라도 이것이 곧 회계정보 산출과정에서 전혀 오류가 없었다는 것을 보장해 주지는 못한다. 시산표는 단지 원장계정들의 차변합계와 대변합계가 일치하는지를 확인하는 수단으로 사용될 수 있을 뿐이다. 시산표 작성을 통해서도 발견할 수 없는 오류의 예를 들면 다음과 같다.

① 거래분석을 정확하게 하지 못해서 적정한 계정에 기록되지 않은 오류: 예를 들어, 자산증가와 부채증가를 일으킨 거래를 비용발생과 부채증가로 분개를 할 경우 이러한 오류는 시산표 작성을 통해서도 발견할 수 없다.

② 특정 거래기록 자체를 완전히 누락시켰을 경우: 이 경우에도 시산표상에서는 차변합계와 대변합계가 일치하는 것으로 나타나므로 이러한 오류는 발견할 수 없다.

③ 전기 혹은 계정잔액 계산 시 중복 발생한 오류: 전기과정 혹은 계정잔액 계산과정에서 차변금액과 대변금액이 모두 틀렸으나 전체 계정잔액을 집계하는 과정에서 우연히 차변합계와 대변합계가 일치하는 경우에도 시산표 작성을 통해서는 발견할 수 없다.

지금까지 설명한 내용이 기업경영활동을 통해 발생하는 회계상의 거래를 기록·분류·요약하여 주요 회계정보인 재무상태표와 손익계산서를 작성하는 회계정보의 산출과정이다. 그러나 지금까지 설명했던 내용에는 회계정보 산출과 관련하여 중요한 내용이 빠져 있어 작성된 재무제표는 아직 불완전한 재무제표이다. 이것은 다음 절에서 상세히 설명한다.

5 결산까지 가보자

▪불완전한 재무제표

위에서 제시한 (주)유니콘의 잔액시산표를 통하여 재무상태표와 손익계산서를 작성하면 그것이 불완전한 재무제표가 된다는 것은, 재무상태표와 손익계산서가 (주)유니콘의 1월 말 현재 재무상태와 1월 한 달(회계기간) 동안의 경영성과를 제대로 반영하고 있지 못하기 때문이다. 즉 자산, 부채, 자본이 (주)유니콘의 1월 말 현재 재무상태표상에 적절히 표시되어 있지 않으며, 손익계산서상의 수익과 비용도 회계기간 중의 수익과 비용을 적절히 반영하고 있지 못하기 때문이다.

▪회계순환과정

여기서는 이것을 회계순환과정(accounting cycle)과 연결 지어 설명한다. 기업에서는 회계기간 중 발생한 회계상의 거래를 기록·분류·요약하여 매 회계기말에 재무제표를 작성한다. 모든 기업들은 이러한 일련의 재무제표 작성절차를 매 회계기간마다 동일하게 반복 수행하는데 이것을 가리켜 회계순환과정이라 한다.

전형적인 회계순환과정을 요약하면 [그림 4-1]과 같다. 회계상의 거래가 발생하여 분개장에 분개(절차 ①)한 후, 총계정원장의 해당 계정에 전기(절차 ②)하고, 수정전 시산표(unadjusted trial balance)를 작성(절차 ③)하는 것까지는 이미 (주)유니콘의 예를 통해 설명하였다. 여기서는 ④단계부터 설명하도록 한다.

그림 4-1 **회계순환과정**

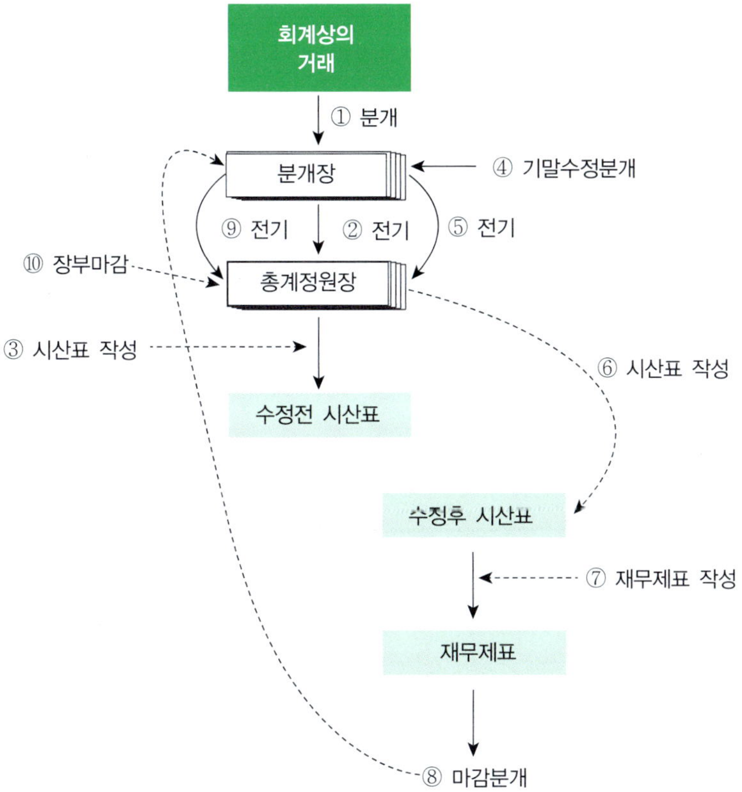

5.1 기말수정분개(원장 계정잔액의 수정)

1) 수정분개는 왜 하는가?

위에서 수정전 잔액시산표를 기초로 만들어지는 (주)유니콘의 월말 현재 재무상태표와 1월 한 달(회계기간) 동안의 손익계산서는 불완전한 재무제표라고 하였다. 왜 그럴까? (주)유니콘 재무상태표상의 자산 중 소모품, 비품, 건물 같은 자산은 영업목적에 사용되면서 점차 소모되어 갈 것이다. 그런데도 재무상태표상에는 이들 자산이 계속 취득시점의 가격으로 그대로 기록되어 있다. 그리고 건물 한 층을 임대하고 1개월분 임대료를 받았는데 임대기간은 아직 20일밖에 경과하지 않았고, 보험료 역시 1개월분을 지급하였는데 보험서비스는 15일밖에 받지를 못하였다. 마찬가지로 종업원들이 1개월 동안 근무하였으나 급여는 20일 치밖에 지급하지 않았다. 이러한 여러 가지 사항들이 1월 31일 현재의 잔액시산표, 즉 재무상태표와 손익계산서에는 반영되어 있지 않다.

이와 같이 회계기간 중의 정상적인 거래를 통해서는 반영할 수 없는 사건들을 반영하여 재무상태표의 자산, 부채, 자본과 손익계산서의 수익, 비용을 적절히 표시하여야 한다. 이를 위하여 회계기간 말에 적절히 반영하는 절차를 수정분개(adjusting entries) 혹은 기말수정분개(절차 ④)라고 한다. 이러한 수정분개의 내용을 기말수정사항이라고 한다.

2) 수정분개 대상항목에는 어떤 것이 있나?

기말수정분개 대상항목을 이해하기 위해서는 우선, 제2장에서 상세히 설명한 자산, 부채, 자본, 수익, 비용의 개념을 명확히 하고, 회계에서 거래기록의 대원칙 중의 하나인 발생주의(accrual basis) 개념을 이해하는 것이 필요하다.

■ 자산, 부채, 자본, 수익, 비용

제2장에서 자산(assets)은 과거의 거래나 사건의 결과 기업이 지배통제하고 있는 '미래의 경제적 효익'이라고 하였다. 자산의 정의에서 핵심적인 개념은 '미래의 경제적 효익'이며, 이것은 곧 '미래의 순현금유입 창출능력'이라고 하였다. 부채(liabilities)는 과거의 거래나 사건의 결과 기업이 부담하고 있는 현재의 경제적 의무로서 그 의무를 이행하는 데 경제적 효익의 희생이 수반되는 것이라고 하였다. 부채의 정의에서 핵심적 개념은 '현재의 경제적 의무'이며 경제적 의무를 이행하기 위해 미래에 재화나 용역을 제공해야 하거나 현금의 유출이 예상되는 것이다. 그리고 자본은 자산에서 부채를 차감한 순자산이다.

수익(revenues)은 기업경영활동과정에서 재화나 용역을 제공한 대가이며, 수익이 발생하면 순자산이 증가한다고 하였다. 반대로 비용(expenses)은 수익을 창출하는 과정에서 사용혹은 소비된 재화나 용역의 가치이며, 비용이 발생하면 순자산이 감소한다고 하였다.

현금주의와 발생주의

수익과 비용을 언제 발생한 것으로 기록할 것이냐? 즉 어느 기간의 재무제표에 이들을 기록·보고할 것인가 하는 것은 중요한 문제이다. 왜냐하면 수익과 비용이 언제 발생했다고 보느냐에 따라 회계기간별 손익계산서와 재무상태표의 모양이 달라지기 때문이다.

수익과 비용을 기록·보고하는 시점의 결정방법에는 현금주의(cash basis)와 발생주의(accrual basis)가 있다. 현금주의에서는 현금을 수취하거나 지급한 시점에 수익과 비용을 기록하는 반면, 발생주의에서는 현금의 수취나 지급과는 관계없이 수익, 비용이 발생한 것으로 볼 수 있는 요건이 충족되면 수익과 비용이 발생한 것으로 기록한다.

회계에서는 수익, 비용 기록의 대원칙으로 발생주의를 적용하고 있다. 많은 경우 현금의 유·출입 시점과 수익, 비용의 발생시점 간에는 시차가 있다. 따라서 현금주의를 적용하여 수익, 비용을 기록하면 기간손익과 회계기간 말의 재무상태를 적정하게 표시하지 못할 가능성이 많다.

수익은 언제 발생했다고 보는가?

발생주의에서 수익이 발생한 것으로 기록하는 시점은 '가득요건'과 '측정요건'이 충족되는 시점이다. 가득요건이란 수익창출과 관련하여 내가 해야 할 일을 다 해야 한다는 것이며, 측정요건이란 일을 한 대가로 받을 수 있는 금액을 합리적으로 측정할 수 있어야 한다는 것이다.

어떤 기업에서 상품을 외상으로 판매했다고 가정하자. 이 경우 현금주의를 적용하면, 상품판매 후 외상매출금을 회수할 때까지 수익을 기록하지 않는다. 그러나 발생주의를 적용할 경우에는 대부분 상품판매시점에 수익(매출액)이 발생한 것으로 기록한다. 왜냐하면 상품판매와 관련해서 기업에서는 상품을 고객에게 인도해 주면 상품의 소유권이 고객에게 이전되고, 상품판매시점에 회수가능한 판매대가를 합리적으로 측정할 수 있기 때문이다.

■ **비용은 언제 발생했다고 보는가?**

발생주의에서 비용이 발생한 것으로 기록하는 시점은 수익·비용 대응의 원칙(matching principle)을 따른다. 대응의 원칙이란 "비용은 그것에 대응되는 수익을 기록하는 기간에 그 수익에 대응하여 비용이 발생한 것으로 기록한다"는 것이다. 수익에 대응하는 비용의 유형은 다음 세 가지로 구분할 수 있다.

① 직접대응: 매출원가

② 간접 혹은 기간대응: 대응되는 수익을 직접 대응하여 확인하기는 어려우나 간접적으로 기업의 수익창출활동 과정에서 사용 혹은 소비된 것으로서 광고선전비, 이자비용, 보험료 등을 들 수 있다.

③ 합리적이고 체계적인 방법으로 추정하여 대응: 감가상각비, 대손상각비 등

3) 기말수정분개 대상항목

기말수정분개를 하는 목적은 회기기간 중의 거래기록을 통해서는 발생주의에 따라 수익, 비용이 적정하게 기록되지 않는 항목들에 대해 이들의 원장 계정잔액을 수정함으로써 회계기간의 손익과 회계기간 말의 재무상태를 적정하게 표시하기 위한 것이다. 기말수정분개 대상은 크게 이연항목(deferrals)과 발생항목(accruals)으로 구분할 수 있다.

■ **이연항목에 대한 수정분개**

이연항목이란 회계기간 중에 현금의 수취나 지급이 일어나서 이때 이미 수익이나 비용으로 기록하였지만 그중 일부는 당기의 수익이나 비용으로 기록하는 것이 적절치 않아 당기의 수익이나 비용의 인식을 이연시키는 항목을 말한다. 이러한 이연항목에 대해서는 수정분개를 통하여 이미 기록한 수익, 비용 중에서 차기에 속하는 부분은 당기의 수익, 비용에서 차감하여 차기로 이연하기 위한 기록을 해야 한다.

첫째, 현금수취 시 수익의 발생으로 기록하였으나 당기 수익으로 볼 수 없는 부분이 있다. 예를 들어, (주)유니콘에서는 1월 11일 건물 한 층을 임대하고 한 달분 임대료 ₩30,000을 받았다. 한 달분 임대료 ₩30,000을 받았을 때 (주)유니콘에서는 다음과 같이

분개하였다.

1/11 (차변) 현금 30,000 (대변) 임대료 30,000

그러나 1월 한 달 동안 임대서비스 제공기간은 20일밖에 되지 않으므로 1월의 임대료수익을 ₩30,000으로 기록하면 수익이 과대계상되는 셈이다.

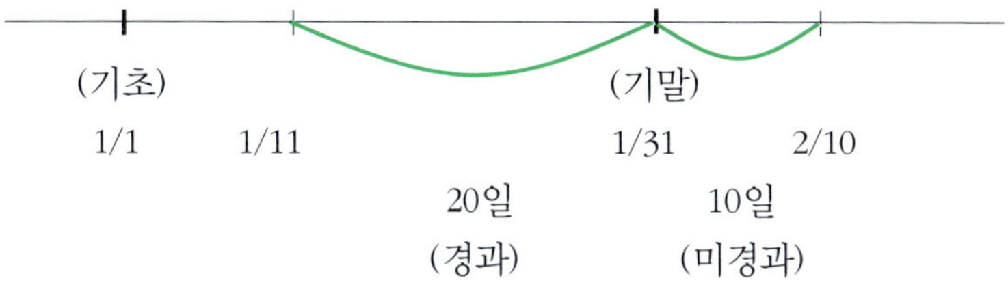

임대서비스를 제공한 부분(20일 치)에 해당하는 만큼만 수익이 발생한 것으로 하기 위해서는 1월의 임대료수익이 ₩20,000[=30,000×(20일/30일)]이 되도록 기록(기말수정분개)하여야 한다. 기말수정분개와 전기를 통해 관련 계정의 변화를 표시하면 다음과 같다.

[기말수정분개 ⓐ] 선수임대료 수정

1/31 (차변) 임대료 10,000 (대변) 선수임대료 10,000

임대료			
1/31	10,000	1/11	30,000

선수임대료			
		1/31	10,000

1월 31일의 수정분개는 1월의 임대료수익이 ₩20,000이 되도록 하기 위하여 임대료수익을 ₩10,000 차감하기 위한 분개이다. 여기서, 대변의 선수임대료는 미리 받은 임대료를 의미하는데 계정의 성격은 무엇일까? 이것은 부채의 증가를 기록한 것이다. (주)유니콘에서는 1월 11일에 한 달 치의 임대료를 받았지만 20일 치 임대서비스만 제공하였으므로 2월에 아무런 대가 없이 10일 치의 임대서비스를 제공해야 할 '현재의 경제적 의무'가 있

다. 이러한 경제적 의무(부채)를 나타낸 것이 대변의 선수임대료계정이다.

둘째, 현금지급 시 비용의 발생으로 기록하였으나 당기 비용으로 볼 수 없는 부분이 있다. 예를 들어, (주)유니콘에서는 1월 16일 한 달분 보험료 ₩40,000을 지급하면서 이것을 다음과 같이 분개하였다.

1/16 (차변) 보험료 40,000 (대변) 현금 40,000

그러나 1월 한 달 동안 보험서비스를 받은 기간은 15일밖에 되지 않으므로 1월의 보험료비용을 ₩40,000으로 기록하면 비용이 과대계상되는 셈이다.

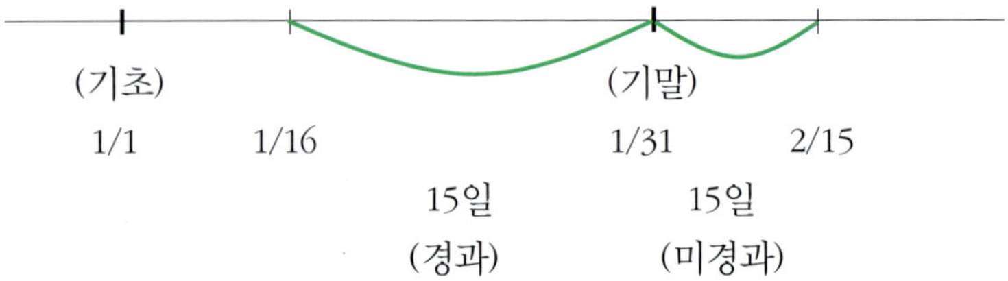

보험서비스를 받은 부분(15일 치)에 해당하는 만큼만 비용이 발생한 것으로 하기 위해서는 1월의 보험료비용이 ₩20,000[=40,000×(15일/30일)]이 되도록 하는 기록(기말수정분개)을 하여야 한다. 기말수정분개와 전기를 통해 관련 계정의 변화를 표시하면 다음과 같다.

[기말수정분개 ⓑ] 선급보험료 수정

1/31 (차변) 선급보험료 20,000 (대변) 보험료 20,000

선급보험료

차변		대변	
1/31	20,000		

보험료

차변		대변	
1/16	40,000	1/31	20,000

1월 31일의 수정분개는 1월의 보험료비용이 ₩20,000이 되도록 하기 위하여 보험료비용을 ₩20,000 차감하기 위한 분개이다. 여기서, 차변의 선급보험료는 미리 지급한 보험료를

의미하는데 계정의 성격은 무엇일까? 이것은 자산의 증가를 기록한 것이다. (주)유니콘에서는 1월 16일에 한 달 치 보험료를 지급하였지만 보험서비스는 15일 치만 받았으므로, 2월에는 별도의 보험료를 지급하지 않더라도 15일간의 보험서비스를 받을 수 있는 '미래의 경제적 효익'이 있다. 이러한 미래의 경제적 효익(자산)을 받을 수 있다는 것을 나타낸 것이 차변의 선급보험료계정이다.

셋째, 미래의 경제적 효익(=미래의 순현금유입)에 대한 이해가 필요하다. 제2장에서 자산의 핵심 개념은 '미래의 경제적 효익'이라고 하였으며, 이것은 곧 '미래의 순현금유입 창출능력'을 의미한다고 하였다. 여기서 미래의 '순현금유입'이란 미래에 현금이 유입되거나 또는 현금이 유입되지는 않더라도 과거에 지급했던 것을 이유로 더 이상의 현금지급 없이 재화나 서비스를 제공받을 수 있는 것을 말한다.

건물, 토지, 비품 등의 유형자산은 그것을 처분하면 현금이 유입되고, 매출채권은 그것을 회수하면 현금이 유입된다. 여기서 소개한 선급보험료는 과거의 보험료 지급액 중 기말 현재 아직 보험서비스 기간이 경과되지 않은 부분을 의미한다. 기말 현재 보험료 미경과 부분에 해당하는 만큼은 차기에 보험료를 지급하지 않고도 보험서비스를 받을 수 있어서 그만큼 미래의 현금유출을 줄여주는 역할을 하게 된다. 따라서 선급보험료는 미래의 순현금유입 창출능력을 가지는 것으로 파악하여 자산으로 기록한다.

■ 발생항목에 대한 수정분개

발생항목이란 당기에 수익 혹은 비용이 발생하였지만 회계기간 중에 관련 현금의 수취나 지급이 없어서 당기의 수익, 비용으로 기록되지 않은 항목을 말한다. 이러한 발생항목에 대해서는 기말수정분개를 통하여 당기의 수익, 비용으로 인식하여 기록해야 한다.

첫째, 수익이 발생하였지만 당기 수익으로 기록하지 않은 부분이 있다. 예를 들어, (주)유니콘의 1월 11일 건물 임대거래를 다음과 같이 약간 변형해 보자.

[건물 임대계약]

1월 11일	건물 한 층을 임대하고, 임대료는 다음 달부터 매월 10일에 ₩30,000씩 받기로 하였다.

위의 건물 임대계약을 통해 (주)유니콘의 자산, 부채, 자본에는 전혀 증감변화가 없었다. 제2장에서 설명한 것과 마찬가지로 임대차계약 자체는 회계상의 거래가 아니기 때문에 분개장에 분개는 하지 않는다. 이것을 그대로 두면 1월 11일부터 31일까지 20일 동안 건물의 임대서비스를 제공하였으나 그 대가인 수익을 전혀 기록하지 않게 되어 1월의 임대료수익이 과소계상되는 셈이 된다.

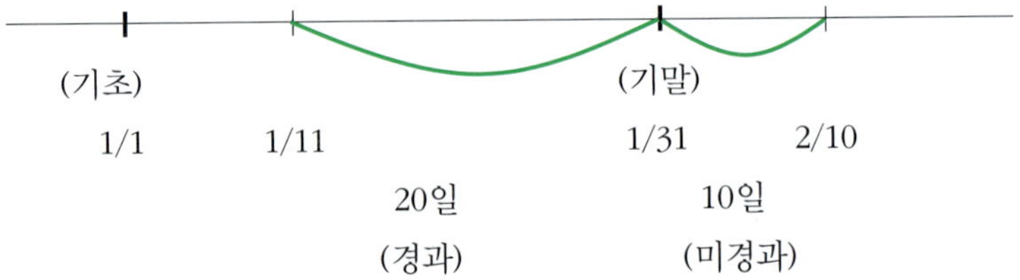

임대서비스를 제공한 부분(20일 치)에 해당하는 만큼 수익이 발생한 것으로 하기 위해서는 1월의 임대료수익이 ₩20,000[=30,000×(20일/30일)]이 되도록 하는 기록(기말수정분개)을 하여야 한다. 기말수정분개와 전기를 통해 관련 계정의 변화를 표시하면 다음과 같다.

[기말수정분개] 미수임대료 수정

1/31	(차변) 미수임대료	20,000	(대변) 임대료	20,000

미수임대료

차변		대변	
1/31	20,000		

임대료

차변		대변	
		1/31	20,000

1월 31일의 수정분개는 1월의 임대료수익이 ₩20,000 발생한 것으로 기록한 것이다. 여기서, 차변의 미수임대료는 임대서비스를 제공하고 그 대가를 아직 받지 못한 부분을 의미하는데 계정의 성격은 무엇일까? 이것은 상품 외상매출 시의 매출채권과 그 성격이 유사하다. 즉 임대서비스를 제공하고 1월 말 현재 그 대가를 아직 받지 못한 부분이므로 (주)유니콘은 그만큼 임대료를 받을 수 있는 권리를 가진다. 이러한 미래의 경제적 효익(자산)을 표시한 것이 미수임대료계정[1]이다.

둘째, 비용이 발생하였지만 당기 비용으로 기록하지 않은 부분이 있다. 예를 들어, (주)유니콘에서는 1월 20일 종업원들에게 20일 치 급여 ₩20,000을 지급하였다. 급여지급 시 (주)유니콘에서는 다음과 같이 분개하였다.

1/20	(차변) 급여	20,000	(대변) 현금	20,000

1월말 시점에서 보면 종업원은 1일에서 31일까지 31일을 근무하였음에도 불구하고 급여비용은 1월 20일에 지급한 20일분에 대한 것만 기록되어 있으므로 급여비용이 11일 치(₩11,000)만큼 과소계상되는 셈이다.

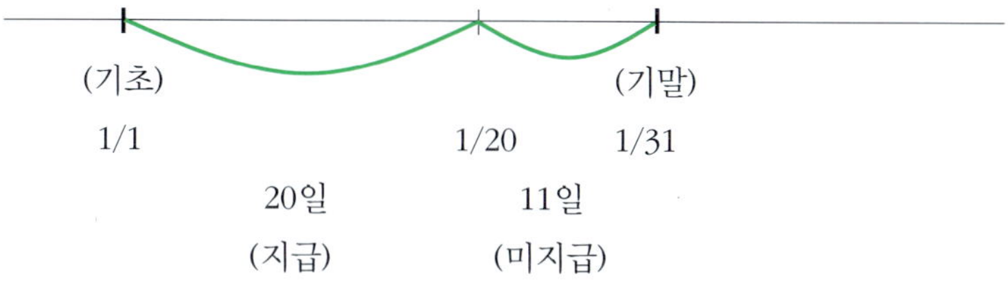

발생주의에 따라 종업원들의 1월 급여비용을 제대로 기록하기 위해서는 나머지 11일 치도 1월의 급여비용에 포함시키기 위한 기록(기말수정분개)을 하여야 한다. 기말수정분개와 전기를 통해 관련 계정의 변화를 표시하면 다음과 같다.

1) 미수수익(미수임대료)와 매출채권을 비교해 보면 기업의 주된 영업활동, 즉 매출과 관련하여 대가를 아직 받지 못한 부분은 매출채권으로 분류하고, 주된 영업활동 이외의 활동(임대수익, 이자수익 등)과 관련하여 대가를 아직 받지 못한 부분은 미수수익(미수임대료, 미수이자 등)으로 분류한다.

[기말수정분개 ⓒ] 미지급급여 수정

1/31	(차변) 급여	11,000	(대변) 미지급급여	11,000

급여

1/20	20,000		
1/31	11,000		

미지급급여

		1/31	11,000

1월 31일의 수정분개는 1월 20일 이후에 발생된 급여 미지급액을 기록하기 위한 분개이다. 여기서 대변의 미지급급여는 종업원들에게 기말 현재까지 지급하지 않은 급여를 의미하는데 계정의 성격은 무엇일까? 이것은 부채의 증가를 기록한 것이다. (주)유니콘에서는 종업원들에게 1월 20일까지 급여는 지급하였으나 그 이후의 11일 치 급여(₩11,000)는 지급하지 않았으므로, 기말 현재 11일 치 급여를 종업원들에게 지급해야 할 '현재의 경제적 의무'가 있다. 이러한 경제적 의무(부채)를 나타낸 것이 대변의 미지급급여계정이다.

셋째, 소모품 사용액을 조정하여야 한다. 예를 들어, (주)유니콘에서는 1월 7일에 영업활동에 사용할 소모품 ₩5,000을 매입하였다. 소모품 매입 시 (주)유니콘에서는 다음과 같이 분개하였다.

1/ 7	(차변) 소모품	5,000	(대변) 현금	5,000

1월 한 달 동안 ₩3,000의 소모품이 사용·소멸되어 기말 현재 남아 있는 소모품은 ₩2,000이라고 가정하자. 이러한 경우 다른 조치를 취하지 않고 그대로 두면 재무상태표상의 소모품 자산은 기말에도 여전히 ₩5,000으로 표시되어 소모품 자산이 과대계상되는 셈이 된다. 따라서 기말 현재 소모품 자산은 ₩2,000이 있고 나머지 ₩3,000의 소모품은 수익창출활동과정에서 사용·소멸된 비용(소모품비)으로 기록(기말수정분개)하여야 한다. 기말수정분개와 전기를 통해 관련 계정의 변화를 표시하면 다음과 같다.

[기말수정분개 ⓓ] 소모품 사용액 수정

1/31 (차변) 소모품비 3,000 (대변) 소모품 3,000

소모품비

1/31	3,000		

소모품

1/7	5,000	1/31	3,000

1월 31일의 수정분개는 최초에 구입한 소모품 ₩5,000 중 ₩3,000은 사용하였으므로 이를 소모품(자산)에서 감소시키고 소모품비(비용)로 대체하는 분개이다.

넷째, 건물, 비품, 기계장치 등 유형자산의 감가상각문제가 있다. 건물, 비품, 기계장치 등의 유형자산은 여러 회계기간에 걸쳐 기업의 수익창출활동과정에 사용되면서 점차 그 가치가 감소한다. 발생주의에서 비용 인식기준인 수익·비용 대응의 원칙에 따르면, 수익창출활동과정에서 희생된 경제적 자원의 가치를 수익에 대응하여 그 기간의 비용으로 기록해야 한다. 여러 가지 비용 중에서 건물, 비품, 기계장치 등의 유형자산이 수익창출활동과정에 사용되면서 가치가 감소한 것을 감가상각비(depreciation expense)라고 한다.[2)]

수익·비용 대응의 원칙에 따라 건물 등의 유형자산이 당기의 수익창출활동과정에 사용되면서 가치가 감소한 부분을 정확히 측정하기는 어려우므로, 회계에서는 합리적인 방법을 적용하여 매기의 감가상각비를 계산한다. 감가상각비를 계산하기 위해서는 우선 해당 자산의 내용연수(useful life)와 잔존가치(residual value)를 추정해야 한다. 내용연수는 특정 자산을 수익창출활동에 사용할 수 있는 기간을 말하며, 잔존가치는 내용연수 말에 해당 자산을 처분할 경우 받을 수 있는 금액을 말한다. 따라서 내용연수 동안에 감가상각할 수 있는 총금액은 해당 자산의 취득원가에서 잔존가치를 차감한 금액이다.

2) 실제로 건물이나 기계장치 등을 취득하면서 비용으로 바로 처리하지 않고 유형자산으로 처리한 후 수익창출기간 동안 수익에 대응하여 감가상각비(비용)로 인식하는데 이를 수익·비용 대응의 원칙이라 한다.

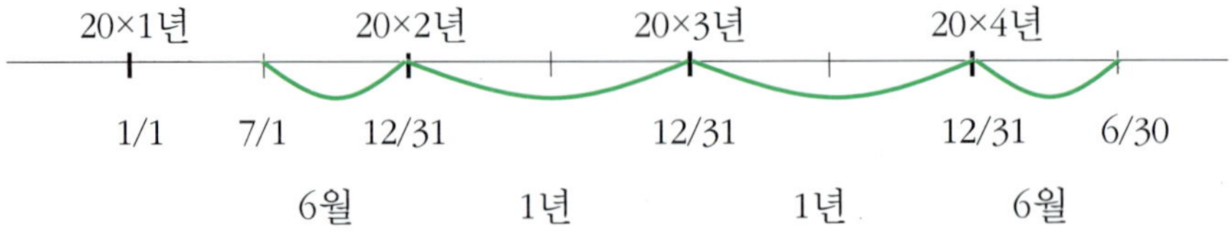

감가상각비: 15,000* 30,000** 30,000 15,000

* (100,000 − 10,000) × (1/3) × (1/2) = 15,000
** (100,000 − 10,000) × (1/3) = 30,000

가령, 20×1년 7월 1일 건물을 ₩100,000에 취득하였는데, 건물의 내용연수는 3년이고 내용연수 말의 잔존가치는 ₩10,000이라고 가정하자. 이 기업의 회계연도는 매년 1월 1일 시작하여 12월 31일에 종료되고 감가상각금액은 매기 동일한 비율로 설정된다고 하면, 매 연도에 인식할 감가상각비는 얼마일까?

감가상각할 수 있는 금액이 총 ₩90,000(=100,000−10,000)이고 내용연수가 3년이므로 매년 ₩30,000씩 감가상각하면 된다. 단, 20×1년도와 20×4년도에는 건물을 사용한 기간이 각각 6개월이므로 매년 감가상각비(₩30,000)의 1/2을 상각하면 된다. 내용연수 말까지 이러한 감가상각절차를 진행하게 되면 내용연수 말에는 건물의 잔존가치와 동일한 금액만 상각되지 않고 남게 된다.

이와 같이 계산된 매년의 감가상각비를 재무제표에 반영하기 위해 회계기록은 어떻게 하는지를 살펴보자. 감가상각비의 회계기록은 해당 자산에서 직접 차감하는 직접차감법(직접법)과 해당 자산에서 직접 차감하지 않고 자산 차감계정을 사용하는 누계액 설정법(간접법)이 있다.

직접차감법(직접법)에 따라 감가상각 기록을 하는 방법은 소모품의 기말수정분개 방법과 동일하다. 즉 해당 유형자산의 당기 감가상각비를 해당 유형자산계정에서 직접 차감하는 것이다. 직접차감법에 따라 20×1년도의 건물 감가상각 관련 분개를 한 후 총계정원장에 전기하면 다음과 같다.

취득 시(7/1):	(차변) 건물	100,000	(대변) 현금	100,000
수정분개(12/31):	(차변) 감가상각비	15,000	(대변) 건물	15,000

감가상각비			
12/31	15,000		

건물			
7/1	100,000	12/31	15,000

직접차감법에 따라 감가상각 기록을 하면 총계정원장의 건물계정 잔액은 감가상각비가 차감된 금액으로 나타난다. 재무상태표상의 건물자산금액은 원장상의 자산계정 잔액이다. 따라서 재무상태표를 보고 자산을 평가할 수밖에 없는 대부분의 정보이용자들은 자산의 취득원가와 감가상각금액을 알 수 없어서 해당 자산이 어느 정도 노후화된 것인지를 판단할 수가 없다.

누계액 설정법(간접법)에서는 직접차감법과는 달리 자산의 취득원가뿐만 아니라 취득시점 이후 당기 말까지 진행된 감가상각비를 동시에 보고하는 방법이다. 이것을 위해 누계액 설정법에서는 감가상각금액을 자산에서 직접 차감하는 것이 아니라 감가상각누계액(accumulated depreciation)계정을 사용하여 간접적으로 조정한다. 여기서 감가상각누계액은 취득시점부터 지금까지의 감가상각비의 합계이다. 위에서 제시한 예를 누계액 설정법에 따라 회계처리한 후 총계정원장에 전기하면 다음과 같다.

취득 시(7/1):	(차변) 건물	100,000	(대변) 현금	100,000
수정분개(12/31):	(차변) 감가상각비	15,000	(대변) 감가상각누계액	15,000

감가상각비			
12/31	15,000		

건물			
7/1	100,000		

감가상각누계액(건물)			
		12/31	15,000

직접차감법과 누계액 설정법을 적용하여 회계처리한 결과를 약식 재무상태표상에 표시하면 다음과 같다. 누계액 설정법(간접법)을 적용할 경우 자산의 취득원가뿐만 아니라 당기 말까지 진행된 감가상각비의 누계액을 동시에 보고할 수 있어서 정보이용자들에게 더 유용한 정보를 제공할 수 있다. 따라서 유형자산의 감가상각은 누계액 설정법(간접법)을

사용하여 회계처리한다.

부분재무상태표(직접차감법)

자산			
건물		85,000	

부분재무상태표(누계액 설정법)

자산			
건물		100,000	
감가상각누계액	(15,000)	85,000	

지금까지 예를 든 (주)유니콘에도 감가상각대상이 되는 유형자산으로 1월 2일 취득한 건물 ₩300,000과 1월 4일 취득한 비품 ₩100,000이 있다. 이들 자산의 1월 중 감가상각비가 각각 ₩300과 ₩100으로 추정되었다고 가정한다. 누계액 설정법에 따라 감가상각 관련 회계처리를 한 후 총계정원장에 전기하면 다음과 같다.

[기말수정분개 ⓔ]

1/31 (차변) 감가상각비 300 (대변) 감가상각누계액(건물) 300

[기말수정분개 ⓕ]

1/31 (차변) 감가상각비 100 (대변) 감가상각누계액(비품) 100

건물

1/2	300,000		

비품

1/4	100,000		

감가상각누계액(건물)

		1/31	300

감가상각누계액(비품)

		1/31	100

감가상각비

1/31(ⓔ)	300		
1/31(ⓕ)	100		

5.2 수정후 시산표 작성(절차 ⑥)

기말수정분개 내역을 총계정원장의 해당 계정에 전기한 다음 다시 원장 계정잔액을 이용하여 시산표를 만들면 수정후 시산표(adjusted trial balance)가 된다. 위에서 설명한 수정분개 내역(ⓐ에서부터 ⓕ까지)을 총계정원장의 해당 계정에 전기하면 임대료, 보험료, 급여, 소모품계정 등은 계정잔액이 변동되고, 선수임대료, 선급보험료, 미지급급여, 소모품비, 감가상각누계액 계정 등이 새로이 생겨난다. (주)유니콘의 1월 말 현재 수정후 잔액시산표를 작성하면 [표 4-7]과 같다.

[표 4-7] **수정후 시산표**

수정후 시산표

(주)유니콘 　　　　1월 31일 현재 　　　　(단위: 원)

계정과목	차변	대변
현 금	385,000	
상품	20,000	
소모품	2,000	
선급보험료	20,000	
비품	100,000	
비품감가상각누계액		100
건물	300,000	
건물감가상각누계액		300
매입채무		50,000
차입금		250,000
선수임대료		10,000
미지급급여		11,000
자본금		500,000
매출		100,000
임대료		20,000
매출원가	60,000	
보험료	20,000	
급여	31,000	
소모품비	3,000	
감가상각비	400	
총계	938,000	941,400

5.3 재무제표 작성(절차 ⑦)

수정후 시산표상의 수익, 비용항목을 재배치하여 손익계산서를 작성한다. 총수익이 총비용을 초과하는 부분은 당기순이익으로 표시한다.

손익계산서

(주)유니콘 1월 1일부터 1월 31일까지 (단위: 원)

비용		수익	
매출원가	60,000	매출	100,000
보험료	20,000	임대료	20,000
급여	31,000		
소모품비	3,000		
감가상각비	400		
당기순이익	5,600		
계	114,000	계	120,000

재무상태표

(주)유니콘 1월 1일부터 1월 31일까지 (단위: 원)

자산			부채	
현금		385,000	매입채무	50,000
상품		20,000	차입금	250,000
소모품		2,000	선수임대료	10,000
선급보험료		20,000	미지급급여	11,000
비품	100,000		부채총계	321,000
감가상각누계액	(100)	99,900	자본	
건물	300,000		자본금	500,000
감가상각누계액	(300)	299,700	이익잉여금	5,600
			자본총계	505,600
자산총계		526,900	부채와 자본총계	826,600

수정후 시산표상의 자산, 부채, 자본항목을 재배치하여 재무상태표를 작성한다. 손익계산서상의 당기순이익은 이익잉여금이라는 자본항목으로 표시한다.

5.4 회계장부의 마감

회계상의 거래가 발생하면 분개와 전기를 통하여 총계정원장의 관련 계정에 기록한 다음 원장상의 계정잔액을 이용하여 회계기간 말에 손익계산서와 재무상태표를 작성한다. 회계상의 거래는 계속하여 발생하는데 이들을 기록·분류·요약하여 회계기간별 경영성과와 재무상태를 구분하기 위해서는 회계기간 말에 원장상의 거래기록을 당기와 차기로 구분하기 위한 적절한 조치를 수행해야 한다. 이것을 장부의 마감(closing)이라고 한다.

1) 손익계정의 마감

수익이나 비용과 같은 손익계정은 회계기간별로 기간손익을 계산하기 위해 설정되는 임시계정(temporary account)이다. 즉 특정 회계기간에 설정된 손익계정에는 그 기간의 수익, 비용 관련 사료를 임시로 기록한 후 이것을 집계하여 회계기간의 당기순이익을 계산한다. 계산된 당기순이익을 재무상태표상의 이익잉여금에 반영하고 나면 기간손익 계산을 위해 설정했던 수익, 비용계정들의 잔액은 '0'으로 만들어 두어야 한다. 왜 그럴까? 그것은 회계기간을 마감하면서 당기의 손익 파악을 위해 설정했던 손익계정의 잔액을 '0'으로 만들어 두어야만 다음 기에 발생한 수익, 비용을 이들 계정에 다시 기록하여 다음 기의 손익을 구분 계산할 수 있기 때문이다.

손익계정의 마감은 그 잔액을 자본의 한 항목인 이익잉여금계정에 대체함으로써 종료된다. 이를 위해 보통 개별 손익계정 잔액을 이익잉여금계정으로 직접 대체하지 않고 중간에 집합손익이라는 또 다른 임시계정을 설정하여 집계한다. 집합손익계정에는 회계기간 중에 발생한 모든 수익, 비용계정의 잔액이 집계되므로 집합손익계정의 잔액이 곧 당기순이익이다. 이러한 집합손익계정은 기말 장부마감 단계에서 잠시 설정되는 것인데, 손익계정의 마감절차는 집합손익계정 잔액을 이익잉여금계정에 대체함으로써 종료된다. 이러한 손익계정의 마감절차를 (주)유니콘의 1월 중 거래기록의 예를 통해 설명하면 다음과 같다.

수익, 비용계정의 잔액을 집합손익계정에 집계하기 위한 마감분개(혹은 결산대체분개)를 한다. 마감분개를 하는 방법은 회계기말의 날짜로 개별 수익, 비용계정의 차변 혹은 대변 잔액을 그대로 집합손익계정의 차변 혹은 대변에 옮겨 적으면 된다. 마찬가지 방법으로 집합손익계정 잔액을 다시 이익잉여금계정으로 옮겨 적기 위한 분개를 하면 된다. (주)유니콘의 1월 중 수익, 비용계정 자료를 대상으로 마감분개를 하면 다음과 같다.

[분개장: 마감분개(절차 ⑧)]

〈수익, 비용계정 잔액을 집합손익계정으로 대체〉

1/31	㉠	(차변)	집합손익	60,000	(대변)	매출원가	60,000
1/31	㉡	(차변)	집합손익	20,000	(대변)	보험료	20,000
1/31	㉢	(차변)	집합손익	31,000	(대변)	급여	31,000
1/31	㉣	(차변)	집합손익	3,000	(대변)	소모품비	3,000
1/31	㉤	(차변)	집합손익	400	(대변)	감가상각비	400
1/31	㉥	(차변)	매출	100,000	(대변)	집합손익	100,000
1/31	㉦	(차변)	임대료	20,000	(대변)	집합손익	20,000

〈집합손익계정 잔액을 이익잉여금계정으로 대체〉

1/31	㉧	(차변)	집합손익	5,600	(대변)	이익잉여금	5,600

▪ 원장으로의 전기와 손익계정 마감

손익계정의 잔액을 집계하기 위한 집합손익계정을 임시로 설정하고, 집합손익계정의 잔액을 대체하기 위한 이익잉여금계정도 설정한 다음, 위의 마감분개 결과를 원장의 해당 계정에 전기한 후 장부를 마감하면 다음과 같다.

[총계정원장: 전기(절차 ⑨)와 장부마감(절차 ⑩)]

매출원가

1/30	60,000	㉠ 집합손익	60,000

매출

㉥ 집합손익	100,000	1/30	100,000

보험료

1/16	40,000	1/31	20,000
		㉡ 집합손익	20,000
	40,000		40,000

임대료

1/31	10,000	1/11	30,000
㉦ 집합손익	20,000		
합계	30,000		30,000

급여

1/20	20,000	㉢ 집합손익	31,000
1/31	11,000		
	31,000		31,000

감가상각비

1/31	300	㉤ 집합손익	400
1/31	100		
	400		400

소모품비

1/31	3,000	㉣ 집합손익	3,000

집합손익

㉠ 매출원가	60,000	㉥ 매출	100,000
㉡ 보험료	20,000	㉦ 임대료	20,000
㉢ 급여	31,000		
㉣ 소모품비	3,000		
㉤ 감가상각비	400		
㉧ 이익잉여금	5,600		
	120,000		120,000

이익잉여금

		㉧ 집합손익	5,600

2) 자산, 부채, 자본계정의 마감

자산, 부채, 자본계정의 잔액은 회계기간에 소멸하지 않고 차기로 이월되는데 이는 수익이나 비용과 같은 임시계정의 반대로 영구적으로 존재하여 이를 영구계정이라 한다. 자산, 부채, 자본계정은 차변 혹은 대변에 그 잔액이 남게 되는데 이 잔액을 해당 계정에서 바로 차기로 이월시키는 기록을 함으로서 장부마감절차를 마치게 된다.

자산계정은 차변에 잔액이 남고, 부채와 자본계정은 대변에 잔액이 남게 되므로, 그 잔액만큼 대변 혹은 차변에 '차기이월'로 기록하여 차변합계와 대변합계를 일치시킨 후 그 밑에 두 줄을 그어 계정을 마감한다. 그리고 차기이월 기록을 한 반대편에 차기 최초의 날짜로 전기로부터 이월된 금액을 '전기이월'로 기록하면 된다. (주)유니콘의 1월 거래자료를 대상으로 자산, 부채, 자본계정의 마감을 하면 다음과 같다.

[총계정원장: 자산, 부채, 자본계정]

현금			
1/7	315,000	1/16	40,000
1/11	30,000	1/20	20,000
1/30	100,000	1/31 차기이월	385,000
	445,000		445,000
2/1 전기이월	385,000		

상품			
1/7	80,000	1/30	60,000
		1/31 차기이월	20,000
	80,000		80,000
2/1전기이월	20,000		

소모품			
1/7	5,000	1/31	3,000
		1/31 차기이월	2,000
	5,000		5,000
2/1 전기이월	2,000		

매입채무			
1/31 차기이월	50,000	1/7	50,000
		2/1 전기이월	50,000

선급보험료			
1/31	20,000	1/31 차기이월	20,000
2/1 전기이월	20,000		

선수임대료			
1/31 차기이월	10,000	1/31	10,000
		2/1 전기이월	10,000

비품			
1/7	100,000	1/31 차기이월	100,000
2/1 전기이월	100,000		

미지급급여			
1/31 차기이월	11,000	1/31	11,000
		2/1 전기이월	11,000

감가상각누계액(비품)

1/31 차기이월	100	1/31	100
		2/1 전기이월	100

차입금

1/31 차기이월	250,000	1/7	250,000
		2/1 전기이월	250,000

건물

1/7	300,000	1/31 차기이월	300,000
2/1 전기이월	300,000		

자본금

1/31 차기이월	500,000	1/7	500,000
		2/1 전기이월	500,000

감가상각누계액(건물)

1/31 차기이월	300	1/31	300
		2/1 전기이월	300

이익잉여금

1/31 차기이월	5,600	1/31	5,600
		2/1 전기이월	5,600

참고) 1월 7일 이전의 거래는 1월 7일 현재의 잔액으로 표시하였다.

6 종합예제

상품매매를 주 영업활동으로 하는 (주)유니콘의 20×1년 1월 1일 현재의 재무상태표는 다음과 같다. (주)유니콘의 회계기간(accounting period)은 매년 1월 1일 시작하여 12월 31일에 종료된다. 제시된 자료를 보고 요구사항에 답하라.

재무상태표

(주)유니콘 20×1년 1월 1일 현재 (단위: 원)

현금		2,300	매입채무	1,700
매출채권		2,200	차입금	5,000
상품		1,500	자본금	6,000
건물	5,000		이익잉여금	1,300
(감가상각누계액)	(500)	4,500		
토지		3,500		
자산합계		14,000	부채와 자본 합계	14,000

[20×1년도의 거래내역]

1월 2일: 상품 ₩3,000을 매입하고 대금 중 ₩1,000은 현금으로 지급하고 잔액은 외상으로 하였다.

2월 11일: 사무용 소모품 ₩150을 현금으로 구입하였다. (주)유니콘에서는 소모품 구입 시 구입가액 전액 자산으로 처리하였다.

2월 27일: 원가 ₩2,500의 상품을 ₩4,000에 매출하였는데, 대금 중 ₩3,000은 현금으로 받고 잔액은 외상으로 하였다.

4월 9일: 매출채권 ₩1,500을 현금으로 회수하였다.

5월 28일: 영업용 건물을 ₩2,000에 현금 구입하였다.

7월 1일: 건물에 대한 화재보험료 1년분 ₩100을 현금으로 지급하였는데, 보험료 지급 시 전액 비용으로 처리하였다.

7월 2일: 건물을 임대하고 1년분 임대료는 ₩200으로 정하였다. 임대료는 매년 7월 1일에 받기로 하였다.

8월 10일: 매입채무 중 ₩1,000을 현금으로 지급하였다.

8월 19일: 차입금에 대한 이자 ₩500을 현금으로 지급하였다.

12월 30일: 종업원에 대한 급여 ₩700을 현금으로 지급하였다.

[기말 수정사항: 원장계정 조정 내역]

① 7월 1일에 지급한 보험료와 관련하여 당기분 보험료는 ₩50이다.

② 7월 2일의 건물 임대와 관련하여 당기분 임대료는 ₩100이다.

③ 차입금에 대한 당기분 이자비용 중 아직 지급하지 않은 것은 ₩150이다.

④ 기말 현재 소모품 미사용잔액은 ₩50이다.

⑤ 당기분 건물 감가상각비는 ₩500이다.

[요구사항]

1. 기중 거래에 대한 분개를 하라.

2. 위의 분개 내역을 총계정원장의 해당 계정에 전기하라.
3. 수정전 잔액시산표를 작성하라.
4. 기말 수정사항에 대한 수정분개를 하라.
5. 수정분개 내역을 총계정원장에 전기하라.
6. 수정후 잔액시산표를 작성하라.
7. 재무상태표와 손익계산서를 작성하라.
8. 마감분개를 한 후 분개내역을 총계정원장의 해당 계정에 전기하라.
9. 장부를 마감하라.

[해답]

1. 기중 거래에 대한 분개

일자	차변	계정	금액	대변	계정	금액
1월 2일:	(차변)	상품	3,000	(대변)	현금	1,000
					매입채무	2,000
2월 11일:	(차변)	소모품	150	(대변)	현금	150
2월 27일:	(차변)	현금	3,000	(대변)	매출	4,000
					매출채권	1,000
	(차변)	매출원가	2,500	(대변)	상품	2,500
4월 9일:	(차변)	현금	1,500	(대변)	매출채권	1,500
5월 28일:	(차변)	건물	2,000	(대변)	현금	2,000
7월 1일:	(차변)	보험료	100	(대변)	현금	100
7월 2일:	분개 없음(임대계약 자체는 회계상의 거래가 아님)					
8월 10일:	(차변)	매입채무	1,000	(대변)	현금	1,000
8월 19일:	(차변)	이자비용	500	(대변)	현금	500
12월 30일:	(차변)	급여	700	(대변)	현금	700

2. 총계정원장으로의 전기

현금			
1/1 전기이월	2,300	1/2	1,000
2/27	3,000	2/11	150
4/9	1,500	5/28	2,000
		7/1	100
		8/10	1,000
		8/19	500
		12/30	700

매출채권			
1/1 전기이월	2,200	4/9	1,500
2/27	1,000		

상품			
1/1 전기이월	1,500	2/27	2,500
1/2	3,000		

소모품			
2/11	150		

건물			
1/1 전기이월	5,000		
5/28	2,000		

토지			
1/1 전기이월	3,500		

감가상각누계액(건물)			
		1/1 전기이월	500

매입채무			
8/10	1,000	1/1 전기이월	1,700
		1/2	2,000

차입금			
1/1 전기이월	5,000	1/1 전기이월	5,000

자본금			
		1/1 전기이월	6,000

이익잉여금			
		1/1 전기이월	1,300

매출			
		2/27	4,000

매출원가			
2/27	2,500		

보험료			
7/1	100		

이자비용			
8/19	500		

급여			
12/30	700		

3. 수정전 시산표 작성

수정전 잔액시산표

(주)유니콘 20×1년 12월 31일 현재 (단위: 원)

계정과목	차변	대변
현금	1,350	
매출채권	1,700	
상품	2,000	
소모품	150	
토지	3,500	
건물	7,000	
감가상각누계액		500
매입채무		2,700
차입금		5,000
자본금		6,000
이익잉여금		1,300
매출		4,000
매출원가	2,500	
보험료	100	
이자비용	500	
급여	700	
합계	18,800	19,500

4. 기말수정분개

[손익의 발생 혹은 이연 항목에 대한 수정]

① 12월 31일: (차변) 선급보험료 50 (대변) 보험료 50

② 12월 31일: (차변) 미수임대료 100 (대변) 임대료 100

③ 12월 31일: (차변) 이자비용 150 (대변) 미지급이자 150

[소모품 사용액에 대한 수정]

④ 12월 31일: (차변) 소모품비 100 (대변) 소모품 100

[건물의 감가상각]

⑤ 12월 31일: (차변) 감가상각비 500 (대변) 감가상각누계액 500

5. 수정분개 내역을 총계정원장에 전기(진한 글씨는 마감절차를 표시한 것임)

현금

1/1 전기이월	2,300	1/2	1,000
2/27	3,000	2/11	150
4/9	1,500	5/28	2,000
		7/1	100
		8/10	1,000
		8/19	500
		12/30	700
		12/31 차기이월	**1,350**
합계	**6,800**	**합계**	**6,800**
1/1 전기이월	**1,350**		

매출채권

1/1 전기이월	2,200	4/9	1,500
2/27	1,000	**12/31 차기이월**	**1,700**
합계	**3,200**	**합계**	**3,200**
1/1 전기이월	**1,700**		

상품

1/1 전기이월	1,500	2/27	2,500
2/27	3,000	**12/31 차기이월**	**2,000**
합계	**4,500**	**합계**	**4,500**
1/1 전기이월	**2,000**		

소모품

2/11	150	④	100
		12/31 차기이월	**50**
합계	**150**	**합계**	**150**
1/1 전기이월	**50**		

건물

1/1 전기이월	5,000	**12/31 차기이월**	**7,000**
5/28	2,000		
합계	**7,000**	**합계**	**7,000**
1/1 전기이월	**7,000**		

선급보험료

①	50	**12/31 차기이월**	**50**
1/1 전기이월	**50**		

감가상각누계액(건물)

12/31 차기이월	**1,000**	1/1 전기이월	500
		⑤	500
합계	**1,000**	**합계**	**1,000**
		1/1 전기이월	**1,000**

미수임대료

차변	금액	대변	금액
②	100	12/31 차기이월	100
1/1 전기이월	100		

토지

차변	금액	대변	금액
1/1 전기이월	3,500	12/31 차기이월	3,500
1/1 전기이월	3,500		

매입채무

차변	금액	대변	금액
8/10	1,000	1/1 전기이월	1,700
12/31 차기이월	2,700	1/2	2,000
합계	3,700	합계	3,700
		1/1 전기이월	2,700

미지급이자

차변	금액	대변	금액
12/31 차기이월	150	③	150
		1/1 전기이월	150

차입금

차변	금액	대변	금액
12/31 차기이월	5,000	1/1 전기이월	5,000
		1/1 전기이월	5,000

자본금

차변	금액	대변	금액
12/31 차기이월	6,000	1/1 전기이월	6,000
		1/1 전기이월	6,000

이익잉여금

차변	금액	대변	금액
12/31 집합손익	400	1/1 전기이월	1,300
12/31 차기이월	900		
합계	1,300	합계	1,300
		1/1 전기이월	900

매출

차변	금액	대변	금액
12/31 집합손익	4,000	2/27	4,000

임대료

차변	금액	대변	금액
12/31 집합손익	100	②	100

매출원가

차변	금액	대변	금액
2/27	2,500	12/31 집합손익	2,500

보험료

차변	금액	대변	금액
7/1	100	①	50
		12/31 집합손익	50
합계	100	합계	100

이자비용

차변	금액	대변	금액
8/19	500	12/31 집합손익	650
③	150		
합계	650	합계	650

급여

차변	금액	대변	금액
12/30	700	12/31 집합손익	700

소모품비

차변	금액	대변	금액
④	100	12/31 집합손익	100

감가상각비

차변	금액	대변	금액
⑤	500	12/31 집합손익	500

집합손익

12/31	매출원가	2,500	12/31	매출	4,000
12/31	보험료	50	12/31	임대료	100
12/31	이자비용	650	12/31	이익잉여금	400
12/31	급여	700			
12/31	소모품비	100			
12/31	감가상각비	500			
	합계	4,500		합계	4,500

6. 수정후 잔액시산표 작성

수정후 잔액시산표

(주)유니콘 20×1년 12월 31일 현재 (단위: 원)

계정과목	차변	대변
현금	1,350	
매출채권	1,700	
상품	2,000	
선급보험료	50	
미수임대료	100	
소모품	50	
건물	7,000	
감가상각누계액		1,000
토지	3,500	
매입채무		2,700
미지급이자		150
차입금		5,000
자본금		6,000
이익잉여금		1,300
매출		4,000
임대료		100
매출원가	2,500	
급여	700	
보험료	50	
이자비용	650	
소모품비	100	
감가상각비	500	
합계	20,250	20,250

7. 재무상태표와 손익계산서 작성

재무상태표

(주)유니콘 20×1년 12월 31일 현재 (단위: 원)

자산			부채	
현금		1,350	매입채무	2,700
매출채권		1,700	미지급이자	150
상품		2,000	차입금	5,000
선급보험료		50	부채합계	7,850
미수임대료		100	자본	
소모품		50	자본금	6,000
건물	7,000		이익잉여금	900
감가상각누계액	(1,000)	6,000	(당기순손실 400)	
토지		3,500	자본합계	6,900
자산총계		14,750	부채/자본총계	14,750

손익계산서

(주)유니콘 20×1년 1월 1일~20×1년 12월 31일 (단위: 원)

매출원가	2,500	매출	4,000
보험료	50	임대료	100
이자비용	650	당기순손실	400
급여	700		
소모품비	100		
감가상각비	500		
합계	4,500	합계	4,500

8. 마감분개

[수익/비용계정 잔액을 집합손익계정에 대체]

12월 31일: (차변) 매출	4,000	(대변) 집합손익	4,000
12월 31일: (차변) 임대료	100	(대변) 집합손익	100
12월 31일: (차변) 집합손익	2,500	(대변) 매출원가	2,500
12월 31일: (차변) 집합손익	50	(대변) 보험료	50

12월 31일:	(차변) 집합손익	650	(대변) 이자비용	650
12월 31일:	(차변) 집합손익	700	(대변) 급여	700
12월 31일:	(차변) 집합손익	100	(대변) 소모품비	100
12월 31일:	(차변) 집합손익	500	(대변) 감가상각비	500

[집합손익계정 잔액을 이익잉여금 계정에 대체]

12월 31일:	(차변) 이익잉여금	400	(대변) 집합손익	400

9. 장부마감

손익계정과 재무상태표계정의 마감은 총계정원장상의 해당 계정에 진한 글씨로 표시하였다.

/ 연 / 습 / 문 / 제 /

01. 자산, 부채, 자본과 수익, 비용의 개별 항목별로 세분된 기록·계산의 단위를 ① ______이라고 하며, 구체적으로 어떤 항목의 증감변화를 나타내기 위해 ① ______에 붙인 명칭을 ② ______이라 한다.

02. 회계학에서 계정의 왼쪽을 ① __________, 오른쪽을 ② __________이라고 한다.

03. 어떤 거래가 발생하더라도 회계등식의 양쪽에 ① __________ 금액을 이중 기록하게 되므로 수많은 거래를 기록한 후에도 차변과 대변기록 금액의 합은 ② __________한다. 이것을 ② __________라고 한다.

04. 회계등식(accounting equation), 거래의 이중성(dual effects of transactions), 대차평균의 원리(principle of equilibrium)를 연결 지어 설명하시오.

05. 자산, 부채, 자본의 증감변화와 수익, 비용의 발생에 대한 계정기록 원리를 간략히 설명하시오.

06. 분개(journalizing)란 무엇이며 왜 하는지를 설명하시오.

07. 총계정원장(general ledger)에 전기(posting)하는 방법을 간단한 예를 들어 설명하시오.

08. 시산표(trial balance)란 무엇이며 왜 작성하는지를 설명하시오. 그리고 시산표 작성을 통해서도 발견할 수 없는 오류의 예를 제시하시오.

09. 수정전 시산표를 통해서 작성하는 재무제표는 불완전한 재무제표라고 한다. 그 이유를 설명하시오.

10. 회계순환과정(accounting cycle)이란 무엇이며, 그 절차를 간략히 설명하시오.

11. 기말수정분개(adjusting entries)는 왜 하는지를 간략히 설명하시오.

12. 수익, 비용의 기록시점을 결정하는 기준으로 현금주의(cash basis)와 발생주의(accrual basis)가 있다. 이들에 대해서 간략히 설명하시오.

13. 발생주의에 따라 수익 · 비용을 기록하는 시점을 수익과 비용으로 구분하여 설명하시오.

14. 수익 · 비용 대응의 원칙(matching principle)에 대해서 간략히 설명하시오.

15. 자산의 정의에서 핵심적 개념은 '미래의 경제적 효익'인데, 이것을 쉬운 용어로 풀이하면 '미래의 순현금유입 창출능력'이라고 하였다. 몇 가지의 계정을 예로 들어 이 말의 의미를 설명하시오.

16. 기말결산 시 감가상각(depreciation)을 하는 이유를 설명하시오.

17. 기말결산 시 장부마감을 위해서는 우선 수익, 비용계정과 같은 임시계정(temporary account)을 마감하여야 한다. 임시계정의 마감 방법과 마감하는 이유를 설명하시오.

18. 자산, 부채, 자본계정의 마감방법을 설명하시오.

19. **(계정 기록 1)** 다음의 연결된 거래를 자산, 부채, 자본의 증감으로 거래를 분석한 후 [예시]와 같이 적절한 계정을 설정하여 기록하시오.

[예시] 1월 11일: 건물 1동을 ₩50,000에 구입하였다.

- 거래분석: 건물자산 ₩50,000, 현금자산 ₩50,000 감소
- 계정기록

건물

1/11	50,000		

현금

		1/11	50,000

1월 1일 액면 ₩500의 주식 100주를 발행하였으며, 주주로부터 주식발행대금 ₩50,000을 전액 현금으로 받아 영업을 개시하였다.

2월 12일 건물 ₩30,000을 현금으로 매입하였다.

3월 6일 건물을 담보로 은행으로부터 현금 ₩25,000을 차입하였다.

4월 15일 사무용 책상을 ₩10,000에 현금으로 매입하였다.

6월 30일 상품 50개를 ₩5,000에 외상으로 매입하였다.

20. **(계정 기록 2)** 다음의 연결된 거래를 자산, 부채, 자본의 증감과 수익, 비용의 발생으로 거래를 분석한 후 [문제 19]의 [예시]와 같이 적절한 계정을 설정하여 기록하시오.

7월 11일 건물 한 층을 임대하고 임대료 ₩3,000을 받았다.

9월 16일 건물에 대한 보험료 ₩4,000을 현금지급하였다.

10월 20일 종업원 급여 ₩2,000을 현금지급하였다.

12월 30일 상품 40개(취득원가 ₩4,000)를 ₩10,000에 현금 판매하였다.

21. **(시산표 작성)** [문제 19]와 [문제 20]의 계정기록자료를 기초로 12월 31일 현재의 잔액시산표를 작성하시오.

22. **(시산표의 오류수정)** 다음은 20×1년 6월 30일 현재 유니콘(주)의 잔액시산표이다. 이 시산표에는 몇 가지 오류가 있다. 이를 수정해 정확한 시산표를 작성하시오.

잔액시산표

유니콘(주) 20×1년 6월 30일 현재 (단위: 원)

계정과목	차변	대변
현금	500,000	
매출채권	300,000	
임대료	200,000	
대여금	150,000	
차입금		200,000
임차료		500,000
매입채무		500,000
자본금		650,000

매출		1,000,000
매출원가		600,000
급여		100,000
광고선전비	300,000	
이자비용	100,000	
총계	1,550,000	3,550,000

23. **(분개 1)** 다음의 거래를 [보기]에서 제시한 계정을 사용하여 분개하시오.

> [보기] 현금, 유가증권, 매출채권, 매입채무, 미지급금, 상품, 건물, 대여금, 차입금, 자본금, 매출, 매출원가, 급여, 임대료, 임차료

① 주당 액면 ₩5,000인 주식 100주를 현금을 받고 발행하였다.

② 유가증권 ₩50,000을 현금으로 매입하였다.

③ 상품 ₩75,000을 매입하면서 ₩50,000은 현금지급하고 나머지는 외상으로 하였다.

④ 원가 ₩20,000의 상품을 ₩40,000에 판매하고 대금 중 ₩30,000은 현금으로 받고 ₩10,000은 외상으로 하였다.

⑤ 건물 ₩20,000을 구입하고 그 대금을 지급하지 않았다.

⑥ 종업원에게 급여 ₩5,000을 지급하였다.

⑦ 은행으로부터 ₩100,000을 차입하였다.

⑧ 대여금 ₩10,000을 현금으로 회수하였다.

⑨ 임차료 ₩5,000을 현금으로 지급하였다.

24. **(총계정원장으로의 전기)** [문제 23]의 분개에 필요한 계정을 총계정원장에 설정한 후 분개 내역을 원장으로 전기하시오.

25. **(분개와 거래의 추정)** 다음에 제시된 [예시]와 같이 총계정원장으로부터 거래 ②부터 개별 거래의 분개를 추정한 후 거래의 내용을 추정하시오.

[예시] 거래 ①: (차변) 현금 200,000 (대변) 자본금 200,000

₩200,000의 자본금을 출자하여 영업을 개시하다.

현금

①	200,000	②	100,000
③	150,000	④	20,000
⑤	30,000	⑦	80,000
⑥	150,000		

매출채권

③	50,000		

차입금

		⑥	150,000

매입채무

		②	50,000

임대료

		⑤	30,000

매출

		③	200,000

급여

⑦	80,000		

보험료

④	20,000		

상품

②	150,000	③	100,000

자본금

		①	200,000

매출원가

③	100,000		

26. **(기말수정분개 1)**

① 7월 1일에 1년분 보험료 ₩120,000을 지급하였으며, 보험료 지급 시 전액 비용으로 처리하였다. 그러나 당기분 보험료는 ₩60,000이다.

② 당기분 건물의 감가상각비는 ₩50,000이다.

③ 8월 13일에 소모품 ₩50,000을 구입하였으며, 소모품 구입 시 전액 자산으로 처리하였다. 기말 현재 소모품 미사용잔액은 ₩20,000이다.

④ 당기분 건물 임차료 ₩10,000을 아직 지급하지 않았다.

⑤ 종업원 급여 중 기말 현재 아직 지급하지 않은 부분이 ₩300,000 있다.

27. **(기말수정분개 2)** 다음은 유니콘(주)의 20×1년 말 수정전 잔액시산표이다. 회계순환과정에 따라 필요한 회계처리를 하고, 재무상태표와 손익계산서를 작성하시오.

수정전시산표

유니콘(주) 20×1년 12월 31일 현재 (단위: 원)

계정과목	차변	대변
현금	70,000	
매출채권	30,000	
상품	50,000	
소모품	33,000	
건물	200,000	
매입채무		35,000
차입금		70,000
자본금		220,000
매출		200,000
임대료		20,000
매출원가	100,000	
급여	50,000	
광고선전비	10,000	
이자비용	2,000	
총계	545,000	545,000

[기말 수정사항]

① 당기분 건물 감가상각비는 ₩5,000이다.

② 소모품 미사용 잔액은 기말 현재 ₩23,000이다.

③ 임대료 ₩20,000 중 ₩5,000은 차기분이다.

④ 기말 현재 차입금에 대한 이자 발생액 중 ₩5,000은 지급하지 않았다.

국제회계기준(IFRS)이란 무엇인가?

읽을거리

"대내외 신뢰성을 높이고 글로벌 기업들은 재무제표 이중 작성 부담을 덜 수 있다"

전 세계적으로 고품질의 단일 회계기준을 적용함으로써 국제적 공신력 확보 및 회계투명성을 향상시켜 자본시장을 활성화하기 위하여 우리나라는 상장기업을 대상으로 2011년부터 국제회계기준(International Financial Reporting Standards : IFRS)을 도입하였다.

이러한 상황하에서 한국채택국제회계기준(K-IFRS)이 무엇인지? 왜 도입하여야 하는지 필요성을 이해하고 급변하는 경제상황 속 회계기준의 변화를 학습하는 것은 필수적이다.

▶ 국제회계기준(IFRS)이란?

전 세계 국가로부터 재정지원과 회계직 의견을 수렴하여 국제회계기준위원회(IASB)이 기준서를, 국제회계기준해석위원회(IFRIC)가 해석서를 제정하여 발표한 전 세계 단일의 재무회계기준이다.

▶ 국제회계기준의 필요성 및 기대효과

세계적인 회계기준 단일화 추세에 적극 대응하고자 현재 유럽을 중심으로 전 세계 약 110개 이상의 국가가 국제회계기준을 전면 도입하여 운영하고 있다. 회계적으로 세계 공통언어인 국제회계기준을 사용함으로써 회계에 대한 대내외 신뢰성을 향상시키고자 하며, 글로벌 기업들의 재무제표 이중 작성의 부담을 덜고자 한다.

▶ 변화된 국제회계기준의 3가지 주요한 특징

① 원칙중심의 기준체계

국제회계기준은 상세하고 구체적인 회계처리방법을 제시하기보다는 회계담당자가 경제적 실질에 기초하여 합리적으로 회계처리를 할 수 있도록 회계처리의 기본원칙과 방법론을 제시하고 있다. 즉 기존의 회계기준이 규칙중심(rule-based)이었다면, 국제회계기준은 원칙중심(principle-based)의 회계기준이다. 그에 따라 회계담당자들의 전문적인 의사판단이 중요하게 되었고, 개별 기업에 맞는 회계정보를 생성할 수 있게 되었다. 다만 이러한 특성으로 인하여 회계정보의 중요한 속성 중 하나인 기업 간 비교가능성은 감소되었다.

② 연결재무제표

국제회계기준은 형식적인 요건보다는 경제적 실질을 중시하기 때문에 지배회사와 종속회사를 개별 회사로 판단하여 작성하던 개별재무제표를 지양하고, 지배회사와 종속회사의 경제적 실질에 따라 지배회사와 종속회사를 하나의 경제적 실체(회계실체)로 간주하고 작성된 연결재무제표를 주 재무제표로 정하였다. 따라서 지배회사 및 종속회사의 개별 재무제표는 세법 등의 목적을 위하여 별도로 작성해야 한다.

③ 공정가치평가

국제회계기준의 내용상 핵심은 자본시장의 투자자에게 기업의 재무상황 및 내재가치에 대한 의미 있는 투자정보를 제공하기 위한 것이다. 이를 위하여 국제회계기준은 기존의 신뢰성에 따라 강조하던 역사적 원가주의뿐만 아니라, 기업이 보유하고 있는 자산, 부채를 공정가치(시가)로 평가가능하도록 하였다.

출처: 충청신문(http://www.dailycc.net), 2013.10.09.

엑셀 이야기 + 4장

재무제표 이용자가 필요로 하는 다양한 정보를 적시에 제공할 수 있도록 회계상의 거래를 체계적으로 기록, 분류, 요약할 수 있는 정형화된 회계기록방법인 복식부기제도 특유의 계산단위를 계정이라고 합니다. 엑셀프로그램을 활용하여 거래의 내용을 조직적이고 체계적으로 계산하기 위한 최소단위인 계정을 정리해 보도록 합시다.

엑셀이야기 2장에서 수식과 수식에서 셀을 참조한다는 것, 그리고 셀은 주소를 갖고 있고, 셀의 주소는 상대주소와 절대주소가 있다는 것을 이야기하였습니다.

절대주소는 해당 셀을 참조하고 있는 수식의 위치가 바뀌든 안 바뀌든 항상 자신의 주소를 유지하는 것이고, 상대주소는 해당 셀을 참조하고 있는 수식의 위치가 바뀌면 바뀌는 대로 위치가 이동되는 것입니다.

이미 엑셀이야기 2장에서 이해를 했으면 다행이지만 조금 더 설명을 하겠습니다.

❶ 상대주소와 절대주소

그림 4-2 엑셀프로그램 상대주소

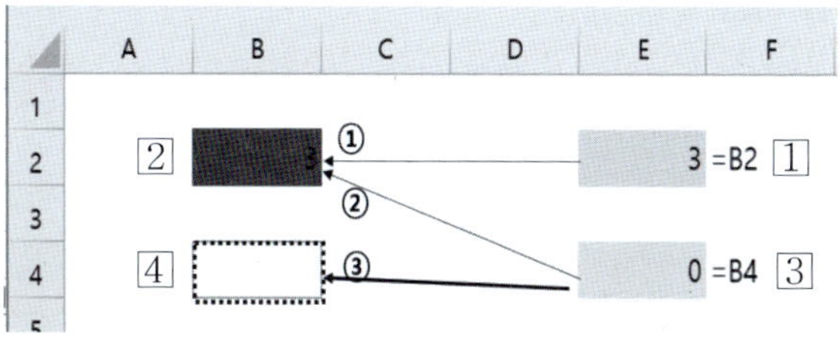

[그림 4-2] ①은 회색 E2셀([1])에 빨간색([2])을 참조하는 수식이 있습니다. 참조하고 있는 수식은 '=B2'입니다. 회색 E2셀 주소표시에 달러($)표시가 아무것도 없는 상대주소 참조 형식입니다.

회색 E2셀([1]) 수식을 복사하여 붙여 노란색 E4셀([3])에 붙여 놓았습니다. 붙여 넣은 아래의 노란색 E4셀의 수식은 당초 의도하였던 참조하는 ② 빨간색 주소(B2)가 점선인 ③ B4 주소([4])로 변해 버렸습니다. **이것이 상대주소입니다(Relative Address).**

그림 4-3 **엑셀프로그램 절대주소**

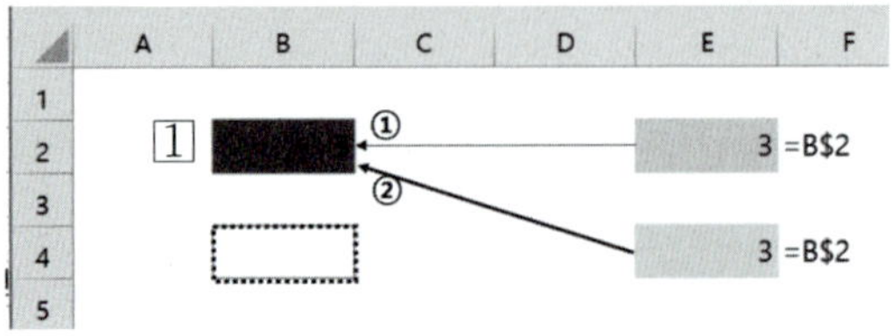

이것을 의도한 대로 하고 싶다면 행방향 주소값 앞에 달러($)표시를 해주면 됩니다. 그림 ①, ②처럼 모두 빨간색 B2셀(1)을 참조하고 있습니다.

이 표시를 바꾸는 것은 수식입력창에서 F4키로 계속 눌러주면 주소형식 4가지(절대행 절대열, 상대행 절대열, 절대행 상대열, 상대행 상대열)로 바뀌고 적당한 것으로 결정하면 됩니다.

[그림 4-3]의 경우는 행방향으로 이동하는 것을 고정시키고 싶었으니까 그냥 행방향만 달러표시를 붙인 것이지만 만약 열방향으로도 고정하고 싶다면 열방향도 절대주소로 바꿔줘야 할 것입니다. 행과 열은 같은 요령입니다.

❷ 이름 짓기

그런데 이것보다 간단한 방법이 있습니다. 셀에 주소형식보다 이름을 지어주는 것(Naming Cells)입니다.

그림 4-4 **엑셀프로그램 이름 짓기**

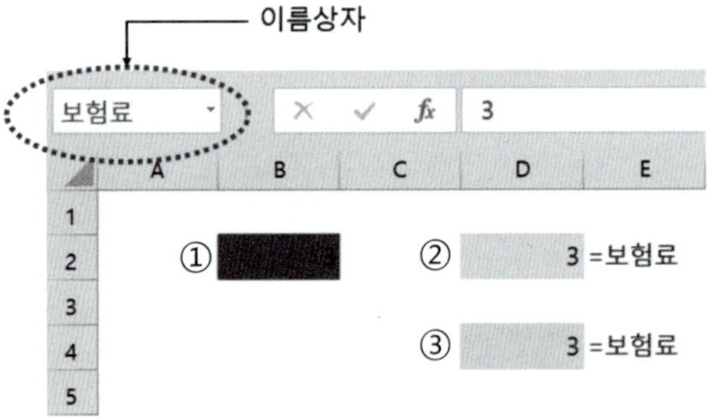

[그림 4-4]처럼 빨간색 B2셀(①)을 선택한 후 이름상자에 "보험료"라고 입력하여 봅시다. 보험료라고 입력 후 엔터키를 반드시 쳐야 합니다. 이렇게 되면 이 B2셀은 주소가 이름으로 바꿔서 정해집니다.

회색 D2셀(②)이나 노란색 D4셀(③)처럼 워크시트 아무 셀에서나 "=보험료"라고 입력하여 보세요. 보험료라는 이름으로 항상 빨간색 B2셀을 참조하게 되는 것이니, 상대주소니 절대주소니 헷갈릴 필요가 없습니다.

복사를 하든 마우스로 끌어서 채워넣기를 하든 이름이 셀 주소를 참조하고 있다면 항상 변함없이 해당 셀을 참조하고 있는 아주 기특한 기능입니다. 또한 문서작성을 잔뜩 하여 복잡할 때, 이름상자에서 해당 이름을 선택하면 해당 셀로 이동이 되니까 정보를 찾기도 좋아집니다.

하지만 모든 셀들에 이름을 지어줄 수는 없습니다. 이름을 짓는 것과 주소형식을 절대, 상대 잘 따져서 사용하는 것이 엑셀프로그램을 잘 활용하는 것입니다.

[그림 4-4]와 같이 지은 이름은 메뉴 수식탭에서 이름 관리자 버튼을 클릭하면 이름관리자 대화상자가 열리고, 이곳에 [이름상자]에서 입력한 이름과 해당 주소가 매핑되어 있음을 볼 수 있습니다.

이 이름상자는 셀의 주소만 이름을 짓는 것이 아니라 다양한 정보에 이름을 붙여서 사용할 수 있습니다. 예를 들어 보겠습니다. 문서에 항상 학교주소를 입력하여야 하는 경우가 있는데 좀 간단하게 할 수 없을까요? 한다면 학교주소에 이름을 붙여 주고 이 이름을 수식에서 사용하면 됩니다.

그림 4-5 **엑셀프로그램 이름관리자**

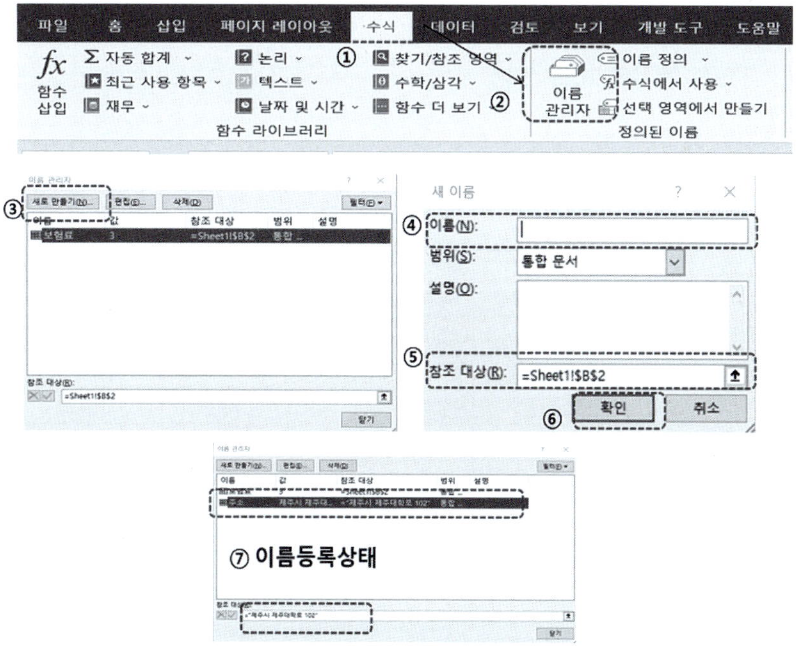

[그림 4-5] ①, ②처럼 수식탭에서 이름관리자 버튼을 클릭하면 이름관리자 대화상자가 열리고, ③ [새로 만들기] 버튼을 클릭하면 대화상자가 나타납니다.

④ 사용할 이름(주소)을 지어준 후 ⑤ [참조대상]에 이름과 연결된 정보를 입력합니다. 그리고 ⑥ [확인] 버튼을 클릭합니다.

⑦ 이름등록상태를 확인할 수 있고 이름상자에 지어준 이름이 등록되어 있는 것을 볼 수 있습니다.

[그림 4-5] ⑤ 참조대상에 참조할 정보를 넣을 때 따옴표를 사용하여 "제주시 제주대학로 102" 형식으로 입력해야 하지만 그냥 제주시 제주대학로 102만 넣어도 엑셀프로그램이 알아서 ⑦처럼 변환시켜 놓습니다.

이렇게 주소라는 이름을 등록해 놓으면 아무 셀에나 =주소라고 입력하면 '제주시 제주대학로 102'이라는 정보를 가져옵니다. 참 편리한 기능입니다.

다양한 정보에 이름을 지어서 사용할 수 있으므로 수식메뉴의 [이름관리자]를 수시로 열어보고 관리하는 습관이 좋습니다.

특히, 남이 사용하던 파일을 받았을 때, 이 부분을 열어 보면 파일을 얼마나 잘 관리하고 사용하는지 금방 알 수 있습니다.

❸ 데이터 유효성 검사와 이름 짓기

[표 4-1] 계정과 계정과목을 [그림 4-6]과 같이 엑셀프로그램에 정리를 해봅시다.

그림 4-6 **엑셀프로그램에 계정과 계정과목 정리**

	A	B	C	D	E	F	G	H
1		**계정**	**자산계정**	**부채계정**	**자본계정**	**수익계정**	**비용계정**	
2		자산	현금	매입채무	자본금	매출액	매출원가	
3		부채	매출채권	미지급비용	이익잉여금	수수료수익	급여	
4		자본	재고자산	차입금		임대료	보험료	
5		수익	대여금	사채		이자수익	광고선전비	
6		비용	미수수익				소모품비	
7			선급비용				수수료비용	
8			소모품				임차료	
9			비품				이자비용	
10			건물					

[그림 4-6]은 [표 4-1] 계정과 계정과목을 엑셀프로그램에 일일이 손으로 입력을 하였습니다. 그러나 계정과 계정별 과목을 일일이 키보드를 치지 않고 마우스로 처리되게 해봅시다. 엑셀이야기 3장에서 배운 데이터 유효성 검사를 적용해 봅시다.

그림 4-7 **엑셀프로그램과 데이터 유효성 기능**

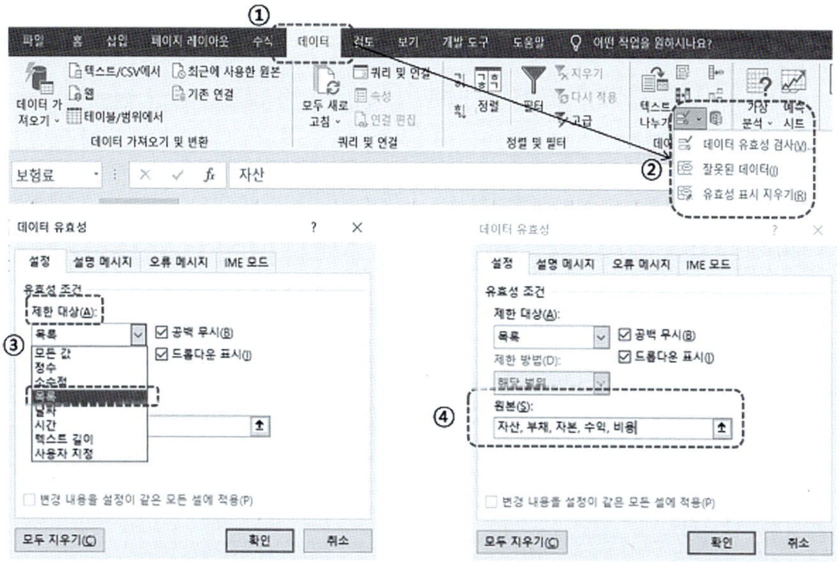

[그림 4-6] B2셀을 선택한 후 [그림 4-7]처럼 ① 메뉴의 데이터탭에서 ② 데이터 유효성 검사를 선택한 후, 데이터 유효성 대화상자 설정탭에서 ③ 제한대상을 목록으로 선택합니다. ④ 원본에 자산, 부채, 자본, 수입, 비용을 입력한 후 확인 버튼을 누릅니다.

그림 4-8 **엑셀프로그램과 데이터 유효성 결과**

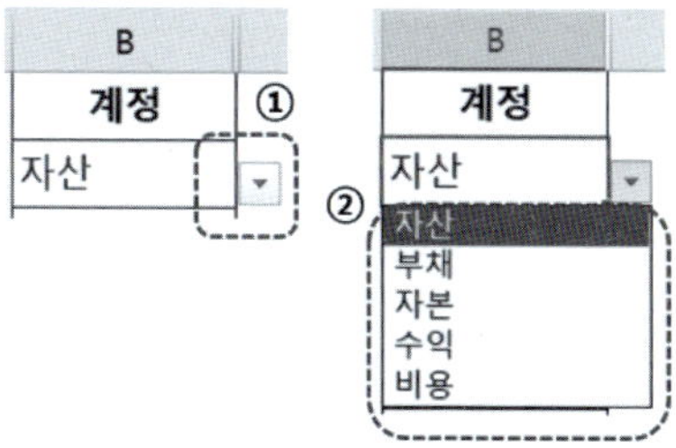

[그림 4-8]처럼 B2셀 값에 ① 목록단추가 보이고, 목록단추를 누르면 ② 계정들이 나타납니다. 그리고 B2셀을 자동채우기 위해 쭈욱 내리면 모두 데이터 유효성이 적용됩니다.

한편, 데이터 유효성 대화상자 원본에 입력한 [그림 4-7] ④ 원본의 자산, 부채, 자본, 수익, 비용계정 항목에 대해 이름을 지어서 활용할 수 있습니다. [그림 4-6] B2:B6까지 마우스로 선택한 후, 이름상자에 "계정"이라고 입력한 후 엔터키를 칩시다. 그럼 [그림 4-6] B2:B6까지 셀 범위는 주소가 계정이라는 이름으로 바꿔서 정해집니다.

계정이라고 이름을 지어서 활용하면 [그림 4-7] ④ 원본에 "=계정"이라고 처리하면 됩니다.

자산계정, 부채계정, 자본계정, 수익계정, 비용계정도 동일한 방식으로 처리할 수 있습니다.

❹ 동적 데이터 유효성 검사(다중 데이터 유효성 검사)와 INDIRECT함수

[예제 3-1], [예제 3-2] 거래를 엑셀프로그램에 입력하여 봅시다.

그림 4-9 **엑셀프로그램에 [예제 3-1], [예제 3-2] 거래 입력**

	A	B	C	D	E	F	G	H	I	J
1		거래일자	계정	계정과목	차변	대변	계정	계정과목	차변	대변
2		01월 01일	자산	현금	500000		자본	자본금		500000
3		01월 02일	자산	건물	300000		자산	현금		300000
4		01월 03일	자산	현금	250000		부채	차입금		250000
5		01월 04일	자산	비용	100000		자산	현금		100000
6		01월 05일	자산	상품	50000		부채	매입채무		50000
7		01월 06일	자산	상품	30000		자산	현금		30000
8		01월 07일	자산	소모품	5000		자산	현금		5000
9		01월 11일	자산	현금	30000		수익	임대료		30000
10		01월 16일	자산	현금		40000	비용	보험료	40000	
11		01월 20일	자산	현금		20000	비용	급여	20000	
12		01월 30일	자산	현금	100000		수익	매출액		100000
13		01월 30일	자산	상품		50000	비용	매출원가	50000	

[그림 4-9]처럼 엑셀프로그램에 [예제 3-1], [예제 3-2] 거래를 입력하여 보았습니까?

계정을 찾고, 그 계정에 맞는 계정과목을 입력하는 것이 어떠셨나요? 단순 입력하는 것과 비교하면 데이터 유효성 검사와 이름 짓기를 활용하면 좀 수월하다는 것을 확인하였을 것입니다.

그런데 계정에 맞는 계정과목들만 표시되게 할 수 없을까요? 선택한 계정과 관련된 계정과목들만 표시되게 할 수 있는 기능이 엑셀에 있습니다.

이를 동적 데이터 유효성 검사 또는 다중 데이터 유효성 검사라 합니다. 어떻게 작성할까요?

먼저 [표 4-1]의 자산, 부채, 자본, 수익, 비용은 “계정”으로 이름을 지어주고, 자산계정과목인 현금, 매출채권, 재고자산, 대여금, 미수수익, 선급비용, 소모품, 비품은 “자산”으로 이름을 지어주고, 나머지 계정과목들도 이렇게 이름을 지어줍니다.

이것을 활용합니다. 계정목록이 자산, 부채, 자본, 수익, 비용입니다. 이를 참조하게끔 하는 것입니다.

즉 자산일 때는 미리 작성한 자산계정과목들이 목록화되고, 수익일 때는 수익계정과목들이 목록화됩니다.

[그림 4-9]에서 D2셀을 선택하고 메뉴에서 데이터 유효성에서 원본에 단순히 이름이 아니고 [그림 4-10]과 같이 =INDIRECT($C2)함수를 입력합니다.

그림 4-10 **엑셀프로그램 동적 데이터 유효성 검사(다중 데이터 유효성 검사)**

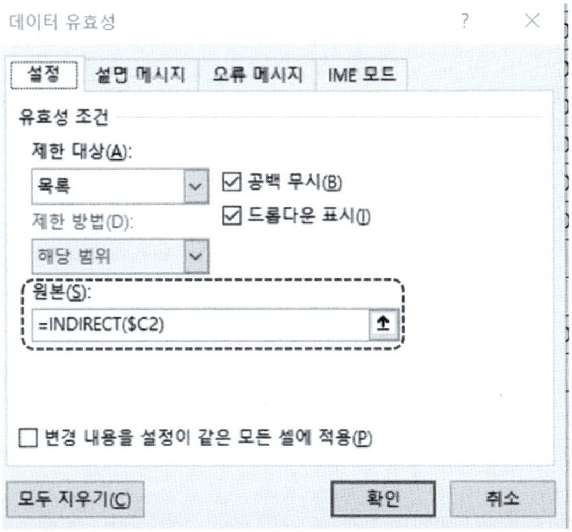

INDIRECT함수는 텍스트문자열로 지정한 셀 주소를 돌려주는 함수인데 찾고자 하는 범위 혹은 찾고자 하는 범위에 붙여진 이름을 문자열 정보로 받아서 유효한 범위에 접근하게 해줍니다.

우리는 자산계정, 부채계정, 자본계정, 수익계정, 비용계정에 대해 자산, 부채, 자본, 수익, 비용이라고 이름을 각각 지어주었습니다.

이름을 지은 자산, 부채, 자본, 수익, 비용값을 받아서 해당 범위에 접근하도록 한 것입니다. 이 값은 문자열 정보입니다.

즉 "자산", "부채", "자본", "수익", "비용"이라는 따옴표가 붙은 문자정보인 것입니다.

우리가 이름상자에 지어준 이름은 따옴표가 없는 엑셀만이 이해하는 범위의 이름인 것입니다. 문자열 정보가 아닙니다. 이렇게 눈에 보이기는 자산이라고 보이지만 실은 "자산"과 같이 따옴표가 붙은 문자열 정보입니다.

여러분이 범위 이름에 지어준 이름 자산과는 다르다는 것을 잘 이해하여야 합니다.

그림 4-11 엑셀프로그램 INDIRECT함수

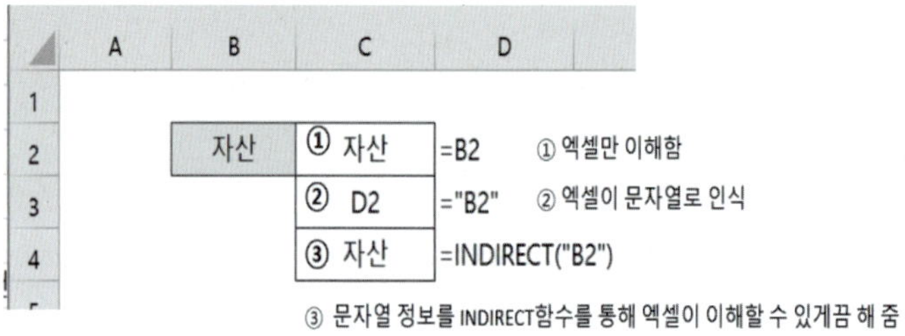

[그림 4-11] 음영처리된 B2셀의 값은 자산입니다. ① C2셀의 수식은 =B2이고, ② C3셀의 수식은 ="B2"입니다. 즉 B2셀은 단순 문자정보입니다.

그래서 따옴표로 처리된 "B2"라는 문자열 정보를 엑셀프로그램이 이해하는 자산이라는 이름으로 변환을 시켜주기 위한 함수가 INDIRECT함수의 역할입니다.

즉 C4셀 수식에 =INDIRECT("B2") 하면 음영처리된 B2셀 값인 자산이라는 이름으로 변환을 시켜줍니다.

❺ 필터와 SUMIF함수

총계정원장으로 전기는 분개장의 차변에 기록된 금액은 원장의 해당 계정 차변에 옮겨 적고, 대변에 기록된 금액은 원장 해당 계정의 대변에 옮겨 적으면 됩니다.

엑셀로 다시 정리를 해봅시다. 계정과목은 상대 계정과목을 기록해야 합니다. 거래일자도 동시에 옮겨 적습니다. [예제 3-1], [예제 3-2]를 분개하였던 표를 다시 정리하여 거래일자로 오름차순 정리합니다.

[그림 4-12]처럼 B1셀을 선택한 후 데이터탭의 필터를 클릭합니다. 열 머리글에서 계정에 있는 화살표 ▼를 클릭하여 목록에서 계정을 선택하면 총계정원장을 정리할 수 있습니다.

그림 4-12 **엑셀프로그램과 오름차순 정리**

	A	B	C	D	E	F
1		거래일자	계정	계정과목	차변	대변
2		01월 01일	자산	현금	500000	
3		01월 01일	자본	자본금		500000
4		01월 02일	자산	건물	300000	
5		01월 02일	자산	현금		300000
6		01월 03일	자산	현금	250000	
7		01월 03일	부채	차입금		250000
8		01월 04일	자산	비용	100000	
9		01월 04일	자산	현금		100000
10		01월 05일	자산	상품	50000	
11		01월 05일	부채	매입채무		50000
12		01월 06일	자산	상품	30000	
13		01월 06일	자산	현금		30000
14		01월 07일	자산	소모품	5000	
15		01월 07일	자산	현금		5000
16		01월 11일	자산	현금	30000	
17		01월 11일	수익	임대료		30000
18		01월 16일	자산	현금		40000
19		01월 16일	비용	보험료	40000	
20		01월 20일	자산	현금		20000
21		01월 20일	비용	급여	20000	
22		01월 30일	자산	현금	100000	
23		01월 30일	수익	매출액		100000
24		01월 30일	자산	상품		50000
25		01월 30일	비용	매출원가	50000	

앞에서 배웠던 것처럼 재무제표를 작성하기 전에 일종의 계정 집계표를 작성하는데 이를 시산표라 합니다. 엑셀이야기 3장에서 배웠던 고급필터와 SUMIF함수를 통해 시산표를 정리하여 봅시다.

그림 4-13 **엑셀프로그램 SUMIF함수와 고급필터를 활용한 시산표 정리**

	G	H	I	J
1	①	계정과목	② 차변	③ 대변
2		현금	880,000	
3		자본금	0	500,000
4		건물	300,000	0
5		차입금	0	250,000
6		비용	100,000	0
7		상품	80,000	50,000
8		매입채무	0	50,000
9		소모품	5,000	0
10		임대료	0	30,000
11		보험료	40,000	0
12		급여	20,000	0
13		매출액	0	100,000
14		매출원가	50,000	0

② =SUMIF($D$2:$D$25,H2,$E$2:$E$25)

③ =SUMIF($D$2:$D$25,H2,$F$2:$F$25)

[그림 4-12] 오름차순 정리한 테이블 데이터를 이용합니다. 먼저 [그림 4-13] ①처럼 고급필터를 통해 중복된 계정들을 동일한 계정으로 하나만 나타나게 합니다. 그리고 [그림 4-13] ② I2셀에 합계시산표의 차변의 계정별 합계를 SUMIF함수로 구한 후, ③ J2셀에 합계시산표의 대변에 각 계정별 합계를 SUMIF함수로 구합니다. 마지막으로 자동채우기로 정리를 하면 됩니다.

/ 주요 용어정리 /

- **계정**: 기업의 자산, 부채, 자본, 수익, 비용에 속하는 여러 항목들을 구분해서 기록하고 관리하는 단위
- **계정과목**: 계정을 구분하기 위해 붙이는 이름
- **차변**: 복식부기에서 계정 형식의 좌측
- **대변**: 복식부기에서 계정 형식의 우측
- **거래의 이중성**: 모든 회계상 거래는 반드시 차변요소와 대변요소를 함께 변화시키고 양쪽에 기록되는 화폐금액은 동일하게 되는 특징
- **대차평균의 원리**: 회계기록 후에도 차변과 대변 기록 금액의 합은 항상 일치해야 한다는 원리
- **분개**: 거래의 계정을 기록하기 전 거래를 분석하여 어느 계정의 어느 쪽에 얼마의 금액을 기록할 것인가를 결정하는 절차
- **분개장**: 기록된 분개들을 하나의 서식에 차례대로 기록한 문서
- **거래의 8요소**: 거래를 구성하는 8가지 요소(자산의 증감, 부채의 증감, 자본의 증감, 수익과 비용의 증감)
- **담보**: 채무자의 채무불이행에 대비해 채권자에게 채권의 확보를 위하여 제공되는 수단
- **원장**: 개별 계정과목별 계정을 한곳에 모아놓은 장부
- **전기**: 분개장에 기록된 분개를 각 계정과목별로 분류하여 원장의 해당 계정에 그대로 옮기는 절차
- **시산표**: 재무제표 작성 전 작성하는 계정집계표
- **합계시산표**: 중앙에 계정과목의 이름을 적고 차변과 대변에 각 계정의 차변합계와 대변합계 금액을 옮겨 적은 시산표
- **잔액시산표**: 총계정원장의 각 계정별로 잔액만을 모아서 하나의 표로 나타낸 것
- **합계잔액시산표**: 합계시산표와 잔액시산표를 하나의 표에 모아놓은 것
- **결산**: 회계기간 동안 수행한 자산, 부채, 자본의 변동내용과 그 결과물을 종합하여 재무상태표와 포괄손익계산서를 만드는 과정
- **회계순환과정**: 기업의 경제적 사건을 식별하고 측정해서 전달하는 일련의 회계처리과정
- **수정분개**: 한 회계기간에 발생한 수익과 비용을 정확히 측정하고 기말 현재의 자산과 부채

의 잔액을 정확히 산출하기 위해 회계기말에 수정을 하는 분개

- **마감분개**: 수익과 비용계정을 집합손익계정에 대체하고, 집합손익계정의 잔액인 당기순이익을 이익잉여금계정에 대체하기 위하여 수행하는 분개
- **현금주의**: 수익과 비용의 기준을 현금의 수입과 지출에 두고 현금의 수납과 동시에 장부에 기록하는 회계처리 원칙
- **발생주의**: 현금주의와는 상반되는 개념으로서 현금의 수수와는 관계없이 수익은 실현되었을 때, 비용은 발생되었을 때 인식되는 개념
- **가득요건**: 수익창출과 관련하여 각자의 일을 다해야 한다는 요건
- **측정요건**: 일을 한 대가로 받는 금액을 합리적으로 측정할 수 있어야 한다는 요건
- **수익·비용 대응의 원칙**: 비용은 수익을 인식한 회계기간에 대응해서 인식하는 원칙
- **이연항목**: 현시점에서는 자산이나 부채로 인식하고 차후 비용이나 수익으로 인식하는 항목
- **발생항목**: 당기에 속하는 비용이나 수익에 대해 현금을 지급하지 않거나 수령하지 않은 항목
- **미수수익**: 당기에 용역을 제공하였으나 그 대가를 받지 못해 수익계정에 기입하지 않은 금액
- **감가상각비**: 유형자산의 감가상각대상금액(=취득원가−잔존가치)을 내용연수에 걸쳐 배분한 금액
- **내용연수**: 자산으로부터 미래경제적 효익이 기대되는 기간
- **잔존가치**: 유형자산의 내용연수 종료시점으로부터 현재 획득할 금액에서 추정 처분부대원가를 차감한 금액의 추정치
- **직접차감법**: 감가상각비의 회계기록을 해당 자산에서 직접 차감하는 방식
- **간접차감법**: 감가상각비의 회계기록을 해당 자산에서 직접 차감하지 않고 자산 차감계정을 사용하는 방식
- **감가상각누계액**: 감가상각 시 해당 자산에서 직접 차감하지 않고 자산의 차감계정으로 나타내기 위해 발생하는 계정과목
- **임시계정**: 결산 기말에 계정 마감 후 잔액이 다음기로 이월되지 않고 특정 회계기간만 일시적으로 존재하는 계정

CHAPTER

5

재무제표는 어떻게 읽어야 할까?

1. 일반적으로 인정된 회계원칙(GAAP)
2. K-IFRS의 재무제표 종류
3. 재무제표 읽어보기

CHAPTER 05

재무제표는 어떻게 읽어야 할까?

1 일반적으로 인정된 회계원칙(GAAP)

기업이 보고하는 재무제표는 일정한 기준을 적용하여 작성한다. 이렇게 재무제표 작성에 적용하는 기준을 일반적으로 인정된 회계원칙(Generally Accepted Accounting Principles: GAAP)이라 한다. 일반적으로 인정된 회계원칙 회계규정 자체로 구체적인 회계실무지침 또는 실무로부터 발전되어 광범위하게 인정되는 회계기준이다. GAAP에 따라 작성된 기업의 재무제표는 동일한 용어와 형식을 사용하므로 비교가능성, 이해가능성이 높아지며, 재무제표의 신뢰성이 높아진다. 한국에서는 기업의 규모와 상장 여부 등에 따라 각기 다른 회계기준을 적용한다.

한국은 [표 5-1]과 같이 기업에 대해 3단계의 회계기준체계를 적용하고 있다.

[표 5-1] **한국의 회계기준체계**

회계기준	적용대상	관련법령
1. 한국채택국제회계기준 (K-IFRS)	외부감사대상 법인 중에서도 상장기업, 상장기업의 자회사, IPO를 준비하는 기업 및 금융회사	주식회사 등의 외부감사에 관한 법률
2. 일반기업회계기준	외부감사대상 법인 중에서 비상장기업, 코넥스 상장법인에 적용	주식회사
3. 중소기업회계기준	외부감사대상 이외의 중소기업에 적용	상법

출처: 한국회계기준원(KAI)

이외에도 비영리조직의 회계투명성 제고가 필요하다는 사회적 인식에 대응에 근거하여 별도의 '비영리조직회계기준'도 적용하고 있다.

2 K-IFRS의 재무제표 종류

재무제표의 목적은 광범위한 정보이용자의 경제적 의사결정에 유용한 기업의 재무상태, 경영성과 및 현금흐름에 관한 정보를 제공하는 것이다. 재무제표 이용자가 경제적 의사결정을 하기 위해서는 기업의 현금창출능력과 그 시가 및 불확실성에 대한 평가가 필요하다. 현금창출능력은 종업원과 거래처에 대한 지급능력, 차입금의 이자 및 원금상환능력, 소유주에 대한 배당금의 지급능력 등을 궁극적으로 결정한다.

이러한 기업의 이익 및 현금창출능력에 등에 관한 정보는 그 기업의 재무상태, 경영성과, 현금흐름정보로부터 도출되는데, 재무상태정보는 재무상태표를 통해 제공되고, 경영성과정보는 포괄손익계산서를 통해 제공되며 현금흐름정보는 현금흐름표를 통해 제공된다. 또한 각 재무제표의 내용에 대해 추가적 설명을 제공하는 주석(foot notes)이 있다. 재무제표분석에 앞서 여기서는 K-IFRS에서 제시하고 있는 재무상태표와 포괄손익계산서의 양식을 간략하게 살펴보기로 한다.

2.1 재무상태표

재무상태표(statement of financial position)는 대차대조표(Balance Sheet: BS)라고도 하는데 기업이 일정 시점에 보유하고 있는 자산, 부채, 자본을 보여주는 재무제표이다. 앞장에서 살펴보았듯이 재무상태표는 기업이 어디서 자금을 조달하여(대변) 운용한 결과 어떠한 자산을 보유하고 있는지(차변)를 나타내는 표이다.

재무제표의 양식은 계정식과 보고식이 있다. 계정식은 차변에 자산, 대변에 부채와 자본을 보고하는 방식이고 보고식은 자산, 부채, 자본의 순서로 연속해서 표시하는 방식이다.

먼저 [표 5-2]를 보면 4장에서 보았던 재무상태표(계정식)와는 그 형태가 다르다. 4장에서는 회계순환과정을 설명하기 위하여 간단한 예시를 살펴본 것이다. [표 5-2]는 K-IFRS 제1001호 '재무제표의 표시'에서 제시된 재무상태표 양식(보고식)을 나타낸다.

[표 5-2] K-IFRS 재무상태표 양식

재무상태표		
자산		
유동자산(current-assets)		
당좌자산(quick assets)	현금, 단기금융자산, 매출채권 등	1년 이내[1]현금화가 가능한 자산
재고자산(inventory assets)	상품, 제품, 원재료, 재공품 등	제조·판매를 통해 1년 내에 현금화가 가능한 자산
비유동자산(non-current assets)		
투자자산(investment assets)	장기대여금, 장기금융자산, 투자부동산, 관계회사주식	장기적인 투자목적으로 보유하는 자산
유형자산(tangible assets)	토지, 건물, 기계장치, 건설중인 자산 등	장기에 걸쳐 영업에 사용되는 자산
무형자산(intangible assets)	영업권, 산업재산권 개발비 등	물리적 형체는 없으나 재산가치가 있는 자산
기타비유동자산(other assets)	장기성매출채권, 임차보증금, 장기미수금 등	비유동자산 중 투자자산, 유형자산, 무형자산에 속하지 않는 자산
부채		
유동부채(current liabilities)	매입채무, 단기차입금, 미지급금, 선수금, 예수금 등	1년 이내 갚아야 할 채무
비유동부채(non-current liabilities)	사채, 장기차입금,[2] 퇴직급여충당금	1년 후에 갚아야 할 채무
자본		
자본금(paid-in capital)	보통주자본금, 우선주자본금	발행주식의 액면가액
자본잉여금(additional paid-in capital)	주식발행초과금, 감자차익, 자기주식처분이익	주주와의 거래에서 직접 불입되거나 증가한 자본

1) 통상적으로 이러한 구분은 정상영업주기(operating cycle)를 기준으로 구분한다. 정상영업주기란 영업

이익잉여금(retained earnings)	이익준비금, 임의적립금, 미처분이익잉여금	순이익 중 배당을 제외하고 기업 내부에 남아 있는 누적금액
기타포괄손익누계액 (cumulative other comprehensive income)	매도가능금융자산평가손익, 재평가잉여금 등	포괄손익계산서의 수익이나 비용에 포함되지 않은 기타포괄손익의 누계
자본조정(capital adjustment)	주식할인발행차금, 배당건설이자, 자기주식 등	자본의 구성항목 중 어느 계정에 계상하여야 하는지 불분명하여 회계상 자본총액에서 가감하는 형식으로 기재하는 항목

[표 5-2]를 보면 자산은 크게 유동자산과 비유동자산 두 가지로 구분하고 있다. 이는 1년을 기준으로, 1년 이내에 현금화되거나 또는 그 효익이 소멸될 것으로 기대할 수 있는 자산을 유동자산이라 하며, 1년 후에 현금화되거나 영업활동에 사용되는 자산을 비유동자산이라고 한다. 또한 유동자산은 당좌자산과 재고자산으로 구분되는데, 당좌자산은 유동자산 가운데 가장 빨리 현금화할 수 있는 것으로, 재고자산을 제외한 모든 유동자산이 당좌자산에 속한다. 비유동자산도 그 성격에 따라 투자자산, 유형자산, 무형자산과 기타비유동자산으로 구분되어 있다.

부채도 마찬가지로 유동부채와 비유동부채로 구분되어 있으며, 이를 구분하는 기준은 1년이다. 즉 1년 이내에 상환기일이 도래하는 경우 유동부채라 하며, 1년 후에 상환기일이 도래하는 경우 비유동부채라고 한다. 또한 [표 5-2]를 보면 유동자산이 먼저 기록되어 있고, 다음에 비유동자산이 기록된다. 부채에서도 유동부채가 먼저 기록되어 있고, 비유동부채는 뒤에 기록되어 있다. 이를 '유동성배열법'이라고 한다. 재무상태표는 유동성이 높

활동을 위한 자산의 취득시점부터 그 자산이 현금이나 현금성자산으로 실현되는 시점까지 소요되는 기간이다. 다시 말해서 기업이 주된 영업활동을 위하여 원재료를 구입하고 이를 제품으로 생산하여 판매하고 판매대금이 회수되기까지의 기간이다. 예를 들어, A기업은 5월 1일에 원재료를 구입하여 5월 15일에 제품으로 만들어 5월 31일에 판매한 후 판매대금은 한 달 후인 6월 30일에 회수하였다. 이 경우 A기업의 정상 영업주기는 5월 1일부터 6월 30일까지로 61일이다. 하지만 실제로 대부분의 기업은 기업의 회계기간을 1년 단위로 선택하여 보고하고 있다. 따라서 유동과 비유동의 구분은 통상적으로 1년을 단위로 하여 구분한다.

2) 장기차입금이라 하더라도 1년 이내에 만기가 도래하는 부분은 유동성 장기부채계정으로 옮겨 유동부채로 분류한다.

은 것부터 기록함으로써 기업의 현금지급능력인 유동성[3]을 쉽게 판단할 수 있다.

자본은 자산에서 부채를 차감하고 남은 기업에 대한 잔여청구권으로, 소유자지분을 의미한다. 기업의 자본은 크게 다섯 부분으로 구분되는데 주식발행을 통하여 필요한 자금을 조달할 경우 기업의 발행주식 중 액면가액에 해당하는 자본금과 주주와의 거래에서 증가한 자본잉여금,[4] 당기순이익에서 배당금을 지급한 후 기업 내부에 남아 누적시켜 놓은 것인 이익잉여금, 당기 미실현손익으로 포괄손익계산서의 수익이나 비용에 포함되지 않아 기타포괄손익에 포함되는 항목의 누계인 기타포괄손익누계, 특성상 자본에 부가하거나 차감하여야 하는 계정 또는 자본의 구성항목 중 어느 계정에 계상하여야 하는지 불분명하여 회계상 자본총액에서 가감하는 형식으로 기재하는 자본조정으로 구분할 수 있다.

한편, 자본금으로 발행되는 주식에는 가장 보편적으로 발행되는 보통주(common stock)와 우선주(preferred stock)의 형태가 있다.[5] 보통주는 의결권을 행사할 수 있는 권리가 있는 대신에 이익이나 이자의 배당 또는 잔여재산의 분배에 있어 우선주에 먼저 할당하고 난 후의 잔여부분에 대한 청구권만을 가진다. 우선주는 의결권이 없지만 경제적 이익에 대한 청구권에서 보통주보다 우선적인 권리가 부여되어 있는 주식이다. 우선주는 의결권이 없으므로 일반적으로 보통주보다 상대적으로 낮은 가치를 지닌다. 이에 대해서는 뒷장에서 자세히 다루기로 한다.

2.2 포괄손익계산서

포괄손익계산서(statement of comprehensive income)는 일정 기간 동안의 영업성과를 측정하는 보고서이다. 포괄손이계산서는 당해 회계기간의 경영성과를 나타낼 뿐만 아니라 기업의 미래현금흐름과 수익창출능력 등의 예측에 유용한 정보를 제공한다.

3) 유동성(liquidity)이란 기업이 현재 보유하고 있는 자산을 현금으로 바꿀 수 있는 능력으로 일반적으로 기업의 유동성은 기업의 '지급능력'을 나타내는 지표라 할 수 있다.
4) 일반적으로 자본금과 자본잉여금을 합쳐 납입자본이라 한다.
5) 「상법」 제433조에서는 이익이나 이자의 배당 또는 잔여재산의 분배에 관하여 내용이 다른 여러 종류의 주식을 발행할 수 있도록 허용하고 있다.

[표 5-3]은 K-IFRS에 따른 포괄손익계산서 양식을 나타낸다.

[표 5-3] K-IFRS포괄손익계산서 양식

구분	설명
매출액(sales)	상품, 제품의 판매 혹은 서비스제공으로 인한 수익
(−) 매출원가(cost of Goods Sold)	판매된 상품, 제품 혹은 서비스의 취득원가, 제조원가 혹은 제공원가
= 매출총이익(gross Profit)	제조 및 판매활동에서의 성과
(−) 판매비와 관리비(sales and general administration expenses)	판매 및 관리활동과 관련된 비용(급여, 광고선전비, 접대비 등)
= 영업이익(operating income)	주된 영업활동에서의 성과
(+) 기타수익(other revenues)	• 금융수익: 이자수익, 외화관련이익 등 • 기타영업수익: 임대료수익, 자산처분이익 등 주된 영업활동 이외의 수익
(−) 기타비용(other expenses)	• 금융비용: 이자비용, 매출채권처분손실, 외화관련손실 등 • 기타금융비용: 자산처분손실 등 주된 영업활동 이외의 손실
= 법인세비용 차감전 계속사업이익(income from continuing operations before tax)	경상적이고 계속되는 사업에서의 성과
(−) 계속사업이익법인세(tax for income from continuing operations)	계속사업에서의 법인세비용
= 계속사업이익(income from continuing operations)	계속사업에서의 순이익
(±) 중단사업손익(법인세효과 차감후)(income from discontinued operations)	중단된 사업의 법인세 차감후 순이익
= 당기순이익(net income)	총사업(계속+중단)의 순이익
(±) 기타포괄이익(법인세효과 차감후)(other comprehensive income)	당기순이익에 포함되지 않은 각종 포괄손익 항목별 금액
= 총포괄이익(total comprehensive income)	당기순이익+기타포괄이익
주당순이익(earning per share)	보통주1주에 귀속되는 당기순이익

[표 5-3]을 보면 이익은 크게 매출총이익, 영업이익, 법인세비용 차감전 계속사업이익, 계속사업이익, 중단사업손익(법인세효과 차감후) 그리고 당기순이익, 기타포괄이익, 총포괄이익 8가지로 구분 표시된다. 앞장에서 제시하였던 손익계산서처럼 비용 총액과 수익 총액을 손익계산서의 왼쪽과 오른쪽에 표시한 후 그 잔액을 당기순이익으로 표시하지 않고 이와 같이 다양한 이익수치로 나타내는 이유는 각각의 이익수치가 기업의 경영성과 평가 시 다른 의미를 가지기 때문이다.

1) 매출총이익

매출총이익(gross profit)은 매출액에서 매출원가를 차감하여 계산된다. 매출액은 당해 기업의 주된 영업활동(상품, 제품의 판매 혹은 서비스 제공 등)의 결과로 받은 혹은 받게 될 대가를 말하며, 매출원가는 이들 상품, 제품 혹은 서비스의 취득원가, 제조원가 혹은 제공원가를 의미한다. 따라서 매출총이익을 보면 당해 기업의 주된 영업활동을 통한 수익 창출능력이 어느 정도 되는지를 판단할 수 있다. 기업의 수익성을 좌우하는 가장 근원적인 요인은 매출총이익이라 할 수 있다.

2) 영업이익

영업이익(operating income)은 매출총이익에서 판매비와 관리비를 차감하여 계산된다. 판매비와 관리비는 주된 영업활동을 하는 과정에서 반드시 필요한 판매 및 관리활동과 관련되어 발생한 비용을 말한다. 예를 들면, 판매 혹은 사무실 종업원 급여, 광고선전비, 판매시설의 감가상각비, 소모품비, 여비교통비 등을 들 수 있다. 영업이익도 매출총이익과 마찬가지로 주된 영업활동과정에서 반드시 발생하는 수익과 비용이 대응된 결과이므로 당해 기업의 주된 영업활동을 통한 수익창출능력을 평가하는 데 유용한 지표이며, 동종산업에 속한 경쟁기업의 매출총이익과 영업이익을 동시에 비교해 보면 판매 및 관리활동의 효율성 여부를 간접적으로 평가할 수 있다.

3) 법인세비용 차감전 계속사업손익

법인세비용 차감전 계속사업손익은 영업손익에 기타수익을 가산하고 기타비용을 차감하여 산출한다. 기타수익은 기업의 주된 영업활동이 아닌 활동으로부터 발생한 수익과 차익이고 기타비용은 기업의 주된 영업활동이 아닌 활동으로부터 발생한 비용과 차손으로서 중단사업손익에 해당하지 않는 것으로 한다.

4) 계속사업손익

계속사업손익은 법인세비용 차감전 계속사업손익에서 법인세비용을 차감하여 산출한다. 계속사업손익은 기업의 계속적인 사업활동과 그와 관련된 부수적인 활동에서 발생하는 손익으로서 중단사업손익에 해당하지 않는 모든 손익을 말한다. 따라서 계속사업손익은 기업의 주된 영업활동과 부수적 활동에 의해 창출되는 손익으로 지속성이 유지될 수 있음으로 미래의 현금흐름을 예측하는 데 유용한 지표가 된다.

5) 중단사업손익(법인세효과 차감후)

재무제표의 기간별 비교가능성을 제고하기 위하여 사업중단 등에 의해 영업의 내용이 중요하게 변경된 경우에는 중단사업손익을 별도로 표시한다. 중단사업손익은 중단사업으로부터 발생한 영업손익과 영업외손익으로서 사업중단직접비용과 중단사업자산손상차손을 포함하며, 법인세효과를 차감한 후의 순액으로 보고하고 중단사업손익의 산출내역을 주석으로 기재한다. 중단사업손익을 계속사업 하단에 표기하는 이유는 당기에 발생한 이익이지만 더 이상 중단된 사업에서는 미래수익창출이 되지 않기 때문에 이익의 지속성에 대한 정보를 제공하기 위한 것이다.

6) 당기순손익과 주당순손익

당기순손익은 계속사업손익에 중단사업손익을 가감하여 산출하며, 이러한 당기순이익(net income)은 창출된 이익 중 기업의 주인인 주주에게 배당가능한 이익의 주요 원천이 된다. 주주 혹은 잠재적 투자자들은 기업의 배당에 대해서 많은 관심을 가지고 있는데 이들의 의사결정에 도움을 주기 위하여 1주당 이익에 대한 정보인 주당순이익(earnings per share)을 손익계산서의 하단에 주기(parenthetical note)로 표시한다. 주당순이익은 당기순이익을 현재 유통되고 있는 보통주식수로 나눈 것이다.

7) 기타포괄이익과 총포괄이익

총포괄이익은 당기순이익에 기타포괄손익을 가감하여 산출된다. 손익계산서의 수익과 비용항목의 대부분은 실현손익으로 당기순손익을 구성하지만 일부 항목은 당기순손익에서 제외되어 재무상태표의 자본에 가감되는 미실현수익과 미실현비용항목들을 기타포괄손익으로 분류한다. 총포괄이익은 정보이용자의 관점에서 실현된 당기순이익뿐만 아니라 미실현손익(기타포괄손익)이 가감되어 이로 인한 기업의 총이익에 대한 정보를 제공한다.

3 재무제표 읽어보기

3.1 재무상태표 읽어보기

여기서는 재무제표분석의 이해를 돕기 위하여 우리나라의 대표적인 기업의 실제 재무상태표와 손익계산서를 사용하였다. 분석을 간단히 하기 위하여 요약된 재무제표를 사용하였다. 기업명은 편의상 (주)은하수라고 하였다. (주)은하수는 반도체에서부터 생활가전에 이르기까지 다양한 제품을 생산하는 전자산업의 우리나라 대표기업이다. (주)은하수의 20×1년부터 20×4년까지의 재무상태표는 [표 5-4]이며, 손익계산서는 [표 5-5]와 같다.

[표 5-4] (주)은하수의 재무상태표

(단위: 십억 원)

구분	20×4년	20×3년	20×2년	20×1년
유동자산(소계)	7,756	6,197	5,968	7,781
당좌자산	4,953	3,936	4,098	5,440
재고자산	2,803	2,261	1,870	2,341
비유동자산(소계)	19,139	18,512	14,808	15,284
투자자산	6,549	8,444	6,274	4,783
유형자산	12,590	10,068	8,534	10,501
자산총계	26,895	24,709	20,776	23,065
유동부채	8,608	6,781	5,416	5,869
비유동부채	2,094	4,597	8,390	11,366
부채총계	10,702	11,378	13,806	17,235
자본금	882	875	743	610
기타자본	15,311	12,456	6,227	5,220
자본총계	16,193	13,331	6,970	5,830
부채·자본총계	26,895	24,709	20,776	23,065

[표 5-4]의 재무상태표의 자산총계는 현재 기업이 소유하고 있는 자원의 실물 형태를 근거로 계정과목의 이름을 붙이고, 주로 취득 당시의 원가로 금액이 표시되어 있다. 즉 재무상태표의 총자산은 취득시점이 서로 다른 실물자원들의 취득가액을 합계하여 표시하고 있는 것이다. 따라서 총자산의 금액은 실제로 현재 처분함으로써 받을 수 있는 금액과 차이가 있다.

총자산을 구성하고 있는 당좌자산(현금, 매출채권 등)의 금액은 현재시점에서도 동일한 금액으로 회수할 가능성이 높지만 3년 전에 취득한 유형자산(건물, 차량운반구 등)과 같은 경우에는 실제 처분가치가 장부가치보다 더 적을 수도 있다. 반면 10년 전에 취득한 토지의 경우에는 취득시점의 원가보다 현재의 시가가 더 높을 것이기 때문에 실제처분가치가 더 높을 것이다. 그러므로 기업의 총자산을 근거로 기업의 크기를 단순히 비교하기는 곤란하다.

3.2 손익계산서 읽어보기

[표 5-5] (주)은하수의 손익계산서

(단위: 십억 원)

구분	20×4년	20×3년	20×2년	20×1년
매출액	34,283	26,117	20,083	18,465
(−)매출원가	21,993	17,661	13,975	12,701
=매출총이익	2,290	8,456	6,108	5,764
(−)판매비와 관리비	4,855	3,975	3,009	2,908
=영업이익	7,435	4,481	3,099	2,856
(+)기타수익	2,164	1,647	2,110	2,452
(−)기타비용	1,499	2,100	4,799	5,155
=법인세비용차감전 계속사업이익	8,100	4,028	410	153
(−)법인세	2,086	857	97	30
=계속사업이익	6,014	3,171	313	123
(±)중단사업손익	−	−	−	−
=당기순이익	6,014	3,171	313	123
주당순이익(천 원)	35	19	3	1

1) 그렇다면 당기순이익이 높으면 무조건 좋은 기업일까?

당기순이익은 매년 주된 영업활동에서 발생하는 영업이익에 기타수익 및 비용이 가감되어 계산된다. 또한 법인세비용과 중단사업손익을 가감하여 산정된다. 따라서 당기순이익은 특정 회계기간 동안의 기업 경영성과를 평가하거나 당해 기업의 미래수익성을 평가하는 데는 좋은 지표가 아닐 수도 있다.

이것은 [표 5-6]에 제시되어 있는 (주)유니콘과 (주)은하수의 가상 손익계산서를 살펴보면 간단히 이해할 수 있다. (주)유니콘과 (주)은하수는 손익계산서에 표시된 사항 이외에는 모든 것이 동일하다고 가정한다. 20×3년도 경영성과는 두 기업 중 어느 기업이 더 낫다고 할 수 있을까?

[표 5-6] 이익지표의 이해를 위한 가상 손익계산서

손익계산서 ㈜유니콘 20×3.1.1.~20×3.12.31.		손익계산서 ㈜은하수 20×3.1.1.~20×3.12.31.	
매출액	10,000	매출액	10,000
매출원가	(8,000)	매출원가	(6,000)
매출총이익	2,000	매출총이익	4,000
판매비와 관리비	(1,000)	판매비와 관리비	(1,000)
영업이익	1,000	영업이익	3,000
기타수익	750	기타수익	750
기타비용	(500)	기타비용	(2,500)
법인세비용차감전 계속사업이익	1,250	법인세비용차감전 계속사업이익	1,250
계속사업법인세	(500)	계속사업법인세	(500)
계속사업이익	750	계속사업이익	750
중단사업이익(법인세효과후)	1,000	중단사업이익(법인세효과후)	250
당기순이익	1,750	당기순이익	1,000

[표 5-6]을 살펴보면 (주)유니콘과 (주)은하수의 매출액은 ₩10,000으로 동일하지만 당기순이익은 각각 ₩1,750과 ₩1,000으로 (주)유니콘의 당기순이익이 더 높다. 그렇다면 (주)유니콘 경상적인 경영성과가 (주)은하수보다 훨씬 낫다고 할 수 있을까?

손익계산서의 영업이익은 기업의 정상적이고 경상적인 영업활동[6]의 결과를 나타낸다. 따라서 기업이 앞으로도 영업활동에서 어느 정도의 이익을 창출할 수 있을 것인가 하는 것은 영업이익으로 판단하여야 한다. 영업이익의 크기를 보면 (주)은하수의 영업이익은 (주)유니콘의 3배인 ₩3,000이다. 따라서 기업의 안정적인 영업성과는 (주)은하수가 훨씬 높다. 이러한 영업이익은 (주)은하수의 매출원가율(60%)[7]이 (주)유니콘의 매출원가율

6) 여기서 정상적이라는 의미는 주된 영업활동(매출)과 관련되어 발생한다는 의미이고 경상적이라는 것은 통상적으로 발생한다는 의미이다.

7) 매출원가율은 매출원가를 매출액으로 나눈 비율로 (주)은하수는 60%(₩6,000÷₩10,000), (주)유니콘은 80%(₩8,000÷₩10,000)이다.

(80%)보다 훨씬 낮음으로 인하여 발생하였다고 할 수 있다.

하지만 (주)은하수는 기타비용에서 (주)유니콘보다 ₩2,000이 높아 결과적으로 계속사업이익은 동일한 크기를 보이고 있다. 즉 (주)은하수는 매출원가는 원가절감에 성공하였지만 이자비용이나 외화관련손익 등 기타비용을 관리하지 못하여 결과적으로 ㈜유니콘과 동일한 계속사업손익을 보이고 있다. 게다가 중단사업이익마저 (주)유니콘이 높아 결과적으로 당기순이익은 (주)유니콘이 더 높다.

그래서 당기순이익이 단순히 더 높다고 하여 앞으로도 무조건 더 나은 기업이라고 할 수는 없다. 기업의 미래현금흐름을 판단할 때에는 기업의 이익의 질을 고려하여 판단하여야 한다. 따라서 향후 더 이상 발생하지 않을 것으로 기대되는 중단사업이익이나 기타비용 중 비경상적인 것들은 제외한 후 정상적인 이익의 크기를 비교하여 의사결정에 반영하여야 한다.

2) 당기순이익만큼 기업의 보유현금도 늘어났을까?

당기순이익은 수익에서 비용을 차감하여 산정한다. 수익은 상품을 판매하거나 서비스를 제공할 때의 금액이고 비용은 상품을 판매하거나 서비스를 제공하는 데 소비된 원가를 의미한다. 일반적으로 상품을 판매하거나 서비스를 제공하고 현금으로 받을 수도 있지만 외상으로 할 수 있다. 기업회계에서는 판매금액을 모두 외상으로 하더라도 판매금액 모두를 수익, 즉 매출액으로 간주한다. 그리고 매출액을 달성하는 데 기여한 원가를 현금지출 여부와는 관계없이 모두 비용으로 계상한다. 예컨대, 매출액(수익)이 100만 원만큼 늘어났다 하더라도 현금은 10만 원 늘어나고 나머지 90만 원은 매출채권(외상매출금)이 늘어날 수도 있다.

이렇게 현금수수와 관계없이 판매금액을 수익(매출)으로 인식하는 것을 앞서 발생주의 회계라고 한다. 발생주의회계란 판매라는 사건의 발생에 근거해서 현금판매나 외상판매를 불구하고 판매총액을 수익(매출)으로 인식한다고 하여 붙여진 이름이다. 따라서 손익계산서는 발생주의를 적용하여 작성되므로 손익계산서의 당기순이익이 1,000만 원이라고 해서 현금이 1,000만원 증가된 것은 아니다.

반면 판매금액 중 현금으로 받은 부분만 수익(매출)으로 인식하는 경우도 있다. 이렇게 수익(매출)을 현금수수 여부로 판단하여 인식하는 것을 현금주의회계라고 한다. 따라서 발생주의를 적용하는 회계상 수익, 비용은 현금주의의 결과인 현금흐름과 반드시 일치하지는 않는다. 현금흐름표는 현금주의에 따라 작성된다. 흔히 손익계산서상에서는 이익이 많이 나지만 당장 부채를 상환할 현금이 부족하여 부도에 이르는 경우를 흑자도산이라 한다.

/ 연 / 습 / 문 / 제 /

01. 다음은 포괄손익계산서의 구조이다. (1)~(6)에 해당하는 것을 보기에서 찾아 포괄손익계산서를 완성하시오.

> [보기] 기타포괄이익, 매출액, 총포괄이익, 기타수익, 법인세비용차감전순이익, 관리비

포괄손익계산서

(1)
− 매출원가

= 매출총이익
− 판매비
(2)
+ (3)
기타비용
− 금융비용

= (4)
법인세비용

= 당기순이익
± (5)

= (6)

02. 다음은 ㈜유니콘의 총계정원장에 있는 계정과목들을 나열한 것이다. 각각의 물음에 답하시오.

매출채권	현금및현금성자산	매입채무
유형자산처분이익	미지급금	예수금
미수금	임대료	자본금
감가상각비	선수금	선급금
종업원급여	법인세비용	기타포괄손익누계액
이익잉여금	재고자산	임차료
이자비용	장기차입금	배당금수익

(1) 자산에 속하는 항목은?
(2) 부채에 속하는 항목은?
(3) 자본에 속하는 항목은?
(4) 수익에 속하는 항목은?
(5) 비용에 속하는 항목은?

03. 다음 빈칸에 적절한 금액을 넣으시오.

기초이익잉여금	300,000
당기순이익	?
배당금	56,000
기말이익잉여금	188,000

04. 아래의 보기는 ㈜유니콘의 20×1년도 재무자료이다. 20×1년 중에 자본거래가 없었다고 가정할 경우 20×1년도 초 자본(*)은 얼마인가?

20×1년 초	자산 ?	부채 800	자본 (*)
20×1년 말	자산 2,000	부채 950	자본 ?
20×1년 도	수익 3,000	비용 3,050	

05. 다음 (1)~(9)칸에 적당한 금액을 기입하시오(단위: 원).

기말자산	기말부채	기말자본	기초자본	수익	비용	당기순이익
34,000	(1)	(2)	20,000	24,000	18,000	(3)
(4)	5,000	10,000	(5)	(6)	6,000	3,000
11,000	(7)	8,000	6,000	8,000	(8)	(9)

06. 다음은 ㈜유니콘의 20×1년 말 각 계정금액들이다. ㈜유니콘의 20×1년 말 당기순이익은? (힌트: 자산재평가이익은 기타포괄손익항목이다.)

(단위: 원)

매출액	300,000	이자비용	8,000
이자수익	5,000	매출원가	150,000
감가상각비	92,000	종업원급여	58,000
자산재평가이익	2,500	광고선전비	8,000

읽을거리

"복합위기 심각… 흑자도산 나올 수도" 내년 경제 '암울'

이익보다 부채·이자 증가 가팔라
경기침체에 한계상황 직면 관측
대기업도 긴축·유동성 확보 총력

"흑자도산을 하는 기업이 나타날 수도 있다." 재계의 한 관계자는 내년 산업계 전망을 묻는 말에 이렇게 답했다. 그는 "무엇보다 기업들의 자금 흐름 사정이 좋지 않다"면서 "자국 보호무역 흐름 속에서 현지에 투자하라는 압력이 상당한 데다 고환율·고금리 부담이 크다. 흑자를 내도 부채와 이자가 늘어나는 속도를 따라가지 못하는 기업이 증가할 것"이라고 진단했다.

내년 한국 경제, 특히 산업계를 향한 어두운 전망이 이어지고 있다. 복합위기에 직면한 기업들은 낙관적 기대보다 우려의 시선을 보낸다. 경기침체에다 부채·이자 증가 속도까지 높아지면서 '흑자도산' 위기감마저 감돈다. 기업들은 내년 경영계획의 제일 윗자리에 '유동성 확보'를 올려두고 있다.

(중략)

이미 기업들의 자금 사정은 좋지 않다. 대한상공회의소에서 한국평가데이터와 674개 중소제조상장사의 분기별 부채현황을 분석한 결과, 올해 3분기까지 영업이익 증가율은 전년 동기 대비 3.9% 늘어난 반면 이자비용은 20.3%나 급증했다. 기업의 총부채 역시 같은 기간 10.4% 늘었다. 흑자를 내고 있는 데도, 늘어나는 이자와 부채를 감당하기 힘든 상황이 찾아온 것이다.

대기업이라고 다르지 않다. 채권시장 악화, 금리 상승으로 현금 조달에 어려움을 겪으면서 국내 대기업 상장사의 잉여현금흐름(FCF)은 1년간 48조 원이나 감소했다. 잉여현금흐름은 기업에서 벌어들인 이익 가운데 세금, 영업비용, 설비투자액 등을 제외하고 남은 현금이다. 기업의 실제 자금 사정을 알려주는 지표다. 기업데이터연구소 CEO스코어는 "국내 매출 500대 기업의 상장사 중 268곳을 조사했더니, 올해 1~3분기 누적 잉여현금흐름은 14조 1,824억 원으로 집계됐다. 이는 전년 동기(62조 1,110억 원) 대비 77.2% 감소한 수치"라고 밝혔다. 한 대기업의 재무담당 관계자는 "미뤄놨던 회사채 만기가 도래할 텐데 그때가 되면 한계상황에 몰리는 기업도 등장할 수 있다. 유동성 위기 등에 대비하기 위해 일단 최대한 현금을 확보하는 게 급선무"라고 말했다.

(중략)

출처: 국민일보, 황인호 기자, 2022.12.20.

엑셀 이야기 + 5장

재무제표에는 해당 기업의 자산, 부채, 자본, 수익, 비용 그리고 이익 등 수많은 정보들이 포함되어 있습니다. 그러나 이러한 정보들이 개별적으로 존재할 때는 큰 의미를 가지지 못합니다. 서로 관련성이 있는 항목들을 조합하면 더욱 의미 있고 가치 있는 정보를 도출할 수 있습니다. 그렇다면 엑셀프로그램을 활용하여 이런 항목들에 접근하여 값을 갖고 오는지 알아봅시다.

❶ INDEX함수와 MATCH함수

INDEX함수는 어느 범위에서 몇 번째 것의 값을 알아내는 함수이고, 이런 INDEX함수와 항상 짝을 이루는 함수인 MATCH함수는 값이 어느 범위의 몇 번째에 있는지를 알아내는 함수입니다.

그림 5-1 엑셀프로그램 INDEX함수

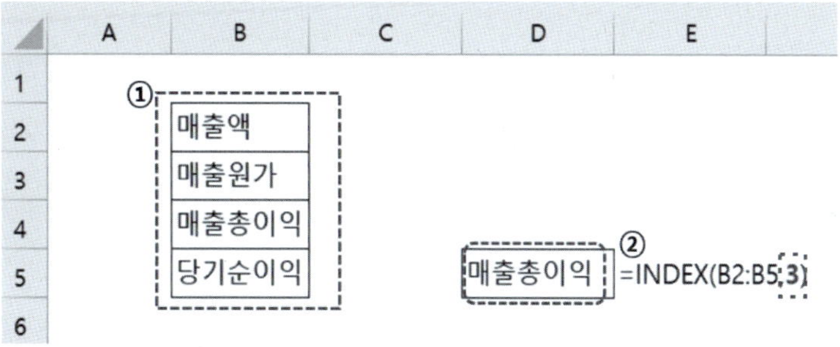

[그림 5-1] ① B2:B5셀 범위(매출액~당기순이익)에서 3번째에 있는 것은 무엇입니까?라는 결과값 D5셀(매출총이익)을 알아낼 때 사용하는 함수가 INDEX함수입니다.

즉 ① B2:B5 범위(매출액~당기순이익)에서 3번째 있는 값이 무엇이냐?를 찾아주는 함수입니다. 만약 [그림 5-1] ② INDEX함수에서 두 번째 인수인 진한색 3을 2로 바꾸어 주면 D5셀 값은 매출원가로 바뀔 것입니다. D5셀에 입력된 INDEX함수를 관찰해 봅시다.

INDEX함수 원형을 보면 INDEX(① array, ②row_num, ③[column_num]) 3개의 매개변수로 이루어져 있습니다. ① 범위, ② 몇 번째 행, ③ 몇 번째 열 이렇게 되어 있습니다. 그리고 매개변수 중에 [..]와 같이 꺽은 괄호로 둘러싸인 매개변수는 선택적 매개변수로 전달해도 되고 전달하지 않아도 됩니다.

그림 5-2 엑셀프로그램 MATCH함수

	A	B	C	D	E
1	17년	18년	19년	20년	21년
2					
3	19년	3	=MATCH(A3,A1:E1,0)		
4	①				

반면, MATCH함수는 [그림 5-2]에서 A3셀(①) 값(19년)은 A1:E1 범위에서 몇 번째 있습니까?라는 것을 알아낼 때 사용하는 함수입니다.

즉 범위(*17년~21년*)에서 어떤 정보(*19년이라고 하는 정보*)는 몇 번째에 있느냐?를 나타내는 것입니다.

A3셀의 연도를 바꿔보기 바랍니다. 그러면 오른쪽 수식에서 몇 번째인지 알아냅니다. [그림 5-2] B3셀에 입력된 MATCH함수를 관찰해 봅시다.

=MATCH(① A3, ② A1:E1, ③ 0)

① A3값인 19년은 ② A1:E1 범위인 17년에서 21년에서 몇 번째인가? ③ 0 정확히 일치

그런데 이런 몇 번째 숫자가 있다는 것은 알아서 어디에 활용할까?라는 의문이 생길 것입니다. 이 숫자를 어디에 활용할까요?

엑셀프로그램이 제공하는 함수들은 다른 함수들을 도와주는 함수들이 많이 있습니다. MATCH함수도 그런 함수 중의 하나입니다.

그림 5-3 엑셀프로그램 INDEX함수와 MATCH함수

	A	B	C	D	E
1	17년	18년	19년	20년	21년
2	100	150	200	300	500
3	①				
4	19년	3	=MATCH(A4,A1:E1,0)		
5		200	=INDEX(A2:E2,B4)		
6					
7	②				
8	19년	200	=INDEX(A2:E2,MATCH(A8,A1:E1,0))		

[그림 5-3]처럼 테이블을 조금 확장해 봅시다. 각 연도에 해당하는 값을 알고 싶다면 어떻게 할까요? ①은 19년 값인 200을 알기 위해 B5셀에서, INDEX함수는 B4셀에서 사용한 MATCH함수에서 얻어온 값을 사용하고 있습니다.

그리고 ②는 INDEX함수와 MATCH함수를 조합하여 값을 찾아내었습니다. MATCH함수가 INDEX 함수를 도와주는 헬퍼 노릇을 한 셈입니다. 이렇게 함수들은 서로 도우면서 여러분이 원하는 값을 얻어 줍니다.

INDEX함수는 어느 범위에서 몇 번째 행과 몇 번째 열에 있는 것이 무엇인가를 찾는 함수이며, MATCH함수는 어느 범위에서 무엇이 몇 번째 있는가를 찾는 함수입니다.

그림 5-4 **INDEX함수와 MATCH함수 활용**

	A	B	C	D	E	F
1		17년	18년	19년	20년	21년
2	매출액	1000	1500	2000	3000	5000
3	매출원가	700	1050	1400	2100	3500
4	매출총이익	300	450	600	900	1500
5						
6			매출액			
7		19년	2000			
8			=INDEX(B2:F4,MATCH(C6,A2:A4,0),MATCH(B7,B1:F1,0))			

[그림 5-4]와 같이 5개년 매출액, 매출원가, 매출총이익이 있습니다.

음영처리된 셀처럼 연도별 매출액, 매출원가, 매출총이익을 알고 싶다면 어떻게 할까요?

19년 매출액을 C7셀에 표시하고자 하면 INDEX함수와 MATCH함수를 이용하고, 음영처리된 셀인 C6과 B7은 엑셀이야기 3장, 4장에서 배운 데이터 유효성 검사를 활용하여 봅시다.

그래서 매출항목인 C6셀 값을 변경하여 보고, 연도인 B7셀 값을 바꾸면 C7셀 값이 어떻게 변하는지 확인해 볼 수 있을 것입니다.

19년도 매출액은 얼마인가를 찾아주는 함수가 C7셀에 입력되어 있습니다. 함수를 관찰해 봅시다.

=INDEX(*①B2:F4, ②MATCH(C6, A2:A4,0), ③MATCH(B7, B1:F1, 0)*)

① B1:F4: 연도별 매출항목에서

② MATCH(C6, A2:A4, 0): 매출항목에서 매출액은 몇 번째 행에 있는가?

③ MATCH(B7, B1:F1, 0): 연도항목에서 19년은 몇 번째 열에 있는가?

즉 매출액은 첫 번째 행이고, 19년은 3번째 열에 있으니 범위에서 첫 번째 행이면서 3번째 열에 있는 값인 2000을 찾아주는 것입니다.

INDEX는 어떤 범위에서 행에서 몇 번째, (열에서 몇 번째)라는 것을 잊지 마시고, MATCH함수는 어떤 값이 범위상에서 몇 번째에 있는지를 알아내 주는 것을 잊지 마세요.

여러분의 실생활과 연관시켜서 무언가 만들어 보세요. 눈으로만 보고, 아하 이해했다!! 이것은 절대 이해된 상태가 아닙니다. 최소한 응용하여 만들어 보아야 자신의 것이 되고, 10년 있다가 다시 해도 자신의 것으로 남습니다.

/ 주요 용어정리 /

- **한국채택국제회계기준(K-IFRS)**: 한국회계기준원 회계기준위원회가 국제회계기준에 따라 제정한 회계기준
- **일반기업회계기준**: 한국채택국제회계기준을 적용하지 않는 비상장기업이 2011년부터 적용하도록 의무화한 기준
- **중소기업회계기준**: 중소기업의 회계투명성 제고를 위해 제정된 회계기준
- **비영리조직회계기준**: 비영리조직의 회계투명성 제고를 위한 기준
- **유동성**: 자산을 단기적으로 현금 및 현금성자산으로 바꿀 수 있는 안전성의 정도
- **유동자산**: 1년 이내 현금으로 전환되거나 소비될 것으로 예상되는 자산
- **비유동자산**: 1년 이상의 장기간에 걸쳐 기업 내 체류하는 자산
- **유동부채**: 기업의 부채 중 1년 안에 갚아야 하는 부채
- **비유동부채**: 지불기한이 1년이 넘는 부채
- **유동성배열법**: 자산과 부채를 유동성 순서에 따라 나열하여 재무제표를 작성하는 방법
- **유동성비율**: 기업이 단기에 상환해야 하는 부채에 대한 변제능력을 평가하는 재무비율
- **성장성비율**: 기업이 전기 대비 당기 얼마만큼 성장했는지를 보여주는 지표
- **안정성비율**: 기업의 장기지급능력을 측정하는 데 사용되는 비율
- **수익성비율**: 기업이 얼마나 효율적으로 관리되고 있는가를 나타내는 종합적 지표로서 영업성과에 미치는 종합적인 효과를 보여주는 비율
- **활동성비율**: 기업이 소유하고 있는 자산들이 얼마나 효율적으로 이용되고 있는가를 추정하는 비율
- **보통주**: 이익 및 잔여재산분배 등의 재산적 내용에 있어 표준이 되는 주식
- **우선주**: 보통주에 비하여 재산적 내용에 있어 우선적 지위를 갖는 주식
- **포괄손익계산서**: 일정 기간 동안 발생한 모든 수익과 비용을 보고하는 재무제표
- **포괄손익**: 일정 기간 동안 주주와의 자본거래를 제외한 모든 거래나 사건에서 인식한 순자산(자본)의 변동
- **매출총이익**: 매출에서 매출원가를 차감한 잔액

- **영업이익**: 매출액에서 매출원가를 차감하고 얻은 매출총이익에서 다시 일반관리비와 판매비를 뺀 것
- **법인세비용차감전 계속사업손익**: 기업의 계속적인 사업활동과 그와 관련된 부수적인 활동에서 발생하는 손익
- **계속사업손익**: 영업손익에서 영업외수지와 특별손익을 가감한 것
- **주당순이익**: 기업이 벌어들인 순이익을 그 기업이 발행한 총주식으로 나눈 값
- **기타포괄이익**: 기업의 순이익에 실제로 영향을 주지 않지만 장부상에서만 나타나는 이익(손실)항목들
- **주석**: 재무제표 본문에 기록할 수 없는 내용을 별지에 자세하게 공지해 주는 것
- **법인세비용**: 당기법인세에 이연법인세자산·부채의 당기 변동액을 반영한 금액
- **예수금**: 일반적인 상거래 이외에서 발생하는 현금 수령액 중 일시적으로 보관하였다가 곧 제3자에게 다시 지급해야 하는 금액
- **선급금**: 거래의 이행을 확실하게 하기 위해 상품이 인도되기 전 대금의 일부를 계약금 명목으로 선지급한 금액
- **선수금**: 거래의 이행을 확실하게 할 목적으로 상품을 인도하기 전 계약금 명목으로 결제대금의 일부를 미리 수령한 금액
- **기타포괄손익**: 당기순손익을 거치지 않고 직접 자본항목으로 인식할 수 있는 손익
- **미지급금**: 과거의 계약을 수행한 결과 발생하는 지급의무
- **재고자산**: 유동자산 중 상품이나 제품과 같이 재고조사에 의해 실재의 현재고를 확인할 수 있는 자산

CHAPTER

6

재무제표는 어떻게 분석할까?

1. 재무제표분석이 왜 필요할까?
2. 재무제표를 분석하는 방법에는 어떤 것들이 있나?
3. 주요 재무비율분석
4. 신용분석을 위해 추가사항을 확인하자

CHAPTER 06

재무제표는 어떻게 분석할까?

1 재무제표분석이 왜 필요할까?

재무제표분석은 재무제표에서 정보를 체계적으로 추출하는 과정으로 재무제표를 보면서 기업의 수익성과 위험을 평가하는 것이다. 즉 재무제표와 주석을 보고 어떤 기업인지를 판단하고 투자를 할 것인지 말 것인지를 평가하는 과정이다. 주석에는 재무제표에 표시되지 않은 비계량 정보를 포함하고 있는데 회계기준에 따라 재무제표를 작성했다는 사실을 명시하고 재무제표 작성에 적용된 중요한 회계정책의 요약, 재무제표 본문에 표시된 방법에 대한 보충적인 정보, 여러 가지 우발상황이나 약정상황 이런 것들에 대한 정보를 기록하고 있다.

재무제표분석을 통해서 이 기업은 그래도 안전한가? 어느 정도 안정성이 괜찮은가? 그리고 사업이 얼마나 잘 진행되어 가고 있는가? 그리고 이 사업의 강점과 약점은 무엇인가? 미래의 사업이 개선될 것인지 악화될 것인지 추이를 보면서 알 수 있다. 그리고 이 사업에 속한 사업의 전망은 어떠한 이런 것들에 대해서 재무제표분석을 통해서 알 수 있다.

그렇다면 재무제표분석은 누구한테 필요할까? 재무제표분석이 필요한 이해관계자들은 각자 본인한테 필요한 정보에 관심이 있다. 예를 들어, 회사에 원료를 납품하는 공급자는 제대로 물건을 납품하면 대금을 제때에 받을 수 있을 것인지에 대해 관심이 있고, 은행이나 사채권자는 돈을 빌려주고 정해진 시기에 이자를 지급받고 만기에 원금을 상환받을 수 있을지 기업의 지불능력에 관심이 있다. 그리고 투자자는 현재와 미래의 수익과 위험의 수준에 관심이 있는데 현재 주식가치를 평가해서 현재 구입할지, 팔지 등에 대해 관심이 있다. 경영자는 자본조달을 위해 관련자들의 관심사를 만족시켜야 하는데, 투입된 자본으로 새로운 수익을 창출하고 있는지를 평가하기 위해서 재무제표분석이 필요하다.

즉 재무제표를 분석하는 목적은 과거의 영업성과로 인해 나타난 현재의 재무상태를 파악하여 결국 미래의 수익 잠재력과 관련 위험을 예측하는 것이다. 미래수익 잠재력과 관련 위험에 대한 정보는 주주뿐만 아니라 은행의 여신담당자 및 채권자들에게도 가장 중요하면서도 근원적인 자료이다. 주식시장과 회계정보에 관해서는 뒷장에서 살펴보기로 하며, 여기서는 일반적인 재무제표 분석정보를 산출해 보고 그 정보가 기업의 신용분석과 어떤 관련성이 있는지 개략적으로 살펴보기로 하자.

2 재무제표를 분석하는 방법에는 어떤 것들이 있나?

재무제표분석방법 중 가장 기본적인 방법이 재무비율분석이다. 재무비율분석을 하는 이유는 각 기업의 규모가 서로 달라서 절대적인 재무제표상의 금액을 비교하는 것이 의미가 없기 때문이다. 또한 재무제표의 각 수치정보들은 그 기업 혹은 산업의 특성 및 경영환경 등이 반영된 결과이기 때문에 경영환경 및 산업에 대한 분석이 같이 이루어져야 의미가 있기 때문에 분석대상기업이 속한 산업의 평균수치정보 혹은 경쟁기업의 수치정보를 서로 비교하여 분석하기도 한다. [표 6-1]과 [표 6-2]의 재무제표분석을 위한 기본자료를 이용하여 재무제표분석을 해보자.

[표 6-1] (주)은하수 재무상태표분석

(단위: 억 원, %)

구분	20×2년		20×3년			20×4년		
	금액	비율	금액	비율	증가율	금액	비율	증가율
유동자산	5,968	29	6,197	25	4	7,756	29	25
당좌자산	4,098	20	3,936	16	−4	4,953	18	26
재고자산	1,870	9	2,261	9	21	2,803	10	24
비유동자산	14,808	71	18,512	75	25	19,139	71	3
투자자산	6,274	30	8,444	34	35	6,549	24	−22
유형자산	8,534	41	10,068	41	18	12,590	47	25
자산총계	20,776	100	24,709	100	19	26,895	100	9
유동부채	5,416	26	6,781	27	25	8,608	32	27
비유동부채	8,390	40	4,597	19	−45	2,094	8	−54
부채총계	13,806	66	11,378	46	−18	10,702	40	-6
자본금	743	4	875	4	18	882	3	1
기타자본	6,227	30	12,456	50	100	15,311	57	23
자본총계	6,970	34	13,331	54	91	16,193	60	21
부채와 자본총계	20,776	100	24,709	100	19	26,896	100	9

[표 6-2] (주)은하수 손익계산서분석

(단위: 억 원, %)

구분	20×2년		20×3년			20×4년		
	금액	비율	금액	비율	증가율	금액	비율	증가율
매출액	20,083	100	26,117	100	0	34,283	100	31
매출원가	13,975	70	17,661	68	26	21,993	64	25
매출총이익	6,108	30	8,456	32	38	12,290	36	45
판매비와 관리비	3,009	15	3,975	15	32	4,855	14	22
영업이익	3,099	15	4,481	17	45	7,435	22	66
기타수익	2,110	11	1,647	6	−22	2,164	6	31
기타비용*	4,799	24	2,100	8	−56	1,499	4	−29
법인세비용차감전 계속사업이익	410	2	4,028	15	882	8,100	24	101
법인세	97	0	857	3	784	2,086	6	143

계속사업이익	313	2	3,171	12	913	6,014	18	90
당기순이익	313	2	3,171	12	913	6,014	18	90
주당순이익	3		19		533	35		84

*기타비용에는 이자비용 20×2년(₩1,148), 20×3년(₩723), 20×4년(₩343)이 포함되어 있음.

2.1 과거와 비교해 보자: 추세분석법

추세분석(trend analysis)이란 과거의 추이를 분석하는 것이다. 추세분석을 위해서는 먼저 기준연도를 결정하여야 한다. 이 방법은 기준연도의 각 계정금액을 100으로 하였을 때 비교연도 각 계정의 지수를 상호 비교한다. (주)은하수의 경우 20×2년부터 20×4년까지의 재무제표자료를 가지고 있다. 추세분석은 직전년도를 기준으로 해당 연도의 계정금액이 몇 % 증감하였느냐를 나타낸다. 분석을 위하여 [식 6-1]이 사용되며, 추세분석결과 [표 6-1]의 재무상태표분석과 [표 6-2]이 손익계산서분석에서 각 연도별로 '증가율'에 해당하는 비율이 추세분석에 해당한다.

$$\frac{\text{해당 연도의 해당 계정금액}}{\text{직전년도의 해당 계정금액}} \times 100 \qquad \text{[식 6-1]}$$

[표 6-1]의 재무상태표분석을 보면 20×3년에는 20×2년에 비해, 20×4년에는 20×3년에 비해 해당 연도의 각 계정이 어느 정도 변화되었는지를 보여주고 있다. 몇 가지 예를 들어 보면, 20×3년의 유동자산은 20×2년에 비해 소폭 증가하였지만 20×4년에는 25%의 급격한 증가율을 보이고 있다. 하지만 유동자산 못지않게 (주)은하수의 유동부채도 20×3년과 20×4년에 25% 이상으로 급격하게 증가하고 있는 것을 알 수 있다.

좀 더 자세히 살펴보면 유동부채는 증가한 반면 비유동부채는 급격하게 감소(20×3년 45%, 20×4년 54%)하였음을 볼 수 있다. 이것은 장기부채가 시간이 지남에 따라 단기부채로 전환되고 있다는 것인데 (주)은하수에서는 현재 부채를 점점 상환해 나가는 재무정책을 펴고 있다고 추측해 볼 수 있다(유동부채와 비유동부채의 합계를 비교해 보면 점점 감소하고 있는 것을 확인할 수 있다). 이러한 추세는 이자비용이 급격하게 감소하고 있는 데서도 알 수 있다.

또한 [표 6-2]의 손익계산서분석을 보면 20×3년과 20×4년의 매출액이 각각 전년도에 비하여 각각 30% 이상 증가하고 있어 급격한 신장세를 보여주고 있다. 특히 20×3년에는 전년 대비 매출총이익증가율 38%, 영업이익증가율이 45%, 당기순이익증가율이 913%를 증가하는 모습을 보이고 있다. 이러한 증가추세는 20×4년에도 지속되어 매출총이익증가율(45%), 영업이익증가율(66%), 당기순이익증가율(90%) 등 지속되고 있음을 알 수 있다. 이러한 이익의 증가추세는 수익증대노력(매출액증가율)뿐만 아니라 기타비용에서의 감소(20×3년 −56%, 20×4년 −29%)노력도 함께 기울이고 있음을 엿볼 수 있다.

이와 같이 재무제표의 추세분석을 이용하여 여러 가지 의미를 부여할 수 있으며, 기업의 현 상황을 추측해 볼 수도 있다. 또한 앞으로의 기업 상황이 어떻게 전개될 것인지를 미리 예측할 수도 있다. 그러나 앞서 언급한 바와 같이 이러한 분석이 의미를 갖기 위해서는 산업평균이나 혹은 경쟁기업의 정보들을 같이 살펴보아야 한다.

2.2 항목 간의 크기를 비교해 보자: 구조분석법

구조분석법은 정태적 분석(static analysis)이라고도 하는데 각 연도의 재무제표 구성항목의 비율을 산출하여 분석하는 방법이다. 이때 기준이 되는 것은 재무상태표의 경우 각 연도의 총자산금액을, 손익계산서의 경우 매출액을 기준(100%)으로 두어 분석한다. 따라서 정태적 분석에서 이용되는 재무제표를 백분비 재무제표(common-size financial statements)라고도 한다. 이렇게 함으로써 각 구성요소들이 차지하는 상대적 중요성을 쉽게 파악할 수 있으며, 또한 기업 간 혹은 기간 간의 비교가 가능하다. 또한 재무상태나 손익의 건전성을 파악하는 데 도움이 된다. 기본공식은 [식 6-2]와 같으며, (주)은하수의 정태적 분석 결과는 [표 6-1]과 [표 6-2]에서 '비율'이 구조분석법에 따른 분석비율을 나타낸다.

$$재무상태표계정: \frac{당해연도\ 각\ 계정금액}{당해연도\ 총자산금액} \times 100$$

$$손익계산서계정: \frac{당해연도\ 각\ 계정금액}{당해연도\ 매출액} \times 100 \qquad [식\ 6-2]$$

[표 6-1] 재무상태표분석에서 각 연도의 '비율'을 살펴보면 유동자산의 경우 전체자산에서 차지하는 비율이 25~29%이며, 유동자산 중 당좌자산의 비중이 재고자산보다 상대적으로 높은 것을 알 수 있다. 이러한 당좌자산의 비중이 높은 것이 바람직한 것인지를 판단하기 위하여 추가적인 분석이 필요해 보인다. 예를 들어, 당좌자산의 증가가 비정상적인 매출채권의 증가에 의한 것이라면 결코 바람직한 것은 아니라고 볼 수 있다.

매출채권이 비정상적으로 증가하였다는 것은 기업이 매출액을 많이 기록함으로써 이익을 높이려는 의도가 있었기 때문일 수 있다. 예를 들어, 신용정책을 완화[1)]함으로써 매출이 늘어나는 대신 매출채권도 늘어나게 된다. 또한 회계기간 말에 서둘러 거래처에 재고를 밀어내면 당해 연도의 매출액이 늘어나게 된다. 이것이 소위 말하는 '밀어내기 매출'이다.

그러나 밀어내기식 매출의 결과 증가한 매출채권의 증가는 채무불이행으로 연결될 가능성이 그만큼 높아진다는 문제가 있다. 수익이 당해 연도에 기록되거나 차년도에 기록되거나 기업의 정상적인 활동에는 큰 차이가 없지만 바람직하지 못한 의도가 포함되어 있을 가능성이 있음을 살펴보아야 한다.

또한 재고자산이 비정상적으로 증가한 경우에도 제품에 대한 수요가 감소하고 있는 것은 아닌지 살펴볼 필요가 있으며, 또 앞으로 시장의 변화에 적절하게 대처하지 못하는 경우가 발생할 수 있기 때문에 그에 대한 대책을 마련해야 할 필요성도 있다. 그리고 재고자산을 늘림으로써 이익을 증가시키려는 의도가 있을 수도 있는데, 이에 대해서는 뒷장 원가정보에서 자세히 살펴보도록 하자.

1) 여기서 "신용정책을 완화한다"하는 것은 매출채권 회수기간을 늘려준다는 것인데 신용기간을 연장할 경우 매출을 촉진시키는 효과가 있다. 홈쇼핑의 무이자 할부개월 수가 길수록 소비자의 구매가 증가하는 것과 같은 원리이다.

그리고 기타항목들의 주요 변화도 면밀히 살펴보아야 한다. 대여금의 크기, 현금흐름과 차입금의 크기, 매출액과 부채규모, 보유현금과 단기채무의 크기 등 여러 가지가 있을 수 있다. 예를 들어, 대여금의 크기가 급격하게 늘어났다는 것은 기업의 고유 업태와는 달리 소위 '고리대금업'이 업태가 되는 경우도 있다. 또한 보유현금이 증가하였다면 그것이 이익의 증가가 아닌 차입금의 증가에 의한 경우도 있으며, 단기채무에 비해 보유현금이 부족할 경우 흑자도산의 가능성도 배제할 수 없다. 정태적 분석도 산업평균이나 기업 간의 비교에 의해 정보의 의미를 가진다.

2.3 관련된 다른 비율들과 비교해 보자: 관계비율분석법

재무비율분석(financial ratio analysis)은 재무제표 각 구성요소들 간의 비율을 산정하여 분석하는 방법이다. 재무비율분석이 유용하려면 비율산정에 사용되는 수치들 간에 의미 있는 관계가 있어야 한다. 재무비율을 크게 범주화시켜 보면 유동성, 안전성, 수익성, 활동성 그리고 성장성 등으로 구분할 수 있다.

유동성은 단기적인 지불능력으로 주로 채무나 배당지급능력을 평가하며, 안전성은 장기적인 안정성(사업영위능력), 수익성은 기업의 수익창출능력, 활동성은 한정된 자원의 효율적 사용 정도, 그리고 성장성은 기업 외형 및 수익성의 성장 정도 등을 평가하는 지표들이다. 각각에 대해 절을 바꾸어 좀 더 자세히 살펴보기로 하자.

3 주요 재무비율분석

3.1 자금을 빌려줘도 괜찮을까?

신용이란 말은 기업활동뿐만 아니라 일상적인 생활에서도 많이 사용되는 말이다. 어떤 특정 개인을 두고 신용이 좋다 혹은 나쁘다 등의 평가를 내리기도 한다. 흔히들 신용이 안 좋다는 말을 하게 되는 상황을 상상해 보자. 예를 들어, A가 B에게 돈을 빌려줬다고 해보자. 물론 그냥 친구니까라고 단순히 판단할 수도 있지만, A가 돈을 빌려준다는 의사결정을 하기까지는 많은 고민을 하였을 것이다. 그 의사결정에 사용된 정보들은 과연 무엇일까? 옛날에 B가 비슷한 상황에서 제대로 돈을 갚았는지 등의 과거정보도 필요할 것이며, 현재 B의 재정상태는 어떤지 현재정보도 필요하며, 뿐만 아니라 앞으로 B가 정해진 일자에 돈을 갚을 능력이 있는지 미래정보도 필요하다. 이와 같이 채무자의 채무상환능력이나 상환의지 등에 대한 정보를 수집하여 분석하는 것을 신용분석(credit analysis)이라고 한다.

은행이나 채권자 입장에서 여신을 결정할 때 가장 중요한 것은 자금을 빌려줘도 원금을 회수할 수 있을지 그리고 이자는 받을 수 있는지 등에 대한 정보이다. 따라서 자금의 사용목적이나 담보능력, 채무자의 재무상태 등을 면밀히 살펴보아야 한다. 예를 들어, 어떤 기업의 부채가 타 기업에 비하여 월등히 높다고 할 때 그만큼 자금회수에 대한 위험도 높아지게 된다. 이를 판단하기 위해서는 기업의 유동성, 안전성, 수익성, 활동성 그리고 성장성 등에 대한 분석을 실시하게 된다.

여기서는 먼저 유동성과 안전성에 대해 살펴보자. 이에 관련된 주요 재무비율은 유동비율(current ratio), 당좌비율(quick ratio), 부채비율(debt-to-equity ratio) 그리고 이자보상비율(interest coverage ratio) 등이 있다. 산출방법은 [식 6-3]과 같다.

구분	재무비율	산출방법	
유동성	유동비율(%)	$\frac{\text{유동자산}}{\text{유동부채}} \times 100$	[식 6-3]
	당좌비율(%)	$\frac{\text{당좌자산}}{\text{유동부채}} \times 100$	
안전성	부채비율(%)	$\frac{\text{부채총액}}{\text{자본총액}} \times 100$	
	이자보상비율(%)	$\frac{\text{영업이익}}{\text{이자비용}} \times 100$	

[식 6-3]에서 유동비율은 그 값이 1보다 크면 유동자산이 유동부채보다 크다는 뜻이며, 이 비율이 1보다 크고 높을수록 1년 이내에 갚아야 하는 유동부채보다 1년 이내에 받을 수 있는 유동자산이 높으므로 유동성이 높은 것으로 해석한다. 그러나 유동비율이 높다고 해서 반드시 좋다고 보기는 어렵다. 너무 높은 유동비율은 많은 여유현금과 회수가 부실한 매출채권 또는 매출이 부진한 재고자산에서 기인할 수 있기 때문이다. 따라서 적정한 유동성 보유가 필요하다.

당좌비율은 유동비율과 비슷하지만 분자에 유동자산 가운데 재고자산을 제외한 당좌자산만을 대상으로 한다. 유동자산 속에는 현금화 전환속도가 상당히 다른 요소들이 혼합되어 있으며, 그중에서도 가장 현금화 기간이 길거나 불확실한 재고자산을 제외한 것이다. 따라서 당좌비율은 유동비율을 좀 더 실질적인 관점에서 기업의 유동성을 보여준다고 볼 수 있다.

부채비율은 채권자들에 의해 제공된 자금인 부채와 주주에 의해 제공된 자금인 자본의 상대적인 크기를 나타낸다. 부채비율이 클수록 회사는 위험한 상황에 처할 가능성이 높아진다. 과도한 부채는 위험하지만 부채는 기업운영에 필요한 중요한 자금원천이 되며, 이자비용은 법인세 계산에서 공제되어 절세효과를 가진다는 이점이 있다. 여기서 중요한 점은 부채의 자본비용인 이자율보다 이를 이용하여 창출한 이익률인 총자본이익률이 높다면 부채를 이용하여 많은 주주이익을 확보할 수 있으며, 반대로 이자율이 더 높다면 주주

이익은 감소하게 된다. 이자비용이 기업에 어느 정도 부담이 되는지를 나타내는 비율이 이자보상비율이다. (주)은하수의 유동성 및 안정성과 관련된 재무비율을 구해 보면 [표 6-3]과 같다.

[표 6-3] **(주)은하수의 유동성 및 안전성비율**

	20×2년	20×3년	20×4년
유동비율(%)	110.2	91.4	90.1
당좌비율(%)	75.7	58.0	57.5
부채비율(%)	198.1	85.3	66.1
이자보상비율(%)	269.9	619.8	2,167.6

[표 6-3]에서 (주)은하수의 유동비율은 매년 감소하고 있으며, 당좌비율도 매년 감소추세를 보여주고 있다. 특히 20×3년과 20×4년에는 유동자산이 유동부채보다 더 많아 유동비율이 1 이하를 기록하고 있어 채권자의 단기적인 부채상환요구에 대응하지 못해 유동성 위험에 직면할 수 있다는 것을 알 수 있다.

하지만 안정성 측면에서의 부채비율은 큰 폭으로 감소하고 있으며, 그에 따른 이자비용의 지불능력은 급격하게 상승하고 있음을 알 수 있다. 특히 20×4년의 경우 이자보상비율이 2,167%로 영업이익이 이자비용의 21배나 되고 있음을 알 수 있다. 즉 장기적인 안전성은 양호하나 단기적으로 유동성 위험이 존재할 수 있다는 것을 보여주고 있다.

1997년 말 우리나라가 외환위기를 겪으면서 정부가 펼친 정책 가운데 하나가 부채비율을 200% 이하로 낮추라는 것이었다. (주)은하수의 경우에도 20×1년의 부채비율이 198%임을 알 수 있다. 부채비율을 낮추기 위해서는 무엇을 어떻게 해야 하는가? 방법은 두 가지이다. 부채를 줄이든지 아니면 자본을 늘리는 방법이다. 부채감소는 충분한 자금여력이 있거나 혹은 부채탕감을 받을 때만 가능하며, 자본증가는 주식을 추가로 발생하든지 아니면 이익을 충분히 늘려 잉여금을 갖는 방법 등이 있을 수 있다. 그러나 외환위기 당시 현금 확보가 어려웠을 뿐만 아니라 주식시장이 침체된 상황에서 증자도 쉽지 않은 상황이었다. 그러나 (주)은하수의 경우 20×2년에서 20×3년과 같이 한 해 동안 100% 이상의 부채비율 감소를 이룬 경우도 있다. 외환위기 당시 우리나라 기업들이 어떻게 이 난제를 해결해 갔는지 살펴보는 것도 흥미 있는 연구주제로 보인다.

예제 6-1

(주)은하수가 속해 있는 산업의 평균 유동성과 안전성지표가 다음과 같이 나타났다.

산업평균 유동성과 안전성지표

	20×2년	20×3년	20×4년
유동비율	80.1	95.3	103.5
당좌비율	54.3	66.7	73.8
부채비율	122.5	130.6	257.1
이자보상비율	505.3	423.6	270.2

(주)은하수의 유동성과 안전성지표

	20×2년	20×3년	20×4년
유동비율(%)	110.2	91.4	90.1
당좌비율(%)	75.7	58.0	57.5
부채비율(%)	198.1	85.3	66.1
이자보상비율(%)	269.9	619.8	2,167.6

| 요구사항 |

(주)은하수와 산업평균지표를 비교하여 (주)은하수의 유동성과 안전성을 평가하시오.

3.2 사업은 잘 되고 있는가?

기업이 장기적으로 계속적인 경영활동을 하기 위해서는 충분한 이익을 얻을 수 있어야 한다. 투자자들이 특정 기업의 주식에 투자하는 이유는 다른 투자대안보다 그 기업에 투자함으로써 더 높은 이익, 즉 배당이나 시세차익을 얻을 수 있다고 믿기 때문이다. 그러기 위해서는 높은 수익성과 활동성을 갖춘 기업은 투자자나 채권자 모두에게 아주 매력적인 투자대상이 되는 것이다. 기업이 높은 이익률을 달성할 수 있는 능력은 경영효율성과 재무적 건전도를 나타내는 지표가 된다.

수익성비율은 기업경영의 효율성의 결과를 매출액 비율로 표시하여 이익의 원천을 구성요소별로 파악하는 데 도움을 준다.

활동성비율은 기업이 자산을 이익과 수익을 획득하는 데 얼마나 효율적으로 사용했는지를 나타내 준다. 일반적으로 많이 사용되는 수익성과 활동성 지표들을 요약하면 매출액 영업이익률, 총자산이익률(Return on Assets: ROA), 자기자본이익률(Return on Equity: ROE), 재고자산회전율(inventory turnover ratio), 총자산회전율(asset turnover ratio) 등이 있으며, 이를 산출하는 방법은 [식 6-4]와 같다.

[식 6-4]에서 수익성지표들은 대부분 분자에는 손익계산서의 이익을, 분모에는 매출액을 사용하고 있다. 따라서 식에서는 간단히 몇 가지의 예만 제시한 것이며, 매출총이익률, 계속사업이익률 등 여러 가지의 이익개념을 적용하여 다양한 분석을 추가적으로 실시할 수 있다.

구분	재무비율	산출방법
수익성	당기순이익이익률(%)	$\frac{\text{영업이익}}{\text{매출액}}\times 100$
	영업이익률(%)	$\frac{\text{영업이익}}{\text{매출액}}\times 100$
	총자산이익률(%)	$\frac{\text{당기순이익}}{\text{매출액}}\times 100$
	자기자본이익률(%)	$\frac{\text{당기순이익}}{\text{평균자본총액}}\times 100$
활동성	재고자산회전율(회)	$\frac{\text{매출원가}}{\text{평균재고자산}}$
	재고자산회전기간(일)	$\frac{365}{\text{재고자산회전율}}$
	총자산회전율(회)	$\frac{\text{매출액}}{\text{평균자본총액}}$
	총자산회전기간(일)	$\frac{365}{\text{총자산회전율}}$

[식 6-4]

활동성지표에서 재고자산회전율은 회사가 한 기간 동안 얼마나 빨리 물건을 판매할 수 있었는가를 나타내 주는 비율이다. 다른 조건이 일정하다면 회전율이 높을수록 현금회수가 빨라지므로 기업의 유동성이 높아지게 된다. 일반적으로 재고가 적을수록 그리고 재고자산의 회전이 빠를수록 재고자산에 투자되는 현금이 적어지고, 재고자산이 진부화되는 것에 대한 위험이 감소된다. 총자산회전율은 매출수익을 창출하는 데 자산이 얼마나 효율적으로 공헌하였는가를 나타낸다. 이 비율은 자산이 일정한 기간 동안 몇 번이나 매출로 전환되었는가를 말해 준다. 총자산회전율이 높을수록 자산의 이용이 더욱 효율적이었다는 것을 의미한다. (주)은하수의 수익성 및 활동성지표를 구해 보면 [표 6-4]와 같다.

[표 6-4] **(주)은하수의 수익성과 활동성비율**

	재무비율	20×2년	20×3년	20×4년
수익성	당기순이익률(%)	1.6	12.1	17.5
	영업이익률(%)	15.4	17.2	21.7
	총자산이익률(%)	1.5	7.6	5.8
	자기자본이익률(%)	4.5	7.8	10.2
활동성	재고자산회전율(회)	747.3	855.0	868.6
	재고자산회전기간(일)	0.5	0.4	0.4
	총자산회전율(회)	96.7	28.7	33.2
	총자산회전기간(일)	3.8	12.7	11.0

* 평균자산, 평균자본 등은 당해 연도 초와 말의 금액을 평균한 것임. 20×2년의 경우 연초의 자료가 없기 때문에 연말 금액으로 산출한 것임.

[표 6-4]를 보면 (주)은하수의 수익성은 매년 큰 폭으로 상승하고 있음을 알 수 있다. 활동성도 매년 큰 폭으로 증가하고 있다. 그러나 이러한 수익성과 활동성지표들이 의미를 갖기 위해서는 산업평균이나 혹은 경쟁사들의 동일 재무비율들과 비교되어야 한다. [예제 6-2]를 통해 이를 살펴보자.

예제 6-2

[(주)은하수가 속해 있는 산업의 평균 수익성지표와 활동성지표들이 다음과 같이 나타났다.

산업평균 수익성과 활동성비율

	20×2년	20×3년	20×4년
매출액영업이익률(%)	9.1	11.3	12.8
총자산이익률(%)	1.2	4.5	6.1
자기자본이익률(%)	3.6	8.2	13.7
재고자산회전율(회)	8.74	9.99	9.51
총자산회전율(회)	0.85	1.00	0.83

| 요구사항 |

(주)은하수와 산업평균지표를 비교하여 (주)은하수의 수익성과 활동성을 평가하시오.

3.3 앞으로 성장할 기업인가?

앞서 기업의 유동성, 안전성, 수익성 그리고 활동성 등 각종 재무비율을 살펴보았다. 이러한 재무비율지표들은 투자자나 채권자들의 의사결정을 위해 가장 중요한 정보이다. 특정 기업에 주주로서 투자를 할 것인지 혹은 그 기업에 자금을 빌려줄 것인지 등의 판단에 성장성의 지표도 앞의 어느 재무비율지표보다도 중요하다고 볼 수 있다. 예를 들어, A기업은 현재 높은 정점의 수익성을 보이고 있고, B기업은 비록 현재의 수익성은 낮지만 미래의 높은 수익성을 확신할 수 있다면 여러분들은 어느 기업에 투자하겠는가? 성장성을 나타내는 주요 지표들을 보면 매출액증가율, 총자산증가율, 순이익증가율 등이 있으며, 이를 산출하는 방법은 [식 6-5]와 같다.

구분	재무비율	산출방법	
성장성	매출액증가율	(당기매출액 − 전기매출액)/전기매출액	[식 6-5]
	총자산증가율	(당기총자산 − 전기총자산)/전기총자산	
	순이익증가율	(당기순이익 − 전기순이익)/전기순이익	

[식 6-5]에서 보는 바와 같이 성장성은 특정 계정의 전기금액과 당기금액 간의 차이를 전기금액으로 나눈 값이다. 위의 식에서 제시한 성장성지표들은 대표적인 몇 가지일 뿐이다. 이외에도 여러 가지의 지표들이 있다. (주)은하수의 성장성지표를 산출해 보면 [표 6-5]와 같다.

[표 6-5] (주)은하수의 성장성비율

	20×2년	20×3년	20×4년
매출액증가율	9.1	30.0	31.3
총자산증가율	−10.3	18.9	8.9
순이익증가율	154.2	913.1	89.7

[표 6-5]에서 (주)은하수의 모든 성장성지표, 즉 매출액이나 총자산 그리고 순이익증가율 등이 20×3년에 급신장하였음을 알 수 있다. 특히 순이익의 경우 20×2년과 20×3년에서 각각 154%, 913%로 급격하게 증가하였다. 이 시점에서 고부가가치제품의 시장도입효과가 나타났을 가능성이 있을 것으로 추측된다. 추가적인 자료를 통해 확인할 수 있을 것이다. 이러한 성장성도 개별 기업의 지표만으로 판단하기보다는 산업이나 경쟁기업의 지표와 비교함으로써 의미를 갖게 된다. [예제 6-3]을 통해 살펴보기로 하자.

예제 6-3

(주)은하수가 속해 있는 산업의 평균 성장성지표들이 다음과 같이 나타났다.

산업평균 성장성비율

	20×2년	20×3년	20×4년
매출액증가율	16.2	22.8	30.5
총자산증가율	2.6	23.1	7.7
순이익증가율	9.2	17.4	15.8

| 요구사항 |

(주)은하수와 산업평균지표를 비교하여 (주)은하수의 성장성을 평가하시오.

4 신용분석을 위해 추가사항을 확인하자

4.1 재무제표분석의 한계

앞서 살펴본 재무제표분석결과는 신용분석에서 가장 기본적인 정보이다. 기업 내부적인 위험이나 잠재적인 능력을 살펴볼 수 있기 때문이다. 그러나 위에 기술된 내용은 재무제표분석의 극히 일부분에 불과하다. 이외에도 여러 가지 방법이나 재무비율 등이 산출될 수 있다. 특히 최근에는 현금흐름에 대한 정보가 이익정보보다 더욱 중요한 것으로 간주되고 있기 때문에 이에 대한 내용들은 좀 더 많은 사전지식이 필요하기 때문에 여기서는 제외시켰다. 또한 재무제표 외에도 기업에서 발행하는 영업보고서나 분기 및 반기보고서 등도 기업의 상황을 파악하는 데 좋은 정보원천이 된다. 재무제표분석은 기업가치나 신용분석에 유용한 도구이긴 하지만 다음과 같은 한계점도 있다.

첫째, 재무제표는 투자분석가나 투자자들이 사용할 수 있는 정보 중 일부에 불과하다. 재무분석가는 재무제표 외에도 이자율이나 환율 등 경제전반에 관한 정보, 산업에 대한 정보, 그리고 기업에 대한 중요한 사건 등을 수시로 수집・분석한다. 재무제표분석은 신용분석이나 투자분석에서 가장 중요한 기본적인 분석이지만 그것이 유일한 도구이거나 정보원천이 될 수는 없다.

둘째, 횡단면분석의 경우 두 기업이 같은 산업에 속한다고 하더라도 그 기업들의 업무내용이 상당히 다르기 때문에 비교분석이 별 의미가 없을 수 있다. 예를 들어, 컴퓨터산업에 속하는 두 회사가 있을 때, 한 회사는 국내 대형 전자회사의 주문을 받아 부품을 단순조립하여 낮은 가격에 납품하는 업체이며, 다른 기업은 연구개발을 통해 최첨단 컴퓨터를 생산하여 높은 가격에 판매하는 기업일 수 있다. 이 두 기업의 재무제표를 쉽게 비교할 수 있는 것은 아니다.

셋째, 오늘날 대부분의 회사들은 하나 이상의 업종에 속하여 있고, 특히 재벌이라는 대규모 기업집단은 비관련 다각화된 다수의 기업들을 경영하고 있다. 이러한 기업의 개별

부문들은 각각 상이한 이익률과 위험을 내포하고 있다. 이러한 회사들의 재무분석을 위하여 재무제표를 비교할 때 어느 산업의 평균비율을 기준으로 비교할 것인지가 모호하다.

넷째, 같은 산업에 속하고 비슷한 영업을 하고 있는 기업일지라도 상이한 회계절차를 사용하고 있다. 예를 들어, 재고자산평가 시 선입선출법을 적용하느냐 아니면 후입선출법을 적용하느냐에 따라, 또는 감가상각방법을 정액법으로 하느냐 정률법으로 하느냐에 따라 기업 간의 비율분석결과가 다르게 나올 수도 있다.

4.2 경영환경에 대한 정보

신용평가와 같은 주요 의사결정을 위해서는 그에 영향을 미칠 수 있는 국제적인 환경변화, 국가, 산업동태 등 여러 가지 요소들을 살펴보아야 한다. 예를 들어, 1997년 말 IMF(International Monetary Fund)로부터 자금을 지원받았을 때 우리나라의 국제신용등급이 급락했던 것을 기억할 것이다. 소위 세계 3대 신용평가기관, 즉 미국의 스탠더드앤드푸어스(Standard & Poors)나 무디스(Moody's Investor Service), 영국의 피치앤 IBCA(Fitch & IBCA) 등의 이름을 한번쯤은 들어 보았을 것이다.

국가신용등급이 급락함에 따라 우리나라 기업들의 신용등급도 급락하였다. 국가의 외환지급능력이 부족함에 따라 외환위기를 겪게 되면 그 국가에 속해 있는 기업들도 외화차입금 등을 예정대로 집행하기 어려워지기 때문이다. 이와 같이 기업의 신용에는 기업외적인 국가의 정치, 경제, 사회적인 환경들도 큰 영향을 미칠 수 있다.

또한 산업환경적인 측면도 신용분석에 매우 중요하다. 현재 제품이 수명주기단계 중에서 어디에 위치하는지, 기존 제품을 대체할 상품을 다른 기업들이 개발하고 있는지, 기존 제품의 수요와 공급은 어느 정도 수준이며, 초과수요 혹은 초과공급 등이 발생하고 있는지 등에 대한 정보들은 필수적이라고 볼 수 있다. 각 기관에서 발행하는 산업동향분석정보나 산업분석보고서 그리고 언론매체의 기사 등도 중요한 정보원천이 될 수 있다.

4.3 부실의 징후는 어떻게 알 수 있나?

도산예측을 정확하게 할 수 있다면 아마도 노벨경제학상도 받을 수 있을 것 같다. 그만큼 어렵다는 말이다. 다양한 기법들이 소개되고 있고, 지금까지 살펴본 여러 재무비율지표들을 통해 기업도산을 예측하기도 한다. 예를 들어, 수익성은 계속 악화되고 있고 안정성도 낮으며, 따라서 이자보상비율이 계속 악화되고 있다면 더구나 기업성장도 정체 혹은 축소되고 있다면 부실기업으로 정의되기도 한다. [표 6-6]에서는 각종 재무정보들을 이용하여 부실징후를 판단하는 한 가지 방법의 예를 제시하였다.

[표 6-6] **부실기업의 징후**

징후	평가내용
영업부진에 따른 부실징후	전기 대비 매출감소율이 크고 총자본회전율 또한 낮은 경우
	전전기에 대비하여 평균 감소율이 큰 경우
수익성 악화에 따른 부실징후	매출규모에 비하여 매출총이익, 영업이익, 법인세차감전 계속사업이익의 감소가 큰 경우
	전전기 대비한 수익의 축소규모가 큰 경우
	원가구조 대비 노무비, 판매비 및 일반관리비 등의 부담이 급증한 경우
운전자금 증가 및 부채증가	매출증가에 비해 과다한 매출채권의 증가 등
	원가부담의 감소와 재고자산부담의 증가 등
	매출채권, 재고자산 등의 부담증가에 따른 차입금 증가 등
부채 및 차입금 증가	부채, 차입금의 증가와 부채비중, 차입금 의존도 상승 등
	매입채무 중 영업활동과 무관한 내용파악을 위한 유동부채 등의 증가
재무투자효과의 부족	투자와 기타자산의 증가와 총자산에 대한 부담 정도
설비투자효과의 부족	유형자산의 증가와 총자산에 대한 부담 정도 등
	유형자산에 대한 투자와 장기자금조달 간의 관련성 등
저조한 수익성	극단적인 손실치
열악한 재무적 안전성	극단적인 자본구조 등
영업상 현금유출 및 부채증가	현금흐름의 극단치 등
판단방법	필터변수 9개 중 1개 이하 해당 시: 등급유지 필터변수 9개 중 2개 이상 해당 시: 1등급 하향조정

/ 연 / 습 / 문 / 제 /

※ 다음은 (주)오리온의 재무상태표와 손익계산서를 요약한 것이다. 이 정보를 이용하여 다음 1.~6.까지의 요구사항에 답하시오.

구분	20×3년	20×4년	20×5년
유동자산(합계)	300,614	889,678	1,441,788
당좌자산	269,843	827,265	1,335,815
재고자산	30,771	62,413	105,973
비유동자산(합계)	624,017	630,585	1,091,234
투자자산	224,816	221,196	636,976
유형자산	399,201	409,389	454,258
자산총계	924,631	1,520,263	2,533,022
유동부채	91,470	180,639	225,099
비유동부채	577,180	874,455	1,601,079
부채총계	668,650	1,055,094	1,826,178
자본금	73,000	100,000	100,000
기타자본	182,981	365,169	606,844
자본총계	255,981	465,169	706,844
부채 · 자본총계	924,631	1,520,263	2,533,022

	20×3년	20×4년	20×5년
매출액	1,202,536	1,431,393	1,935,242
매출원가	1,057,330	1,250,251	1,737,240
매출총이익	145,206	181,142	198,002
판매비와 관리비	77,412	50,942	57,844
영업이익	67,794	130,200	140,158
기타수익	38,361	62,985	62,087
기타비용	55,908	54,623	27,868
(이자비용)	16,937	3,208	616
법인세비용차감전 계속사업이익	50,247	138,562	174,377
계속사업이익법인세비용	17,120	32,284	46,091
계속사업이익	–	–	–
중단사업이익	–	–	–
당기순이익	33,127	106,278	128,286
주당순이익(천원)	2,471	5,426	6,456
연말종가	14,700	35,000	61,300

01. (주)오리온의 재무제표를 이용하여 20×3년을 기준연도로 하여 추세분석을 하시오.

02. (주)오리온의 재무제표를 이용하여 정태분석을 하시오.

03. (주)오리온의 유동성과 안전성비율을 구하시오.

04. (주)오리온의 수익성과 활동성비율을 구하시오(단, 20×3년의 평균가액은 모두 기말금액을 이용하여 산출한다).

05. (주)오리온의 성장성비율을 구하시오.

06. 다음은 (주)오리온이 속해 있는 산업의 평균 재무비율자료이다. 이 산업평균과 비교하여 (주)오리온의 재무상태 및 수익성을 분석해 보시오.

[참고: 산업평균자료]

유동성	20×3년	20×4년	20×5년
유동비율(%)	150.63	190.83	223.54
당좌비율(%)	134.44	172.58	202.63
안전성	**20×3년**	**20×4년**	**20×5년**
부채비율(%)	207.61	215.41	246.32
이자보상비율(배)	7.48	10.78	56.36
수익성	**20×3년**	**20×4년**	**20×5년**
매출영업이익률(%)	5.24	2.37	1.35
총자산이익률(%)	3.25	3.43	2.28
자기자본이익률(%)	0.00	0.00	0.00
주가수익률	11.44	8.41	195.02
활동성	**20×3년**	**20×4년**	**20×5년**
재고자산회전율(회)	0.21	0.14	0.12
총자산회전율(회)	97.25	94.09	88.27
성장성	**20×3년**	**20×4년**	**20×5년**
매출액증가율(%)	12.20	13.67	16.12
총자산증가율(%)	−0.09	35.18	15.08
영업이익증가율(%)	−55.58	−55.29	−160.23

※ 다음은 (주)유니콘과 (주)오리온의 재무제표이다. 7.~9.까지의 요구사항에 답하시오.

재무상태표

20×7년 12월 31일 현재

㈜유니콘 (단위: 원)

과목	당기	전기
자산		
유동자산	3,000	4,000
당좌자산	1,000	2,000
재고자산	2,000	2,000
비유동자산	10,000	8,000
투자자산	2,000	3,000
유형자산	5,000	4,000
무형자산	3,000	1,000
기타비유동자산	0	0
자산총계	13,000	12,000
부채		
유동부채	3,000	4,000
비유동부채	2,000	2,000
부채총계	5,000	6,000
자본		
자본금	5,000	5,000
이익잉여금	3,000	1,000
자본총계	8,000	6,000
부채 및 자본총계	13,000	12,000

재무상태표

20×7년 12월 31일 현재

㈜오리온 (단위: 원)

과목	당기	전기
자산		
유동자산	5,000	5,000
당좌자산	3,000	1,000
재고자산	2,000	4,000
비유동자산	10,000	5,000
투자자산	3,000	1,000
유형자산	3,000	2,000
무형자산	3,000	1,000
기타비유동자산	1,000	1,000
자산총계	15,000	10,000
부채		
유동부채	5,000	2,000
비유동부채	2,000	2,000
부채총계	7,000	4,000
자본		
자본금	4,000	3,000
이익잉여금	4,000	2,000
자본총계	8,000	6,000
부채 및 자본총계	15,000	10,000

손익계산서

20×7년 1월 1일부터
20×7년 12월 31일까지

㈜유니콘 (단위: 원)

과목	당기	전기
매출액	62,000	50,000
매출원가	50,000	40,000
매출총이익	12,000	10,000
판매비와관리비	4,000	5,000
급여	1,000	500
임차료	500	500
접대비	500	1,000
감가상각비	1,000	1,000
광고선전비	1,000	2,000
영업이익	8,000	5,000
기타수익	4,000	8,000
이자수익	1,000	2,000
임대료	1,000	2,000
유형자산처분이익	2,000	4,000
기타비용	3,000	2,000
이자비용	1,000	500
재고자산감모손실	200	500
유형자산처분손실	1,800	1,000
법인세비용차감전 계속사업이익	9,000	11,000
계속사업이익 법인세비용	7,000	7,000
계속사업이익	–	–
중단사업이익	–	–
당기순이익	2,000	4,000
주당손익		

주가 100
발행주식 수 40
현금배당 1,000

손익계산서

20×7년 1월 1일부터
20×7년 12월 31일까지

㈜오리온 (단위: 원)

과목	당기	전기
매출액	50,000	30,000
매출원가	20,000	20,000
매출총이익	30,000	10,000
판매비와관리비	24,000	5,000
급여	2,000	1,000
임차료	1,000	1,000
여비교통비	1,000	1,000
감가상각비	10,000	1,000
연구비	10,000	1,000
영업이익	6,000	5,000
기타수익	4,000	8,000
배당금수익	2,000	4,000
임대료	1,000	2,000
유형자산처분이익	1,000	2,000
기타비용	5,200	2,000
이자비용	2,500	500
재고자산감모손실	2,200	500
유형자산처분손실	500	1,000
법인세비용차감전 계속사업이익	4,800	11,000
계속사업이익 법인세비용	2,800	8,000
	–	–
	–	–
당기순이익	2,000	3,000
주당손익		

주가 200
발행주식 수 40
현금배당 1,600

07. A은행은 이 두 기업 중 한 기업에게 자금을 빌려주려고 한다. 유동성을 통해 평가하시오. 만약 안전성을 기준할 경우 어느 기업이 우수하다고 평가할 수 있는가?

08. 재무비율만을 기준으로 할 때 이 두 기업 중 어느 기업에 투자하는 것이 좋을까(수익성과 활동성을 고려할 경우)?

09. 두 기업 가운데 어느 기업이 성장성이 높은가?

읽을거리

'클링클링' 모뉴엘, 분식회계로 키운 '히든 챔피언'?

매출액 부풀리기 정황 드러나
금감원 · 관세청 본격 조사 돌입
자회사 잘만테크도 회계감리

금융당국과 관세당국이 강소기업으로 알려졌다가 돌연 법정관리를 신청한 가전업체 모뉴엘에 대한 분식회계 의혹에 대한 조사를 본격화하고 있다.

23일 금융감독원과 관세청에 따르면, 비상장사인 모뉴엘과 이 회사의 상장 자회사인 잘만테크는 각각 가공 매출을 계상해 매출액을 부풀리는 수법으로 재무제표를 양호하게 보이도록 해 온 정황이 드러나면서 분식회계 의혹을 받고 있다.

모뉴엘은 로봇청소기 '클링클링' 등으로 급성장한 가전업체로, 지난해 연매출 1조 원을 돌파했다. 마이크로소프트(MS) 창업자 빌 게이츠가 2007년 세계가전박람회 기조연설에서 주목할 회사로 지목해 유명세를 타기도 했다. 특히 모뉴엘은 지난 4월 주채권은행인 외환은행의 기업신용위험평가에서 장부상 3년 연속 흑자를 냈고 영업현금흐름도 양호한 편으로 알려졌었지만, 지난 20일 은행에 갚아야 할 수출환어음을 결제하지 못하면서 법정관리를 신청했다.

금감원은 우선 모뉴엘의 상장 자회사인 잘만테크(컴퓨터용 냉각장치 전문업체)의 분식회계 의혹이 제기되면서, 회계감리에 착수했다. 잘만테크는 2013회계연도 사업보고서상 가공매출을 계상해 매출액을 수십억 원 부풀린 혐의를 받고 있다. 잘만테크는 삼성전자 출신인 박홍석 모뉴엘 대표의 친동생인 박민석 씨가 대표를 맡고 있다. 6월 말 기준으로 모뉴엘과 박홍석 대표가 각각 60.28%와 0.13%를 보유하고 있다. 금감원은 비상장사인 모뉴엘에 대해서도 수사당국의 협조요청이 오면 감리에 나서기로 했다.

모회사인 모뉴엘도 분식회계 수법으로 재무제표를 허위로 작성한 혐의를 받고 있다. 관세청은 모뉴엘이 수출액을 부풀려 서류를 조작한 뒤 금융기관에 수출채권을 제출하고 할인판매한 정황을 확인했다. 관세청은 채권할인 판매금액이 1조 원을 웃도는 만큼 관세법 위반 등의 혐의로 박홍석 모뉴엘 대표를 검찰에 고발할 방침이다.

출처: 한겨레, 황보연 기자(whynot@hani.co.kr), 2014.10.23.

엑셀이야기 + 6장

전자공시시스템이란 대한민국 상장법인 등이 공시서류를 인터넷으로 제출하고, 투자자 등 이용자는 제출 즉시 인터넷을 통해 조회할 수 있는 종합적 기업공시 시스템입니다. 이번에는 금융감독원 전자공시시스템을 통해 찾은 재무제표를 다운받고, 엑셀프로그램을 활용하여 재무제표분석을 해봅시다. 최근 코로나19 항체치료제인 렉키로나주를 생산하는 셀트리온의 재무제표 RAW DATA를 구해 봅시다. 먼저 금융감독원 전자공시시스템에 접속하여 셀트리온의 재무제표 RAW DATA를 구해 봅시다.

[그림 6-1]처럼 금융감독원 전자공시시스템에 접속하여 회사명에 셀트리온을 입력한 후 검색을 누릅니다.

그림 6-1 **전자공시시스템 첫 화면**

[그림 6-2]와 같이 회사명 찾기 팝업이 되면서 셀트리온 이름의 회사들이 리스트업됩니다. 이 중 유셀트리온 종목코드 068270을 체크하고 확인을 하면 공시통합검색이라는 타이틀과 회사명 셀트리온이 입력된 것을 확인할 수 있고, 셀트리온에서 공시한 여러 보고서들이 리스트업되는 것을 확인할 수 있습니다.

그림 6-2 전자공시시스템 회사명 찾기 화면

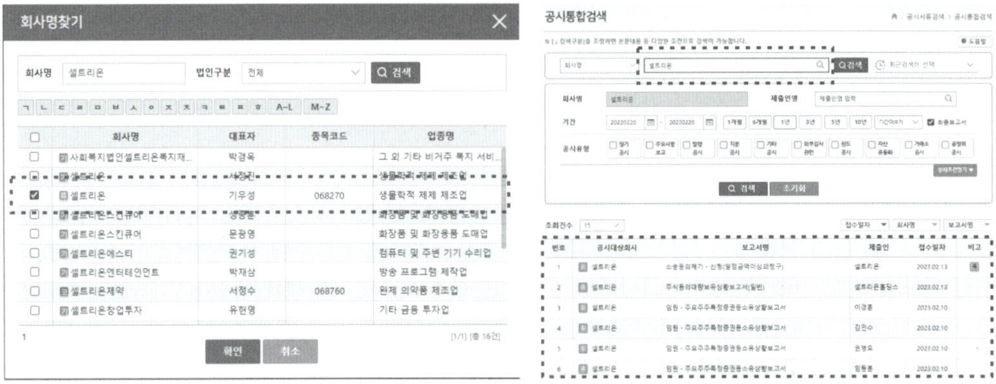

[그림 6-3]처럼 수많은 공시자료 중 셀트리온 재무제표정보를 찾기 위해 ① 정기공시를 체크하고, ② 기간은 5년을 선택한 후, ③ 상세조건열기를 누른 다음, ④ 보고서명에 사업보고서를 입력한 뒤 검색을 클릭하면, ⑤와 같이 최근 5개년 셀트리온 사업보고서가 나타납니다.

그림 6-3 전자공시시스템 사업보고서 검색화면

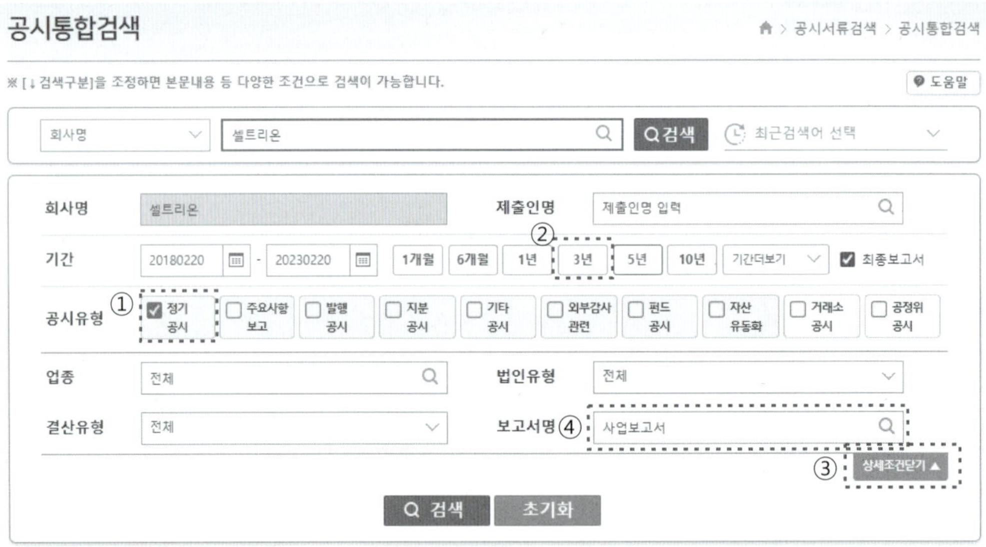

번호	공시대상회사	보고서명	제출인	접수일자	비고
1	유 셀트리온	소송등의제기ㆍ신청(일정금액이상의청구)	셀트리온	2023.02.13	유
2	유 셀트리온	주식등의대량보유상황보고서(일반)	셀트리온홀딩스	2023.02.13	
3	유 셀트리온	임원ㆍ주요주주특정증권등소유상황보고서	이경훈	2023.02.10	
4	유 셀트리온	임원ㆍ주요주주특정증권등소유상황보고서	김민수	2023.02.10	
5	유 셀트리온	임원ㆍ주요주주특정증권등소유상황보고서	권병오	2023.02.10	
6	유 셀트리온	임원ㆍ주요주주특정증권등소유상황보고서	임동훈	2023.02.10	

사업보고서(2020.12)를 선택한 후 더블클릭하면 [그림 6-4]처럼 새 창으로 사업보고서가 보이고, ① 문서목차에서 Ⅲ. 재무에 관한 사항 4. 재무제표를 선택한 후 클릭합니다. 4. 재무제표 재무상태표 화면에서 위 ② 다운로드를 선택하여 재무제표를 다운받으면 셀트리온 재무제표 RAW DATA를 구할 수 있습니다.

그림 6-4 전자공시시스템 사업보고서 팝업화면

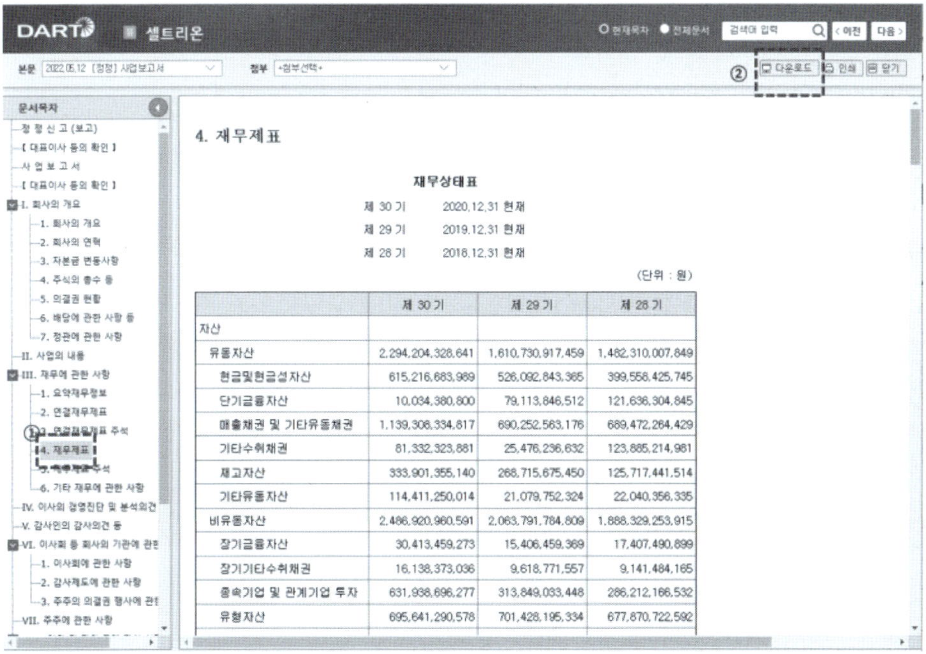

4. 재무제표

재무상태표

제 30 기 2020.12.31 현재
제 29 기 2019.12.31 현재
제 28 기 2018.12.31 현재

(단위 : 원)

	제 30 기	제 29 기	제 28 기
자산			
유동자산	2,294,204,328,641	1,610,730,917,459	1,482,310,007,849
현금및현금성자산	615,216,683,989	526,092,843,365	399,558,425,745
단기금융자산	10,034,380,800	79,113,846,512	121,636,304,845
매출채권 및 기타유동채권	1,139,306,334,817	690,252,563,176	689,472,264,429
기타수취채권	81,332,323,881	25,476,236,632	123,885,214,981
재고자산	333,901,355,140	268,715,675,450	125,717,441,514
기타유동자산	114,411,250,014	21,079,752,324	22,040,356,335
비유동자산	2,486,920,960,591	2,063,791,784,809	1,888,329,253,915
장기금융자산	30,413,459,273	15,406,459,369	17,407,490,899
장기기타수취채권	16,138,373,036	9,618,771,557	9,141,484,165
종속기업 및 관계기업 투자	631,938,696,277	313,849,033,448	286,212,166,532
유형자산	695,641,290,578	701,428,195,334	677,870,722,592

❶ 시트 이동/복사

우리가 셀트리온 재무제표를 갖고 수행할 것은 셀트리온의 최근 5년간의 추세분석을 수행해 보고자 합니다. 추세분석을 제대로 따라 했으면 향후 스스로 재무비율분석을 수행해 볼 수 있을 것입니다. 더 나아가 재무제표에 있는 항목들에 대하여 엑셀프로그램을 활용해서 조합하고 분석하여 의미 있는 정보를 도출했으면 합니다.

추세분석을 용이하도록 하기 위해 먼저 3개년씩 정리된 RAW DATA를 손익계산서 시트와 재무상태표 시트로 데이터를 각각 정리해야 합니다.

셀트리온 사업보고서(2020.12)에서 다운받은 엑셀파일과 사업보고서(2017.12)에서 다운받은 엑셀파일을 엽니다.

이때 2020.12에 다운받은 엑셀파일을 1번 파일이라 하고, 2017.12에서 다운받은 엑셀파일을 2번 파일이라 합시다. 그리고 데이터를 통합하기 위해 새 통합문서(새로운 엑셀파일)를 엽니다.

다운받은 1번 파일에 있는 시트 중 재무상태표와 손익계산서 시트를 복사하고, 새 통합문서에 붙여 놓습니다. 마찬가지로 다운받은 2번 파일에 있는 시트 중 재무상태표와 손익계산서 시트도 새 통합문서에 복사 후 붙여 놓습니다.

시트를 복사하는 방법은 [그림 6-5]와 같습니다. [그림 6-5]에서 새 통합문서 ① 시트명(Sheet1)에 마우스를 갖다 놓고, 마우스 오른쪽을 클릭하여 ② 이동/복사를 선택한 후 ③ 다음 시트의 앞(B): Sheet1을 선택한 후 확인을 누르면 됩니다.

그림 6-5 엑셀프로그램 시트 이동/복사

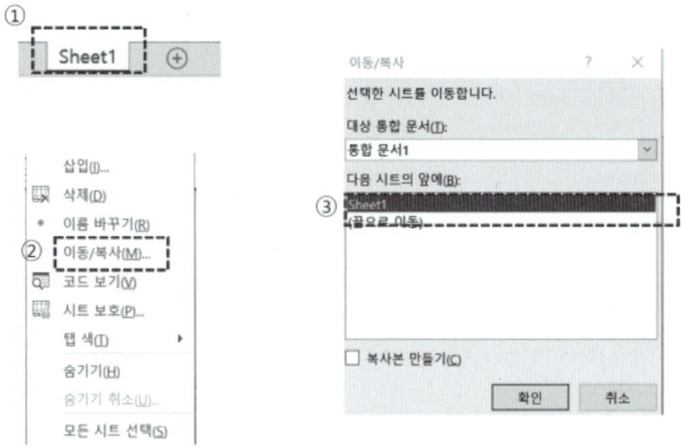

이렇게 새 통합문서에 다운받은 1번, 2번 파일의 재무상태표와 손익계산서 시트를 복사하여 붙이면 [그림 6-6]에 점선 박스처럼 시트명이 재무상태표, 손익계산서, 재무상태표(2), 손익계산서(2), sheet1 이렇게 되는 것을 확인할 수 있습니다.

그림 6-6 복사한 재무상태표와 손익계산서 시트

	A	B	C	D
1				
2	**재무상태표**			
3	제 30 기 2020.12.31 현재			
4	제 29 기 2019.12.31 현재			
5	제 28 기 2018.12.31 현재			
6				(단위 : 원)
7		제 30 기	제 29 기	제 28 기
8	자산			
9	유동자산	2,294,204,328,641	1,610,730,917,459	1,482,310,007,849
10	현금및현금성자산	615,216,683,989	526,092,843,365	399,558,425,745
11	단기금융자산	10,034,380,800	79,113,846,512	121,636,304,845
12	매출채권 및 기타유동채권	1,139,308,334,817	690,252,563,176	689,472,264,429
13	기타수취채권	81,332,323,881	25,476,236,632	123,885,214,981
14	재고자산	333,901,355,140	268,715,675,450	125,717,441,514
15	기타유동자산	114,411,250,014	21,079,752,324	22,040,356,335
16	비유동자산	2,486,920,960,591	2,063,791,784,809	1,888,329,253,915
17	장기금융자산	30,413,459,273	15,406,459,369	17,407,490,899
18	장기기타수취채권	16,138,373,036	9,618,771,557	9,141,484,165
19	종속기업 및 관계기업 투자	631,938,696,277	313,849,033,448	286,212,166,532
20	유형자산	695,641,290,578	701,428,195,334	677,870,722,592
21	무형자산	1,088,436,038,129	987,732,187,355	877,141,249,708
22	투자부동산		2,918,466,663	5,982,493,446
23	기타비유동자산	24,353,103,298	32,838,671,083	14,573,646,573
24	자산총계	4,781,125,289,232	3,674,522,702,268	3,370,639,261,764
25	부채			
26	유동부채	900,571,681,471	517,564,388,814	548,121,290,075
27	단기금융부채	460,234,921,025	232,892,804,248	300,873,100,708
28	매입채무 및 기타유동채무	26,003,292,235	40,940,910,266	8,318,783,838
29	기타지급채무	257,026,642,539	170,065,741,058	132,658,220,073
30	당기법인세부채	99,609,249,913	42,136,588,201	36,796,806,242
31	기타유동부채	57,697,575,759	31,528,345,041	69,474,379,214
32	비유동부채	459,265,660,740	286,291,312,657	218,455,704,094
33	장기금융부채	144,631,272,261	103,436,537,468	68,707,540,000
34	장기기타지급채무	2,015,399,861	900,000,000	960,000,000
35	기타비유동부채	227,637,700,140	115,299,682,362	86,503,420,121
36	이연법인세부채	84,981,288,478	66,655,092,827	62,284,743,973
37	부채총계	1,359,837,342,211	803,855,701,471	766,576,994,169
38	자본			
39	자본금	134,997,805,000	128,337,853,000	125,456,133,000
40	자본잉여금(주식발행초과금)	812,155,732,299	786,358,490,538	761,047,500,208
41	이익잉여금(결손금)	2,588,503,365,521	2,080,593,620,747	1,79[illegible],330,987,094

재무상태표 | 손익계산서 | 재무상태표(2) | 손익계산서(2) | Sheet1

❷ 논리값

2020년까지 5년 동안의 추세분석을 위해서는 2015~2020년까지의 재무제표 데이터가 필요합니다.

2015~2017년 3개년 데이터인 재무상태표(2), 손익계산서(2) 시트에 있는 데이터를 재무상태표, 손익계산서 시트에 붙여 넣어 2015~2020년까지의 데이터를 만듭니다.

이때 중요한 것이 있는데 2번 파일의 데이터를 붙여 넣기 전에 2번 파일의 대차상태표계정과 1번 파일의 대차상태표계정과 동일한지를 확인해야 합니다.

다시 말해 1번 파일과 2번 파일의 계정항목 간 데이터값을 일치시켜야 하는 겁니다. 물론 엑셀에서 확인할 수 있습니다. 3장의 엑셀이야기에서 말했던 논리식으로 처리하면 됩니다.

즉 재무상태표 시트에 있는 계정과 재무상태표(2) 시트에 있는 계정이 같은지를 확인하기 위해 ="유동자산"="유동자산"이냐?라고 물어보는 겁니다.

그림 6-7 재무상태표계정 비교 논리값 결과

H8 =A8='재무상태표 (2)'!A8

	A	B	C	D	E	F	G	H
1								
2	재무상태표							
3	제 30 기 2020.12.31 현재							
4	제 29 기 2019.12.31 현재							
5	제 28 기 2018.12.31 현재							
6			(단위 : 원)					
7		제 30 기	제 29 기	제 28 기	제 27 기	제 26 기	제 25 기	
8	자산							TRUE
9	유동자산	2,294,204,328,641	1,610,730,917,459	1,482,310,007,849	1,421,211,524,496	1,076,603,083,554	943,999,662,062	TRUE
10	현금및현금성자산	615,216,683,989	526,092,843,365	399,558,425,745	413,501,866,488	257,604,838,606	139,618,110,564	TRUE
11	단기금융자산	10,034,380,800	79,113,846,512	121,636,304,845	138,402,014,000	5,450,335,000	5,285,720,000	TRUE
12	매출채권 및 기타유동채권	1,139,308,334,817	690,252,563,176	689,472,264,429	713,489,012,682	678,463,204,095	619,156,091,337	TRUE
13	기타수취채권	81,332,323,881	25,476,236,632	123,885,214,981	3,133,116,830	3,864,647,697	7,202,924,843	TRUE
14	재고자산	333,901,355,140	268,715,675,450	125,717,441,514	141,164,307,648	113,118,543,355	157,612,337,067	TRUE
15	기타유동자산	114,411,250,014	21,079,752,324	22,040,356,335	11,521,206,848	18,101,514,801	15,124,478,251	TRUE
16	비유동자산	2,486,920,960,591	2,063,791,784,809	1,888,329,253,915	1,716,972,980,244	1,646,143,636,158	1,505,857,002,522	TRUE
17	장기금융자산	30,413,459,273	15,406,459,369	17,407,490,899	14,354,326,741	14,009,673,161	145,952,251,601	TRUE
18	장기기타수취채권	16,138,373,036	9,618,771,557	9,141,484,165	7,169,744,638	7,053,707,465	7,298,897,743	FALSE
19	종속기업 및 관계기업 투자	631,938,696,277	313,849,033,448	286,212,166,532	273,099,081,283	262,117,281,283	101,404,513,198	TRUE
20	유형자산	695,641,290,578	701,428,195,334	677,870,722,592	635,989,041,524	649,440,392,764	670,227,976,237	TRUE
21	무형자산	1,088,436,038,129	987,732,187,355	877,141,249,706	774,478,435,302	703,792,726,623	573,588,741,621	TRUE
22	투자부동산		2,918,466,663	5,982,493,446	6,147,170,166	6,336,536,303	6,546,199,655	TRUE
23	기타비유동자산	24,353,103,298	32,838,671,083	14,573,646,573	5,735,180,590	3,393,318,559	838,422,467	TRUE
24	자산총계	4,781,125,289,232	3,674,522,702,268	3,370,639,261,764	3,138,184,504,740	2,722,746,719,712	2,449,856,664,584	TRUE
25	부채							TRUE
26	유동부채	900,571,681,471	517,564,388,814	548,121,290,075	491,067,961,229	524,271,608,642	607,475,186,435	TRUE
27	단기금융부채	460,234,921,025	232,892,804,248	300,873,100,708	308,074,277,779	407,093,828,892	495,699,597,384	TRUE
28	매입채무 및 기타유동채무	26,003,292,235	40,940,910,266	8,318,783,838	7,855,311,851	8,406,677,914	2,905,383,836	TRUE
29	기타지급채무	257,026,642,539	170,065,741,058	132,658,220,073	79,658,821,616	50,261,701,136	52,570,484,509	TRUE
30	당기법인세부채	99,609,249,913	42,136,588,201	36,796,806,242	63,399,841,666	42,538,985,409	42,749,716,359	TRUE
31	기타유동부채	57,697,575,759	31,528,345,041	69,474,379,214	32,079,708,317	15,970,415,291	13,550,004,347	TRUE
32	비유동부채	459,265,660,740	286,291,312,657	218,455,704,094	242,174,301,750	125,584,949,957	158,497,611,287	TRUE
33	장기금융부채	144,631,272,261	103,436,537,468	68,707,540,000	175,978,120,000	118,963,500,000	156,819,464,587	TRUE
34	장기기타지급채무	2,015,399,861	900,000,000	960,000,000	960,000,000	993,000,000	978,000,000	TRUE
35	기타비유동부채	227,637,700,140	115,299,682,362	86,503,420,121	11,225,628,948			FALSE
36	이연법인세부채	84,981,288,478	66,655,092,827	62,284,743,973	54,010,552,802	5,628,449,957	700,146,700	FALSE
37	부채총계	1,359,837,342,211	803,855,701,471	766,576,994,169	733,242,262,979	649,856,558,599	765,972,797,722	TRUE
38	자본							TRUE
39	자본금	134,997,805,000	128,337,853,000	125,456,133,000	122,666,424,000	116,598,327,000	112,431,663,000	TRUE

[그림 6-7]은 재무상태표 시트 A8셀과 재무상태표(2) 시트 A10셀과 같은가?(=A8='재무상태표(2)'!A8)라고 재무상태표 시트 H8셀에 논리함수로 확인한 것입니다. 점선 박스인 수식입력줄에 논리식을 확인할 수 있습니다. 다른 시트의 셀값을 가져올 때 시트명에 "!"가 셀 주소 앞에 붙습니다.

그리고 자동채우기를 통해 재무상태표 시트에 있는 모든 계정과목을 확인한 결과입니다.

계정이 같으면 TRUE, 다르면 FALSE라고 처리됩니다. FALSE 결과값이 나온 계정을 비교하여 데이터를 조정하여 두 시트를 하나의 시트로 만듭니다.

손익계산서도 동일한 방법으로 수행한 후 하나의 시트로 만듭니다. [그림 6-8]에서 2015~2020년 데이터를 하나의 시트로 만든 각각의 재무상태표와 손익계산서 시트가 만들어진 것을 확인할 수 있습니다.

그림 6-8 셀트리온 5년 재무상태표와 손익계산서 시트

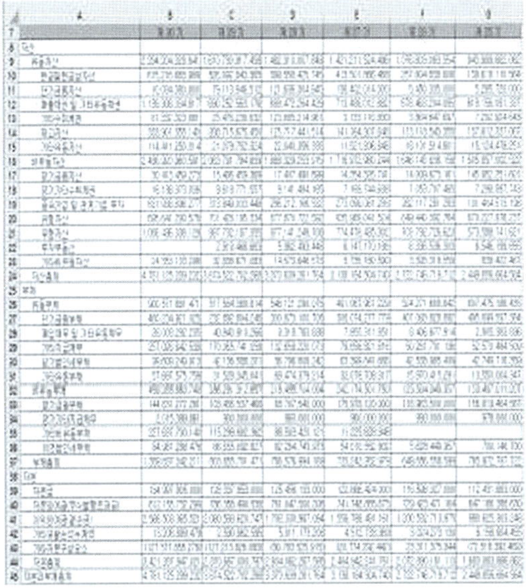

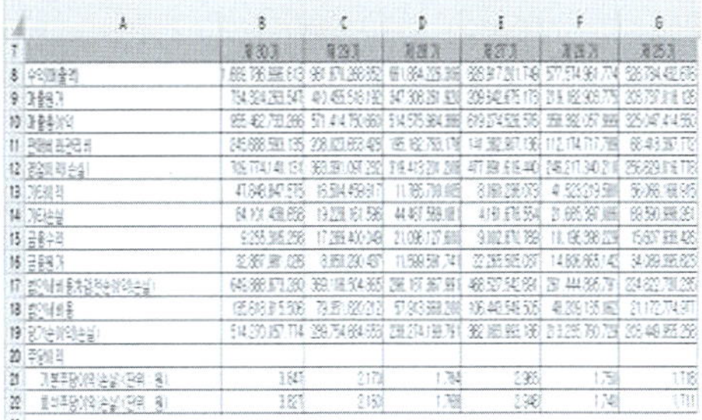

❸ 시트 이름 바꾸기와 데이터 정렬

추세분석을 위해서는 먼저 기준연도를 결정하여야 합니다. 추세분석은 기준연도의 각 계정금액을 100으로 하였을 때 비교연도 각 계정의 지수를 상호 비교하는 것입니다.

최근 5년 동안의 추세분석을 위해서 2015년을 기준으로 합시다. 추세분석 계산식은 (비교연도의 해당 계정과목/기준연도의 해당 계정금액)×100입니다.

셀트리온의 손익계산서 계정의 추세분석을 위해서 [그림 6-9]처럼 시트명의 이름을 분석표로 바꾸어 봅시다.

그림 6-9 **시트 이름 바꾸기**

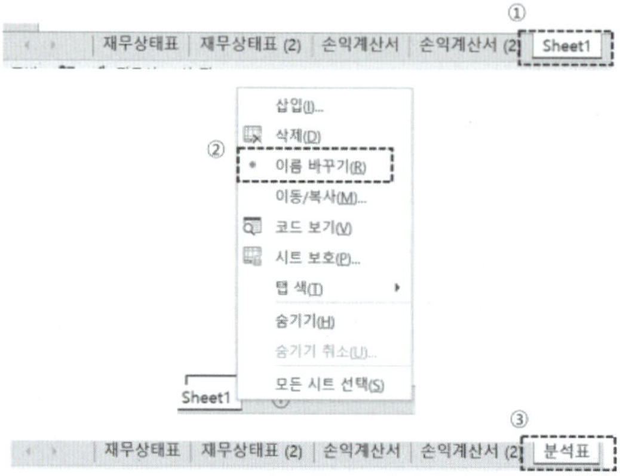

시트명의 이름을 바꾸는 방법은 [그림 6-9] ①인 Sheet1에서 마우스 오른쪽 클릭을 하면 ② 이름 바꾸기 메뉴가 팝업됩니다. 그리고 ③처럼 분석표라고 입력하면 됩니다.

셀트리온의 손익계산서 계정의 추세분석을 위해서 [그림 6-8]처럼 하나의 시트로 만든 손익계산서 시트에 있는 5년 동안의 데이터를 활용하고, 재무상태표계정의 추세분석을 위해서는 하나의 시트로 만든 재무상태표 시트에 있는 5년 동안의 데이터를 활용합니다.

매출액 추세분석은 손익계산서 시트에서 유동자산 추세분석은 재무상태표 시트를 갖고 계산합니다. 먼저 매출액 추세분석을 계산하여 봅시다.

매출액 추세분석 계산을 하기 위해 [그림 6-9]에서 시트이름을 바꾼 분석표시트에 [그림 6-10]의 ①과 같이 정리를 해봅시다. 그리고 분석표 시트 C3셀에서 "="한 상태에서 손익계산서 시트로 가면 ② 모양이 되고, 손익계산서 시트의 비교연도 해당 계정금액인 제30기(2020년)의 수익(매출액)을 선택한 후, "/"을 입력 후, 손익계산서 시트의 기준연도 해당 계정금액인 제25기(2015년)의 수익(매출액)을 선택하고 ×100을 합니다.

그러면 ③ =손익계산서!B8/손익계산서!$G$8×100이라는 계산식이 분석표 시트 수식입력줄에 표시되고 엔터를 누르면 ④ B3셀에 결과값이 계산이 됩니다.

그림 6-10 셀트리온 매출액 추세분석

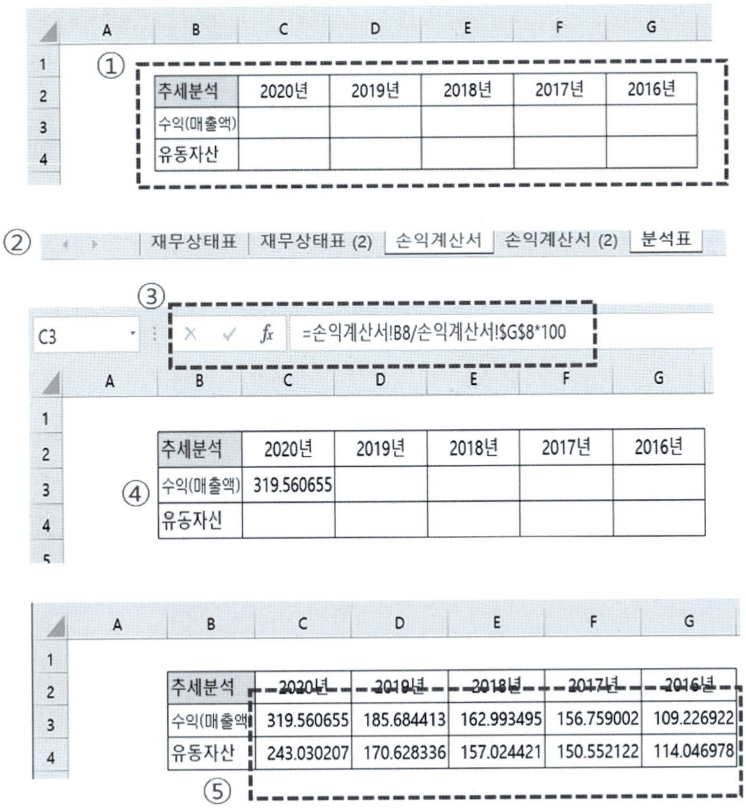

기준연도인 2015년 매출은 절대값이 되어야 하므로 수식입력줄에서 F4키를 활용해서 절대값표시를 합니다.

그리고 유동자산 추세분석 계산식도 매출 추세분석 계산식과 동일합니다. 손익계산서 시트 대신 재무상태표 시트로 가서 계산식을 작성하면 됩니다.

2019~2016년은 ⑤와 같이 자동채우기로 처리하면 됩니다. 매출액과 유동자산의 추세분석은 2020년에서 2016년 방향으로 정리가 됩니다.

그러나 추세분석은 보통 2015년 이후 매출액과 유동자산의 상태가 어떻게 변화되었는지를 보는 것인데 [그림 6-10] ⑤에서 보는 추세분석 테이블은 보기가 힘듭니다.

테이블을 다시 정렬합시다. 먼저 [그림 6-11] ①처럼 추세분석 테이블에서 C2:G4셀을 선택합니다.

그림 6-11 데이터 정렬

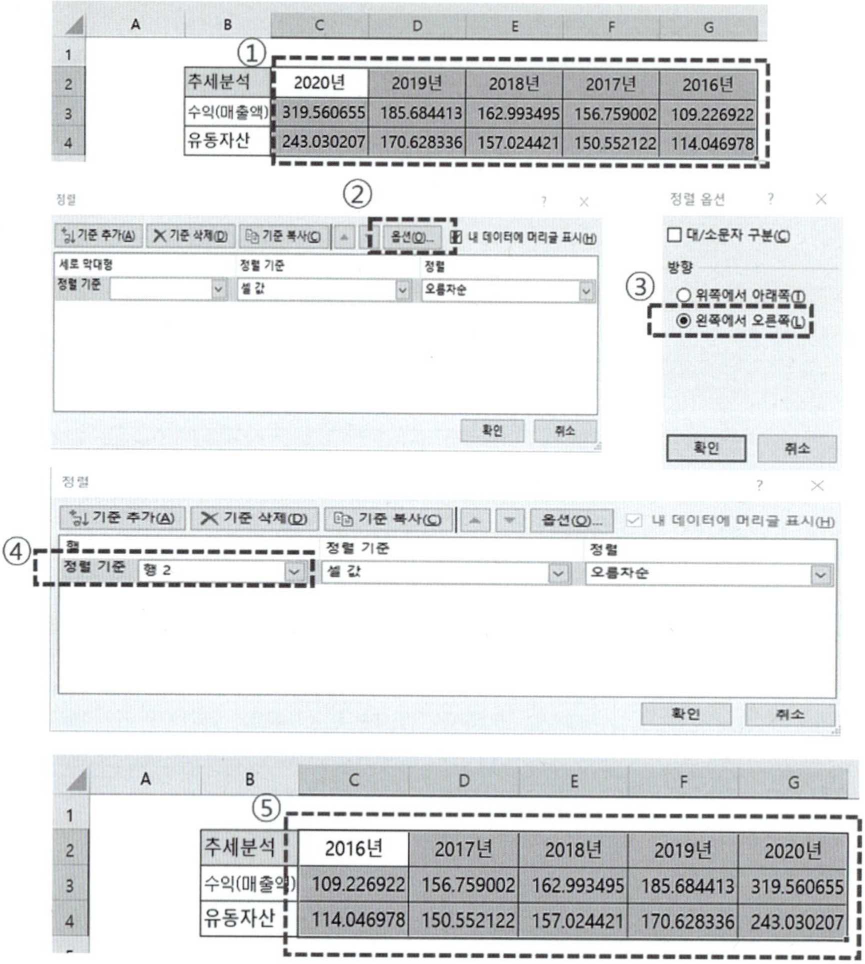

그리고 메뉴 데이터탭에서 정렬을 선택합니다. ② 정렬 대화상자가 열리고, 옵션을 선택한 후 ③ 정렬 옵션에서 왼쪽에서 오른쪽을 선택합니다. ④ 정렬 기준을 선택하고 행 2, 오름차순을 정렬하면 ⑤와 같이 처리됩니다.

❹ INDEX함수, MATCH함수, 데이터 유효성 검사

그런데 매출액이 증가하였는데 매출총이익도 함께 증가하였을까? 매출원가는 어떻게 되었을까? 유동자산은 증가하였는데 유동부채는 감소하였는가? 등등 좀 더 정보를 확인해 보고자 하는 욕구가 생길 수가 있습니다.

그럴 때마다 매번 이렇게 계산식을 사용하여야 할까요? 아닙니다. 엑셀이야기 5장에서 얘기하였던 함수(MATCH함수와 INDEX함수)와 엑셀이야기 3장, 4장에서 얘기하였던 데이터 유효성 검사를 활용하여 자동화를 해봅시다.

MATCH함수의 원형을 보면 MATCH(lookup_value, lookup_array,[match_type])입니다. 첫째 인수는 찾고자 하는 값으로 매출원가이며, 둘째 인수는 대상이 되는 범위로 (매출액, 매출원가, 매출총이익)이고, 셋째 인수는 정확히 일치한다는 0값을 넣는다라는 것을 다시 한번 상기합시다.

예를 들어 봅시다. [그림 6-12]처럼 B열에 손익계정과목과 10행에 연도가 기재된 표가 있습니다. 이때 손익계정과목에서 매출원가는 몇 번째 있습니까? 2번째에 있습니다. 그리고 연도에서 2018년은 몇 번째 있습니까? 3번째에 있습니다. 다시 말해 우리가 찾고자 하는 매출원가는 계정과목 범위에서 **2번째**에 있고, 2018년은 연도 범위에서 **3번째**에 있다는 것을 알려주는 함수입니다.

그림 6-12 **엑셀프로그램 MATCH함수**

	A	B	C	D	E	F	G
10			2020년	2019년	2018년	2017년	2016년
11		매출액	970	1060	210	1030	230
12		매출원가	880	1030	1070	750	630
13		매출총이익	290	770	960	960	150

그리고 INDEX함수는 어떤 범위에서 몇 번째에 위치한 행셀과 몇 번째에 위치 한 열셀에 있는 내용을 표시해 주거나, 행 또는 열에 위치한 셀내용을 표시해 주는 함수인 것을 앞장에서 이야기했습니다.

INDEX함수의 원형을 보면 INDEX(array, row_num, ,[column_num])이다. 첫째 인수는 찾고자 하는 테이블이며, 둘째 인수는 찾고자 하는 행이 몇 번째에 있는가?이며, 셋째 인수는 찾고자 하는 열이 몇 번째인가?입니다.

예를 들어 봅시다. [그림 6-13]에 손익계정과목과 연도가 기재된 표가 있습니다. 이때 2018년도 매출원가는 얼마인가?라는 값 1070을 구하기 위해서 INDEX함수를 사용하면 됩니다. =INDEX(① 연도와 계정과목이 있는 테이블(C11:G13), ② 계정과목에서 2번째에 있는 값인 매출원가, ③ 연도에서 3번째에 있는 값인 2018년)라고 처리하면 찾고자 하는 값인 1070을 찾게 되는 것입니다.

그림 6-13 **엑셀프로그램 INDEX함수와 MATCH함수**

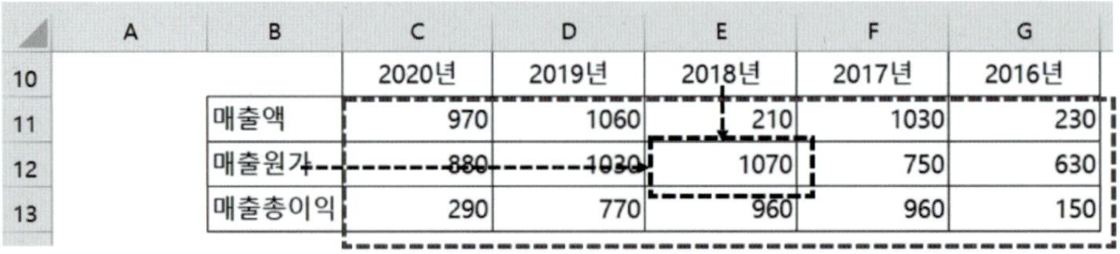

	A	B	C	D	E	F	G
10			2020년	2019년	2018년	2017년	2016년
11		매출액	970	1060	210	1030	230
12		매출원가	880	1030	1070	750	630
13		매출총이익	290	770	960	960	150

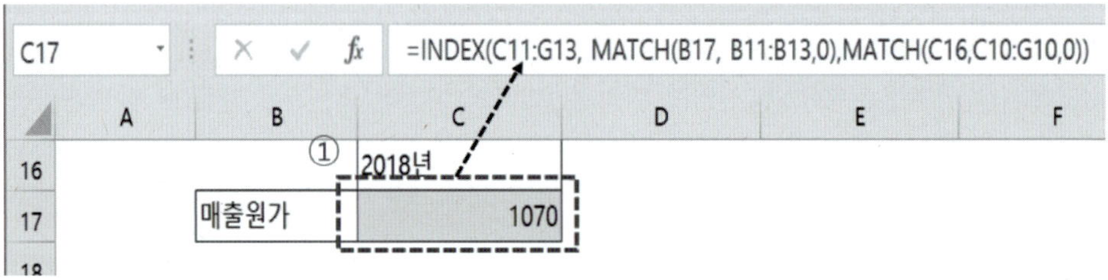

INDEX함수에서 2번째 인수, 즉 계정과목을 찾는 것과 3번째 인수 2018년을 찾는 것은 MATCH함수로서 처리하면 됩니다. **INDEX함수는 MATCH함수와 같이 쓰였을 때 파워를 발휘합니다.**

[그림 6-13] ① 점선 박스 C17셀은 INDEX함수와 MATCH함수를 사용하여 찾은 결과값이며, 수식입력줄에 함수사용식이 표현되어 있는 것을 확인할 수 있습니다.

수식입력줄의 함수를 관찰해 봅시다.

=INDEX(① **C11:G13**, ② **MATCH(B17, B11:B13,0)**, ③ **MATCH(C16, C10:G10,0)**)

① 2018년 매출원가는 계정과목과 연도가 있는 테이블에서 몇 번째 행, 몇 번째 열에 있는가?

② 매출원가는 계정과목 목록에서 2번째

③ 2018년은 연도 목록에서 3번째

앞서 분석하였던 매출추세분석을 MATCT함수와 INDEX함수를 활용하여 다양한 계정의 손익계산서 추세분석을 자동화하여 봅시다. 먼저 제30기(2020년) 수익(매출액) 추세분석을 위해 **비교연도의 해당 계정금액**인 제30기 수익(매출액)값을 분석표 시트에서 구해 봅시다.

그림 6-14 INDEX함수와 MATCH함수 셀트리온 손익계산서 적용방식

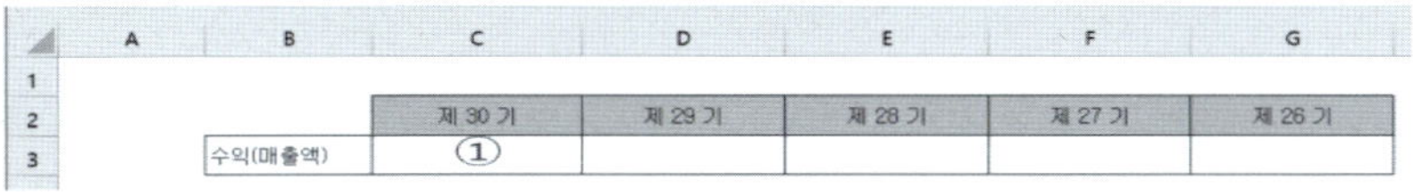

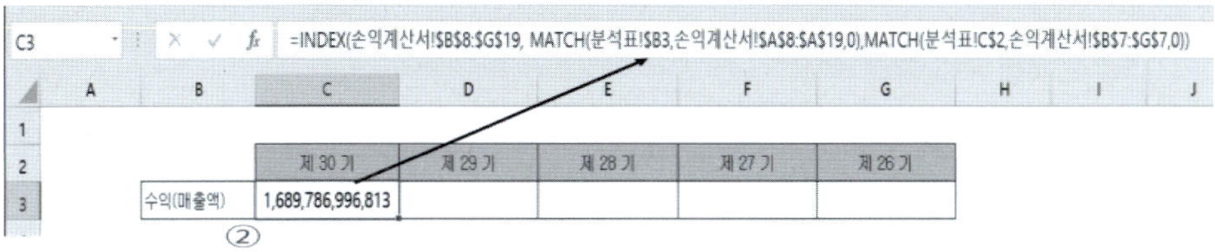

[그림 6-14] ① C3값은 얼마일까?에 대한 것을 확인하면 됩니다. 그리고 나머지 제29기~제26기는 자동채우기로 처리하면 됩니다.

[그림 6-14] ② C3값은 손익계산서 시트에서 제30기의 수익(매출액)을 갖고 온 것입니다.

손익계산서 시트 계정과목 목록에서 수익(매출액)은 MATCH함수로 몇 번째 있는가를 확인하고, 손익계산서 시트 연도 목록에서 제30기는 MATCH함수로 몇 번째에 있는가를 확인한 후, 계정과목과 연도가 일치하는 값인 1,689,786,996,813을 INDEX함수로 구한 것입니다.

그리고 나머지 연도는 자동채우기를 통해 구하면 됩니다.

수식입력줄에 입력한 수식은 =INDEX(① **손익계산서!$B$8:$G$19**, ② **MATCH(분석표!$B3, 손익계산서!$A$8:$A$19,0)**, ③ **MATCH(분석표!C$2,손익계산서!$B$7:$G$7,0)**)입니다.

수식은 시트명이 있어 복잡하게 보이지만 관찰해 보면

① 손익계산서!$B$8:$G$19: 손익계산서 시트에서 제30기의 수익(매출액)은?

② MATCH(분석표!$B3,손익계산서!$A$8:$A$19,0): 손익계산서 시트에서 수익(매출액)은 몇 번째 있는가?

③ MATCH(분석표!C$2,손익계산서!$B$7:$G$7,0): 손익계산서 시트에서 제30기는 몇 번째 있는가?

손익계산서 시트 범위에서 계정과목에서 1번째에 있는 수익(매출액)과 연도에서 1번째에 있는 제30기에 해당하는 값을 찾아주는 것입니다.

자동채우기를 수행할 것이므로 절대주소와 상대주소를 생각하여 추세분석 계산식을 정리하여 봅시다.

좀 더 해봅시다. 추세분석을 수행할 손익계산서계정을 마우스로 선택할 수 있게 합시다. 데이터 유효성 검사를 활용합시다.

그림 6-15 엑셀프로그램 데이터 유효성의 셀트리온 재무분석 시트 적용

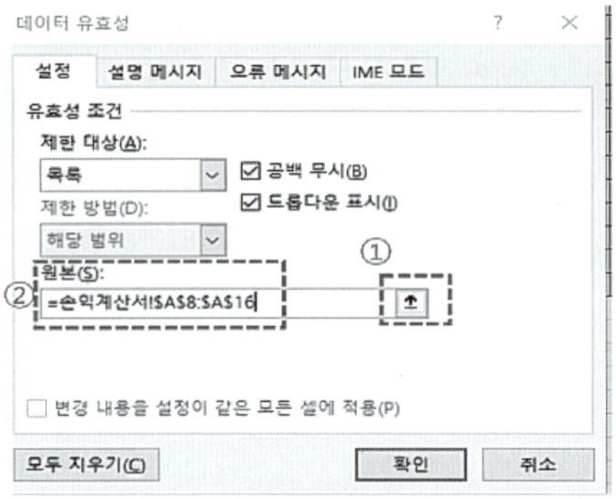

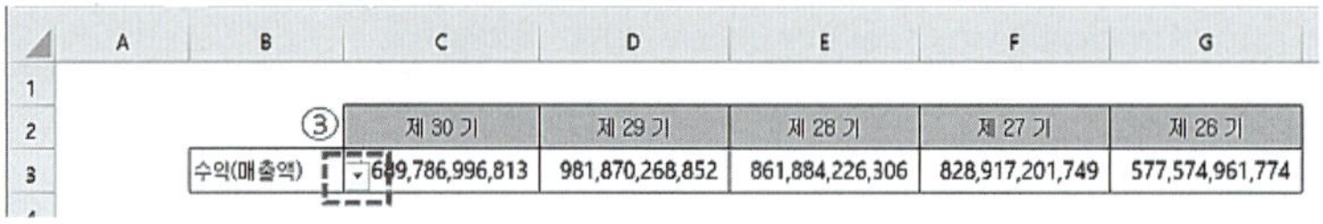

메뉴의 데이터탭에서 데이터 유효성 검사를 선택합니다. 그리고 [그림 6-15]처럼 데이터 유효성 대화상자 설정탭에서 제한대상을 목록으로 선택한 후, ① 원본 화살표 단추를 누른 후 ② 손익계산서 시트로 가서 계정과목 목록을 선택합니다.

③ 분석표 B3셀에 목록 단추가 생깁니다. 단추를 선택하면 손익계산서계정들이 셀값에 목록이 나타나고 선택한 계정에 대한 추세분석이 이루어지고 계정에 맞게 추세분석이 자동 갱신되는 것을 확인할 수 있습니다.

동일한 방식으로 MATCH함수와 INDEX함수를 활용하여 재무상태표계정의 추세분석을 통해 MATCH함수와 INDEX함수를 각자 익숙해지도록 합시다.

이제 각 분석을 수행할 때 매번 계산을 하는 번거로움을 줄이고, 각 분석의 의미와 특징을 확인하고 엑셀프로그램을 활용한 데이터 정리와 데이터 분석을 통해 각자만의 방식이 생길 것이라 확신합니다.

/ 주요 용어정리 /

- **비계량 정보**: 재무제표에 표시되지 않는 정보로써 주석에 기재되는 정보
- **우발상황**: 확정되지 않은 미래의 불확실한 상황
- **재무제표분석**: 기업이 보고한 재무제표를 분석적 방법에 의하여 검토함으로써 기업의 상태를 진단하는 것
- **신용분석**: 채무자의 상환능력, 상환의지 등에 대한 정보의 수집 및 분석
- **재무비율분석**: 재무적 비율을 통해서 기업의 재무상태와 경영성과를 분석하는 방법
- **추세분석**: 과거 기업의 여러 비율이 어떠한 추세를 가지고 변화하였는가를 관찰하여 미래를 예측하려는 방법
- **구조분석법(정태적 분석)**: 각 연도의 재무제표 구성항목의 비율을 산출하여 분석하는 방법
- **백분비 재무제표**: 정태적 분석에서 이용되는 재무제표
- **관계비율분석법**: 재무제표 각 구성요소들 간 비율을 산정하여 분석하는 방법
- **여신**: 금융업무를 하는 회사에서 고객에게 돈을 빌려주는 일
- **유동비율**: 유동자산을 유동부채로 나눈 비율
- **당좌비율**: 당좌자산을 유동부채로 나눈 비율
- **부채비율**: 부채를 자기자본으로 나눈 비율
- **이자보상비율**: 이자비용 및 법인세비용차감전 순이익이 이자비용의 몇 배에 해당하는가를 나타내는 비율. 기업의 부채에 대한 이자지급능력을 파악하는 데 이용됨
- **수익성비율**: 기업의 수익성을 판단할 수 있는 비율
- **활동성비율**: 기업이 소유하고 있는 자산을 얼마나 효율적·효과적으로 이용하는지를 나타내는 비율
- **총자산이익률**: 기업이 자산 1원당 얼마의 순이익(또는 영업이익)을 얻었는지 나타내는 재무비율
- **자기자본이익률**: 기업의 자기자본 대비 당기순이익을 나타내는 지표
- **재고자산회전율**: 재고자산이 일정 기간 동안 매입 후 몇 번이나 출고되었는지 나타내는 비율
- **총자산회전율**: 매출액을 총자산으로 나눈 수치로서 기업이 자산을 효율적으로 활용하는지를

보여주는 지표

- **매출총이익률**: 매출로부터 얼마만큼의 이익을 얻느냐를 나타내는 재무비율
- **성장성비율**: 전기 대비 당기 증가분을 나타내는 비율
- **매출액증가율**: 당기매출액 증가분을 전기매출액으로 나눈 비율로서 기업의 외형적인 성장세를 나타내는 비율
- **총자산증가율**: 전기 대비 총자산의 증가율을 보여주는 지표로 한 기업의 규모가 얼마나 성장하였는지를 나타내는 지표
- **순이익증가율**: 기업의 최종적인 경영성과인 당기순이익이 전년 대비 어느 정도 증가하였는가를 나타내는 지표
- **선입선출법**: 먼저 매입 또는 생산된 재고자산이 먼저 판매되고, 기말에 재고로 남아 있는 항목은 가장 최근에 매입 또는 생산된 것으로 가정하는 방법
- **정액법**: 자산의 내용연수에 걸쳐 매 기간 일정하게 감가상각비를 인식하는 방법

CHAPTER

7

증권시장에서 얻을 수 있는 회계정보는 무엇일까?

1. 증권시장의 양대 산맥: 주식과 채권
2. 증권시장은 어떻게 구분되는가?
3. 증권시장의 상장
4. 주식시장과 회계정보
5. 채권시장과 회계정보

CHAPTER 07

증권시장에서 얻을 수 있는 회계정보는 무엇일까?

1 증권시장의 양대 산맥: 주식과 채권

1.1 주식과 채권이란 무엇인가?

기업을 설립하고 경영하기 위해서는 당연히 '돈'이 필요하다. 회사를 세울 만큼 충분한 돈을 가진 개인이라면 혼자서도 회사를 설립할 수 있겠지만 개인이 그 돈을 마련할 수 없다면 어떻게 할까? 은행에서 돈을 빌리거나 수익이 발생하면 나누어 주겠다고 약속하고 여러 사람으로부터 투자를 받는 방법도 있다. 즉 기업은 투자에 필요한 자금을 은행으로부터 차입하거나 회사채 또는 주식을 발행하여 조달한다. **주식은** 기업이 자금을 조달받기 위해 투자자로부터 돈을 받고 발행하는 증서로 주식을 가지고 있는 투자자를 **주주**라고 하며 **지분율만큼 회사의 주인**이 되는 개념이다. **채권은** 기관이 채권을 발행하여 자금을 조달받은 것으로 **단순히 돈을 빌려줌**으로써 돈을 받을 권리를 증서로 보증한다. 기업에 대해 채권을 가지고 있는 투자자를 **채권자**라고 한다.

1.2 주식과 채권은 어떠한 차이가 있을까?

주식은 기업의 대표적인 자기자본 조달수단으로서 주주와 회사 간의 출자관계를 나타내는 지분증권(equity securities)이다. 주주는 소유하는 주식 수에 비례하여 회사의 주요 경영의사결정과정에 참가하거나 배당을 받을 수 있다. 반면, 회사채는 기업의 대표적인 타인자본 조달수단으로서 채권자와 채무자 간의 채무관계를 나타내는 채무증권(debt securities)이다. 채권자는 사채발행 시 미리 정해진 조건으로 이자지급 기일에 이자를 받고 만기에는 원금을 상환받는다. 주식과 회사채의 차이점을 간략히 정리하면 [표 7-1]과 같다.

주식투자가 기업의 주식을 매수해 주주가 되는 것이라면, 채권투자는 기업에 대출을 해 주고 채권자가 되는 것을 의미한다. 따라서 주주는 자기자본인 주식을 보유함으로써 경영에 참여할 수 있고, 채권은 '돈을 돌려받을 권리'만을 나타내기 때문에 경영에 참여할 수 없다. 또한 주식은 만기가 없는 영구증권이지만, 채권은 만기가 존재하는 기한부증권이라는 점도 큰 차이이다.

[표 7-1] **주식과 채권의 차이**

구분	주식[1]	채권
조달자금의 성격	자기자본(자본)	타인자본(부채)
증권의 존속기간	영구적	한시적
보수의 형태 및 성격	배당 · 가변적	이자 · 확정적
원리금의 상환의무	만기와 상환의무 없음	만기 시 원금상환
경영참가권	있음	없음
투자 시 이익실현방법	시세차익+배당수익(변동수익)	이자수익(만기보유 시 확정수익)

주식을 보유하여 주주가 되면 주식의 가격이 낮을 때 사서 높을 때 팔아 '시세차익'을 얻을 수도 있고 '배당금'을 통해 수익을 얻을 수도 있다. 하지만 주식의 가치가 떨어지게 되면 투자원금에 대해 손실을 볼 수도 있다(변동수익). 채권을 투자하게 되면 정해진 날에 이자를 지급받고, 만기에 원리금을 상환받는다(확정수익). 즉 기업 입장에서는 주주에게는 이익이 많이 나면 배당금을 지급하고 손실이 나면 배당금을 지급하지 않아도 법적으로

1) 투자자는 자신이 투자한 만큼 회사의 주인으로서 권리를 갖게 되고, 회사는 그 권리에 대한 증거로 '주식'을 발행해 나누어 주는데 주식은 그 회사의 주인이라는 증명서이다. 이렇게 여러 투자자가 자본금을 모아 설립한 회사를 '주식회사'라고 한다. 당연히 주식을 많이 가지고 있을수록 그 회사에 대한 권한과 영향력이 커질 것이다.

아무런 문제는 없지만 채권자에게는 반드시 정해진 날에 이자를 지급해야 하고, 만기에 원금을 갚지 않으면 부도가 발생하게 된다. 따라서 채권자에게 지급하는 이자율이 주주의 수익률보다 통상적으로 낮은 이유는 원리금 지급을 보장받기 때문에 상대적으로 안전하기 때문이라 할 수 있다.

2 증권시장은 어떻게 구분되는가?

2.1 발행시장과 유통시장

자금을 필요로 하는 기업은 주식이나 채권을 발행하거나 혹은 금융기관으로부터의 차입을 통하여 조달한다. 주식이나 채권을 발행하여 필요한 자금을 주주나 채권자로부터 직접 조달하는 것을 직접금융(direct financing)이라 하고, 기업에서 필요한 자금을 금융기관(은행, 보험회사 등)으로부터 차입하는 것을 간접금융(indirect financing)이라 한다. 이것은 금융기관이 자금 공급자와 자금 수요자인 기업 사이에서 자금의 중개역할을 하고 있기 때문에 붙여진 이름이다.

그림 7-1 증권시장의 구분

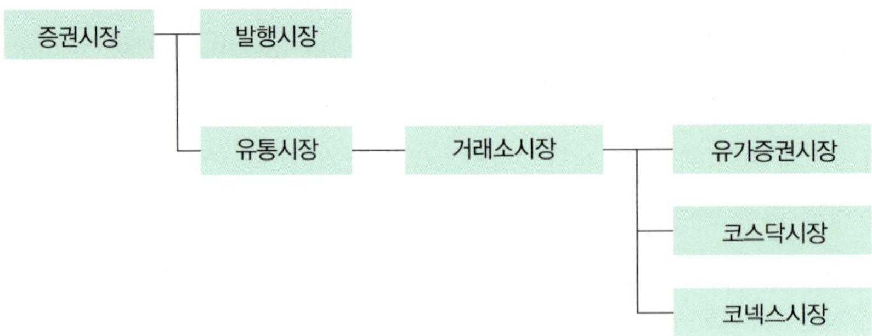

직접금융을 통하여 자금을 조달할 경우 기업이 주식이나 채권을 발행하여 투자자들에게 매각하게 되는데 이와 같이 자금조달목적으로 주식이나 채권을 최초 발행하여 매각하는 시장을 '발행시장' 혹은 '1차시장(primary market)'이라 한다.

반면, 이미 발행된 증권을 보유하고 있는 투자자가 이것을 제3자에게 매각하거나 또는 다른 투자자로부터 매입하는 시장을 '유통시장' 혹은 '2차시장(secondary market)'이라고 한다. 발행시장에서 증권이 발행되면 증권의 발행액만큼 자금이 기업으로 유입되지만, 유통시장에서 투자자들 간에 증권의 매매가 이루어질 경우에는 거래대금이 투자자들 간에 오고 갈 뿐 기업으로 유입되는 것은 아니다. 유통시장은 크게 거래소시장과 장외시장으로 구분할 수 있다. 우리가 일반적으로 주식매매를 하는 시장은 유통시장에 해당한다. 유통시장은 거래소시장과 장외시장으로 나뉜다.

2.2 거래소시장

거래소시장은 일정한 장소에 매매시설을 갖추고 표준화된 거래원칙에 따라 증권을 사고파는 시장으로 우리나라에서는 한국증권거래소(Korea Exchange: KRX, www.krx.co.kr)가 이에 해당한다. 한국거래소는 2005년 증권시장의 국제경쟁력을 제고하고 세계 각국 증권시장의 국경을 초월한 경쟁에 대응하기 위해 기존의 증권거래소, 코스닥증권시장, 선물거래소를 통합하여 설립되었다.

한국증권거래소에서는 투자자들 간에 유가증권의 매수·매도거래가 직접 이루어지는 것이 아니라 증권거래소 회원인 증권회사의 중개를 통하여 이루어진다. 증권회사는 일반투자자들의 매수·매도주문을 받아 거래소를 통해 매매를 대신해 주고 투자자들로부터 위탁수수료를 받는다. 증권거래소에서 증권의 거래가 이루어지기 위해서는 상장(listing)되어야 한다.

상장이란 일정한 요건을 갖춘 증권에 대해서 심사를 거쳐 등록하는 것을 말하는데 유가증권시장에 상장된 기업을 '유가증권시장 상장법인' 코스닥시장에 상장된 기업을 '코스닥시장 상장법인', 코넥스시장에 상장된 법인을 '코넥스시장 상장법인'이라고 한다.

2021년 11월 말 기준 한국거래소 증권시장의 현황은 [표 7-2]와 같이 운영되고 있으며, 유가증권시장에는 기업규모와 매출액 등을 통해 안정성이 확인된 중·대형 기업들이, 코스닥시장에는 향후 성장성이 높은 중·소형 벤처기업들이 상장되어 거래되고 있다. 또한 성장잠재력을 갖추고 있으나 코스닥시장의 상장요건을 충족하지 못하는 중소벤처기업의 자본시장에서의 자금조달을 위해 코넥스시장을 운영하고 있다.

[표 7-2] 한국거래소 증권시장 현황

구분	유가증권시장	코스닥시장	코넥스시장
설립	1956년	1996년	2013년
운영주체	유가증권시장본부	코스닥시장본부	
시장특성	중대형 우량기업	중소벤처·성장기업	창업초기 중소벤처기업
시가총액	2,096조 원	419조 원	5.8조 원
상장종목수	941사	1,531사	132사
일거래금액*	15조 9,601억 원	11조 9,235억 원	76억 원

* '21.1.1.~'21.11.30. 일평균거래대금

▪ 유가증권시장

유가증권시장은 한국거래소가 주관하여 운영하는 증권시장으로 코스피(Korean Composite Stock Price Index: KOSPI)시장이라고도 한다. 코스피시장은 주로 검증되고, 매출규모가 큰 기업들이 주를 이루고 상장기준이 코스닥시장에 비해 훨씬 엄격하다. 2021년 11월 기준 코스피시장에 등록된 상장기업은 941개사이고 시가총액은 2,096조 원에 이른다.

▪ 코스닥시장(Korea Securities Dealers Automated Quotation: KOSDAQ)

유망한 중소·벤처기업들의 자금조달을 목적으로 한 증권시장으로 미국의 나스닥(NASDAQ)과 유사한 기능을 하는 중소, 벤처기업을 위한 증권시장이다. 따라서 코스닥시장은 유가증권시장에서 거래하기에는 비교적 규모가 작고 코스피에 투자하는 것보다 위험도가 다소 높다고 할 수 있다. 2021년 11월 기준 코스닥시장에 등록된 기업은 1,531개사이며 시가총액은 419조 원에 이른다.

■ **코넥스시장**

코넥스시장은 초기 중소·벤처기업의 성장지원 및 모험자본 선순환 체계 구축을 위해 개설된 초기 중소기업에 특화된 주식시장이다. 전문투자자 등으로 시장참여자를 제한하나 벤처캐피탈 및 엔젤투자자 등의 시장참여를 허용하여 모험자본의 선순환을 지원하고, 중소기업의 M&A 등 구조조정을 지원한다. 2021년 11월 기준 코넥스시장에 등록된 기업은 132개사이며 시가총액은 5.8조 원에 이른다.

2.3 장외시장

거래소시장인 코스피시장과 코스닥시장을 흔히 장내시장이라 부른다. 반면 장외시장(Over-The-Counter market: OTC)은 거래소 이외의 시장으로 비상장주 중에서 거래가 가능한 장외주식을 거래할 수 있는 시장을 말한다. 장외주식을 거래하는 곳은 다양하게 있는데, 한국거래소가 운영하고 있는 KSM(KRX Startup Market)시장, 한국금융투자협회가 운영하고 있는 K-OTC(Korea Over-The-Counter)시장, 그리고 제도권 밖에 있는 직접거래시장(개인과 개인 간이 직접 거래)이 있다. 장외시장을 통해 거래되는 장외주식은 거래소시장이나 협회중개시장에서 거래되는 주식들보다 상장 혹은 등록요건이 많이 완화되어 있어 상대적으로 안정성이 많이 떨어진다. 따라서 투자자들은 높은 수익을 기대할 수도 있지만 그에 비례하여 위험도 높다.

■ **KSM(KRX Strartup Market)**

한국거래소(KRX)가 운영하고 있는 크라우드펀딩 성공 기업 등 창업·중소기업 전용 장외시장으로 코스닥 및 코넥스 진입을 원활히 하기 위한 종합 인큐베이터 역할을 담당한다.

■ **K-OTC(Korea Over-The-Count)**

K-OTC는 한국금융투자협회가 운영하고 있는 장외시장으로 KSM과 마찬가지로 코스피, 코스닥에 상장되지 못한 장외기업들이 제도권 주식시장에 들어와서 자금조달을 받을 수 있도록 하기 위하여 운영되고 있다.

3 증권시장의 상장

3.1 증권시장 상장의 의미

상장(listing)이란 주식회사가 발행한 증권이 한국거래소(이하 '거래소')가 정하는 일정한 요건을 충족하여 유가증권시장, 코스닥시장 또는 코넥스시장에서 거래될 수 있는 자격을 부여하는 것을 말한다. 흔히 상장과 동일한 의미로 '기업공개(Initial Public Offering: IPO)'라는 표현이 혼용되어 사용되고 있으나, 기업공개는 회사의 주요 정보를 일반인들에게 공개하는 절차이다. 즉 '상장'은 기업의 주식을 주식시장에 거래되도록 등록하는 절차이고 '기업공개(IPO)'는 기업이 상장해도 될지를 심사하고, 상장된 주식이 많이 거래될 수 있도록 일반대중들에게 기업의 중요정보를 공개하는 절차를 의미한다. 즉 상장은 기업공개의 목표이자 결과물이라 할 수 있다.

과거에는 상장과 기업공개 요건이 동일하였으나 1999년 4월부터 상장과 기업공개가 분리된 후 거래소는 상장신청기업에 대해 상장심사를 실질적으로 수행하고 있다. 따라서 상장요건을 갖추지 못한 기업이라 하더라도 주간사회사와의 계약에 의하여 기업공개를 추진하여 주식발행을 통한 자금조달이 가능하게 되었다. 기업공개와 상장 차이를 비교하면 [표 7-3]과 같다.

[표 7-3] 기업공개와 상장의 차이

구분	기업공개	상장
목적	기업의 장기·안정적 자금조달	증권의 원활한 유통, 공정한 가격형성
대상시장	발행시장	유통시장
성격	주식분산의 한 형태	거래적격 유가증권 선별, 투자자 보호
요건심사	해당 없음	상장요건 심사 필요

기업은 상장을 통하여 자금을 조달하고 대외 신인도를 제고하는 등 부수적인 효과를 얻

을 수 있다. 반면 투자자라는 새로운 이해관계자를 맞이하고 시장 · 언론 · 감독기관 등의 관심 대상으로 부상하여 기업의 모든 경영활동이 실시간으로 평가된다. 따라서 경영진은 주가에 영향을 미칠 수 있는 중요한 경영 및 재무정보를 투자자에게 제공하기 위해 상장 이후 공시의무를 이행할 준비를 하여야 한다.

3.2 증권시장 상장의 효과

증권시장에 상장하게 되면 신주발행, 주주총회 소집 등에 있어 간소화된 절차를 따를 수 있어 비상장기업보다 기업운영의 편의성이 제고되고 경제적 측면에서도 여러 가지 이점이 있다. 또한 주주 입장에서도 상장기업의 경우는 대주주를 제외한 주주가 증권시장을 통하여 주식을 양도하는 경우에 양도소득세가 면제된다.[2)] 이하에서는 기업의 경제적 측면을 기준으로 알아본다.

▪ 안정적 자금조달을 통한 기업 성장의 가속화

상장기업은 IPO와 유상증자를 통하여 일반투자자들로부터 장기적이고 안정적인 자금을 조달할 수 있다. 이렇게 조달된 자금은 재무구조 개선, 설비투자 확대, R&D 및 마케팅 강화, 신규사업 추진 등에 사용되어 기업 성장이 가속화될 수 있으며, 안정적인 성장기반이 확보되어 기업의 존속기간이 증가될 수 있다. 또한 상장기업은 비상장기업에 비해 금융권으로부터 보다 유리한 조건으로 자금을 차입할 수 있어 간접자금조달도 용이하다.

▪ 기업 인지도 및 브랜드가치 제고

상장기업은 국내외 투자자 및 언론사 등의 관심대상이 되며, 기업의 경영현황이나 재무제표, 주가 등이 증권관계기관의 각종 자료를 통해 국내외에 실시간으로 전달되어 기업의

2) 비상장기업의 주주는 주식 양도차익의 20%(중소기업의 주식을 소유한 소액주주의 경우 10%, 중소기업 이외의 기업을 주식을 소유한 대주주로서 1년 미만 보유한 경우 30%)를 세금으로 납부해야 한다. 「소득세법」에서 말하는 대주주란 유가증권시장의 경우 발행주식 총수의 1% 이상 또는 시가총액 기준 10억 원 이상의 주식을 보유한 주주를 말한다.

인지도와 브랜드가치를 제고할 수 있다. 또한 상장기업은 건전하고 투명한 기업지배구조, 환경을 생각하는 제품 생산 및 서비스 제공, 지역사회 기여 등을 지속가능보고서 및 ESG 보고서 등을 통해 공시함으로써 사회적 기업으로서의 이미지 구축이 가능하고 이는 곧 기업가치 제고로 이어질 수 있다.

■ 주주의 이익실현 및 종업원의 사기진작

최대주주, 재무적 투자자 등은 IPO 구주매출을 통해 이익을 실현할 수 있다. 또한 유가증권시장에 상장되는 국내기업은 우리사주조합이 설립된 경우 공모주식의 20% 한도에서 우리사주조합에 우선적으로 주식을 배정하여 상장차익의 일부를 종업원과 공유할 수 있다. 공모가격으로 주식을 매입한 근로자는 상장 후 기업의 성장과 함께 주주로서 경제적 이익을 얻을 수 있고, 상장기업은 노사협력 증진과 종업원의 사기진작을 통해 생산성 증대를 꾀할 수 있다.

4 주식시장과 회계정보

4.1 주식의 종류

주식회사에서는 권리와 내용을 달리하는 여러 종류의 주식을 발행하여 필요한 자금을 조달할 수 있다. 상법은 보통주 이외에도 이익의 배당, 잔여재산의 분배, 주주총회에서의 의결권의 행사, 상환 및 전환 등에 관하여 내용이 다른 종류주식을 발행할 수 있도록 정하고 있다. 또한 한 가지 내용을 갖는 종류주식뿐만 아니라, 두 가지 이상의 내용을 혼합한 종류주식의 발행도 가능하며 종류주식을 유효하게 발행하게 하기 위해서는 정관에 발행하는 주식의 종류와 수를 정하여야 한다. 따라서 주식은 그것에 부여된 권리와 내용에 따라 크게 보통주 이외에도 여러 가지 종류주식으로 구분할 수 있다.

■ **보통주**

보통주(common stock)를 취득한 보통주주는 자신의 주식 소유비율에 비례하여 회사의 중요한 경영의사결정과정에 참가할 수 있고, 이익에 대한 배당을 받을 수 있으며, 회사가 해산할 경우에는 채권자에게 채무를 지급하고 남은 잔여재산의 분배를 받을 권리가 있다.

■ **이익배당, 잔여재산분배에 관한 종류주식**

흔히 말하는 '우선주'로 우선주(preferred stock)를 취득한 우선주주는 보통주주와 달리 회사의 중요한 경영의사결정과정에 참가할 수 없는 반면, 이익 배당과 회사의 해산 시 잔여재산 분배에 있어 보통주주보다 우선적인 청구권을 가진다.

■ **의결권제한에 관한 종류주식**

주주총회에서 의결권을 행사할 수 없는 주식으로 의결권 전체를 배제할 수도 있고, 특정 사항(예를 들어, 이사 선임 사항)에 대해서만 의결권을 제한할 수도 있다.

■ **주식의 전환에 관한 종류주식**

흔히 '전환주식'이라고 부르며 회사가 권리내용이 다른 여러 종류주식을 발행하는 경우 다른 종류주식으로 전환할 수 있는 권리, 즉 전환권이 인정되는 주식을 말한다. 회사가 전환주식을 발행하는 경우, 전환의 조건, 전환의 청구기간, 전환으로 인하여 발행할 주식의 수요내용을 정해야 하며, 주식청약서 또는 신주인수권증서에도 그 내용을 적어야 한다.

■ **주식의 상환에 관한 종류주식**

흔히 '상환주식'이라고 부르며 회사가 자금이 필요한 경우 발행하였으나 일정 기간이 지난 후 해당 주식을 회수하여 회사의 이익으로서 주식을 소각할 수 있는 주식을 말한다.

4.2 주가지수란 무엇인가?

주가지수(stock price index)란 주식시장 전체 혹은 일부 주식의 주가를 기준시점의 주가와 비교하여 나타낸 지표이다. 주가지수를 보면 주식시장의 전반적인 동향을 파악할 수 있는데 개별 주식과 주가지수의 등락을 비교분석함으로써 개별 주식에 대한 위험과 투자성과를 평가할 수도 있다.

우리나라 주식시장에서 사용되는 주가지수는 지수계산에 포함된 대상 주식의 범위에 따라 한국종합주가지수(KOSPI), KOSPI 200, KOSPI 100, KOSPI 50, KOSDAQ 지수, KOSDAQ 50 등 여러 가지가 있다. 모든 주가지수의 계산방법은 기본적으로 동일하고 단지, 대상 주식의 범위, 기준시점 및 기준지수에만 차이가 있다.

▪ KOSPI 지수(한국종합주가지수: Korea Composite Stock Price Index)

증권시장에서 1980년 1월 4일을 기준시점으로 하고 기준시점의 주가기준을 100으로 하여 상장기업 전체 주식변동을 기준시점의 주가기준과 비교하여 비교시점의 전체적인 주가를 나타내는 것이다. 현재 우리나라의 종합주가지수는 시가총액방식으로 주가지수를 산출하고 발표하기 때문에 대형주의 주가 변동에 민감하게 반응한다.

$$\text{한국종합주가지수(KOSPI)} = \frac{\text{비교시점의 시가총액}}{\text{기준시점의 시가총액}} \times 100 \qquad \text{[식 7-1]}$$

▪ KOSPI 200지수, KOSPI 100지수, KOSPI 50지수

한국거래소(KRX) 유가증권시장의 전 종목 가운데 시장 대표성, 유동성, 업종 대표성(어업·광업·제조업·전기가스업·건설업·유통서비스업·통신업·금융서비스업·오락문화서비스)을 선정기준으로 삼아, 이 가운데 시가총액이 상위군에 속하고 거래량이 많은 종목을 우선하여 200종목을 선정하여 시가총액을 지수화한 것을 KOSPI 200이라 한다. 또한 코스피 200 지수의 선정기준을 통과한 구성종목 중 다시 시가총액 상위의 우량 100개

종목으로 KOSPI 100지수를 산출하며, 우량 50개의 종목으로 KOSPI 50지수를 산출한다.

■ **KOSDAQ지수와 KOSDAQ 50지수**

코스닥지수(KOSDAQ Index, Korea Securities Dealers Automated Quotation Index)는 코스닥시장 전체의 주가동향을 파악할 수 있는 투자분석지표로 주가에 전체 등록주식 수를 곱한 시가총액방식을 택하고 있다. KOSDAQ 50지수는 코스닥시장에 등록된 기업 중 시장의 대표성이나 유동성 등을 감안해 선정된 50개 종목의 시가총액 변동을 나타내어 코스닥시장을 대표하는 종목을 대상으로 산출된다. KOSDAQ 50지수는 선물 등 파생금융상품의 기초자산이 되며 기관투자자의 벤치마크지수로도 활용되고 있다.

4.3 어떤 주식이 좋은 주식일까?

■ **실적주**

주가의 변동이 주로 기업의 실적, 즉 경영성과에 따라 영향을 많이 받는 주식을 말한다. 실적주로 분류되는 주식은 주가와 경영성과 간의 관계를 통하여 현재 혹은 미래의 주가수준을 평가하는 것이 유용하다. 실적주의 주가평가에는 주가이익비율(PER)이 많이 활용되고 있다.

주가이익비율(Price Earnings Ratio: PER)은 현재 주가를 주당순이익(Earnings Per Share: EPS)으로 나눈 비율로서 현재의 주가가 주당순이익의 몇 배 정도로 형성되어 있는가를 나타낸다. PER는 투자자들 사이에서 주가를 예측하거나 저평가된 주식을 선별하는 데 많이 활용되고 있다.

$$\text{주가수익률(PER)} = \frac{\text{주가}}{\text{주당순이익(EPS)}} \qquad [\text{식 } 7\text{-}2]$$

특정 기업의 주가가 주당순이익의 몇 배 정도에서 형성되어 있는가를 나타내는 PER를 이용하면 상대적으로 저평가 혹은 고평가된 주식을 선별하는 데 활용할 수 있다. 동일 업종에 속해 있고 다른 모든 조건이 비슷한 두 기업의 PER가 현저히 다르다면, PER가 낮은 기업의 주식은 주가가 저평가된 것으로 볼 수 있다. PER가 낮다는 것(저평가되었다는 것)은 비교대상 기업의 수익력(분모의 EPS)에 비해 주가(분자)가 상대적으로 낮게 형성되어 있다는 것을 의미한다. 따라서 이 경우 투자자들은 저평가된(PER가 낮은) 기업의 주식은 매수하고 고평가된(PER가 높은) 기업의 주식은 매도하는 전략을 택함으로써 투자수익을 극대화할 수 있다.

■ 자산주

주가의 변동이 주로 기업의 보유자산가치에 따라 영향을 많이 받는 주식을 말한다. 자산주로 분류되는 주식은 주가와 보유자산의 가치 간의 관계를 통하여 현재 혹은 미래의 주가수준을 평가하는 것이 유용하다. 자산주의 주가평가에는 주가순자산장부가치비율(Price Book-value Ratio: PBR)이 많이 활용되고 있다. 이는 현재 주가를 주당장부가치(BPS)로 나눈 비율로서 현재의 주가가 주당장부가치의 몇 배 정도로 형성되어 있는가를 나타낸다. PBR도 PER과 마찬가지로 투자자들 사이에서 주가를 예측하거나 저평가된 주식을 선별하는 데 많이 활용되고 있다.

$$\text{주가순자산장부가치비율(PBR)} = \frac{\text{주가}}{\text{주당순자산장부가치(BPS)}}$$

$$\text{주당순자산장부가치(BPS)} = \frac{\text{순자산(총자산} - \text{총부채)장부가치}}{\text{발행주식수}} \qquad \text{[식 7-3]}$$

■ 배당주

일반적으로 주식시장에 상장된 다른 주식들에 비해 높은 배당수익이 기대되는 주식을 배당주라 하며 '고배당주'와 혼용해서 사용되는 경우도 많다. 배당은 기업이 일정 기간 동안 경영활동을 통하여 창출한 이익 중 일부를 주주에게 나누어 주는 것으로서, 현금배당

(cash dividends)의 형태를 취하기도 하고 주식배당(stock dividends)의 형태를 취하기도 한다. 주주 입장에서는 불확실한 미래이익보다 현재의 확실한 이익을 선호하는 경우가 많기 때문에 최근 배당을 많이 하는 '배당주'에 대한 관심이 높다. '배당성향'은 기업의 당기순이익 중 현금으로 지급된 배당금의 비율로서 기업이 당기순이익 중에서 어느 정도를 주주에게 현금으로 배당하였는지를 나타낸다.

$$\text{배당성향}(\%) = \frac{\text{총현금배당금}}{\text{당기순이익}} \times 100 \qquad \text{[식 7-4]}$$

배당성향이 높으면 좋은 기업이고 낮다고 하여 반드시 나쁜 기업이라고 단정할 수는 없다. 기업 입장에서는 경영활동을 통하여 창출된 이익은 주주에게 현금으로 배당할 수 있는 원천이기도 하지만, 미래를 위한 재투자의 중요한 원천이 된다. 따라서 기업이 재투자 목적으로 배당을 적게 하였다면 재투자의 효과에 대한 평가 등을 종합적으로 고려해서 판단해야 한다. 즉 투자자의 의사결정문제가 단기적인 배당수익(배당금)의 극대화에 있는 것인지 아니면 장기적인 투자수익(배당금 + 매매차익)의 극대화에 있는 것인지에 따라 다른 판단을 할 수 있다.

또한 '배당수익률'은 1주당 배당금을 해당 주식의 주가로 나눈 비율로서 투자자들의 투자지표로 많이 활용되고 있다.

$$\text{배당수익률}(\%) = \frac{\text{1주당 배당금}}{\text{주가}} \times 100 \qquad \text{[식 7-5]}$$

투자자는 수익률로 측정한 배당수익률을 이용하여 다른 투자수단(은행예금이나 채권 등)의 수익률과 비교할 수 있으며, 또한 여러 주식들 가운데 상대적인 수익률을 구하여 비교할 수도 있다.

가령, A기업과 B기업의 주가는 각각 ₩200,000과 ₩80,000이고 1주당 배당금은 각각

₩2,000 ₩1,400이라고 가정하자. 이 경우 A기업의 배당수익률은 1.0%이고 B기업의 배당수익률은 1.75%이다. 주가수준 자체는 A기업이 더 높지만 배당수익률 측면에서는 B기업이 더 높다. 따라서 투자자 입장에서는 다른 모든 조건이 동일하다면 B기업의 주식을 더 좋은 투자대상으로 평가할 것이다. 이와 같이 배당수익률은 어떤 주식에 투자할 경우 그 투자자금이 배당을 통하여 연간 어느 정도 수익으로 실현되는지를 나타내는 지표로서 금융기관을 통한 예금 혹은 채권과 같이 주식 이외의 투자대상에 투자했을 경우의 수익성과 상호 비교하거나 여러 종목의 주가수준을 상호 비교할 때 많이 활용할 수 있는 투자지표이다.

5 채권시장과 회계정보

5.1 회사채란 무엇일까?

회사채(corporate bond, 사채, 社債)는 주식회사가 자금을 조달하기 위하여 회사가 일반 공중으로부터 비교적 장기채권이라는 유가증권을 발행하여 부담하는 채무를 말한다. 회사채는 기업의 대표적인 타인자본 조달수단으로 채권자와 채무자 간의 채무관계를 나타내는 채무증권(debt securities)이다. 채권자는 사채발행 시 미리 정해진 조건으로 이자지급 기일에 이자를 받고 만기에는 원금을 상환받는다. 회사채는 이자와 만기가액의 상환위험을 최종적으로 누가 지느냐(보증 여부)와 주식과의 연계 형태에 따라 여러 가지 유형의 채권이 발행되고 있다.

5.2 채권가격은 어떻게 결정되는가?

모든 채권에는 만기(maturity), 액면가액(par value), 표면이자율(표시이자율, 액면이자율 : stated interest rate) 등이 명시되어 있고, 채권 발행회사는 채권자에게 채권의 만기까지 액면가액에 표면이자율을 곱한 금액만큼의 이자를 매 이자지급기간에 지급하고, 만기에는 액면가액에 해당하는 금액을 상환해야 한다. 따라서 특정 시점 현재 사채의 가치는 사채로 인한 모든 현금흐름(이자와 액면가액)을 적절한 할인율로 할인한 현재가치와 같게 된다. 이것을 산식으로 표시하면 [식 7-6]과 같다.

$$P_0 = \frac{I}{(1+r)} + \frac{I}{(1+r)^2} + \cdots + \frac{I}{(1+r)^n} + \frac{F}{(1+r)^n} \qquad \text{[식 7-6]}$$

여기서, P_0: 채권의 현재가치(채권의 가격)
I: 연간 이자
F: 채권의 액면가액
r: 할인율(채권에 대한 기대수익률)
n: 만기

[식 7-6]에서 'P_0'는 채권 투자자 입장에서 보면 투자대상 채권을 통해 받을 수 있는 현금흐름(I와 F)을 자신의 기대수익률(r)[3]로 할인한 현재가치가 된다. 따라서 채권 투자자 입장에서 투자대상 채권을 'P_0'의 금액으로 매입하게 되면 자신의 기대수익률(r)은 충분히 충족되므로 해당 채권은 'P_0'의 금액으로 거래가 이루어지게 된다. 실제의 현재가치계산은 뒷장을 참고하기 바란다.

5.3 할인 · 할증 · 액면발행이란 무엇을 말하는가?

사채의 발행가격은 사채에 표시된 표면이자율과 사채권자의 기대수익률에 따라 달라진다. 가령, 만기가 1년, 액면가액이 ₩10,000, 표면이자율이 연 10%인 회사채의 발행가격은 얼마에 결정될까? ₩10,000에 발행될 수도 있고(액면발행: issue at par), ₩10,000 미만의 가격으로 발행될 수도 있고(할인발행: issue at discount), ₩10,000을 초과한 금액으로 발

3) 기대수익률은 수요자 입장에서 요구하는 수익률로 '요구수익률'이라고도 하며 기업 입장에서는 채권에 대해 적용되는 할인율이므로 '할인율'이라고도 부른다.

행(할증발행: issue at premium)될 수도 있다. 이것은 오로지 채권 투자자의 기대수익률에 의해 좌우된다.

채권 투자자의 기대수익률이 연 10%인 경우 채권 투자자는 ₩10,000을 투자하여 1년 후의 투자수익이 ₩1,000(= ₩10,000 × 10%)이 되는 투자안이라면 기꺼이 현재 ₩10,000을 투자할 것이다.

즉 채권 투자자는 채권의 표면이자율이 자신의 기대수익률과 동일하다면 액면가와 동일한 금액(₩10,000)으로 채권에 투자를 할 것이지만, 채권의 표면이자율이 자신의 기대수익률에 미치지 못한다면 채권에 투자를 하지 않을 것이다.

이 경우 채권발행회사가 채권발행을 통해 자금을 조달하기 위해서는 채권 투자자의 기대수익률을 충족시켜 줄 수밖에 없다. 따라서 채권발행회사가 액면가(₩10,000)보다 낮은 가액으로 채권을 발행하게 되어 해당 채권은 할인발행되는 것이다. 반대로 채권의 표면이자율이 채권자의 기대수익률을 초과할 경우에는 해당 채권이 액면가보다 높은 가액으로 발행될 수도 있을 것이다.

5.4 채권가격이 변동하는 이유는 무엇일까?

채권의 가격은 채권이 발행된 후 유통시장에서 매일같이 변동한다. 채권가격의 변동은 기본적으로 채권자의 기대수익률(r)이 변화함으로써 발생하게 되는데, 채권자의 기대수익률 변동은 시중금리, 경제상황과 같은 기업 외적 요인과 채권의 만기까지의 잔존기간, 채권발행회사의 채무불이행 위험과 같은 기업 내적 요인 등으로 구분할 수 있다. 여기서는 채권의 기대수익률 곧 채권가격을 변동시키는 요인들 중 기업 내적 요인에 대해서 간단히 살펴보기로 한다.

■ 채권의 잔존기간과 채권가격 변동

채권은 만기까지의 잔존기간에 따라 기대수익률이 달라진다. 다른 모든 조건이 일정하다고 할 때 만기까지의 잔존기간이 길수록 채권의 기대수익률 변화에 따른 채권가격의 변동폭이 커지므로 장기채권일수록 높은 기대수익률이 요구된다. 따라서 채권의 만기까지의 잔존기간에 따라 채권에 대한 기대수익률이 달라지므로 만기까지의 잔존기간에 따라 채권가격은 변동하게 된다. 이러한 채권의 기대수익률과 잔존기간과의 관계를 채권수익률의 만기구조(term structure of bond yield)라고 한다.

▪ 채권발행기업의 채무불이행위험과 채권가격 변동

채권은 사전에 정해진 발행조건에 따라 만기 상환가액과 매년 지급되는 이자가 확정된 확정이자부 증권이지만 위험이 전혀 없는 것은 아니다. 채권발행회사의 재무상태와 경영성과는 채권발행 이후에 매년 변화할 수 있으므로, 채권발행기업이 이자와 원금을 상환하지 못할 채무불이행위험은 항상 존재한다. 다른 모든 조건이 동일한 경우 채무불이행위험이 높은 기업에서 발행한 채권은 투자자들로부터 더 높은 위험프리미엄을 요구받게 되고 이로 인하여 채권의 기대수익률이 높아지게 된다. 따라서 채권의 기대수익률이 높아지는 것에 비례하여 채권가격은 떨어지게 된다. 즉 채무불이행위험이 높아 신용등급이 낮은 기업에 대해 투자자들은 더욱 높은 수익률을 요구하게 되어 이로 인하여 적용되는 할인율이 높아져서 채권가격을 낮아진다.

/ 연 / 습 / 문 / 제 /

01. 우리나라의 증권시장은 크게 ① __________과 유통시장 두 가지로 구분할 수 있다. 유통시장에는 ② __________과 ③ __________이 있는데, ③ __________에는 ④ __________, ⑤ __________, ⑥ __________이 있다.

02. 한국종합주가지수(KOSPI)의 기준시점은 ① __________이며, KOSDAK의 기준시점은 ② __________이다.

03. 거래소시장에의 상장 및 상장폐지요건을 관련기관 홈페이지(www.kse.or.kr)에서 찾아 정리하시오.

04. 협회중개시장(KOSDAQ)에서의 등록 및 등록폐지요건을 관련기관 홈페이지(www.kosdaq.or.kr)에서 찾아 정리하시오.

05. 기업에서 필요한 자금조달방법으로 직접금융(direct financing)과 간접금융(indirect financing)을 구분하여 설명하시오.

06. 기업공개(public offering)와 상장(혹은 등록)의 차이를 설명하고, 상장을 통해 얻을 수 있는 효과를 설명하시오.

07. 한국종합주가지수(KOSPI)의 산출방법과 그 특징을 설명하시오.

08. 주가수익률(PER)의 의미를 설명하고, PER를 이용한 저평가주의 선별방법과 주가예측방법에 대해 설명하시오.

09. 실적주와 자산주의 의미를 설명하고, 이들 주식의 가치평가지표에 대해서 설명하시오.

10. 주식과 회사채의 차이점을 설명하고, 최근 주식과 회사채의 접근 경향에 대해서도 설명하시오.

11. 채권가격에 영향을 미치는 요인을 기업 외적 요인과 기업 내적 요인으로 구분하여 설명하시오.

읽을거리

올해 예상 PER 2~3배 불과…저(低)평가주 종목 골라 담아볼까

자동차 부품기업 화신, 예상 PER 2.52배 '최저'
15개 종목 2~3배 수준 그칠 듯
저평가 주식 위주 비중 확대전략도 고려해야

올해는 금리 인상 등의 영향으로 경기 둔화와 기업 실적 악화가 예상된다. 보통 이런 시기에는 실적에 비해 주가가 저평가된 기업들을 찾아 투자하는 전략이 투자자들 사이에서 인기를 끈다. 금융투자업계에서는 올해 주가수익비율(PER)이 2~3배에 불과할 것으로 예상되는 초저평가 기업들에 주목해야 한다는 분석이 제기된다.

PER은 주가를 주당순이익으로 나눈 것으로 주가가 주당순이익의 몇 배인지를 보여주는 지표다. 기술 성장주로 분류되는 기업들은 PER이 수십 배에 달해 주가가 실적에 비해 고평가됐다는 논란도 있다.

(중략)

박승영 한화투자증권 연구원은 "지금 주식시장엔 올해 예상이익을 기준으로 (PER이) 4배도 안 되는 주식들이 많다. 이익 추정치가 절반으로 하향돼도 8배가 안 된다"라며 "당연히 지금은 성장에 대한 기대가 없지만, 이들 중에서 이익이 더 하향되지 않을 증거만 찾아도 주가는 반등할 것"이라고 했다. 밸류에이션(기업가치 대비 주가)이 싼 기업들을 골라 투자하면 극단적으로 기업실적이 악화하지 않는 한 주가가 상승할 가능성이 크다는 의미다.

백지윤 블래쉬자산운용 대표는 "올해는 이미 시장이 경기 악화를 대부분의 기업 주가에 반영한 시기고, 잘 찾아보면 반도체 소부장(소재·부품·장비) 등 유망한 산업에 속하는 기업들조차 PER이 굉장히 낮은 수준까지 떨어져 저평가돼 있다"라며 "조금씩 주식 투자 비중을 늘려가는 것도 수익을 낼 수 있는 좋은 전략이 될 것"이라고 말했다.

출처: 조선비즈, 정해용 기자(jhy@chosunbiz.com), 2023.01.09.

엑셀이야기 + 7장

가치투자에 있어서 대표적 회계정보는 네 가지입니다. 그렇다면 어떻게 저평가된 주식을 알 수 있을까요? 가치투자에 있어서 대표적 회계정보를 국내에서 확인할 수 있는 곳이 있습니다. 바로 한국거래소입니다. 한국거래소에서 제공하는 엑셀파일을 다운받아 가치투자에 있어 대표적인 회계정보를 분석하여 봅시다.

먼저 포털에서 한국거래소를 검색하여 한국거래소 홈페이지에 들어간 후 [그림 7-2] 상단 메뉴에서 점선 박스 안 정보데이터 시스템을 클릭합니다.

그림 7-2 한국거래소 홈페이지화면

[그림 7-3] 정보데이터 시스템 왼쪽 탭 메뉴 중 ① 기본통계-② 주식-종목시세에 마우스를 위치하면 메뉴 팝업이 됩니다. 이때 ③ 전 종목시세를 클릭합니다.

그림 7-3 한국거래소 PER/PBR/배당수익률 메뉴

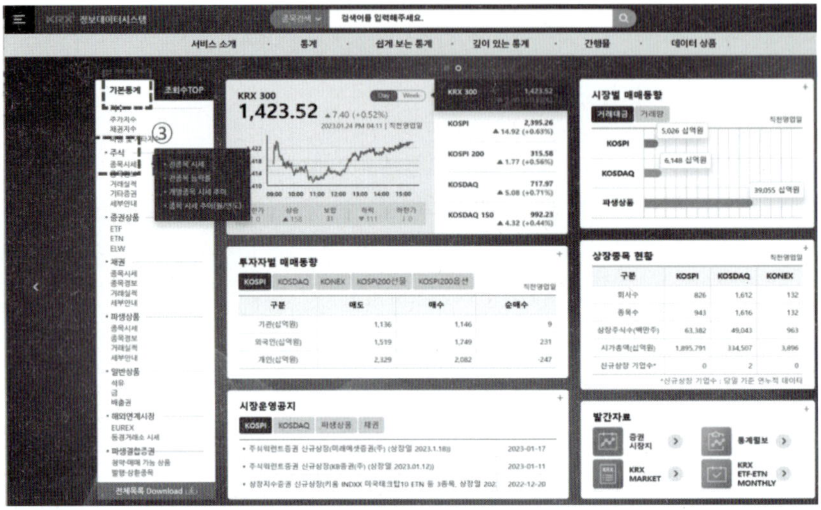

[그림 7-4]처럼 주식을 클릭한 후 ① 세부안내 메뉴를 펼칩니다. ② PER/PBR/배당수익률(개별종목)를 클릭하고 ③ 엑셀파일을 다운받을 수 있는 단추를 클릭합니다.

[그림 7-4]처럼 다운로드 표시 단추를 클릭해서 엑셀파일을 다운로드합니다. 다운로드된 엑셀파일을 활용하여 저PER, 저PBR 주식을 찾아봅시다.

그림 7-4 한국거래소 PER/PBR/배당수익률 엑셀파일 다운로드

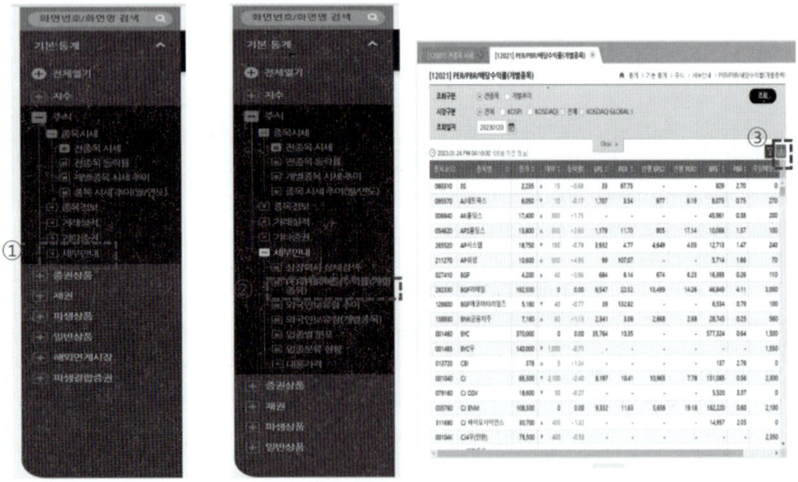

❶ 데이터 정렬

먼저 다운로드한 엑셀파일을 엽니다. 그리고 sheet1 시트로 이동한 후 메뉴의 데이터탭에서 정렬을 클릭합니다. 그러면 [그림 7-5]처럼 창이 뜹니다. 우선 저PER주식 종목을 찾을 거니까 정렬기준을 'PER', '셀 값'으로, 정렬은 '오름차순'으로 지정한 다음 확인 버튼을 눌러줍니다.

그림 7-5 **엑셀프로그램 데이터 정렬**

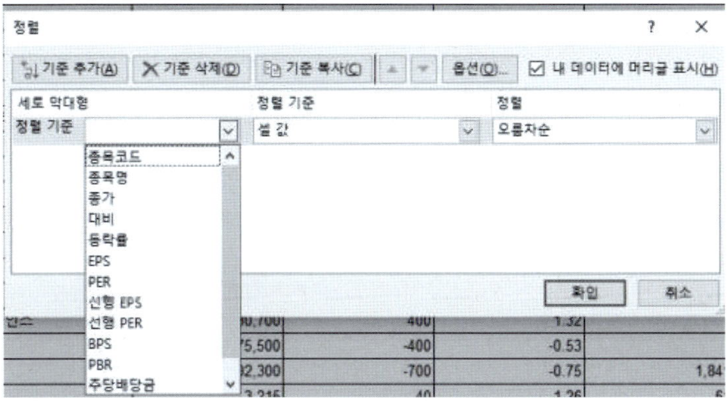

저PER 순으로 기업이 정렬됩니다. 동일한 방식으로 저PBR도 확인할 수 있습니다. 그런데 PER, PBR, PCR, PSR 등 저평가 주식을 찾는 지표들이 항상 유효한 것은 아닙니다.

과거 데이터를 확인하면 어떤 시기에는 저PER이 유효했고, 어떤 시기에는 저PBR이 유효하며, 어떤 때는 복합적으로 고려해야 하는 등 변수가 다양하다고 할 수 있습니다.

그래서 단순 정렬 순으로 확인하는 것 말고 엑셀프로그램을 이용하여 좀 더 역동적으로 분석하여 봅시다.

❷ RANK함수

먼저 BPS지표와 PBR지표의 순위를 매겨 봅시다. 순위를 알아내 주는 함수로 RANK라는 함수가 있습니다. 이 함수를 활용하면 됩니다. 예를 들어봅시다.

그림 7-6 **엑셀프로그램 RANK함수**

①, ②

	A	B	C	D	E ①	F ②
1		수험생	영어점수	회계점수	영어순위	회계순위
2		A	37	72		
3		B	62	17		
4		C	65	1		
5		D	28	24		
6		E	97	79		
7		F	9	77		
8		G	88	18		
9		H	1	40		
10		I	17	14		
11		J	51	96		

E2 =RANK(C2,$C$2:$C$11) ③

	A	B	C	D	E	F
1		수험생	영어점수	회계점수	영어순위	회계순위
2		A	37	72	6	4
3		B	62	17	4	8
4		C	65	1	3	10
5		D	28	24	7	6
6		E	97	79	1	2
7		F	9	77	9	3
8		G	88	18	2	7
9		H	1	40	10	5
10		I	17	14	8	9
11		J	51	96	5	1

F2 =RANK(D2,$D$2:$D$11) ④

	A	B	C	D	E	F
1		수험생	영어점수	회계점수	영어순위	회계순위
2		A	37	72	6	4
3		B	62	17	4	8
4		C	65	1	3	10
5		D	28	24	7	6
6		E	97	79	1	2
7		F	9	77	9	3
8		G	88	18	2	7
9		H	1	40	10	5
10		I	17	14	8	9
11		J	51	96	5	1

[그림 7-6] ①, ②는 수험생들의 영어점수 순위와 회계점수 순위를 알아보기 위해 RANK함수를 이용한 것입니다. ③ E2셀은 RANK함수를 이용하여 영어순위를 확인한 것이며, ④ F2셀은 RANK함수를 이용하여 회계순위를 확인한 것입니다. 그리고 자동채우기로 나머지 수험생들의 순위를 확인하였습니다.

이때 역시 주의할 점은 어떤 값은 상대적으로 변해야 하고 어떤 값은 절대적인 값을 유지하여야 하는지를 잘 판단하시면 됩니다.

❸ VLOOKUP함수와 데이터 유효성 검사

한국거래소 상장기업 수가 2,500사 이상이 있는데 확인하고 싶은 상장기업이 있을 때 매번 이렇게 한국거래소 홈페이지를 방문하여 확인해야 할까요?

다운받은 파일을 이용하여 자동으로 종목명이나 종목코드를 선택만 하면 볼 수 있게 만드는 방법이 없을까요? 물론 있습니다.

엑셀이야기 5장, 6장에서 배웠던 INDEX함수, MATCH함수를 이용한 방법이 있을 수 있고, 또 다른 함수를 이용한 방법이 있을 수 있으나 이번 엑셀이야기에서는 VLOOKUP함수와 조건부 서식을 활용하여 자동화를 해봅시다.

먼저 VLOOKUP함수를 이해해 봅시다. 아마 엑셀프로그램을 잘 모르는 사람들 앞에서 잘난 척하기 좋은 함수가 VLOOKUP함수일 것입니다.

그러나 이 함수는 엑셀프로그램이 갖고 있는 많은 참조함수 중 하나일 뿐입니다.

VLOOKUP함수의 함수명을 쪼개 보면 Vertical Look Up을 줄여서 쓴 말로 Vertical은 수직의 의미이고, Look Up은 찾는다는 의미입니다. 즉 수직으로 나열된 데이터에서 원하는 값을 찾겠다는 의미를 줄여서 VLOOKUP함수라고 지칭된 겁니다.

VLOOKUP함수는 전화번호부와 같이 사용자가 모르는 것을 찾기 위해 누군가의 이름과 같이 알고 있는 데이터로 시작하는 전화번호부와 매우 유사합니다.

예를 들어 봅시다. [그림 7-7]과 같이 회색처리된 상품단가표에서 상품단가를 찾아, 오른쪽 실선 박스 매출표 합계를 구해 봅시다.

그림 7-7 엑셀프로그램 VLOOKUP함수를 통한 정확한 값 찾기

G2 =VLOOKUP(F2,$B$2:$C$8,2,FALSE)

	A	B	C	D	E	F	G	H	I
1		상품명	단가			상품명	단가	판매수량	합계
2		당근	100			무	150	39	5850
3		무	150			당근	100	78	7800
4		대파	130			꽃상추	190	53	10070
5		양파	180			엽상추	210	101	21210
6		감자	170			대파	130	98	12740
7		꽃상추	190			당근	100	56	5600
8		엽상추	210			감자	170	81	13770
9						양파	180	14	2520
10						엽상추	210	99	20790
11						대파	130	12	1560
12						당근	100	49	4900
13						감자	170	54	9180

VLOOKUP함수 형식은 4개 매개변수를 필요합니다. 내가 ① 필요로 하는 값(매출표의 상품명인 F2)을 ② 어떤 범위(상품단가표인 B2:C8)에서 ③ 몇 번째 열에서(상품단가표 C열인 2번째) ④ 정확히 또는 유사한 결과값(찾는 값)을 찾아오도록 하는 함수입니다.

다시 정리하면

=VLOOKUP(*① F2, ② $B2$C8, ③ 2, ④ FALSE*)

인수 ① F2: 내가 필요로 하는 값(찾는 값) - 무 단가

인수 ② $B$2:$C$8: 어떤 범위(찾는 장소) - 상품 단가표

인수 ③ 2: 어떤 범위에서 가져올 몇 번째 열(상품 단가표 2번째 열)

인수 ④ FALSE: 찾는 값과 정확히 일치하는 값을 찾아라!!

책상에 업무를 위하여 단가표라든가 적용률이라든가 하는 테이블이 있을 것입니다. 엑셀프로그램은 이런 것을 참조테이블이라고 부릅니다. VLOOKUP함수는 참조테이블을 활용하는 참조함수입니다.

[그림 7-7]의 상품단가표와 같은 참조테이블이 있고, 매출표와 같이 실제로 어떤 정보가 계속 발생하는 작업테이블, 영업테이블 등 계속 데이터가 입력되는 정보테이블이 있을 것입니다.

[그림 7-7]과 같은 작업을 해가면서 필요한 정보를 참조테이블에서 얻어 올 수 있는 것입니다.

[그림 7-7] 테이블의 경우 상품명으로 왼쪽 회색처리된 참조테이블에서 관련된 상품명을 찾아서 오른쪽 실선 박스처리된 매출표의 해당 상품명 단가를 실시간으로 알아내어 오는 것입니다.

매출표 F2 무의 상품명을 대파 또는 양파로 바꿔보기 바랍니다. 해당 상품명에 따른 단가를 정확히 찾아서 단가열에 표현해 주는 것을 확인할 수 있을 것입니다.

VLOOKUP함수에서 FALSE를 주면 찾는 값과 정확히 일치하는 값을 찾아라! 하는 것은 알겠는데, FALSE가 아닌 TRUE는 근사값, 비슷한 값을 찾으라고 한다는데... 이런 경우는 어떤 경우일까요? 예를 들어 봅시다. 교수님이 학부생들의 점수를 기준으로 등급을 찾는다고 해봅시다.

[그림 7-8]과 같이 학부생 학점을 부여하기 위한 조건테이블(참조테이블)이 있습니다. 학부생들의 시험점수가 나왔을 때, 학점등급을 어떻게 주어야 할까요?

엑셀프로그램이 없다면 이것을 학생들의 점수를 일일이 확인하며 학점등급을 주어야 합니다.

이럴 경우 근사값(비슷한 값-TRUE)을 찾는 경우가 되는 것입니다. 고객이 구매한 금액이 얼마에서 얼마까지는 할인율을 몇 % 적용한다거나, 고객의 신용등급이 얼마에서 얼마까지는 몇 등급을 적용한다는 등 이렇게 근사값을 찾아야 할 경우는 다양한 산업에 널려 있을 것입니다.

그림 7-8 엑셀프로그램 VLOOKUP함수를 통한 근사값 찾기

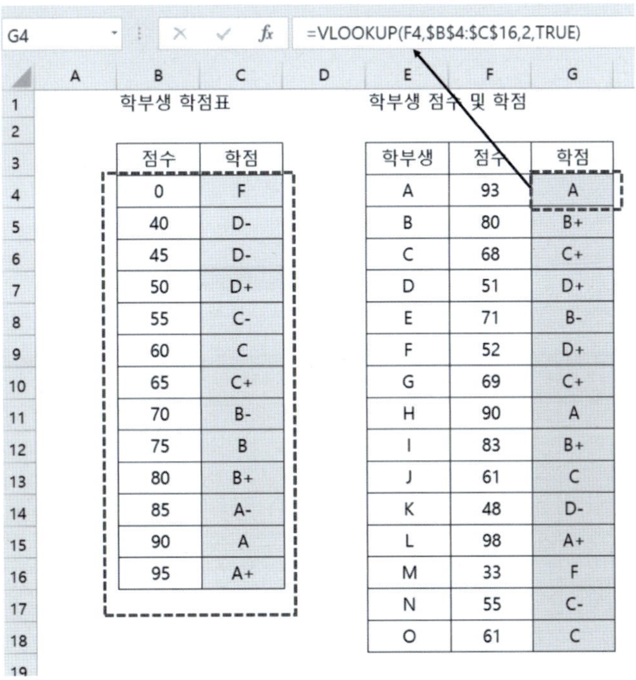

점수	학점
0	F
40	D-
45	D-
50	D+
55	C-
60	C
65	C+
70	B-
75	B
80	B+
85	A-
90	A
95	A+

학부생	점수	학점
A	93	A
B	80	B+
C	68	C+
D	51	D+
E	71	B-
F	52	D+
G	69	C+
H	90	A
I	83	B+
J	61	C
K	48	D-
L	98	A+
M	33	F
N	55	C-
O	61	C

=VLOOKUP(*① F4, ② $B$4:$C$16, ③ 2, ④ TRUE*)

인수 ① F4: 내가 필요로 하는 값(찾는 값) – 학부생 점수

인수 ② $B$4:$C$16: 어떤 범위(찾는 장소) – 학부생 학점표

인수 ③ 2: 어떤 범위에서 가져올 몇 번째 열(학점표 2번째 열)

인수 ④ TRUE: 근사값(비슷한 값)을 찾아라!!

근사값(TRUE)을 사용할 때 중요한 점이 있습니다. 학부생 학점표의 점수열, 즉 인수 ②는 점수가 오름차 정렬이 되어 있어야 합니다.

정확한 값(FALSE)을 찾는 것은 정렬과 상관이 없지만, 근사값(TRUE)을 찾는 것은 반드시 오름차 정렬한다는 것을 잊지 맙시다.

이제 VLOOKUP함수를 활용하여 자동으로 종목명이나 종목코드를 선택만 하면 EPS, PER, BPS, PBR 등을 자동으로 볼 수 있게 만들어 봅시다.

[그림 7-9] ① C2셀에 목록이 나타나게 한 것은 엑셀이야기 3장, 4장 등에서 얘기하였던 데이터 유효성 검사를 이용합니다. 그런 후 목록에서 ② 종목명을 선택하면 VLOOKUP함수라는 참조함수를 사용하여 필요한 정보가 있는 열번호를 바꿔가며 해당 종목의 관련정보를 가져오게 하는 것입니다.

그림 7-9 **한국거래소 PER/PBR/배당수익률 엑셀파일 자동화**

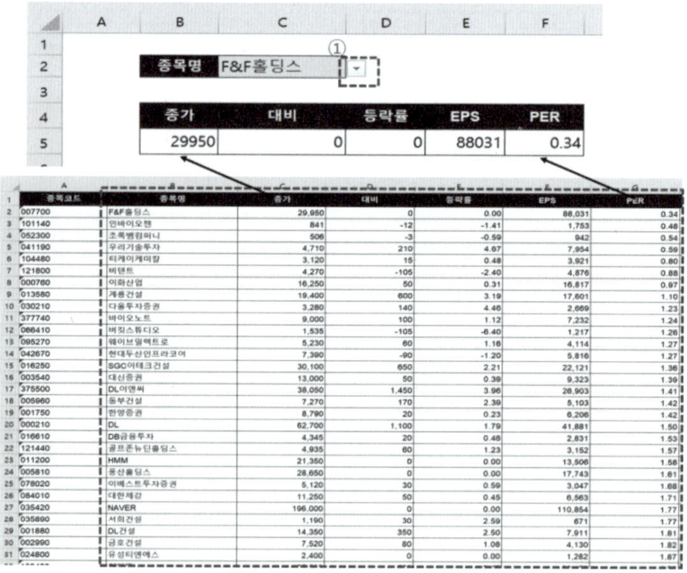

종목명	F&F홀딩스

종가	대비	등락률	EPS	PER
29950	0	0	88031	0.34

종목코드	종목명	종가	대비	등락률	EPS	PER
007700	F&F홀딩스	29,950	0	0.00	88,031	0.34
101140	인바이오젠	841	-12	-1.41	1,753	0.46
052300	초록뱀컴퍼니	506	-3	-0.59	942	0.54
041190	우리기술투자	4,710	210	4.67	7,954	0.59
104480	티케이케미칼	3,120	15	0.48	3,921	0.80
121800	비덴트	4,270	-105	-2.40	4,876	0.88
000760	이화산업	16,250	50	0.31	16,817	0.97
013580	계룡건설	19,400	600	3.19	17,601	1.10
030210	다올투자증권	3,280	140	4.46	2,669	1.23
377740	바이오노트	9,000	100	1.12	7,232	1.24
066410	버킷스튜디오	1,535	-105	-6.40	1,217	1.26
095270	웨이브일렉트로	5,230	60	1.16	4,114	1.27
042670	현대두산인프라코어	7,390	-90	-1.20	5,816	1.27
016250	SGC이테크건설	30,100	650	2.21	22,121	1.36
003540	대신증권	13,000	50	0.39	9,323	1.39
375500	DL이앤씨	38,050	1,450	3.96	26,903	1.41
005960	동부건설	7,270	170	2.39	5,103	1.42
001750	한양증권	8,790	20	0.23	6,206	1.42
000210	DL	62,700	1,100	1.79	41,881	1.50
016610	DB금융투자	4,345	20	0.46	2,831	1.53
121440	골프존뉴딘홀딩스	4,935	60	1.23	3,152	1.57
011200	HMM	21,350	0	0.00	13,506	1.58
005810	풍산홀딩스	28,650	0	0.00	17,743	1.61
078020	이베스트투자증권	5,120	30	0.59	3,047	1.68
084010	대한제강	11,250	50	0.45	6,563	1.71
035420	NAVER	196,000	0	0.00	110,854	1.77
035890	서희건설	1,190	30	2.59	671	1.77
001880	DL건설	14,350	350	2.50	7,911	1.81
002990	금호건설	7,520	80	1.08	4,130	1.82
024800	유성티엔에스	2,400	0	0.00	1,282	1.87

종가를 가져오는 함수는 =VLOOKUP($C$2,DATA!$B$2:$G$31,2,FALSE), PER을 가져오는 =VLOOKUP($C$2,DATA!$B$2:$G$31,6,FALSE)입니다.

참조테이블의 몇 번째 열을 갖고 오느냐만 다를 뿐 나머지는 같습니다. 이렇게 수식과 엑셀의 주어진 기능만으로도 프로그래밍이 된 셈입니다.

이제 한국거래소 상장기업 2,500사에 대한 특정 상장사의 PER, EPS, BPS, PBR 등을 확인하실 때 매번 찾는 번거로움을 줄이고, 더 나아가 배당수익률 순위, PBR 순위 등을 추가하여 각 분석의 의미와 특징을 확인하고 엑셀을 활용한 데이터 정리와 데이터 분석을 수행할 수 있을 거라 자신합니다.

/ 주요 용어정리 /

- **주식**: 주식회사의 자본을 이루는 단위
- **지분증권**: 회사, 조합 또는 기금 등의 순자산에 대한 소유지분을 나타내는 유가증권
- **채무증권**: 확정된 금액을 특정한 날짜(만기)에 갚기로 하고 돈을 빌리는 데 사용되는 증권
- **시세차익**: 주식이나 펀드, 부동산 등을 매수한 이후 가격이 상승한 시점에 매도함으로써 얻게 되는 이익
- **직접금융**: 자금의 최종 수요자와 공급자가 직접 거래하는 방식
- **간접금융**: 금융기관과 같은 중개기관을 사이에 두고 자금의 거래가 이루어지는 방식
- **발생시장(1차시장)**: 기업이나 정부가 자금을 조달할 목적으로 증권을 발행하여 일반투자자들에게 매출하는 시장
- **유통시장(2차시장)**: 이미 발행된 증권이 투자수익을 목적으로 하는 개인투자자 또는 증권회사, 은행 등 기관투자가 사이에서 매매되는 시장
- **거래소시장**: 금융상품을 판매하고 구입하는 장소와 거래의 형식이 일정하게 표준화되어 있는 시장
- **장외시장**: 증권거래소시장 전 단계 시장으로서 상장이 안 된 중소기업이나 벤처기업의 주식을 증권회사 창구에서 사고팔 수 있도록 제도화한 시장
- **한국증권거래소**: 유가증권의 공정한 가격 형성과 안정, 유가증권 유통의 원활을 기하기 위하여 설립된 기관
- **상장**: 한국거래소에서 매매할 수 있는 품목(종목)으로 지정하는 일
- **유가증권시장**: 유가증권의 매매거래를 위하여 한국증권거래소가 개설하는 시장
- **코스닥시장**: 전자거래시스템으로 운영되는 한국의 장외 주식거래시장
- **코넥스시장**: 코스닥시장 상장 요건을 충족시키지 못하는 벤처기업과 중소기업이 상장할 수 있는 중소기업 전용 주식시장
- **K-OTC 시장**: 증권시장에 상장되지 않은 주권의 장외매매거래를 위해 금융투자협회가 운영하는 장외시장
- **기업공개**: 일정 규모의 기업이 상장절차 등을 밟기 위해 행하는 외부 투자자들에 대한 첫 주식공매
- **대주주**: 주식회사에서 대다수의 주식을 소유하고 있는 주주

- **상장기업**: 유가증권시장에 상장되어 주식이 거래되고 있는 기업
- **비상장기업**: 증권시장에 상장되지 않은 기업
- **전환주식**: 다른 종류의 주식으로 전환이 가능한 권리가 인정된 주식
- **상환주식**: 발행 당시부터 일정 기간 후, 회사가 이익으로써 소각하기로 예정되어 있는 주식
- **주가지수**: 주식시장에서 거래되는 주식들의 가격수준을 나타내는 지표
- **주가이익비율(PER)**: 현재의 주식가격을 기대되는 주당순이익으로 나눈 값
- **주당순이익(EPS)**: 기업이 벌어들인 순이익을 그 기업이 발행한 총주식으로 나눈 값
- **자산주**: 재산으로서 장기적으로 보유가 가능한 조건을 갖춘 주식
- **주가순자산장부가치비율(PBR)**: 현재주가를 주당 장부가치로 나눈 값
- **주당장부가치(BPS)**: 기업이 자사의 모든 자산을 장부가치로 청산한 후 우선주를 포함한 모든 부채를 제외하고 남은 금액을 총발행된 보통주식의 수로 나눈 금액
- **현금배당**: 현금으로 배당이 이루어지는 것
- **주식배당**: 회사가 주주들에게 배당을 실시함에 있어 현금 대신 주식을 나누어 주는 것
- **배당주**: 기업이 일정 기간 영업활동을 통해 벌어들인 이익을 주주들에게 나누어 주는 주식
- **배당성향**: 순이익 중에서 배당금으로 지급되는 비율
- **배당률**: 1주당 배당액을 1주당 액면금액으로 나눈 값
- **회사채**: 기업이 시설투자나 운영 등의 장기자금을 조달하기 위하여 발행하는 채권
- **채권**: 정부, 공공기관, 특수법인과 주식회사 형태를 갖춘 사적 기업이 비교적 거액의 장기자금을 조달하기 위해 발행하는 차용증서
- **만기**: 원금이 상환되는 시점
- **액면가액**: 만기일에 상환하기로 기재된 금액
- **액면이자율**: 이자지급일에 지급하기로 표면에 표시한 이자율(표시이자율이라고도 함)
- **할인발행**: 액면가 이하로 발행하는 것
- **할증발행**: 액면가 이상으로 발행하는 것
- **액면발행**: 주식이나 공사채를 액면의 가격으로 발행하는 것
- **기대수익률**: 미래 수익의 확률 평균값으로 미래의 발생가능한 수익률에 각 발생 확률을 곱한 후 합산한 수익률

CHAPTER

8

시간에도 가치가 있을까?

1. 현재 1억 원과 미래 1억 원은 차이가 있다
2. 돈을 미래가치로 평가해 보자
3. 미래에 들어올 돈을 현재가치로 환산해 보자

CHAPTER 08

시간에도 가치가 있을까?

1 현재 1억 원과 미래 1억 원은 차이가 있다

일상생활에서 돈을 빌리게 되면 이자율에 신경을 많이 쓴다. 일반적으로 동일한 금액을 차입하더라도 제1금융권인 은행권의 이자율이 제2금융권의 이자율보다 낮기 때문에 은행 돈을 빌리려고 노력한다. 이러한 의사결정에 주요한 요소는 이자율인데 이자율을 다른 말로 '화폐의 시간가치(time value of money)'라고도 부른다. 이것은 현재의 1억 원이 미래에 받게 되는 1억 원보다 가치가 크기 때문에 화폐의 시간가치를 매우 중요하게 여긴다는 의미이다. 왜냐하면 현재 1억 원을 투자하면 미래에 최소한 1억 원보다 더 큰 돈을 받을 수 있기 때문이다. 실제 자산의 가치를 측정할 때 미래에 그 자산으로 인하여 미래에 유입될 순현금흐름(net cash-inflow)을 현재시점의 가치로 환산하거나 부채를 평가할 때 이러한 화폐의 시간가치가 고려된다. 따라서 본 장에서는 현재가치를 이해하기 위해 필요한 제반 개념들을 위주로 설명한다.

1.1 단리와 복리는 무엇일까?

이자란 돈의 가격으로 자금이 거래되는 금융시장에서 자금 공급자가 자금 수요자에게 자금을 빌려준 데 대한 대가로 지급하는 것이다. 즉 이자는 차입자가 돈을 사용하는 대가로 지불하는 것이며, 대여자 입장에서는 현재 소비를 억제하고 미래의 불확실성에 대한 대가로 받는 것이다.

이자는 계산방법에 따라 단리이자(simple interest)와 복리이자(compound interest)로 나누어진다. 단리이자는 원금에 대해서만 이자를 계산하는 방식이고, 복리이자는 원금에 대한 이자뿐만 아니라 이자에 대한 이자도 함께 계산하는 방법을 말한다. 예를 들면, 10%의 단리이자율로 100만 원을 만기 2년의 정기예금에 가입한다면 2년 후 정기예금은 100만 원×(1+0.1×2)=120만 원이 된다.

만일 이를 복리가 적용되는 정기예금에 가입하였다면 1년 후에는 원금과 이자를 합쳐 110만 원[100만 원×(1+0.1)]되고, 그 다음 해에는 121만 원[110만 원×(1+0.1)]이 되어 만기에 121만 원을 받게 된다. 이때 단리이자와의 차이 1만 원은 1차년도에 이자로 지급받은 10만 원에 대해서도 이자가 발생하기 때문이다. 이러한 방법을 복리이자법이라고 하고 '복리효과'라는 용어가 쓰이기도 한다. 복리효과란 이 교재에서는 복리이자를 적용하여 설명한다.

1.2 복리의 마법 '72법칙'

복리의 마법은 '72법칙'으로 설명할 수 있다. 만약 원금 500만 원을 연이율 5%로 투자하면 어느 시점에서 2배가 될까? 20년이 걸릴 것 같지만 정답은 14.4년이다. 원금에 이자가 붙고, 이자가 붙은 액수에 또 이자가 붙으니 두 배가 되는 기간이 짧아진다.

공식으로 만들면 '72/연수익률=2배로 늘어나는 데 걸리는 시간'이다. 예를 들어, 연 9% 투자이익을 얻는 투자자라면 투자금이 2배로 늘어나는 데 걸리는 시간은 '72/9=8년'이다. 8년이 지나면 투자금이 2배가 된다. 이 식에 수익률 1%를 넣으면 원금이 두 배 되는 시간은 72년이 걸린다. 2%일 때 36년, 3%일 때 24년, 4%일 때 18년, 5%일 때 14.4년으로 급격히 줄어든다. 복리의 마법으로 돈이 불어나는 속도가 빨라지고, 생각보다 빨리 목돈을 모을 수 있다. 이처럼 복리의 마법에서 중요한 것은 수익률과 투자기간이다.

물론 복리의 마법을 누리는 게 쉽지 않다. 금리 1%로는 복리효과가 별로 크지 않다. 복리의 마법이 일어나려면 수익률이 4%는 넘어야 한다. 저금리 시대에 예금이나 적금으로

4% 수익을 올리기 쉽지 않다. 4% 이상 수익을 내려면 투자해야 한다. 하지만 높은 수익률을 목표로 잡으면 높은 위험을 감수해야 한다. 오히려 손해 볼 수도 있다는 얘기다. 예를 들어, 고수익 고위험 펀드에 투자할 경우, 원금과 수익을 재투자해 복리가 적용되지만 수익이 날 때에 한해서다. 손실이 나면 복리의 마법이 적용되지 않는다.

오랫동안 투자해야 하는 것은 쉽지 않은 일이다. 연 5% 복리로 원금보다 이자가 많아지려면 적어도 15년은 지나야 한다. 죽기 직전에야 돈이 불어나는 복리의 마법을 볼 수 있다는 농담도 진담처럼 들린다.

세계 최고 투자가로 평가받는 워런 버핏은 투자를 잘하는 것 못지 않게 기간이 중요하다는 것을 강조한다. 버핏도 돈을 불리는 방법으로 '복리의 마술'을 제시한다. 그는 "복리가 언덕에서 눈덩이(snowball)를 굴리는 것과 같다. 작은 덩어리로 시작해서 눈덩이를 굴리다 보면 끝에 가서는 정말 큰 눈덩이가 된다"고 했다. 버핏은 14살 때 신문 배달로 번 돈으로 작은 눈덩이를 만들었고, 그 뒤 50년 넘게 눈덩이를 성공적으로 굴리고 있다.

2 돈을 미래가치로 평가해 보자

2.1 단일금액의 미래가치

미래가치(Future Value: FV)란 현재시점의 현금을 미래시점의 가치로 환산한 것을 말한다. 만일 복리로 이자를 계산한다고 가정하고 정기예금(2년 만기) 10만 원을 연 10%의 이자율로 가입하였다면 만기에 정기예금은 다음과 같은 금액으로 계산될 수 있다.

1년 후의 원금은 1차년도 초의 원금 10만 원과 그 이자 1만 원을 합한 11만 원이 될 것이고, 2년 후에는 1년 후 미래가치 11만 원과 2년 후 이자 11만 원(1년 후 미래가치 11만 원×0.1)을 합한 121만 원이 된다. 이러한 계산과정은 $110{,}000+110{,}000\times(0.1)=110{,}000\times(1+0.1)$과 같이 한 개의 수식으로 나타낼 수도 있다. 여기에서 1년 후 미래가치인 110,000

원은 100,000×(1+0.1)로 대체할 수 있으므로, 2년 후 미래가치는 100,000×(1+0.1)2로 계산할 수 있다.

[표 8-1] 일정 금액의 미래가치

0	1	2
원금 100,000원	1년 후 미래가치 $=100{,}000\times(1+0.1)$	2년 후 미래가치 $=100{,}000\times(1+0.1)^2$ $=100{,}000\times(1+0.1)$ $+[100{,}000(1+0.1)]\times(0.1)$ $=121{,}000$원

이러한 수식을 공식으로 표현하기 위해 현재의 투자금액 또는 원금을 P, 기회자본비용(이자율)을 r, 기간을 t, 미래가치를 FV 라고 한다면 위의 예는 [식 8-1]과 같이 나타낼 수 있다.

$$FV = P\times(1+r)^t \qquad \text{[식 8-1]}$$

[식 8-1]에서 r은 복리이자율을 의미하고 통상 요구수익률(required rate of return)로도 부른다. 요구수익률은 투자자 입장에서 현재의 일정한 금액에 대한 수입을 미래로 연기한 대가로 요구하는 보상률을 의미하며, 투자자가 갖고 있는 화폐의 시간가치를 나타낸다.

요구수익률 r은 위험이 동등한 다른 대체투자안에서 얻을 수 있는 수익률로 계산하며 자본의 기회비용(opportunity cost of capital)이라고도 부른다.

[식 8-1]에서 $(1+r)^t$는 매기 동일한 이자율을 가정할 때 현재의 1원이 t기간 후에 미래가치로 얼마에 해당하는지를 나타내며, 이를 미래가치이자요소(Future Value Interest Factor : FVIF) 또는 복리이자요소라고 한다. 따라서 미래가치는 P에 $FVIF$값을 곱해서 계산할 수도 있다.

$$FV = P \times FVIF \qquad \text{[식 8-2]}$$

[식 8-2]는 현재 1원의 이자율 r과 기간 t에 대한 $FVIF$값을 미리 계산한 표를 복리표(부록 참고)라고 한다. 미래가치계수는 현재 1원의 가치가 미래에 얼마인지 기간별, 이자율별로 미리 계산해 놓은 표이다. 즉 [$FVIF = (1+r)^t = 1$ 원의 t기간 후 미래가치]를 [표 8-2]에서 나타낸다.

[표 8-2] 미래가치계수표(FVIF) 부분 발췌

기간	이자율				
	2%	…	5%	…	10%
1	1.02		1.050		1.100
2	1.040		1.102		1.210
3	1.061		1.158		1.331
…	…		…		…

앞의 예시를 적용하기 위해 [표 8-2]에서 가로에서 이자율 10%, 세로에서 기간 2년을 기준으로 미래가치계수를 찾아보면 1.121이라는 것을 찾을 수 있다. 따라서 $FV = P \times FVIF = 100{,}000 \times 1.121 = 121{,}000$원이 된다. 실무에서는 일일이 복리계산이 번거로우므로 미래가치계수를 이용하여 계산한다.

한편, [표 8-2]를 살펴보면 동일한 원금에 동일 이자율이 주어졌을 경우 기간이 증가함에 따라 미래가치는 증가하는 것을 알 수 있다. 마찬가지로 미래가치는 동일한 기간에서는 이자율이 증가할수록 미래가치도 커진다. 즉 미래가치는 기간과 이자율이 증가함에 따라 커지는 경향이 있다. 미래가치가 아마 여러분이 짐작했던 것보다 훨씬 큰 금액이라고 생각될 것이다. 이와 같이 미래가치가 기하급수적으로 늘어나는 것은 시간의 흐름에 따른 복리의 효과 때문이다.

2.2 규칙적인 현금흐름(정상연금 등)의 미래가치

지금까지는 현금흐름이 일정 기간 중 단 한 번 현금흐름이 있는 경우를 가정하고 미래가치를 계산하는 방법에 대하여 논의하였다. 이번에는 현금흐름이 일정 기간 중 수차례 있는 경우에 미래가치를 어떻게 계산하는지에 대하여 살펴보기로 한다. 일반적으로 일정 기간 동안 동일한 현금흐름이 매기 반복하여 발생하는 것을 연금(annuity)이라 한다. 채권, 연금, 보험계약을 포함한 모든 연금은 이자를 지급받는다.

연금의 미래가치(Future Value of Annuity: FVA)는 동일한 금액의 현금흐름이 일정 기간 계속하여 매기 반복 발생할 경우 매 기간 현금흐름의 미래가치를 모두 합한 금액을 말한다. 예를 들어, 연 5%의 이자율로 매년 말 50,000원씩 계속하여 3년 동안 저축을 할 경우, 3년 말에 받게 되는 총금액의 미래가치는 [표 8-3]과 같이 157,625원이 된다.

[표 8-3] **연금의 미래가치**

0	1	2	3
	50,000	50,000	50,000

3년 말 미래가치

1년 말: 50,000

2년 말: $50{,}000(1+0.05)=52{,}500$

3년 말: $50{,}000(1+0.05)^2 \;=55{,}125$

$FVA=157{,}625$

$FVA=50{,}000+50{,}000(1+0.05)+50{,}000(1+0.05)^2=157{,}625$원

[표 8-3]의 예를 이용하여 연금의 미래가치를 계산하는 일반식을 다음과 같이 도출할 수 있다.

$$FVA = A + A(1+r) + A(1+r)^2 + \cdots + A(1+r)^t - 1$$
$$= A \times \frac{(1+r)^t - 1}{r}$$ [식 8-3]

여기서, FVA: 연금의 미래가치
A: 매기 말 발생하는 동일한 현금흐름(연금)
r: 이자율
t: 연금의 기간

[식 8-3]에서 $\frac{(1+r)^t - 1}{r}$은 t기간 동안 매기 1원의 현금흐름이 발생할 경우 이러한 각 현금흐름의 t기간 후의 미래가치를 모두 합한 금액을 나타내며, 이를 연금의 미래가치 이자요소(Future Value Interest Factor for an Annuity: FVIFA) 또는 연금의 복리이자요소라고 한다.

연금의 미래가치표는 미래 t기간까지 1원을 매년 계속해서 수령한다고 가정하고 이자율 r이 매기 일정하다고 가정할 때, t기 말에 수령할 $FVIFA$값을 미리 계산한 표이다. 앞의 예시를 적용하기 위해 [표 8-4] 가로에서 이자율 5%, 세로에서 기간 3년을 기준으로 연금의 미래가치계수를 찾아보면 3.1525이라는 것을 찾을 수 있다. 따라서 $FV = P \times FVIFA$ =50,000×3.1525=157,625원이 된다. 실무에서는 일일이 복리계산이 번거로우므로 연금의 미래가치계수를 이용하여 계산한다.

[표 8-4] 연금의 미래가치계수표(FVIFA) 부분 발췌

기간	이자율				
	2%	…	5%	…	10%
1	1.000		1.000		1.000
2	2.020		2.050		2.100
3	3.060		3.1525		3.310
…	…		…		…

2.3 불규칙한 현금흐름의 미래가치

현금흐름이 불규칙한 경우에는 미래가치를 계산하는 특별한 공식이 없다. 따라서 각각의 현금흐름에 대해서 하나하나 미래가치를 개별적으로 계산하여 합산할 수밖에 없다. 예컨대 어떤 투자로부터 예상되는 현금유입이 1년도 초에는 400만 원, 2년도 초에 800만 원, 3년 도 초에 1,000만 원이 있다면, 3년도 말에 이 투자의 미래가치는 얼마인가? 단, 할인율은 연 10%라고 가정하면 다음과 같이 계산할 수 있다.

[표 8-5]의 연금의 미래가치계수표에서 연이율 10%와 기간 t를 1년에 해당하는 미래가치 이자요소는 1.1000이다. 따라서 제1년차의 미래가치는 1.1000×400만 원, 2년차에는 1.2100×800만 원, 3년차에는 1.3310×1,000만 원이다. 따라서 이 투자의 미래가치 합계는 2,739만 원이 될 것이다.

[표 8-5] 불규칙한 현금흐름

기간(연)	현금유입액	미래가치계수표	미래가치
1	400만 원	1.1000	440만 원
2	800만 원	1.2100	968만 원
3	1,000만 원	1.3310	1,331만 원
			미래가치 합계=2,739만 원

3 미래에 들어올 돈을 현재가치로 환산해 보자

3.1 미래 일정 금액의 현재가치

지금까지 설명한 미래가치는 현재의 투자금액 또는 원금을 미래의 일정 기간 동안 특정 복리이자율로 투자할 경우 미래 특정 시점에서 얻는 화폐가치를 의미한다. 이와는 반대로 현재가치(Present Value: PV)란 미래 특정 시점에서 유입 또는 유출될 현금을 현재시점의 화폐가치로 환산한 것을 말한다.

위의 미래가치 설명에서 사용한 예를 이용하면 장래 1년 후 110,000원의 현재가치는 10%의 복리이자율을 가정할 경우 $\frac{110,000}{(1+0.1)}=100,000$원이 된다. 이러한 현재가치는 미래가치 [식 8-1]에서 양변을 $(1+r)^t$로 나누면 다음과 같이 나타낼 수가 있다.

[표 8-6] 미래 일정 금액의 현재가치

0	1
현재가치	1년 말 가치=110,000
$=110,000\times\frac{1}{(1+0.1)}$	
=100,000원	

$$PV=\frac{FV}{(1+r)^t}=FV\times\frac{1}{(1+r)^t} \quad \text{[식 8-4]}$$

여기서, PV: 현재가치
FV: t기간 후 미래가치
r: 할인율
t: 기간

미래가치 공식인 [식 8-1]에서 r은 복리이자율을 나타내지만, 현재가치 공식인 [식 8-4]에서 r은 할인율(discount rate)을 의미한다.

[식 8-4]에서 $\frac{FV}{(1+r)^t}$는 매기 동일한 요구수익률을 가정할 때 t기간 후의 1원이 현재가치로 얼마에 해당하는지를 나타내며, 이를 현재가치이자요소(Present Value Interest Factor: PVIF) 또는 할인요소(discounting factor)라고 부른다. 현재가치계수표(부록 참고)는 미래 기간 t의 1원이 할인율 r일 때를 가정하고 미리 $PVIF$의 값을 계산해 놓은 표이다. 즉 현가표는 ($PVIF=\frac{1}{(1+r)^t}=t$기간 후 1원의 현재가치)를 나타내고 있다.

[표 8-7] 현재가치계수표(PVIF) 부분 발췌

기간	이자율				
	2%	…	5%	…	10%
1	0.980		0.952		0.909
2	0.961		0.907		0.826
3	0.942		0.863		0.751
…	…		…		…

앞의 예시를 적용하기 위해 [표 8-7]에서 가로에서 이자율 10%, 세로에서 기간 1년을 기준으로 현재가치계수를 찾아보면 0.909라는 것을 찾을 수 있다. 따라서 $PV = P \times PVIF = 110{,}000 \times 0.909 ≒ 100{,}000$원이 된다. 실무에서는 일일이 복리계산이 번거로우므로 현재가치계수를 이용하여 계산한다.

여기서 $PVIF$는 $FVIF$의 역수로 계산되기 때문에 현재가치(P)와 기간(t) 및 할인율(r)의 관계는 미래가치의 경우와는 반대가 된다. 즉 현재가치는 기간과 할인율이 증가함에 따라 감소한다.

3.2 규칙적인 현금흐름(정상연금)의 현재가치

장래의 일정 기간 동안 매년 일정 금액을 수령하는 경우, 미래에 받게 될 이 연금 전체의 현재가치를 연금의 현재가치(Present Value of Annuity: PVA)라고 한다. 예를 들어, 1년 후부터 매년 100,000원씩 3년간 연금을 지급받기로 약속된 금액을 현재 일시불로 받고 싶다면, 얼마를 받아야 하는지 연금의 현재가치로 계산하면 [표 8-8]과 같이 나타낼 수 있다.

[표 8-8] 연금의 현재가치

0	1	2	3
현시점의 가치	100,000	100,000	100,000
$\frac{100{,}000}{(1+0.05)}=95{,}240$			
$\frac{100{,}000}{(1+0.05)^2}=90{,}700$			
$\frac{100{,}000}{(1+0.05)^3}=86{,}380$			

$$PVA=\frac{100{,}000}{(1+0.05)}+\frac{100{,}000}{(1+0.05)^2}+\frac{100{,}000}{(1+0.05)^3}=272{,}320$$

이런 연금의 현재가치는 매기 발생하는 동일한 현금흐름을 A라고 할 때, [식 8-5]와 같이 나타낼 수 있다.

$$PVA=\frac{A}{(1+r)}+\frac{A}{(1+r)^2}+\frac{A}{(1+r)^3}+\cdots+\frac{A}{(1+r)^t}$$

$$=A\times\frac{(1+r)^t-1}{r(1+r)^t} \qquad \text{[식 8-5]}$$

여기서, PVA: 연금의 현재가치
A: 매기 말 발생하는 동일한 현금흐름(연금)
r: 이자율
t: 연금의 기간

[식 8-5]에서 $\frac{(1+r)^t-1}{r(1+r)^t}$은 t기간 동안 매기 1원의 현금흐름이 발생할 경우, 이러한 매 기간 현금흐름의 현재가치를 모두 합한 금액을 나타내며, 이를 연금의 현재가치이자요소(Present Value Interest Factor for an Annuity: PVIFA)라고 한다. 부록의 연금현가표는 할인율 r이 매기 일정하다고 가정할 때, 서로 다른 r과 기간 t에 대한 $PVIFA$ 값을 미리

계산한 표이다. 즉 $PVIFA = \frac{(1+r)^t - 1}{r(1+r)^t} = t$ 기간 반복되는 1원 연금의 미래가치 합계이다.

[표 8-9] **연금의 현재가치계수표(PVIFA) 부분 발췌**

기간	이자율				
	2%	…	5%	…	10%
1	0.980		0.952		0.909
2	1.941		1.859		1.735
3	2.884		2.723		2.486
…	…		…		…

앞의 예시를 적용하기 위해 [표 8-9]에서 가로에서 이자율 10%, 세로에서 기간 3년을 기준으로 연금의 현재가치계수를 찾아보면 2.723이라는 것을 찾을 수 있다. 따라서 $PV = P \times PVIFA$ =100,000×2.723=273,320원이 된다. 실무에서는 일일이 복리계산이 번거로우므로 연금의 현재가치계수를 이용하여 계산한다.

3.3 불규칙한 현금흐름의 현재가치

현실사회에서는 위에서 설명한 1회성 일정 금액의 경우나 계속성 일정 금액의 경우보다 현금흐름의 형태에 아무런 패턴이 없는 경우가 많을 것이다. 현금흐름이 불규칙한 경우에는 현재가치를 계산하는 특별한 공식이 없다. 따라서 각각의 현금흐름에 대해서 하나하나 현재가치를 개별적으로 계산하여 합산할 수밖에 없다.

예컨대, 어떤 투자로부터 예상되는 현금유입이 1년 후에는 400만 원, 2년 후에 800만 원, 3년 후에 1,000만 원이라면, 이 투자의 현가는 얼마인가? 단, 할인율은 연 10%라면 다음과 같이 계산할 수 있다. [표 8-9]의 현재가치가표에서 연이율 10%와 기간 t를 1년, 2년, 3년에 해당하는 현가이자요소는 각각 0.909, 0.826 및 0.751이다. 따라서 제1년 후의 현가는 0.90909×400,000, 2년 후의 현가는 0.82645×800,000, 3년 후의 현가는 0.75141×1,000,000이다. 따라서 이 투자의 현재가치합계는 1,776,206원이 될 것이다.

[표 8-10] **불규칙한 현금흐름**

기간(연)	현금유입액	현가이자요소	현재가치
1	400,000	0.90909	363,636
2	800,000	0.82645	661,160
3	1,000,000	0.75141	751,410
			현재가치 합계=1,776,206

/ 연 / 습 / 문 / 제 /

01. 원금 10,000원을 연리 8%로 예금하였을 때 5년 후의 미래가치는 얼마인가? 단, 예금이자소득세는 없는 것으로 간주한다.

02. 은행에 10,000원을 연 6%의 복리로 6년간 예치하였을 경우 6년 후 받게 되는 금액은 얼마인지 복리표를 이용하여 계산하시오. 만일 동일한 금액을 12년간 저축하였을 경우 미래가치는 얼마인가?

03. 만일 후대의 자손을 위해 현재 10,000원을 은행에 200년간 예금해 놓았다고 가정하자. 예금이자율이 연 10%라고 가정할 때, 200년 뒤 여러분의 후손이 받게 되는 금액은 얼마나 될까?

04. 만일 4년 후 500만 원을 받을 수 있는 채권의 현재가치는 얼마인가? 기간 중 이자지급은 없으며 할인율은 연 20%라고 한다.

05. 은하수기업은 2년 후 유니콘기업을 100만 원에 인수할 계획을 가지고 있다. 현재 은행의 예금금리가 연 15%일 경우 얼마의 자금을 미리 은행에 예치하여야 2년 후 100만 원의 인수자금을 확보할 수 있는가?

06. 창업을 위해 20년간 매년 초에 500만 원을 정기적금으로 적립할 생각을 가지고 있다. 연이자율을 10%라 할 때 20년 후에 받을 수 있는 일시불 금액을 계산하시오. 단, 이자소득세는 없는 것으로 간주한다.

07. 귀하께서 국민연금으로 향후 5년간 매년 100만 원의 연금을 받을 수 있지만 창업자금을 위해 이 연금을 일시불로 모두 받기를 원하고 있다면 현재 시점에서 받을 수 있는 일시불 금액은 얼마일까? 단, 시장이자율이 12%이다.

읽을거리

1억 원 만들기 어렵지 않~아요
– 복리의 힘을 빨리 내 편으로 만들면 돼~요

카페라떼 효과라는 말 들어보았나요? 카페라떼 효과란 매일 프랜차이즈 커피 한 잔 값만 아껴도 목돈을 만들 수 있는 효과를 가리키는 말이다. 즉 매일 4천 원 하는 카페라떼 한 잔을 안 마신다 생각하고 절약해서 한 달 동안 모은 12만 원씩을 예상 수익률 6%의 개인연금에 가입하면 30년 후에 약 1억 2천만 원이 된다(만약 카페라떼 값이 매년 3%씩 오른다고 가정하면 30년 후에 2억 원이 넘는 목돈을 마련). 그렇게까지 큰돈이 될 리가 없을 거라고 반신반의하는 사람들도 있지만, 1억 2천만 원을 모을 수 있다면 카페라떼 한 잔 정도는 참을 수 있다는 반응들도 보인다. 정말로 하루 카페라떼 한 잔씩이 모여서 이렇게 큰돈이 될 수 있다는 게 쉽게 믿겨지지가 않는다. 또 1억 2천만 원이라는 숫자는 도대체 어떻게 계산이 될까?

단순하게 하루 4천 원씩 저금하면 30년간 내가 저축한 총원금은 4,380만 원(=4,000원×365일×30년)밖에 되지 않는다. 하지만 매년 저축한 146만 원(=4,000원×365일)을 연간 수익률 6%의 복리로 적금방식으로 부으면 10년 후에는 1,977만 원, 20년 후에는 5,517만 원, 30년 후에는 1억 1,857만 원이 된다. 매년 저축한 146만 원을 30년 후에 1억 원보다 큰돈으로 키워 주는 것이 바로 복리의 힘이다. 복리란 원금뿐만 아니라 원금의 이자에도 또 이자가 붙기 때문에 저축하는 기간이 길어질수록 이자에 붙는 이자들의 크기가 점점 더 커져서 실제 저축한 원금 4,380만 원보다 훨씬 큰 목돈을 만들어 주는 것이다.

출처: 김근수 외, 20대를 위한 스마트 금융생활 가이드, 2013, 한국재무학회.

엑셀 이야기 + 8장

일상생활에서 돈을 빌리고 갚을 때에는 이자율에 신경을 많이 씁니다. 얼마를 빌렸는데(원금) 몇 년에 걸쳐서(기간) 이자는 몇 %로 하면 한 달에 얼마씩 내야 할까요? 은행에서 계산해 주겠지만, 은행에서 돈을 빌리기 전에 따져 보는 것도 엑셀을 활용하는 것입니다. 돈을 빌리고 갚는 것에 대한 엑셀 함수를 알아봅시다.

❶ PMT함수: 일회에 얼마씩 내야 하는지 알고 싶을 때

PMT함수는 주기적이고 고정적인 지급액과 고정적인 이율에 의거한 대출 상환금을 계산하는 함수입니다.

즉 대출금을 매월 일정한 금리로 N개월간 상환해야 할 경우, 매월 상환해야 할 원리금(원금+이자)을 계산하는 함수입니다. PMT는 PAYMENT의 약자입니다. [그림 8-1] 예제를 사용하여 PMT함수를 설명하겠습니다.

그림 8-1 **엑셀프로그램 PMT함수**

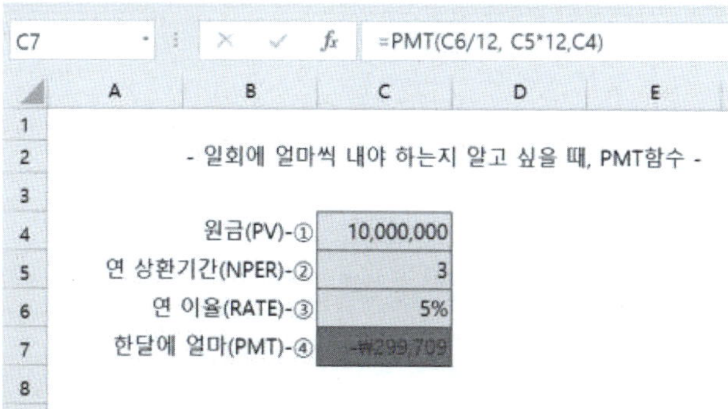

[그림 8-1] ① 원금(대출금)은 1천만 원이고, ② 상환기간은 3년이고, ③연이율은 5%입니다. ④ PMT함수 원형을 보면 =PMT(rate, nper, pv, [fv], [type]) 3개의 매개변수와 2개의 선택적 매개변수로 되어 있습니다.

① 원금(PV)은 현재 대출금을 의미합니다.

② 연 상환기간(NPER)은 원금(대출금)의 총상환횟수로 개월 수로 변환해야 하므로 상환기간에 12개월을 곱하여 주어야 합니다.

③ 연이율(RATE)은 월 이자율로 변환해야 하므로 12개월로 나눠 줘야 합니다.

④ 우리가 알고자 하는 한 달에 얼마(PMT) 상환해야 하는지는 수식입력줄에 있는 =PMT(C6/12, C5*12,C4)을 통해 확인할 수 있습니다.

❷ RATE함수, NPER함수, PV함수

[그림 8-1] C5셀 값인 기간 3년을 12개월 곱하면 36회(NPER), C6셀 값인 연이자 5%를 12로 나누면 한 달 이자(RATE)입니다.

월 상환금에 대해 확인하였다면 이자율은? 상환기간은? 궁금하실 겁니다. [그림 8-2]를 통해 알아봅시다.

그림 8-2 **엑셀프로그램 RATE함수, NPER함수, PV함수**

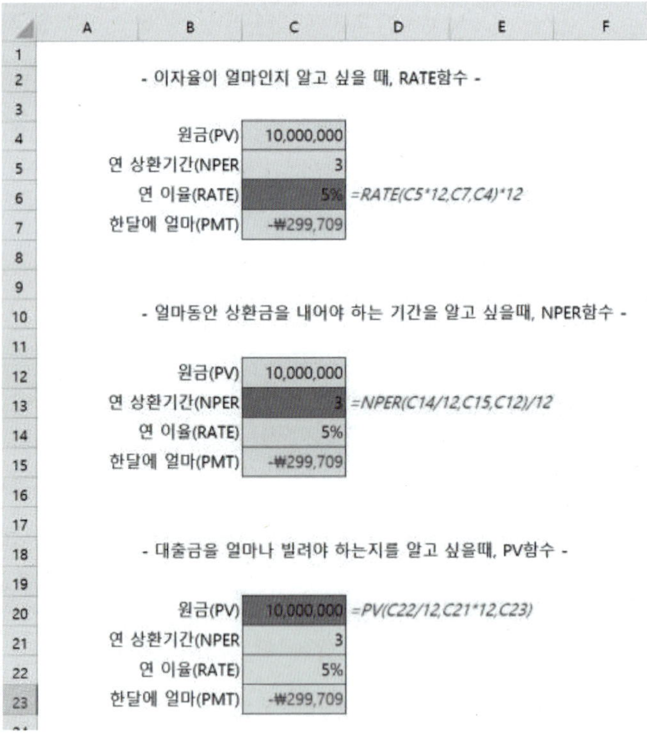

	A	B	C	D	E	F
1						
2		- 이자율이 얼마인지 알고 싶을 때, RATE함수 -				
3						
4		원금(PV)	10,000,000			
5		연 상환기간(NPER	3			
6		연 이율(RATE)	5%	=RATE(C5*12,C7,C4)*12		
7		한달에 얼마(PMT)	-₩299,709			
8						
9						
10		- 얼마동안 상환금을 내어야 하는 기간을 알고 싶을때, NPER함수 -				
11						
12		원금(PV)	10,000,000			
13		연 상환기간(NPER	3	=NPER(C14/12,C15,C12)/12		
14		연 이율(RATE)	5%			
15		한달에 얼마(PMT)	-₩299,709			
16						
17						
18		- 대출금을 얼마나 빌려야 하는지를 알고 싶을때, PV함수 -				
19						
20		원금(PV)	10,000,000	=PV(C22/12,C21*12,C23)		
21		연 상환기간(NPER	3			
22		연 이율(RATE)	5%			
23		한달에 얼마(PMT)	-₩299,709			

[그림 8-2] 이자율이 얼마인지 알고 싶을 때 사용하는 RATE함수, 얼마 동안 상환금을 내야 하는지 기간을 알고 싶을 때 사용하는 NPER함수, 원금(대출금)을 얼마나 빌려야 하는지를 알고 싶을 때 사용하는 PV함수입니다.

연한 음영셀의 값을 바꾸면 진한 음영셀은 항상 자동 계산됩니다. PMT함수의 매개변수인 PV, NPER, RATE가 모두 상관관계를 갖고 있어 모두 계산이 될 수 있습니다.

❸ FV함수

관련 함수가 하나 더 있습니다. FV함수라고 하는 것입니다. PV함수는 Present Value, 즉 원금(대출금)이고, FV는 Future Value, 즉 어떤 기간이 지나고 남아 있는 금액입니다. 다시 말해 상환해야 할 잔액이 얼마 남았나를 알아보는 함수가 FV함수입니다.

그림 8-3 엑셀프로그램 FV함수

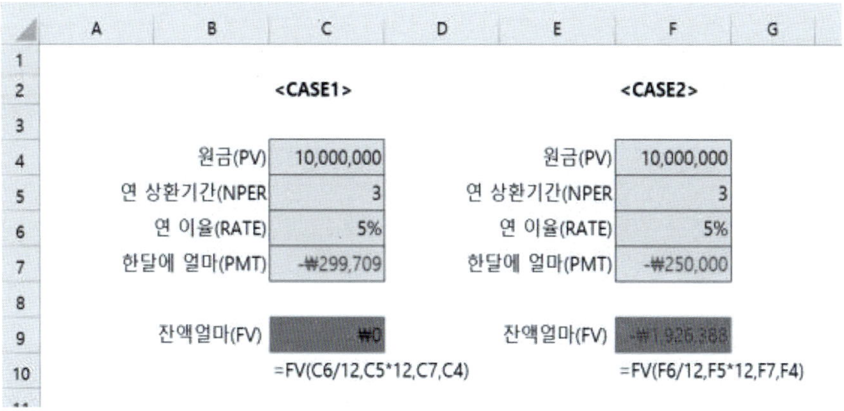

	A	B	C	D	E	F	G
1							
2			<CASE1>			<CASE2>	
3							
4		원금(PV)	10,000,000		원금(PV)	10,000,000	
5		연 상환기간(NPER	3		연 상환기간(NPER	3	
6		연 이율(RATE)	5%		연 이율(RATE)	5%	
7		한달에 얼마(PMT)	-₩299,709		한달에 얼마(PMT)	-₩250,000	
8							
9		잔액얼마(FV)	₩0		잔액얼마(FV)	-₩1,926,388	
10			=FV(C6/12,C5*12,C7,C4)			=FV(F6/12,F5*12,F7,F4)	

[그림 8-3] CASE1처럼 원금 10,000,000원을 3년(36개월, 36회 불입) 동안 연이율 5%로 하였을 경우, 잔금이 0이 된다는 이야기입니다.

만약 같은 조건으로 한 달에 내는 것을 250,000원씩 내는 CASE2인 경우에는 아직 상환을 다하지 못하고 남은 잔액이 F9셀 값인 것입니다.

지금까지 우리가 본 함수는 기본적으로 엑셀에서 제공되는 돈을 따지는 재무함수 중 생활에 밀접한 함수 중 몇 가지입니다.

이런 전문적인 함수는 각자의 산업별로 골라서 사용하면 되는 것입니다. 그럼 어느 분야에나 모두 잘 활용되는 함수들은 이렇게 활용할 수 있을 것입니다.

❹ INDEX함수와 데이터 유효성 검사

그림 8-4 **대출원금에 따른 월 납입금액 자동화**

	A	B	C	D	E	F	G
1							
2				CASE 2			대출원금 CASE목록
3			①				10,000,000
4		원금(PV)	20,000,000	=INDEX(G3:G7,D2)			20,000,000
5		연 상환기간(NPER	3				50,000,000
6		연 이율(RATE)	5%				70,000,000
7		한달에 얼마(PMT)	-₩599,418				100,000,000
8							

[그림 8-4]는 대출원금 CASE목록 테이블을 G열에 만든다. 그리고 D2셀에 CASE는 데이터 유효성 검사를 이용하여 만들었습니다. 그래서 D2셀 목록단추를 이용하여 C4셀(①)에서 INDEX함수를 사용하여 CASE별 다양한 경우의 원금을 만들어 주면 해당 경우에 따라서 한 달에 내는 금액을 알아볼 수 있습니다.

어떤 계획을 세울 때, 이럴 경우는 결과가 어떻고 저럴 경우에는 결과가 어떻게 나올까를 검토해 보아야 할 경우가 많을 것입니다. 이렇게 엑셀을 활용하는 것입니다.

이때 재무함수는 전문 함수(전문적인 산업분야, 그 외의 산업분야에서는 몰라도 되는 것)이지만 엑셀이야기 5장, 6장에서 배웠던 INDEX함수와 엑셀이야기 3장, 4장 등에서 얘기하던 유효성 검사 목록이라고 하는 것은 어떤 산업에서나 사용하여야 하는 기본적으로 알아야 하는 것들입니다.

/ 주요 용어정리 /

- **화폐의 시간가치:** 동일한 금액의 화폐라고 하더라도 시간에 따라 가치가 달라지는 것
- **현금흐름:** 기업이 제품의 제조·판매 등 주요 활동을 하면서 발생하는 현금의 유입·유출
- **이자:** 자금 공급자가 자금 수요자에게 자금을 빌려준 대가로 지급하는 돈의 가격
- **단리이자:** 원금에 대해서만 이자를 계산하는 방식
- **복리이자:** 원금에 대한 이자와 이자에 대한 이자도 함께 계산하는 방식
- **미래가치:** 현재시점의 금액과 동일한 가치를 갖는 미래시점의 금액
- **요구수익률:** 투자자가 자금의 투자나 공여에 대해 요구하는 최소한의 수익률
- **현재가치:** 미래의 가치를 현재의 가치로 계산한 값

CHAPTER

9

원가회계 정보는 어떻게 산출될까?

1. 일상 속의 원가회계 이야기
2. 상기업과 제조기업의 원가
3. 원가의 흐름에 대한 이해
4. 제품원가를 계산해 보자
5. 가격은 어떻게 결정될까?

CHAPTER 09

원가회계정보는 어떻게 산출될까?

1 일상 속의 원가회계 이야기

한국농수산식품유통공사 FIS(식품산업 통계정보)가 2020년 국내 커피시장 규모가 2조 7천억 원이며[1], 커피 수입규모도 2021년 수입액 기준 5억 6,300만 달러라고 발표했다.

[표 9-1] **국내 커피류 매출규모** (단위: 백만 원)

구분	2018년	2019년	2020년
볶은 커피	546,361(21.2%)	699,159(26.2%)	731,036(26.9%)
인스턴트커피	202,720(7.9%)	153,803(5.8%)	220,836(8.1%)
조제커피	851,227(33.0%)	798,132(30.%)	746,245(27.5%)
액상커피	975,601(37.9%)	1,013,161(38.0%)	1,019,870(37.5%)
총계	2,575,909	2,664,255	2,717,987

그리고 이 추세는 더욱 증가할 것이라는 전망이다. 요즘 식후에 마시는 커피 한 잔의 가격이 1,500원에서부터 5,000원까지 다양하다. 그래서인지 커피 원가가 얼마인지에 대한 관심도 많다.

어느 한 미디어(huffingtonpost)에서 스타벅스 커피의 원가를 들여다봤다.

1) 이는 한국농수산식품유통공사 FIS(식품산업 통계정보)(2022 aT vol. 427)의 자료이며, 현대경제연구원의 2019년 자료에 따르면 2023년 기준 9조 원까지 성장할 것이라는 전망을 보이기도 한다.

커피 한 잔 가격을 음료가격대의 중간값인 5,000원으로 보면, 스타벅스 커피 한 잔을 만들고 판매하는 데 들어간 원·부재료값은 1,000원으로 추산된다. 2020년 스타벅스 재무제표상 비용항목 총합인 1조 7,640억 원에서 텀블러 등 상품 제조·판매비용분을 뺀 순수 음료 제품 제조와 판매·관리에 들어간 비용은 약 1조 2,600억 원이다. 이 가운데 음료 제조를 위한 원재료비는 2,900억 원(23%)이고 이를 커피 한 잔당으로 환산하면 1,000원이 된다. 원재료비에는 원두값과 각종 첨가물, 일회용품 비용 등이 포함되었다. 업계에서는 소모품비를 제외하면 커피 한 잔의 원두 원가는 500원 수준으로 본다.

비용에서 가장 큰 비중을 차지한 건 인건비였다. 스타벅스가 한해 커피 제품 판매를 위해 지출한 종업원 관련 비용은 4,300억 원으로 총비용의 34%에 달했다. 매장 파트너 1만9천 명을 비롯한 본사 직원 300명의 급여 및 복리후생비, 퇴직급여 등이 포함된 수치다. 즉 커피 한 잔 원가에 1,500원의 인건비가 포함되었다는 계산이 나온다. 스타벅스는 키오스크(무인 단말기)나 음료 진동벨을 사용하지 않고 직원이 직접 주문을 받는 시스템을 고수하고 있나. 상내적으로 많은 인력을 운용하고 있다는 얘기다.

매장 임대료 및 시설 감가상각비 비중도 컸다. 음료 제품 관련 판매관리비 중 임차료와 감가상각비 항목 비용은 3,200억 원(25%)에 달했다. 전국 1,630개 직영 매장을 운영하기 위해 지출한 임차료 비용이 약 2,000억 원으로 1개 매장당 연평균 1억 원 이상의 임대료가 나갔다. 스타벅스 대다수 매장은 역 주변이나 번화가에 위치해 임대료가 높은 편이다. 커피 한 잔 원가로 환산한 임차료 관련 비용은 1,100원으로 환산된다.

이 밖에 지급수수료·세금 및 기타비용은 2,200억 원(18%)이 지출되었다. 커피 한 잔 원가로 봤을 때 세금 관련 비용은 750원이다. 결론적으로 5,000원짜리 커피 한 잔의 원가는 4,350원이고, 커피 한 잔당 650원의 마진이 남는 꼴이다.

지난해 이상 기후 여파로 국제 아라비카 원두가격이 급등한 상황을 고려하면, 원두 원가가 800원대로 오르면서 커피 한 잔당 마진은 300원대까지 떨어질 수 있다. 스타벅스가 지난달 아메리카노 가격을 400원 인상하면서 "원두값 등 원부재료 가격 인상분을 반영한 것"이라고 강조한 것과 맥락이 같다. 스타벅스는 미국 본사가 직접 로스팅한 커피 원두를 전 세계 매장에 공급하는 시스템이어서 일반 원두보다 공급가가 높은 것으로 알려졌다. 스타벅스는 "1년 전에 비해 본사의 원두 공급가격이 1.5~2배가량 높아졌고, 다른 부수비용도 올라 커피 한 잔을 팔아도 큰 마진이 남지 않는 구조"라는 입장이다.

1,000~2,000원대 저가 커피점은 어떻게 유지될 수 있을까? 업계에서는 대형 프랜차이

즈와 비교해 저렴한 임대료·인건비 지출이 생존 배경이라고 설명한다.

저렴한 원두가격 등 낮은 커피 원가는 저가 커피점을 돌아가게 하는 원동력이었다. 지난해 초만 해도 대중적인 품질의 원두 1kg을 2만 원에 구매해 50잔의 커피를 내릴 경우, 커피 한 잔 원두 원가는 400원 정도였다. 하지만 지난해 원두값 급등으로 1kg 기준 원두가격이 5,000원 이상 올랐고, 커피 한잔 당 원두 원가도 500원을 넘어섰다.

비교적 저렴한 상권에서 적은 인력으로 매장을 운영하는 것도 저가 커피점이 가격 경쟁력을 유지하는 비결이다. 키오스크를 설치해 인건비 줄이고 임대료를 낮춰 마진율을 높이는 방법이 활용된다. 개인 커피점 운영자들은 임대료와 인건비를 최대한 줄일 경우 2,000원짜리 커피를 팔아도 최대 300원까지 마진을 남길 수 있다고 설명했다. 하지만 1년 전과 비교해 원두값뿐만 아니라 우유, 설탕, 인건비 등이 모두 올라 마진이 크게 줄면서 저가 커피점들 경영에 치명타가 되고 있다.

이에 저가 커피점들도 가격인상 여부를 고민 중이다. 무섭게 치고 올라오는 편의점 원두커피와의 가격 경쟁력에서 밀릴 수 있다는 우려도 나오지만, 물가인상 등 여건을 고려하면 가격인상이 불가피하다는 의견이 지배적이다. 실제로 저가 커피 전문점인 매머드커피의 경우, 최근 일부 커피 품목을 200~300원씩 인상하기로 결정했다.

한국 커피시장은 나날이 커지고 있다. 현대경제연구원이 2019년 말 발표한 '커피산업 트렌드 보고서'를 보면, 국내 커피산업 규모는 2016년 5조 9,000억 원에서 2023년 8조 6,000억 원으로 커질 전망이다. 2018년 한해 국내 성인들은 353잔의 커피를 마신 것으로 분석되었다. 이는 전 세계 성인 1인당 연간 커피 소비량 132잔의 2.7배에 이른다. 커피업계는 한국인의 필수 음료가 된 커피가 다른 식음료가격 인상률과 비교해 인상 폭이 크지 않아 소비자들의 반발은 크지 않을 것으로 본다.

출처: 허프포스트코리아(https://www.huffingtonpost.kr)

위 기사에서만 하더라도 원두 원가, 원·부재료값, 원재료비, 음료제품 제조와 판매관리에 들어간 비용, 인건비, 매장 임대료, 시설감가상각비 등의 단어들이 나오고 있다.

원가에 대한 이야기는 커피에만 국한되지 않는다. 사람들은 휴대폰 구입원가 및 월 통신료의 원가에도 관심이 많다. 아르바이트할 때 시급이 얼마인지? 한 끼 식사비가 얼마인지?, 세 들어 사는 집의 월 임대료가 얼마인지? 아파트나 단독주택의 가격이 얼마인지에도 관심을 갖는다. 인플레이션 시에는 대출 이자비용, 자동차의 기름값 등의 인상에 대해서도 관심이 많다. 원가나 비용은 이렇게 일상생활과 밀접히 연관되어 있다. 하지만 정작 원가가 무엇인지, 제품의 가격이 어떻게 구성되는지를 아는 사람은 그리 많지 않다. 이제 개인이나 기업의 각종 의사결정을 위한 기초자료로 사용되는 원가정보에 대해 자세히 알아보자.

원가는 가격결정의 기초자료가 되며, 기업의 성과를 결정하는 데 직접적인 자료로 사용되기 때문에 중요한 정보이다. 또한 원가정보는 기업이 직면하고 있는 다양한 의사결정 상황에서 최적의 의사결정을 내릴 수 있도록 도와주는 역할도 한다. 이러한 중요성 때문에 정확한 원가정보를 산출하려는 노력이 필요하며, 어떤 제품을 생산하는 데, 어떤 서비스를 제공하는 데, 혹은 어떤 활동을 수행하는 데 소요되는 원가를 결정하는 프로세스가 필요한데, 이를 원가회계(cost accounting)라고 한다.

사실, 우리가 원가정보를 파악하려는 이유는 원가정보가 기업에서 발생하는 여러 가지 이슈나 문제들에 대해 경영자가 답을 찾고자 할 때(의사결정을 하고자 할 때라는 말로 바꿔 부를 수 있다) 유용하게 사용되기 때문이다. 기업의 경영자(CEO)는 조직의 방향과 목표를 수립하고 운영하는 과정에서 다양한 판단과 의사결정이 필요하다. 내부 의사결정자인 경영자의 의사결정을 돕기 위해 만들어지는 관리회계정보는 원가정보의 산출, 이익 계획 등의 각종 의사결정, 그리고 목표달성 여부를 파악하는(통제하는) 일련의 경영흐름(이를 관리회계프로세스라고 부른다)상에서 모두 생성되며, 기업 내부의 의사결정자에게 도움이 되는 회계정보이다. 앞장에서 배운 재무회계 정보가 외부의 이해관계자인 투자자나 채권자의 의사결정에 도움이 되는 것과는 차이가 있다.

이러한 관리회계정보 중 원가정보의 산출이 가장 기본 중의 기본이며, 원가정보의 산출을 위해서는 상기업의 거래구조와 제조기업의 거래구조를 먼저 이해할 필요가 있다. 완성품(상품)을 구입하여 재판매하는 상기업의 경우, 원가는 상품매입원가를 일컫기 때문에 별도의 원가산정과정이 필요하지 않지만, 원재료를 구매하여 제조(생산)과정을 거쳐 완성품(제품)을 생산하는 제조기업의 경우에는 원가를 산출하는 과정에 대한 이해가 요구되기 때문이다.

9장에서는 원가정보의 산출과정을 간략하게 살펴보고, 산출된 원가정보가 재무제표에는 어떻게 포함되어 활용되는지 살펴본다. 원가정보를 이용하는 각종 의사결정 및 성과평가에 대한 내용은 10장에서 살펴본다.

2 상기업과 제조기업의 원가

2.1 상기업과 제조기업의 거래구조

지금까지 살펴본 대부분의 회계처리는 상품매매기업, 즉 상기업을 대상으로 한 회계처리였다. 상기업은 상품을 만들 수 있는 공장을 가지고 있지 않으며, 다른 기업의 공장에서 만든 완성품(제품, 상기업 입장에서는 상품)을 구입해서 소비자에게 재판매하는 역할을 담당하는 기업이다. 우리가 흔히 보는 도매상들이 상기업에 속한다고 볼 수 있다. 이들 기업에서 중요한 회계정보는 기업의 경영활동을 3대 활동으로 구분했던 영업활동, 투자활동, 재무활동에 대한 회계정보가 중요시되었다.

반면에 제조기업은 공장을 소유하고 있으며, 외부에서 구매한 원재료를 공장에서 직접 가공하여 완성품(제품)을 생산하는 기업이다. 제조기업은 직접 소비자에게 완성품(제품)을 판매하기도 하지만, 제조기업에서 생산된 제품은 주로 상기업을 통해 판매되는 거래구조를 가지고 있다고 볼 수 있다. 이를 간략히 요약하면 [그림 9-1]과 같다.

그림 9-1 상기업과 제조기업의 거래구조

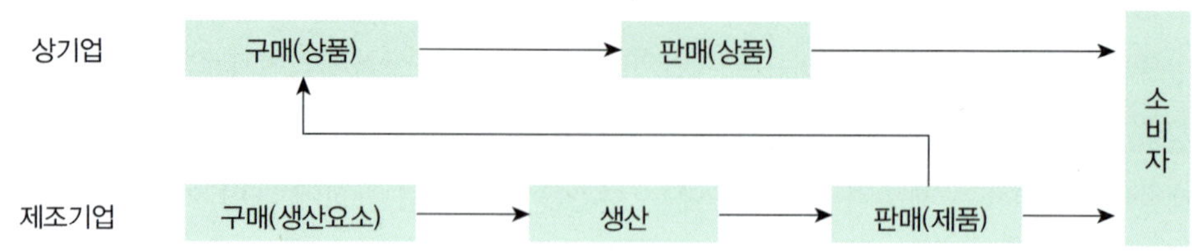

제조기업은 [그림 9-1]에서 보는 바와 같이 생산이라는 과정을 통해 제품을 만들어 내는데, 제품생산을 위해서는 원재료, 노동력, 전기, 기계, 공장건물 등 다양한 생산요소들이 필요하게 된다. 이 생산요소들이 생산공정에 투입되어 최종적으로 제품이 생산된다. 상기업과 제조기업은 생산(제조)공장을 소유하고 있는지의 여부에 따라 구분된다고 볼 수 있다.

이런 의미에서 연구개발, 설계 및 엔지니어링, 생산, 마케팅, 물류, 고객서비스(A/S)와 같은 가치사슬(value chain)에 대한 이해가 필요하다.2) 가치사슬은 기업활동에서 부가가치가 생성되는 과정을 의미한다. 1985년 미국 하버드대학교의 마이클 포터(M. Porter)가 모델로 정립한 이후 광범위하게 활용되고 있는 이론 틀로, 부가가치 창출에 직접 또는 간접적으로 관련된 일련의 활동 · 기능 · 프로세스의 연계를 의미한다. [그림 9-2]는 마이클 포터가 제시한 내용이며, 이를 우리나라 기업의 실정에 맞게 표현하면 [그림 9-3]과 같이 표현할 수 있다.

그림 9-2 **조직의 Value Chain 1**

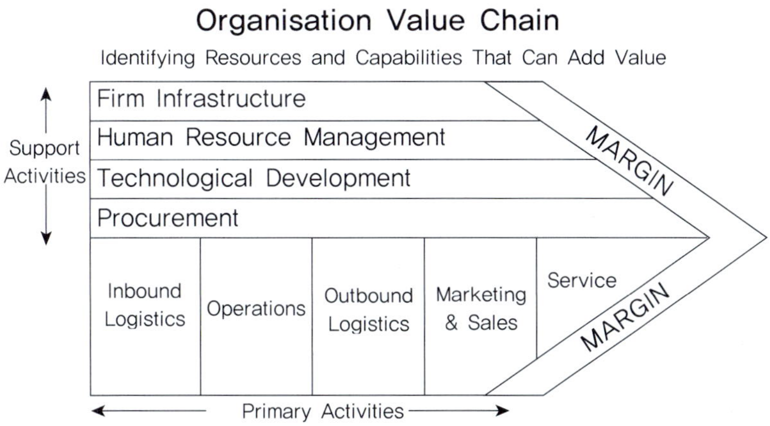

2) 가치사슬은 주활동(primary activities)과 지원활동(support activities)으로 나뉜다. 여기서 주활동은 제품의 생산 · 운송 · 마케팅 · 판매 · 물류 · 서비스 등과 같은 현장업무활동을 의미하며, 지원활동은 구매 · 기술개발 · 인사 · 재무 · 기획 등 현장활동을 지원하는 제반업무를 의미한다. 주활동은 부가가치를 직접 창출하는 부문을, 지원활동은 부가가치가 창출되도록 간접적인 역할을 하는 부문을 말한다. 이 두 활동부문의 비용과 가치창출요인을 분석하는 데에 사용된다(두산백과).

그림 9-3 조직의 Value Chain 2

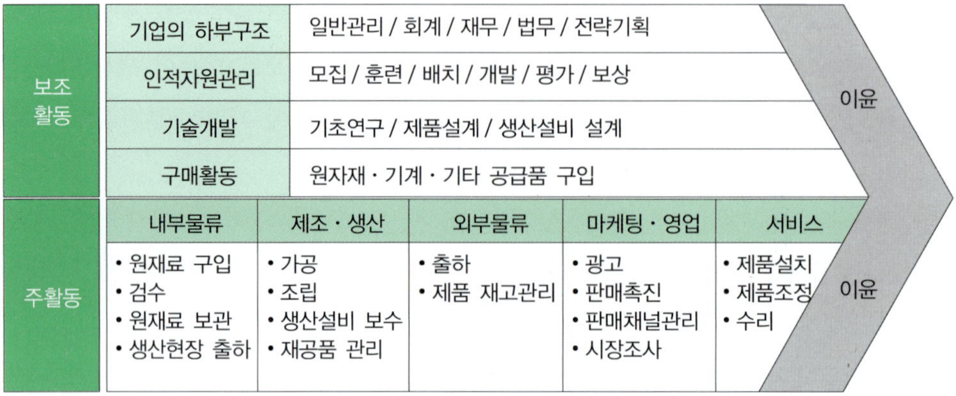

원가정보의 산출에서 관심을 가지는 활동은 가치사슬 중에서 내부물류활동인 원재료의 구매, 제조와 생산활동인 가공, 조립, 생산설비 보수 및 재공품관리활동이다. 그 외 판매 및 일반관리비활동은 재무회계에서 다루었던 내용과 동일하다.

2.2 제조기업의 제품원가

제품을 생산하기 위해서는 여러 가지의 작업단계를 거쳐야 한다. 예를 들어, 우리가 직접 책상을 만든다고 가정해 보자. 먼저 책상의 재료가 되는 목재와 못 등을 구입하여야 한다. 책상을 만드는 단계는 많은 작업들이 필요하지만, 기본적으로 목재를 크기와 종류에 따라 자르는 작업(절단)단계와 이를 조립하여 못을 박는(조립) 단계가 필요하며, 마지막으로 니스칠 및 페인트칠을 하는(도장) 단계가 필요하다. 책상을 만들기 위해 거치는 각각의 작업단계를 제조공장에서는 공정(process)이라 부른다. 여기서 생산공정을 좀 더 자세히 살펴보면 [그림 9-4]와 같다.

그림 9-4 생산공정

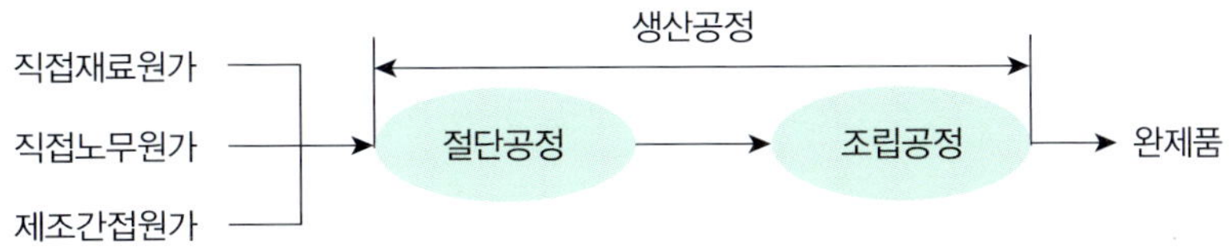

[그림 9-4]에서 보는 바와 같이 제품을 생산하기 위해서는 절단공정과 조립공정을 거쳐야 한다. 원재료가 절단공정에 투입되어 작업이 끝나면, 조립공정으로 투입되어 여기서 가공과정을 거쳐 완제품이 된다. 이 과정에서 여러 가지 원가요소들이 발행한다. 예를 들어, 재료도 필요하며, 그 재료를 가공할 노동력도 필요하고, 그리고 절단 및 조립을 도와줄 기계도 필요하다. 뿐만 아니라 공장건물, 전력, 수도, 공장관리 등과 같은 많은 요소들도 필요하게 된다. 이 모든 요소들의 원가가 제품원가(product costs)를 구성하게 된다.

▪ 원가란?

원가(costs)란 재화나 서비스를 획득하기 위하여 희생된 일체의 경제적 가치(economic value)를 말한다. 원가가 되기 위해서는 다음과 같은 조건이 만족되어야 한다. 첫째, 원가는 재화를 획득하는 과정에서 발생된 것이어야 한다. 예를 들어, 지금까지 상기업을 대상으로 한 회계처리에서는 건물감가상각비가 제품생산을 위한 공장건물의 감가상각비라면 이는 제품원가에 포함된다. 둘째, 회계가치로 측정가능한 것이어야 한다. 측정이 불가능한 것은 제품원가에 포함시켜서는 안 된다. 예를 들어, 종업원의 능력이나 기업의 역량 등은 실제로 제품생산에 영향을 미칠 수도 있으나, 측정이 불가능하기 때문에 제품원가에 포함시키지 않는다.

▪ 원가의 분류[3)]

이러한 원가요소들을 크게 분류하면 [표 9-1]에서 보는 바와 같이 직접재료원가(Direct

3) 사실, 원가는 의사결정목적에 따라 다양한 분류기준을 가지고 있기 때문에 카멜레온처럼 그때그때 변한다. 이를 '상이한 목적에는 상이한 원가(different costs for different purpose)'라는 말로 표현한다. 이에 대해서는 10장에서 자세히 다룬다.

Material cost: DM), 직접노무원가(Direct Labor cost: DL) 그리고 제조간접원가(Manufacturing Overhead cost: MOH)로 구분된다. 이를 제품원가의 3요소라고 한다. 직접재료원가와 직접노무원가는 직접원가(direct cost)라고 불리기도 하며, 제조간접원가는 간접원가(indirect cost)라고 불리기도 한다.

직접원가는 특정 제품을 생산하는 데 소비되었다는 사실을 추적할 수 있는 원가이다. 예를 들어, 양복을 만들 때의 원단 구매원가, 책상을 만들 때의 나무 구매원가, 생산공정에서 작업 중인 작업자의 인건비 등은 제품의 직접원가에 해당한다.

제조간접원가는 직접원가에 속하지 않는, 즉 특정 제품별로 추적이 불가능한 원가를 말한다. 양복의 실, 책상의 못에 대한 구매원가, 생산공정의 감독자 임금, 그리고 제조과정에서 발생하는 수도광열비, 감가상각비 등은 어느 제품에 부과되는지를 추적하기가 어려운 원가들이다. 제조간접원가는 아주 다양한 계정들로 구성되어 있는데, 제조간접원가에 대해서는 각 제품별로 제조간접원가를 어떻게 배부시킬 것인지가 원가회계의 중요한 논의거리이다.

[표 9-1] **제품원가의 예시**

- 직접재료원가: 책상의 목재, 옷의 옷감 등
- 직접노무원가: 목공의 임금, 재단사의 임금 등
- 제조간접원가: 간접재료원가, 간접노무원가, 수도광열비, 감가상각비 등

■ 원가회계란?

원가회계(cost accounting)란 원가의 측정과 계산을 다루는 회계학의 한 분야이다. 각종 원가계산기법(개별원가계산, 종합원가계산, 결합원가계산, 부문별 원가계산, 활동기준원가계산, 전부원가계산, 변동(직접)원가계산, 표준원가계산 등), 원가의 배분, 원가 추정에 대해 다루게 된다. 특히 제조원가계산은 원가회계의 중요한 주제인데, 제조원가계산은 판매된 제품의 원가인 매출원가를 포괄손익계산서에 표시하고, 미판매된 기말재고자산은 재무상태표(구, 대차대조표)에 표시하는 데 필요하기 때문에 재무회계적인 입장에서도 중요한 회계정보이다. 따라서 기업의 원가계산방식도 원가계산준칙이라는 규정에 따라야 한다.

2.3 상기업과 제조기업의 원가 차이

원가란 무엇인가?라는 질문을 했을 때 회계학을 전공한 사람들도 그 개념을 이해하지 못하는 경우가 많다. 언론보도에서도 원가의 개념을 잘못 적용하는 경우가 많이 발견된다. 또한 비용이나 손실 등의 개념과 혼동되기도 한다. 그러나 원가와 비용은 구별되어야 하는 서로 다른 개념이다. 예를 들어, 앞서 우리는 '매출원가'라는 용어를 자주 사용하였다. 매출원가는 '원가'인가 아니면 '비용'인가? 원가라는 말이 붙어 있기 때문에 '원가'라고 생각하는 사람들도 많다. 매출원가는 '원가'가 아니라 '비용'이다. 이 개념을 정확하게 구분해야 하는 이유는 원가로 보느냐 아니면 비용으로 보느냐에 따라 기업의 이익이 달라지기 때문이다.

[그림 9-5]에서는 상품구입과 상품판매라는 두 개의 거래를 보여주고 있다. 상품구입 시 상품이라는 계정으로 ₩1,000의 자산(재고자산)이 생겼다. 이 상품을 판매하게 되면 매출이라는 수익 ₩1,600이 발생함과 동시에 매출원가라는 비용이 ₩800이 발생하였다. 이

그림 9-5 상기업의 원가와 비용

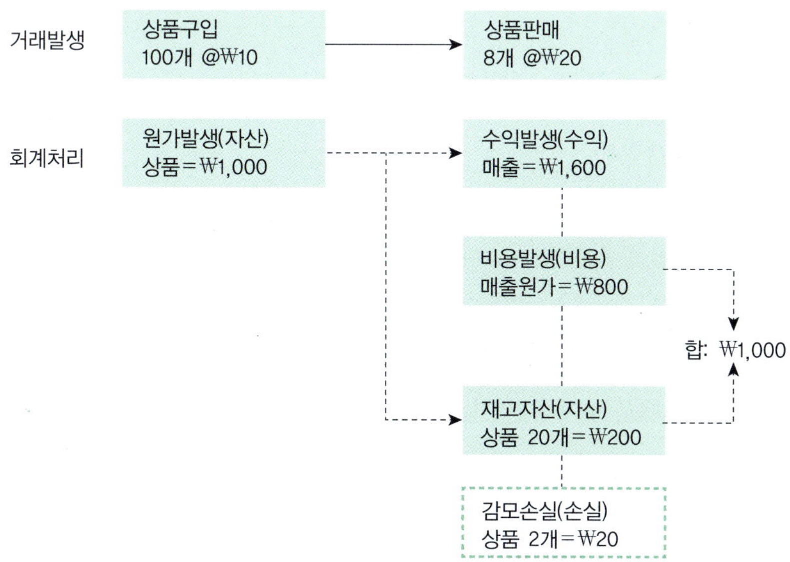

때 상품구입 당시에 지급한 금액 ₩1,000은 원가(자산)에 해당하는 것이나, 이 자산(재고자산)이 수익으로 실현되면, 수익실현과 동시에 그에 대응(matching)하는 비용, 즉 매출원가로 회계처리가 되는데, 이때 비용 ₩800이 된다.

아직 팔리지 않고 남아 있는 20개는 재고자산이 되며, 재고자산의 금액은 남아 있는 재고자산수량에 대한 구입 당시의 원가가 된다. 다른 이유가 없다면 매출원가와 재고자산 금액의 합은 구입 당시에 지불한 금액, 즉 구매원가와 일치한다.

그런데 만약 재고자산을 실사한 결과 20개가 남아 있어야 할 상품이 18개밖에 남지 않았다면 어떻게 될까? 상품 2개는 감모 또는 분실된 것으로 회계처리가 되어야 하는데, 이 경우 분실된 2개의 상품원가 ₩20은 아무런 수익을 창출하지 못하였기 때문에, 이때는 ₩20이 손실(lose)에 해당한다.

▪ 취득원가와 제조원가

앞에서 우리는 상기업의 상품원가는 상품에 대해 지급한 구입대가뿐만 아니라 상품구입으로 발생하는 부대비용도 포함한다는 것을 배웠다. 예를 들어, 상품을 구입한 후 수송비나 하역비가 들었다면 이 금액도 포함하여 상품의 원가를 산출한다. 따라서 상품의 원가는 상품구입대가와 부대비용의 합이 되며, 이를 취득원가라고 하였다. 제조기업의 경우, 원재료의 구입원가산출에도 같은 논리가 적용된다. 원재료에 대해 지급한 구입대가뿐만 아니라 원재료로 발생하는 부대비용도 포함되어 원재료의 취득원가를 산출한다.

제조원가는 제조공정을 거쳐 제품을 완성하는 데 포함된 원가를 총칭하는 말이다. 즉 원재료를 사다가 물건을 직접 만들었다면 제조원가는 이 물건을 만드는 데 들어간 직접재료원가, 직접노무원가 및 제조간접원가를 말한다.

한편, 앞서 [그림 9-4]와 [표 9-1]에서 살펴본 것과 같이 제조기업은 상기업과 달리 직접 제품을 생산하기 때문에 제품원가는 다음과 같이 제품원가의 3요소로 구성된다. 즉 제품생산을 위해서는 재료구입대가, 노무원가, 경비가 투입된다.[4] 상기업과 마찬가지로 제

4) 이 원가는 추적가능성에 따른 원가분류법에 따라 직접재료원가, 직접노무원가 그리고 제조간접원가라는 원가의 3요소로 변환되기도 한다.

조기업의 제품도 아직 수익(매출)을 창출하지 않았으면 제품원가는 자산으로 기록된다. 지금까지 살펴본 내용을 요약해 보면 [표 9-2]와 같다.

[표 9-2] 상기업과 제조기업의 원가 구성요소

재고자산 계정과목		원가구성요소
상기업	상품	상품구입대가+부대비용
제조기업	제품	재료구입대가, 노무원가, 경비
	재공품	
	원재료	재료구입대가+부대비용

[표 9-2]에서 또 한 가지 눈여겨볼 것은 상기업에서는 상품이라는 계정과목을 사용하지만, 제조기업에서는 제품이라는 계정과목을 사용한다는 것이다. 동일한 대상을 두고도 구입한 것인지 아니면 직접 생산한 것인지에 따라 이를 구분하고 있다. 또한 제조기업에서는 원재료라는 재고자산계정이 있는데, 이는 말 그대로 제품생산에 필요한 재료의 재고를 말한다. 이외에도 제조기업에는 재공품이라는 계정의 재고자산도 있는데, 이에 대해서는 다음 절 3. 원가의 흐름에 대한 이해에서 살펴보기로 한다.

그런데 원가는 기업이 어떤 상황에 처해 있느냐에 따라 그 개념이 달라질 수 있음을 먼저 이해해야 한다. 무수히 많은 의사결정 상황만큼 산출되는 원가정보도 다양하게 존재한다고 보면 될 것이다.

[표 9-3] 원가분류법

원가분류	원가항목
자원소비유형에 따른 분류	재료원가, 노무원가, 경비
원가행태에 따른 분류	변동원가, 고정원가, 준변동원가, 준고정원가
추적가능성에 따른 분류	직접원가, 간접원가
의사결정과의 관련성에 따른 분류	관련원가, 비관련원가, 기회원가, 매몰원가
통제가능성에 따른 분류	통제가능원가, 통제불능원가

자원소비유형에 따른 원가분류는 '원가의 3요소'라 불리는 가장 오래된 원가분류법이다. 경제학에서 논의되는 생산의 3요소인 노동, 토지, 자본을 변형한 원자재, 노동력, 이자 등을 표현해 왔던 방식이 재료원가, 노무원가, 경비로 원가항목이 구분되고 있다.

원가행태에 따른 원가분류는 생산활동이나 판매활동이 발생할 때마다 발생하는 원가는 변동원가, 생산활동이나 판매활동의 발생과는 무관한 원가는 고정원가로 분류하는 방법이다.

추적가능성에 따른 원가분류는 여러 제품이나 서비스의 원가를 계산할 때 각 제품에 직접 들어가는 원가가 얼마인지 추적이 가능하면 직접원가, 공통적으로 발생하는 원가는 간접원가로 분류할 때 사용하는 분류법이다.

의사결정과의 관련성에 따른 원가분류는 의사결정과 관련된다. 의사결정으로 인한 대안 간의 차이를 보이는 미래원가를 관련원가라고 하고, 대안 간의 차이를 보이지 않는 미래원가는 비관련원가라고 부른다. 또 기회원가(opportunity cost)라는 원가는 비교적 자주 사용하는 원가개념일 것이다. 기회원가는 2개 이상의 여러 선택 대안 가운데 어느 한 대안을 선택했을 때 포기한 다른 대안들의 가치 중 가장 높은 이익(또는 현금유입)을 이르는 말이다. 예를 들어, [표 9-4]에서 가정 최적의 선택은 대안 B이고, 대안 A와 C는 기각되었다. 기회원가는 포기된 대안 A와 대안 C가운데 현금유입이 가장 큰 ₩50,000을 말한다.

[표 9-4] **선택대안과 기회원가**

	대안 A	대안 B	대안 C
현금유입	₩100,000	₩120,000	₩90,000
현금유출	50,000	60,000	45,000
순현금유출입	₩50,000	₩60,000	₩45,000

그리고 매몰원가(sunk cost)의 개념도 비교적 많이 사용된다. 매몰원가는 이미 투입되어 회수할 수 없는 과거원가를 말하며 이는 의사결정을 할 때 사용되어서는 안 되는 비관련원가이다.

통제가능성에 따른 원가분류는 기업이나 조직에서 특정 관리자에 의해 일정 기간 동안 크게 영향을 받는 원가인 통제가능원가(혹은 관리가능원가라고도 함)와 통제가 불가능한 원가인 통제불능원가로 분류하는 방법이다.

책상을 만드는 모 회사에서 스터디카페에 들어가는 책상과 모 기업 회장실에 들어가는 책상을 동시에 주문받았다고 가정해 보자. 원목과 같은 원재료는 재료원가, 직접재료원가, 변동원가 등으로 분류가 가능하다. 그러면 못이나 접착제는 어떻게 분류될까? 경비, 간접재료비(간접원가), 변동원가 등으로 구분된다. 책상을 만드는 데 투입된 노동력에 대해서도 마찬가지이다. 스터디카페의 책상을 만드는 노동력이나 회장실 책상을 만드는 노동력은 노무원가, 직접노무원가, 변동원가로 구분되지만, 책상 공장의 감독관의 임금은 노무원가이나, 간접노무원가, 고정원가로 구분될 수 있다.

본 장에서는 제조기업의 제품원가를 계산하는 데 유용한 자원소비유형에 따른 분류법을 이용하여 제품원가의 흐름을 설명한다.

3 원가의 흐름에 대한 이해

3.1 재공품과 제품

제품원가계산과정은 일종의 흐름으로 표현할 수 있다. 제품생산을 위해서는 제품원가 3요소, 즉 직접재료원가(Direct Material costs: DM), 직접노무원가Direct Labor costs: (DL), 그리고 제조간접원가(Manufacturing Overhead costs: MOH)가 생산고정으로 투입되어 가공과정을 거치게 된다. 이때 생산 중에 있는 미완성 제품을 재공품(Work In Process: WIP)이라고 한다. 이들 재공품이 가공과정을 마치게 되면 완성품(Finished Goods: F/G)이 된다. 완성품이 소비자에 판매되었을 때 비로소 수익에 대응되는 개념인 매출원가라는 비용이 인식되며, 판매되지 못한 제품은 기말재고자산으로 남아 있게 된다. 이때 재공품도 재고자산으로 기록되는데, 그 이유는 재공품이 완성품으로 가공되었을 때 미래의 효익을 가져다줄 것으로 인식되기 때문이다. 생산공정에 투입되지 않은 원재료도 원재료 재고자산으로 기록되는 이유도 동일한 이유이다.

■ 재공품계정과 제품계정

원가의 흐름을 이해하는 데 중요한 계정은 재공품과 제품계정이다. 매출원가계정 등에 대한 자세한 원가계산절차는 원가회계에서 공부할 수 있기 때문에 여기서는 재공품과 제품계정의 흐름만을 살펴보도록 한다.

재공품계정은 제품원가계산의 과정에서 발생된 모든 제품원가가 누락·집계되는 계정이다. 모든 제품원가는 일단 발생되면 재공품계정에 모아졌다가 생산이 완료되면 완제품계정으로 넘어가게 된다. 제품을 완성하기 위하여 직접재료비와 직접노무비 그리고 제조간접비 등을 생산공정에 투입하여 가공이라는 과정을 거치면서 아직 제품으로 100% 완성되지 않은(즉 아직 원가가 100% 투입되지 않은 생산과정 중에 있는) 재공품의 형태를 거쳐 최종적으로 제품이 완성된다. 재공품계정은 재료투입이 100% 완료되었을 때 제품이 완성되기 때문에 제품생산을 위해 투입된 모든 원가요소들은 재공품계정의 차변에 집계된다. 예를 들어, 직접재료 ₩4,000을 공정에 투입하고, 직접노무비 ₩3,000이 발생하였으며, 제조간접비 ₩7,000을 재공품으로 대체하였다면 다음과 같이 회계처리를 한다.

직접재료 투입 시	(차변)	재공품	4,000	(대변)	재료	4,000
직접노무비 발생 시	(차변)	재공품	3,000	(대변)	노무비	3,000
제조간접비 발생 시	(차변)	재공품	7,000	(대변)	제조간접비	7,000

최종 완제품은 직접재료비와 직접노무비, 그리고 제조간접비가 100% 투입이 완료되면 산출된다. 따라서 집계되었던 재공품계정의 금액은 특정 제품이 완성되면서 완성품의 원가만큼 제품계정으로 할당된다. 예를 들어, 10,000원의 제품을 완성하여 재공품계정에서 제품계정으로 대체하였을 때의 회계처리는 다음과 같다. 이때 한 가지 주의할 점은 재공품계정에는 기초재고와 기말재고가 존재한다는 것이다. 즉 기간 말에 완성하지 못하고 생

산 중인 재공품이 존재하고 있음을 말한다.

제품계정으로 대체 시	(차변) 제품	10,000	(대변) 재공품	10,000

이들 내용을 T계정을 이용하여 표현하면 다음과 같다.

재공품

전기이월	×××	제품	10,000
재료(직접)	4,000	차기이월	×××
노무비(직접)	3,000		
제조간접비	7,000		

한편, 제품계정은 직접재료비와 직접노무비, 그리고 제주간접비 등 투입된 무든 원가요소들이 최종적으로 집계되는 곳(원가대상: cost objects)이다. 제품은 직접재료가 100% 투입되고, 가공비도 100% 투입된 완성품이다. 이렇게 완성된 제품은 매출원가와 기말재고로 대체된다. 즉 완성품 가운데 판매가 이루어진 부분은 수익에 대응되는 개념인 매출원가가 되며, 아직 판매되지 않는 것은 기말재고로 남게 된다. 예를 들어, 완성품 ₩10,000 가운데 ₩7,000이 ₩12,000에 현금으로 판매가 되었을 때 다음과 같이 회계처리를 하며, 이들 내용을 제품에 대한 T계정으로만 표현하면 다음과 같다.

제품 매출 시	(차변) 현금	12,000	(대변) 매출	12,000
매출원가 인식 시	(차변) 매출원가	7,000	(대변) 제품	7,000

제품

전기이월	×××	매출원가	10,000
재공품(당기완성품)	4,000	차기이월	×××

지금까지 설명한 제품원가계산과정을 요약해 보면 [그림 9-6]과 같다. [그림 9-6]에서 보는 것처럼 당기에 투입된 직접재료원가와 직접노무원가, 그리고 제조간접원가는 가공과정에서 재공품계정에 집계되고, 완성된 재공품은 완성된 금액만큼 제품계정에 집계된다. 완제품 중 판매된 부분은 매출원가로 비용화되고, 미판매된 완제품은 기말재고자산계정에 남아 있게 된다. [예제 9-1]에서 이를 살펴보자.

그림 9-6 **제품원가계산의 흐름**

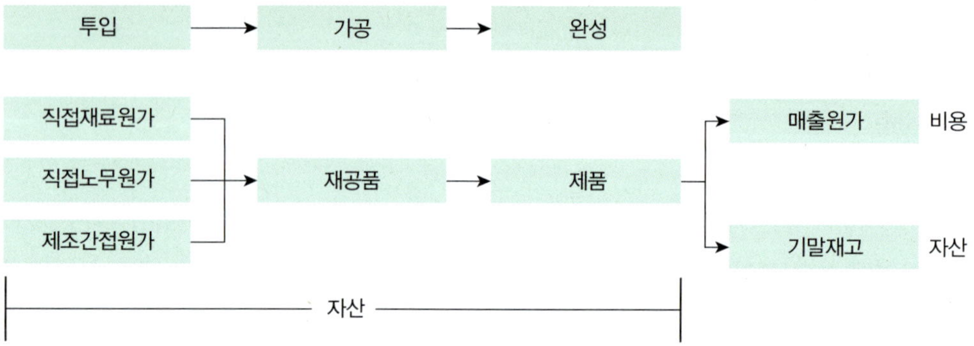

예제 9-1

(주)유니콘의 20×1년의 1월의 생산 및 원가자료는 다음과 같다.

기초재공품	₩2,000	기초제품	₩3,000
당기투입원가		매출원가	21,000
직접재료원가	13,000		
직접노무원가	7,000		
제조간접원가	5,000		
당기제품완성액	20,000		

| 요구사항 |

1. 재공품계정과 제품계정을 만들고, 원가흐름을 기록해 보시오.
2. 기말재공품과 기말제품 재고액은 얼마인가?

| 해답 |

1. 원가흐름

제공품

전기이월	2,000	제품	20,000
직접재료원가	13,000	차기이월	7,000
직접노무원가	7,000		
제조간접원가	5,000		
	27,000		27,000

제품

전기이월	3,000	매출원가	21,000
재공품	20,000	차기이월	2,000
	23,000		23,000

2. 기말재공품: 재공품계정의 차변금액과 대변의 제품의 차이 ₩7,000
   기말제품: 제품계정의 차변금액과 대변의 매출원가의 차이 ₩2,000

3.2 제조원가명세서와 재무제표

지금까지 살펴본 원가의 흐름은 재무제표의 부속명세서 가운데 하나인 제조원가명세서(schedule of cost of goods manufactured)에 반영된다. [표 9-5]는 [예제 9-1]을 이용하여 작성한 제조원가명세서의 예이다. 예제에서의 자료가 부족하기 때문에 일부 계정에 대해서는 금액을 표기하지 않았다.

[표 9-5]에서 보는 바와 같이 제조원가명세서는 최종적으로 당기제품제조원가를 산출하는 과정을 보여주는 명세서이다. 제조원가명세서는 크게 당기총제조원가와 당기제품제조원가 두 부분으로 나누어져 있다. 당기총제조원가는 말 그대로 당기에 제품생산을 위해 투입된 직접재료원가, 직접노무원가, 제조간접원가의 당기발생액을 집계한 것이다. 그러나 당기에 제품생산을 위해 투입된 원가 가운데는 아직 미완성인 제품, 즉 재공품의 원가도 포함되어 있다. 반대로 전기에 투입된 재공품원가, 즉 기초재공품원가는 당기에 나머지 원가만 투입하면 완성품이 된다. 따라서 당기총제조원가에서 기초재공품을 가산해 주고, 기말재공품을 제외시키면 당기에 완성된 당기제품제조원가를 산출할 수 있도록 되어 있다.

[표 9-5] 제조원가명세서

직접재료원가		
기초재료재고액	×××	
당기재료매입액	×××	
기말재료재고액	×××	13,000
직접노무원가		7,000
제조간접원가		
간접재료원가	×××	
간접노무원가	×××	
수도광열비	×××	
감가상각비	×××	5,000
당기총제조원가		25,000
기초재공품재고액		2,000
기말재공품재고액		(7,000)
당기제품제조원가		20,000

한편, 제조원가명세서의 당기제품제조원가는 포괄손익계산서의 매출원가를 산출하는 데 사용된다. [표 9-6]에서 보는 바와 같이 제조기업의 포괄손익계산서를 보면 [표 9-5]의 당기제품제조원가 ₩20,000이 그대로 반영되어 있음을 알 수 있다. 이것이 원가회계와 재무제표를 연결시켜 주는 매개체 역할을 하고 있다.

또한 [예제 9-1]의 원가자료가 포괄손익계산서에 그대로 반영되어 있다. 한편, 제조기업의 포괄손익계산서는 상기업의 포괄손익계산서와 일부 차이가 있는데, 가장 큰 차이는 매출원가 산정에 사용되는 당기제품매입액과 당기제품제조원가라는 용어가 다르다. 물론 앞서 살펴본 바와 같이 그 금액이 산출되는 과정도 다르다. 그리고 재무상태표에서 재고자산의 구성도 다른데, 상기업은 상품계정이 재고자산계정을 의미하지만, 제조기업은 제품, 재공품, 원재료가 재고자산을 구성하고 있다.

[표 9-6] 상기업과 제조기업의 재무제표

포괄손익계산서(상기업)			포괄손익계산서(제조기업)		
매출		×××	매출		×××
매출원가			매출원가		
기초상품재고액	×××		기초상품재고액	3,000	
당기상품매입액	×××		당기상품매입액	20,000	
기말상품재고액	×××	×××	기말상품재고액	1,000	22,000
매출총이익		×××	매출총이익		×××
판매비와관리비	×××	×××	판매비와관리비	×××	×××
영업이익		×××	영업이익		×××

부분재무상태표(제조기업)

재고자산		
제품	1,000	
재공품	7,000	
원재료	×××	

▪ 매출원가의 계산방법

지금까지 매출원가는 '완제품 중 판매된 부분', '판매된 제품의 원가', 혹은 '매출수익에 대응되는 개념' 정도로만 소개가 되었다. 그런데 [표 9-6]을 보면, 상기업과 제조기업 매출원가의 계산과정이 나와 있다. 매출원가의 계산과정을 이해하면, 당기제품제조원가와 직접재료원가의 계산과정에 대해서도 이해가 되므로 여기서는 제조기업의 매출원가 계산과정을 소개한다. 매출원가는 전기에 생산완료되었으나 판매가 되지 않고 당기로 넘어온 기초완제품재고와 당기제품제조원가의 합인 총판매가능완제품에서 당기에 판매되지 않고 차기로 넘어가는 완제품재고인 기말완제품재고를 차감하여 계산한다.

매출원가의 산정에 있어서 중요한 요소인 당기제품제조원가와 당기제품제조원가의 대부분을 차지하는 직접재료원가계산도 마찬가지 논리가 적용된다. 당기제품제조원가는 당기총제조원가에서 기초재공품재고액을 가산해 주고, 기말재공품재고액을 차감하여 계산한다. 직접재료원가는 기초원재료재고액에 당기재료매입액을 가산해 주고, 기말원재료재고액을 차감하여 계산한다. 이를 표로 요약하면 다음과 같다.

직접재료원가 계산방법	당기제품제조원가 계산방법	매출원가 계산방법
기초원재료재고	기초재공품재고	기초완제품재고
+ 당기재료매입액	+ 당기총제조원가	+ 당기제품제조원가
= 총생산투입가능액	= 총생산가능액	= 총판매가능완제품
− 기말원재료재고	− 기말재공품재고	− 기말완제품재고
= 직접재료원가	= 당기제품제조원가	= 매출원가

4 제품원가를 계산해 보자

4.1 원가계산의 예

어떤 기업이 한 종류의 제품만을 생산하고 있다고 가정해 보자. 이런 기업의 경우에는 제품원가계산은 매우 간단하다. 복잡한 제품원가계산의 과정을 거칠 필요가 없다. [식 9-1]과 같이 일정 기간 동안 제품생산에 소요된 총제조원가, 즉 모든 재료원가, 노무원가 등을 집계하여 동일 기간 동안의 생산량으로 나누면 제품 한 단위당 원가를 산출할 수 있기 때문이다. 단, 재공품은 존재하지 않는 것으로 가정한다. 기초 혹은 기말재공품이 존재할 때 몇 가지 고려해야 할 요소가 있는데 이 문제는 원가회계에서 다루기로 하자.

$$\text{단위당 제품원가} = \frac{\text{일정 기간 동안의 총제조원가}}{\text{일정 기간 동안의 생산량}} \qquad \text{[식 9-1]}$$

어떤 기업이 한 종류의 제품만을 생산한다는 가정은 비현실적이다. 여러 종류의 제품을 생산하는 경우 제품원가계산은 제품생산의 특성을 반영하여 적절한 원가계산절차를 거쳐야 한다. 앞의 원가의 분류부분에서 잠깐 언급하였지만 가장 중요한 것이 제조간접원가를 어떻게 각 제품에 배부할 것인가라는 점이다. [예제 9-2]는 제조간접원가가 적절한 절차를 거쳐 배부된 결과값이라고 가정한 것이며, [예제 9-3]은 제조간접원가의 적절한 배부절차(즉 제조간접원가 배부율)를 산정하는 과정을 보여준다.

예제 9-2

(주)유니콘이 생산하고 있는 제품 A의 원가를 집계한 결과 20×1년 1월에 직접재료원가 ₩10,000, 직접노무원가 ₩6,000 그리고 제조간접원가 ₩4,000을 투입한 것으로 나타났다. 20×1년 1월의 제품 A 생산량은 10단위였다.

| 요구사항 |

A제품 한 단위당 원가는 얼마인가?

| 해답 |

직접재료원가	₩10,000
직접노무원가	6,000
제조간업원가(배부)	4,000
합계	20,000
생산량	÷10
단위당 원가	₩2,000

[예제 9-2]에서 직접원가인 직접재료원가와 직접노무원가는 특정 제품생산에 소비된 금액을 추적할 수 있기 때문에 그 추적된 금액을 그 특정 제품에 직접 할당하면 된다. 그러나 제조간접원가는 특정 제품에 추적이 불가능하기 때문에 특정 제품을 생산하는 데 얼마나 소비되었는지를 파악할 수가 없다. 따라서 제조간접원가는 적절한 절차를 거쳐 제품별로 배부하는 절차를 거치게 되는데, [예제 9-2]의 제조간접원가 ₩4,000은 그러한 배부절차를 거쳐 산출된 최종금액이라는 것을 알 수 있다. 제품원가의 산출과정을 간단히 요약하면 [그림 9-7]과 같다.

[그림 9-7]에서 보는 바와 같이 모든 생산관련 원가는 제품 A와 B에 집계된다. 최종적으로 원가가 집계되는 제품 A와 B를 원가대상(cost object)이라고 한다. 그림에서 보는 바와 같이 직접재료원가와 직접노무원가는 각 제품 A와 B별로 추적이 가능하기 때문에 실제로 각 제품생산을 위해 발생한 금액만큼을 직접 부과하면 된다. 그러나 제조간접원가는 제품 A와 B를 생산하는 데 어느 정도의 비율로 사용되었는지 추적이 불가능하기 때문에 원가배부라는 과정을 거치게 된다.

그림 9-7 **제품원가의 산출과정**

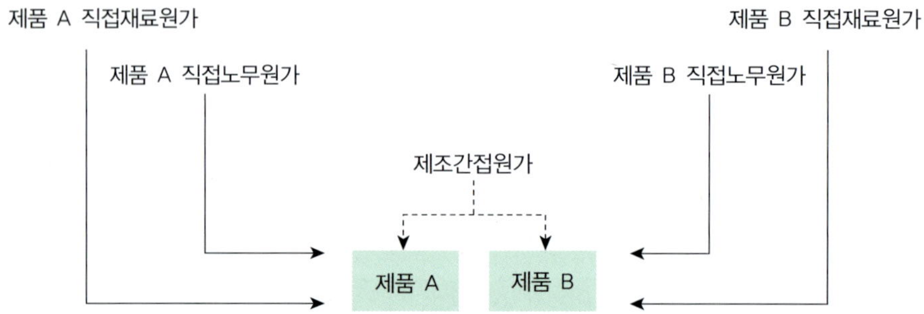

제조간접원가 배부과정을 이해하기 위해서는 조업도(volume)라는 개념을 알아야 한다. 조업도란 기업의 활동 정도를 말하며, 생산량, 판매량, 기계작업시간, 직접노무시간 혹은 직접재료원가 등이 그 예에 해당한다. 원가회계에서는 조업도가 증가하면 관련된 원가는 늘어난다고 가정한다. 예를 들면, 냉장고 10대를 만드는 데 모터가 10대 필요하다면 20대를 만들려면 모터 20대가 필요하다는 것이다. 마찬가지로 조업도가 늘어나게 되면 제조간접원가도 늘어나게 된다. 이 조업도와 원가의 증가관계를 이용하여 제조간접원가를 각 제품에 배부하게 되는데, 이때 사용된 조업도를 배부기준이라고 한다. 배부기준 한 단위당 제조간접원가의 비율을 제조간접원가 배부율이라고 하며, [식 9-2]와 같이 구한다.

$$\text{제조간접원가배부율} = \frac{\text{총제조간접원가}}{\text{조업도(비부기준)}} \qquad \text{[식 9-2]}$$

예제 9-3

(주)유니콘은 책상과 의자를 각각 생산하고 있다. 20×1년 9월 중 제조간접원가는 ₩10,000이 발생하였으며, 이는 직접노무시간을 기준으로 배부한다. 20×1년 9월의 생산자료는 다음과 같다.

	제품 A	제품 B
직접재료원가	₩10,000	₩15,000
직접노무원가	6,000	8,000
제조간접원가		₩10,000
직접노무시간	30시간	70시간
생산량	10단위	20단위

| 요구사항 |

1. 제조간접원가 배부율은 얼마인가?
2. 제품 A와 B에 배부되어야 하는 제조간접원가는 각각 얼마인가?
3. 제품 A와 B의 단위당 제품원가는 얼마인가?

| 해답 |

1. 제조간접원가 배부율
   =₩10,000/100시간=₩100/직접노무시간
2, 각 제품의 제조간접원가 배부액
   제품 A의 제조간접원가: ₩100×30시간=₩3,000
   제품 B의 제조간접원가: ₩100×70시간=₩7,000
3. 각 제품의 단위당 원가

	제품 A	제품 B
직접재료원가	₩10,000	₩15,000
직접노무원가	6,000	8,000
제조간접원가	3,000	7,000
합계	19,000	30,000
생산량	÷10	÷20
단위당 원가	₩1,900	₩1,500

4.2 배부기준이 다르다면 원가는?

배부기준을 무엇으로 선정하느냐에 따라 제품원가도 달라질 수 있다. 예를 들어, [예제 9-3]에서 배부기준을 직접노무시간이 아니라 직접재료원가를 기준으로 할 경우 각 제품에 배부되는 제조간접원가는 달라진다. 그 이유는 [예제 9-3]에서는 제조간접원가가 직접노무시간에 비례해서 발생한다고 가정하였지만, 이제는 직접재료원가에 비례해서 발생한다고 보기 때문이다. 즉 각 제품에 배부될 제조간접원가의 배부율도 달라지게 되는 것이다.

예제 9-4

[예제 9-3]의 자료를 그대로 이용한다. 단 배부기준은 직접재료원가를 사용한다.

| 요구사항 |

1. 제조간접원가 배부율은 얼마인가?
2. 제품 A와 B에 배부되어야 하는 제조간접원가는 각각 얼마인가?
3. 제품 A와 B의 단위당 제품원가는 얼마인가?

| 해답 |

1. 제조간접원가 배부율
   =₩10,000/₩25,000=₩0.4/직접재료원가
2. 각 제품의 제조간접원가 배부액
   제품 A의 제조간접원가: ₩0.4×₩10,000=₩4,000
   제품 B의 제조간접원가: ₩0.4×₩15,000 ₩6,000
3. 각 제품의 단위당 원가

	제품 A	제품 B
직접재료원가	₩10,000	₩15,000
직접노무원가	6,000	8,000
제조간접원가	4,000	6,000
합계	20,000	29,000
생산량	÷10	÷20
단위당 원가	₩2,000	₩1,450

위의 [예제 9-3]과 [예제 9-4]의 제품원가 산출결과를 요약해 보면 다음 [표 9-7]과 같다.

[표 9-7] **배부기준의 차이에 따른 제품원가 산출결과 비교**

	직접노무시간(예제 9-3)		직접노무시간(예제 9-4)	
	제품 A	제품 B	제품 A	제품 B
직접재료원가	₩10,000	₩15,000	₩10,000	₩15,000
직접노무원가	6,000	8,000	6,000	8,000
제조간접원가	3,000	7,000	3,000	7,000
단위당 원가	₩19,000	₩15,000	₩20,000	₩1,450

[표 9-7]에서 보듯이 배부기준의 차이에 따라 제품원가의 산출결과도 달라진다. 그 원인은 각 제품에 배부되는 제조간접원가의 차이 때문임을 알 수 없다. 따라서 제조간접원가와 인과관계가 있는 배부기준을 선택하는 것이 정확한 원가를 산출하는 데 중요한 역할을 한다.

실무에서 많이 사용하는 배부기준은 다음과 같이 4가지가 있다.

① **공정성과 공평성기준**: 공정성과 공평성을 기준으로 간접원가를 배부한다는 원칙
② **부담능력기준**: 원가배부대상의 원가부담능력에 비례하여 간접원가를 배부
③ **수혜기준**: 원가배부대상이 간법원가로부터 제공받은 경제적 효익의 정도에 비례하여 간접원가를 배부
④ **인과관계기준**: 원가배부대상에 제공된 서비스 또는 활동에 비례하여 간접원가를 배부

5 가격은 어떻게 결정될까?

5.1 가격의 구조

소비자나 판매자 입장에서 가격은 중요한 의미를 가진다. 소비자는 제품을 구입함으로써 얻은 효용이 지급한 가격보다 더 높아야 제품을 구입한다. 판매자는 제품생산에 소요된 원가보다 판매가격이 더 높아야 판매하고자하는 유인이 생긴다. 결국 소비자와 판매자가 서로에게 이익이 되기 위해서는 제품원가보다 제품가격이 높아야 하고, 제품가격보다 소비자의 효용이 높아야 한다. 이러한 상생의 법칙이 지켜지지 않는다면 거래는 이루어지지 않는다.

일반적인 제품가격의 구조를 보면 [그림 9-8]과 같다. [그림 9-8]을 보면 제품의 판매가격은 판매이익, 판매비와 관리비, 제조간접원가, 직접재료원가 그리고 직접노무원가 등으로 구성된다.

그림 9-8 제품가격의 구성

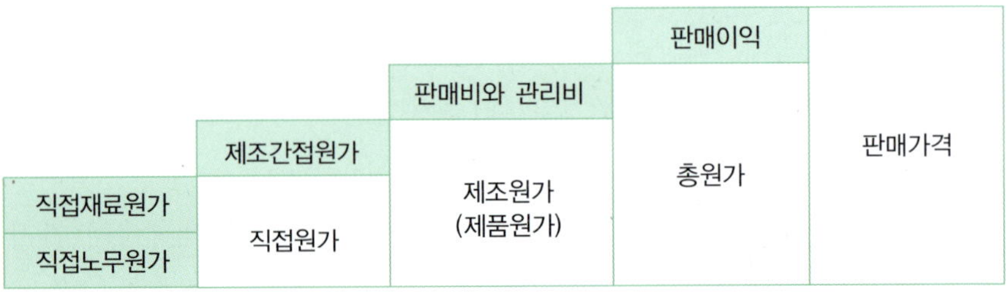

이 가운데 직접재료원가와 직접노무원가, 그리고 제조간접원가는 제조원가(혹은 제품원가)라고 함은 앞서 배운 바 있다. 원가회계에서 중요한 주제로 삼는 것이 바로 이 제조원가이지만, 제조원가에 단순히 판매이익을 추가하여 제품가격을 결정해서는 안 된다. 제품가결 결정에는 판매비와 관리비도 포함되어야 하는데, 그 이유는 판매비와 관리비 등도 수익을 창출하기 위한 기업활동에 지대한 공헌을 하기 때문이다.

만약 재료의 가격이나 임금 등이 인상되었다면 제조원가는 어떻게 될까? 당연히 높아지게 된다. 특히 우리나라의 경우 부존자원이 부족하기 때문에 원자재를 외국에서 수입하여 사용하고 있는데, 이러한 수입단가의 상승은 제조원가에 직접적인 영향을 미친다. 마찬가지로 임금인상의 경우에도 근로자 수의 감소가 없다면 제조원가의 상승으로 이어지게 될 것이다. 그러나 재료비의 가격상승과 인건비의 가격상승에 따라 제조원가에의 영향력은 그 크기가 다를 수 있다. 예를 들어, 우리나라 제조기업 제조원가의 평균 구성비는 다음 [표 9-8]과 같다.

[표 9-8] 우리나라 기업의 제조원가 구성비

제조원가 구성요소	구성비율
직접재료원가	65%
직접노무원가	12%
제조간접원가	23%
	100%

[표 9-8]에서 보는 바와 같이 제조원가 가운데 가장 높은 비중을 차지하는 것은 직접재료원가이며, 그 다음으로 제조간접원가, 직접노무원가의 순이다. 직접재료원가의 비중이 가장 높기 때문에 재료가격의 등락이 제조원가에 미치는 영향력이 가장 높다. 앞서도 지적했듯이 제품원가는 이 세 가지 구성요소들로 이루어져 있기 때문에 제조원가의 세 가지 구성요소의 합은 100%라는 점을 알아야 한다.

최근 기술발달에 힘입어 공장자동화가 급속히 이루어지고 있는 추세에 있다. 생산공정에서 사람이 작업하던 시대에서 이제는 기계가 이를 대신하는 시대로 변해가고 있다. 궁극적으로 무인자동화시대를 예측하는 학자들도 많다. 이렇게 되면 직접노무원가의 비중은 점점 줄어드는 반면에 제조간접원가의 비중은 점점 늘어나는 추세가 될 것으로 예상한다. 왜냐하면 제품생산에 직접 참여하는 작업자는 줄어든 반면에 기계가 고장 났을 때 이를 고쳐야 하는 사람은 늘어나기 때문이다. 제조간접원가의 비중이 증가할수록 정확한 제조간접원가의 배부문제가 더욱 중요해지는 것은 당연한 일인지도 모른다.

제품의 가격결정은 다음과 같은 네 가지 방법에 따라 결정된다. 첫째, 제품원가에 연동하여 책정되는 경우로서 가장 일반적인 형태라고 볼 수 있다. 둘째, 이미 시장에서 가격이 형성되어 있는 경우가 있다. 표준화된 제품이나 시장에 경쟁체제일 때 이러한 경우가 발생한다. 셋째, 정부규제에 의해 가격이 결정되는 경우가 있다. 담뱃값이 좋은 예가 될 수 있다. 넷째, 특수한 상황에서 가격을 결정해야 하는 경우도 있다. 예를 들면, 공장에 유휴설비가 존재하는 경우이다. 이 문제는 다음 장에서 간단히 살펴보기로 하자.

한편, 제품원가에 근거해서 가격을 결정할 때 가격의 범위는 제품원가를 어떻게 볼 것인가에 따라 크게 달라질 수 있다. 예를 들어, 일회성 특별주문의 경우에는 단순히 생산량을 기준으로 변하는 원가(이를 변동원가라고 함)인 직접재료원가, 직접노무원가, 변동제조간접원가만을 고려하면 되지만, 지속적인 주문에서는 고정원가를 회수할 수 있는 범위에서 가격결정이 이루어져야 하기 때문이다. 이 문제도 다음 장에서 간단히 살펴보기로 하자.

5.2 배보다 큰 배꼽

자판기의 커피가격은 ₩300이다. 중저가 프랜차이즈 커피전문점의 커피가격은 ₩2,000이다. 대부분 커피전문점의 커피가격은 ₩5,000이다. 호텔 카페의 커피가격은 ₩10,000이다. 동일한 커피값을 두고 왜 이리도 가격차이가 날까? 원두커피나 가공커피나 원가차이는 크지 않을 텐데 말이다. "분위기값이겠지"라고 생각하는 이들도 있을 것이다.

아니다. 커피의 판매가격에 영향을 미치는 원가요소들이 다르기 때문이다. 커피, 판매가격의 구성항목을 들여다보면 다양한 항목들이 포함되어 있다. 예를 들어, 호텔카페의 커피값에는 그만큼 비싼 인테리어의 감가상각비가 포함되어 있다. 분위기를 만들려고 하니 비싼 인테리어가 필요했기 때문이다. 또 고급호텔에서의 서비스이다 보니 그에 상응하는 봉사료도 포함되어 있다.

이처럼 우리가 알고 있는 가격은 제품제조원가에 단순히 이익을 붙여 결정되는 것이 아니다. 제품가격에는 제조원가뿐만 아니라 판매비와 관리비도 포함되어 있다. 신문이나 방송을 보면 유명 연예인이나 운동선수들이 어느 대기업과 몇 억 혹은 몇 십억에 광고전속 계약을 체결하였다는 기사를 자주 보게 된다. 연예인들에게 지급되는 광고비는 누가 부담하는가? 모두 소비자의 부담이다. 광고를 많이 하면 할수록 기업이 제품단위당 이익을 줄이지 않는 한 가격은 그만큼 높아지게 된다. 중소기업들이 광고비 지출을 많이 할 수 없는 것은 자금부족도 원인이 있겠지만 가격이 그만큼 높아지기 때문이다.

/ 연 / 습 / 문 / 제 /

01. 제품원가를 계산할 때 원가는 추적가능성과 중요성에 따라 ① __________와 ② __________로 구분된다.

02. 제품원가를 계산하는 과정에서 제조간접원가(공통원가)를 배분하는 기준에 대해 설명하시오.

03. (주)유니콘의 20×1년 직접재료원가 관련 자료를 수집한 결과 다음과 같이 나타났다. 제품생산을 위하여 당기에 투입된 직접재료원가는 얼마인가?

기초직접재료원가	₩20,000	기말직접재료원가	₩30,000
직접재료당기구입	100,000		

04. (주)유니콘은 20×1년 동안 상품 200개를 @20에 구입하였으며, 부대비용은 총 ₩1,000이 발생하였다. 기초재고는 없었으며, 2월 말 재고는 10개가 있었다. 또한 5개의 제품이 도난당한 것으로 판단된다.

| 요구사항 |

1. 20×1년 말 재무제표에 반영될 자산금액은 얼마인가?
2. 20×1년의 매출원가는 얼마인가?

05. 다음 항목들을 원가분류하려고 한다. 직접원가와 간접원가로 구분하시오.

	직접원가	간접원가
책상의 못		
옷의 옷감		
옷의 재봉실		
공장청소담당 임금		
기계감가상각비		
공장감독자의 급여		
공장관리부 여사원급여		

06. 제조원가를 산출하려고 한다. 제품원가에 포함되어야 할 것과 포함되어서는 안 되는 것을 구분하시오.

	제품원가 포함	불포함
직접재료		
공장감독자 급여		
기계감가상각비		
공장건물 임차료		
재료매입운임		
본사건물 감가상각비		

07. (주)유니콘의 20×1년 원가자료는 다음과 같다.

기초재공품	₩5,000	기초제품	₩8,000
기말재공품	10,000	기말제품	3,000
당기투입원가			
직접재료원가	20,000		
직접노무원가	10,000		
제조간접원가	7,000		
당기제품완성액	?		

| 요구사항 |

1. 위의 자료를 이용하여 원가흐름을 표시하시오.
2. 20×1년 제품완성액과 매출원가는 얼마인가?

08. (주)유니콘의 20×1년 1월의 원가자료를 집계한 결과 총제조원가가 ₩10,000이었으며, 직접노무원가와 직접재료원가가 각각 ₩3,000, ₩5,000이었다. 20×1년 1월의 제조간접원가는 얼마인가?

09. (주)유니콘의 20×1년 원가자료를 집계한 결과 다음과 같이 나타났다. 제조간접원가는 얼마인가?

직접재료원가	₩30,000	간접재료원가	₩10,000
직접노무원가	15,000	간접노무원가	5,000
기계감가상각비	12,000	공장임대료	3,000
영업용차량 감가상각비	6,000	공장수도광열비	2,000

10. (주)유니콘의 20×1년의 원가 및 수익자료는 다음과 같다.

매출	₩870	관리비	₩150
직접재료구입	110	판매비	140
직접노무원가	130	제조간접원가	200

	기초재고	기말재고
직접재료원가	₩30	₩60
재공품	50	10
제품	150	140

| 요구사항 |

1. 제조원가명세서를 작성하시오.
2. 매출원가는 얼마인가?

11. (주)유니콘의 20×1년 1월의 원가 및 생산자료는 다음과 같다. 제조간접비는 직접기계시간을 기준으로 배부한다.

	제품 A	제품 B
기초재공품	₩3,000	–
직접재료원가	5,000	₩6,000
직접노무원가	3,000	3,000
제조간접원가	₩4,000	
직접기계시간	10시간	30시간
생산량	10단위	20단위

| 요구사항 |

1. 제조간접비 배부율은 얼마인가?
2. 제품 A의 단위당 원가는 얼마인가?
3. 매출총이익률이 평균적으로 10%라고 할 때 제품 A의 판매가격은 얼마인가?

12. 관련자료가 다음과 같을 때 당기총제조원가가 ₩100,000이다. 직접노무원가는 얼마인가?

기초재공품	?	직접재료원가	₩50,000
직접노무원가	?	제조간접원가	30,000
제품완성액	?	기말재공품	20,000

13. (주)유니콘의 20×1년 1월에 직접재료매입액은 ₩500,000이며, 직접노무원가 발생액은 ₩750,000, 제조간접원가 발생액은 ₩400,000이다. 당기제품제조원가는 ₩1,500,000이다. 동 기간의 월초 및 월말재고는 다음과 같다. 20×2년 1월 말의 재공품재고는 얼마인가?

	월초재고	월말재고
직접재료	₩100,000	₩300,000
재공품	250,000	?
제품	200,000	350,000

14. (주)유니콘의 20×1년 3월에 직접노동시간은 200시간이고, 이 가운데 제품 A를 생산하는 데 100시간이 소비되었다. 20×4년 3월의 총원가와 제품 A의 발생원가는 다음과 같다.

	총원가	제품 A
직접재료원가	₩500,000	₩200,000
직접노무원가	200,000	50,000
제조간접비	300,000	?

| 요구사항 |

1. 제조간접원가 배부율을 구하시오.
2. 제품 A에 배부될 제조간접원가는 얼마인가?

15. 20×1년 9월 (주)유니콘의 생산 및 원가자료는 다음과 같다.

직접재료원가	₩40,000	직접노무원가	₩30,000
제조간접원가	20,000	월말재공품	20,000
매출액	100,000		

단, 기초제품재고는 없으며, 당기완성품은 모두 판매되었다. 매출총이익률은 25%이다.

| 요구사항 |

1. 매출원가는 얼마인가?
2. (요구사항) 1.에서 9월 초의 재공품 금액은 얼마인가?

원료의 상승이 판매가격에 미치는 영향

읽을거리

"라떼에 멸균우유 넣어도 될까요"… 한숨 깊어지는 자영업자들
우윳값 인상에 유제품 가격인상 전망

"라떼 만들 때, 일반우유랑 멸균우유랑 맛 차이가 클까요?", "우윳값 오른다는데 다른 사장님들은 어떻게 하실 건가요?", "연초에 1,600원이었는데 이제 1,800원이네요. 앞으로는 더 힘들겠네요"…(자영업자 카페)

우윳가격 인상이 확실시되면서 일선 카페나 베이커리 등 우유를 대량으로 소비하는 사장들의 시름이 깊어지고 있다. 일반카페의 경우 카페라떼를 비롯해 우유를 이용한 음료들에 사용되다보니 원가에 민감한 편이다. 일반소비자들은 멸균우유나 수입우유의 대체가 있지만, 카페의 경우 맛의 차이가 있기 때문에 우유를 바꾸기도 쉽지 않은 것으로 알려졌다.

중림동의 한 프랜차이즈 카페의 매니저는 "본사에서 재료를 받아서 사용하기 때문에 선택의 여지가 없다"며 "아무래도 우유가 오르면 라떼나 카푸치노 가격은 당연히 오를 수밖에 없지 않을까 싶다"고 말했다.

관련업계에 따르면 중형 정도의 카페는 하루에 1리터 우유 20개 정도가 사용되는 것으로 알려졌다. 도매가격으로 납품받는다고 해도 부담이 늘기는 마찬가지다. 개인카페의 경우에는 원가계산에 여념이 없다. 부천시에서 작은 카페를 운영한다는 A씨는 "겨울에는 코코아가 잘 나가고 우유만 데워달라는 손님도 있다"면서 "하루에 나가는 수를 줄이거나 유자·자몽차 같은 메뉴를 좀 더 밀어볼 생각이다"라고 말했다.

자영업자 카페에는 각종 아이디어(?)까지 나오고 있다. "아메리카노와 카페라떼의 가격 차이를 좀 둬야 한다", "베이커리 카페는 종류를 줄여야 한다" 등이다.

우윳값 인상 예고에… 자영업자들 '우려'

농가와 유업계가 원유가격 협상을 마무리하면서, '우유 1리터가 3000원 시대'가 현실이 될 것이라는 전망이 나오고 있다. 더불어 원유가격 인상으로 유제품 가격과 관련 제품들이 줄줄이 오르는 이른바 '밀크플레이션' 우려까지 제기되고 있다.

6일 농림축산식품부에 따르면 낙농진흥회는 우유 원유 기본가격을 리터당 999원으로 올려

연말까지 적용하기로 결정했다. 기본가격은 리터당 49원 올리고, 올해의 경우 원유가 인상이 늦게 결정된 점을 고려해 3원을 추가로 지급하기로 했다. 실질적으로는 리터당 52원 오르게 됐다. 2013년 원유가격연동제 도입 이후 두 번째로 큰 폭의 상승이다.

우유 3,000원 시대 눈앞… 유제품·관련제품들도 인상 예상

앞서 남양유업, 매일유업 등 우유업체들은 유제품가격을 올해만 두 차례 인상했다. 스타벅스코리아, 커피빈 등 커피전문점들도 올해 가격을 올렸다. 서울우유도 지난달 체다 치즈와 피자치즈, 슬라이스 치즈 등 40여 종의 가격을 약 20% 올렸다.

출처: 한국경제신문, 2022.11.06.

아파트 원가공개를 바라보는 두 가지 시각

"강남 25평 아파트 건설원가 1.5억 원… 원가공개 확산해야"

서울 서초구 신원동에 위치한 내곡 6단지 아파트입니다.

2015년 준공된 이곳의 분양원가는 3.3㎡당 1,308만 원.

토지조성 가격을 빼고 건설에 들어가는 원가만 계산하면 660만 원 대입니다.

오금, 세곡 등 앞서 공개했던 단지들의 원가 역시 비슷한 수준.

강남권에 25평 아파트, 전용 59㎡ 한 세대를 짓는 건축비가 1억 원 중반대에 불과하다는 의미입니다.

SH공사의 건설원가 공개는 토지의 소유권은 정부가 갖고 건물만 분양하는 토지임대부 주택, 즉 반값아파트 확산을 위한 포석입니다.

김헌동 SH공사 사장은 이 같은 건축비를 기반으로 강남에 25평 아파트를 5억원 대에 분양하는 것을 계획하고 있습니다.

또한 수익을 덜 가져가더라도 정부가 정한 기본 건축비에 추가 비용을 더 써서 고품질 아파트를 만들겠다는 목표입니다.

[김헌동 SH공사 사장: 아파트를 짓는 데 돈이 얼마나 들어가는지 모두가 알게 되면 저는 이 집값 문제가 상당부분 해결될 거라고 생각합니다.]

SH공사는 앞으로 마곡지구를 끝으로 최근 10년간 사업 정산을 완료한 지구들의 분양원가 공개를 마무리할 예정입니다.

아울러 상반기 중 고덕강일지구에서 첫 '반값 아파트' 공급절차를 시작할 계획입니다.

출처: 한국경제신문, 2022.03.31.

엑셀 이야기 + 9장

원가는 가격결정의 기초자료가 되며, 기업의 성과를 결정하는 데 직접적인 영향을 미칩니다. 원가정보는 기업이 의사결정을 하는 데 있어 아주 중요한 정보 중의 하나입니다.

원가정보의 산출과정이 복잡한데 이러한 산출과정을 엑셀프로그램을 이용하여 처리해 봅시다.

재공품과 제품계정의 흐름을 확인합시다.

재공품계정은 제품생산을 위해 투입된 모든 원가요소들은 재공품계정의 차변에 집계됩니다.

그리고 제품생산과정에서 발생된 제조원가는 미완성상태의 재공품계정을 거쳐 완성품의 원가는 제품계정으로 집계됩니다.

먼저 [그림 9-9]처럼 [예제 9-1]을 이용하여 재공품계정과 제품계정을 만들어 보고, 원가흐름을 활용하여 엑셀프로그램에 정리해 봅시다.

재공품계정과 제품계정의 흐름을 이해하는 데 핵심은 차기이월입니다. 주어진 조건은 재공품계정에서 제품은 대변에 집계되고, 제품계정에서 재공품은 차변에 집계됩니다.

그리고 차변과 대변이 일치해야 하는 것입니다. 주어진 조건에 따라서 아주 간단한 수식을 통해 [그림 9-9] 음영처리된 셀에 있는 원하는 값(차기이월)을 얻어낼 수 있습니다.

그림 9-9 [예제 9-1] 재공품계정과 제품계정 내용 입력화면

	A	B	C	D	E	F	G	H	I
1	재공품 계정					제품 계정			
2									
3	전기이월	2,000	제품	20,000		전기이월	3,000	매출원가	21,000
4	집접재료원가	13,000	차기이월	7,000		재공품	20,000	차기이월	2,000
5	직접노무원가	7,000							
6	제조간접원가	5,000							
7									
8			=SUM(B3:B6)-D3					=SUM(G3:G4)-I3	
9									

재공품계정과 제품계정에서의 차변에 있는 과목들은 변수가 되는 것입니다. 그리고 각 계정의 대변에 있는 제품과 매출원가 또한 변수가 되는 것입니다.

재공품과 제품의 차기이월값은 변수값들에 의해 자동 계산됩니다. 예를 들어서 [그림 9-9]에서 직접재료원가가 12,000, 제조간접원가가 6,000이면 재공품의 차기이월값은 얼마가 될까요? 쉽게 계산이 됩니다.

[예제 9-2]는 제조간접원가가 적절한 절차를 거쳐 배부된 결과값이라고 가정한 것입니다.

요구사항인 한 단위당 원가는 [그림 9-10] 음영처리된 셀에 있는 '단위당 제품원가 = 일정 기간 동안의 총제조원가/일정 기간 동안의 생산량' 수식을 통해 얻어 낼 수 있습니다.

그림 9-10 엑셀프로그램 활용단위당 원가계산

	A	B	C
1			
2	직접재료원가	10,000	
3	직접노무원가	6,000	
4	제조간접원가(배부)	4,000	
5	합계	20,000	
6	생산량	10	
7	단위당원가	2000	=B5/B6

조업도란 기업의 활동 정도입니다. 예를 들면, 생산량, 판매량, 기계작업시간, 직접노무시간, 직접재료원가입니다.

조업도가 증가하면 원가도 늘어납니다. 조업도와 원가의 증가관계를 이용하여 제조간접원가를 각 제품에 배부하는데 이때 사용된 조업도를 배부기준이라 합니다. 그리고 제조간접원가 배부율 = 총제조간접원가/조업도(배부기준)입니다.

❶ 셀 서식

[예제 9-3]의 값을 [그림 9-11]처럼 엑셀프로그램에 내용 그대로 옮겨 계산하였습니다.

그런데 B7셀 또는 B8셀에 있는 값은 30시간, 10단위라고 쓰여 있는 문자인데 계산이 됩니다.

다시 말해 [그림 9-11] ① 점선 박스에 보이는 값을 이용하여 ② 제조간접원가 배부율, 제품 A 제조간접원가, 제품 A 단위당 원가를 구하였습니다. 이상하지 않은가요?

그림 9-11 **엑셀프로그램 셀 서식 활용 계산**

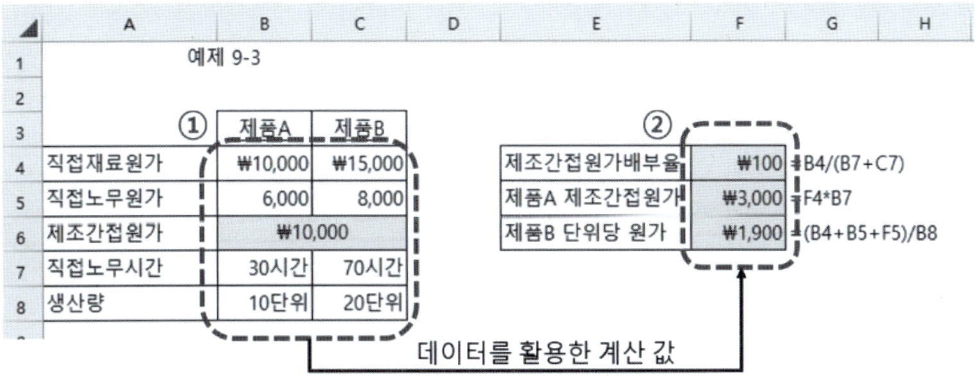

엑셀프로그램은 순수한 값과 서식된 내용, 두 개의 층으로 이루어졌다고 보는 것이 엑셀프로그램을 이해하는 길입니다.

즉 실질값(real value)과 보이는 값(display value) 두 개의 층으로 이루어졌다고 이해하면 좋습니다.

셀 서식은 수시로 사용을 하여야 하는 아주 좋은 도구이고, 어떤 원리로 되는지를 알고 있어야 엑셀프로그램에 더욱 가까워지는 기회가 됩니다.

[그림 9-12]에 있는 A10, B10, C10은 모두 회계기초라고 쓰여 있지만 A10만 보입니다.

B10셀과 C10셀은 안 보이지만 수식입력창에는 쓰여 있는 것을 볼 수 있습니다. B10셀은 글자색 서식을 하얗게 한 것이고, C10셀은 사용자 서식을 " ::: "이라고 처리하였습니다.

그리고 A13:I13 음영처리된 셀 중에서 음수값인 C13셀과 I13셀 값이 빨간색으로 표현되는 것을 확인할 수 있습니다.

그림 9-12 **엑셀프로그램 셀 서식 예**

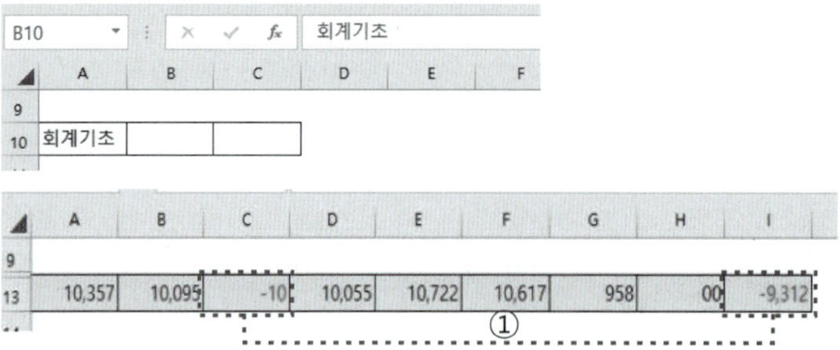

마우스 오른쪽 클릭 후 셀서식 메뉴를 클릭하면 [그림 9-13]처럼 셀 서식 대화상자가 나타납니다.

셀 서식 대화상자에는 다양한 셀 서식을 위한 탭들이 있습니다. 표시형식부분 중에서도 [사용자 지정] 서식부분을 알아봅시다.

[예제 9-3] 직접재료원가와 직접노무원가는 범주에 있는 통화, 숫자를 지정한 것이고, 직접노무시간과 생산량은 사용자 지정을 활용한 것입니다.

범주에 있는 통화, 숫자 등은 간단한 것이니 생략합니다. 사용자 지정은 사용자가 직접 지정하고 서식하는 부분이라 잘 활용하면 좋습니다.

❷ 셀 서식: 사용자지정

그림 9-13 **엑셀프로그램 셀 서식 메뉴**

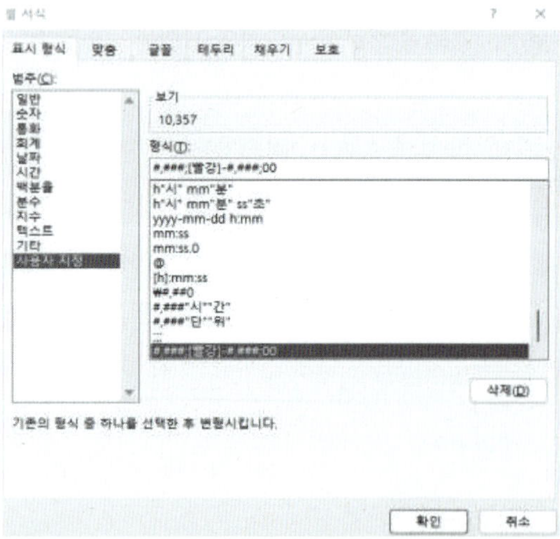

[그림 9-12] A13:I13 음영처리된 셀에 있는 숫자부분에 적용한 사용자 지정 셀 서식은 **#,### ; [빨강]-#,### ; 00**입니다.

셀 서식 중 사용자지정이 어떤 원리로 되는지를 알아봅시다. 사용자지정은 4개의 구간을 세미콜론으로 나눕니다.

첫째 구간은 양수값 서식, 둘째 구간은 음수값 서식, 셋째 구간은 0값 서식, 넷째 구간은 문자값에 대한 서식입니다. 정리하면 [그림 9-14]와 같습니다.

그림 9-14 엑셀프로그램 셀 서식 사용자지정 원리

셀 서식 사용자지정 원리

양수서식 ; 음수서식 ; 0 값 서식 ; 문자값 서식

[그림 9-15] 샘플 1 C열 보여지는 값은 A열에 '**#,###.0시간 ; [빨강] #,###단위 ; 00 ; 회계기초**' 이렇게 서식을 한 결과입니다.

A3 양수값이 C3같이 콤마와 소수점 한 자리, 그리고 시간으로 보여지고 A4 음수값이 C4같이 콤마와 더불어 빨강색, 단위라고 보여집니다. A6 0값은 C6같이 00으로 보여지고, A7 회계라는 값이 C7 [회계기초]라고 보여집니다.

그림 9-15 엑셀프로그램 셀 서식 적용결과

샘플 1

	A	B	C
1			
2	실제 값		보여지는 값
3	58414	양수	58,414.0사건
4	-12487	음수	-12,487단위
5	8915.55	양수	8,915.6사건
6	0	0값	00
7	회계	문자값	회계기초

샘플 2

	A	B	C
1			
2	실제 값		보여지는 값
3	5478	양수	₩58414.00초과
4	55	양수	₩-12487.00부족
5	-841	음수	₩8915.55초과
6	0	0값	0.00
7	엑셀	문자값	

만약 사용자 서식을 ; ; ;와 같이 양수, 음수, 0값, 문자값을 모두 빈칸으로 주면 어떻게 될까요? 셀의 어느 정보도 눈에 보이지 않게 됩니다.

또 [그림 9-15] 샘플 2는 '₩0.00초과 ; ₩-0.00부족 ; 0.00 ; "" ' 보여지는 값의 서식입니다. C열 보여지는 값에 나타났습니다.

이렇게 4개의 구간은 ;로 나누어지고, 각 구간 내에 작성하는 것을 [서식코드]라 합니다.

사용자 서식 서식코드가 4개의 구간(section)으로 되어있는데, 두 개만 사용할 경우 첫째 구간은 양수값과 0값을 처리, 두 번째 구간은 음수값을 처리합니다.

한 개의 구간만 사용한다면 숫자부분은 모두 이 하나의 구간의 코드대로 처리합니다.

문자열은 구간을 4개로 사용할 때만 유용합니다. 흥미롭지 않습니까? 사용자 서식을 잘 탐구하고 잘 활용하는 것이 현명한 일일 것입니다.

❸ MATCH함수와 CHOOSE함수

[예제 9-3], [예제 9-4]를 봅시다. [예제 9-3]은 제조간접 원가배부율은 직접노무시간을 기준으로 구했습니다.

[예제 9-4]는 제조간접 원가배부율은 직접재료원가를 기준으로 구했습니다. 이렇듯 배부기준이 다르면 원가도 변한다는 것을 알 수 있습니다.

그런데 매번 배부기준에 맞춰 원가를 계산하여야 할까요? 엑셀프로그램을 활용해 배부기준에 맞는 원가를 구해 봅시다.

단위당 원가를 구할 때 핵심이 되는 배부기준을 데이터 유효성 검사를 활용하여 선택할 수 있게 합시다.

이때 배부기준 항목을 선택할 수 있는 MATCH함수와 CHOOSE함수를 활용해 봅시다. 그리고 배부기준에 맞춰 제조간접원가, 단위당 원가가 계산되도록 만들어 봅시다.

먼저 MATCH함수와 CHOOSE함수에 대해서 알아봅시다. MATCH함수는 엑셀이야기 5장, 6장에서 활용했습니다. 그래도 다시 한번 봅시다.

MATCH함수는 말 그대로 나와 같은 값이 현재 범위의 몇 번째에 있는지 알아내는 함수입니다.

[그림 9-16]에서 E2셀(①) 값은 빼기가 B2:B5 범위에서 몇 번째 있는가?라는 값을 알아냅니다. D2셀 값을 곱하기, 나누기 등으로 바꿔보기 바랍니다. D2셀은 데이터 유효성 검사로 목록화합시다.

그림 9-16 엑셀프로그램 MATCH함수와 데이터 유효성 검사

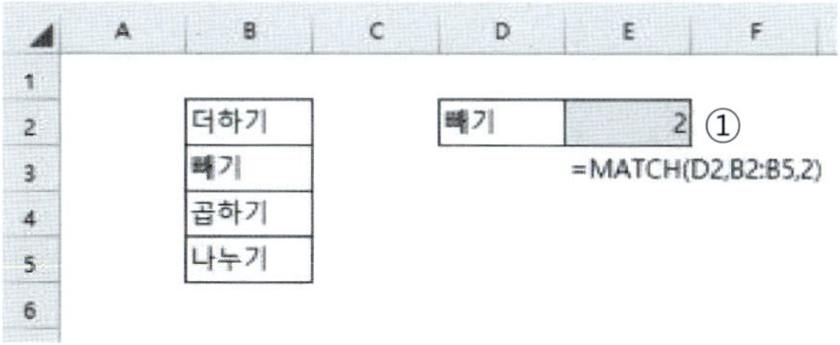

그런데 이런 몇 번째 숫자가 있다는 것은 알아서 무엇에 활용할까? 하는 의문이 생깁니다. 이 숫자를 어디에 이용할까요?

엑셀이 제공하는 함수들은 다른 함수들을 도와주는 함수들이 많습니다. MATCH함수도 그런 함수 중의 하나입니다.

CHOOSE함수는 말 그대로 여러 개의 값들 중 원하는 값을 선택하는 것입니다. [그림 9-17]의 ① B2값은 =CHOOSE(C77, "월", "화", "수", "목", "금", "토", "일")의 결과값입니다. A2셀 값의 숫자를 바꿔보세요. 그러면 숫자에 따라서 B2값이 변하는 것을 볼 수 있습니다.

그림 9-17 CHOOSE함수와 MATCH함수

① Choose함수만 사용한 경우

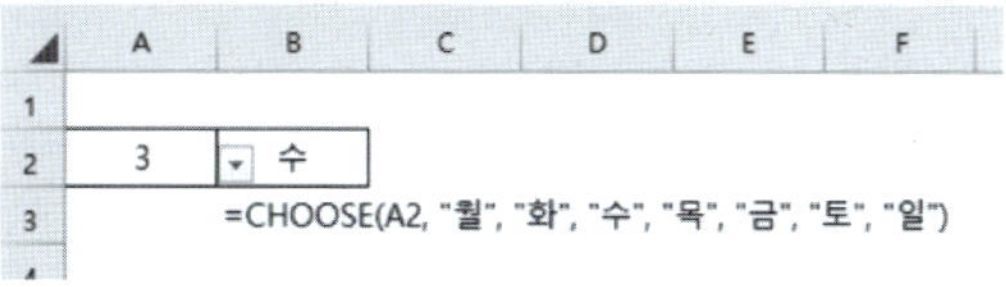

②Choose함수에 match함수 사용한 경우

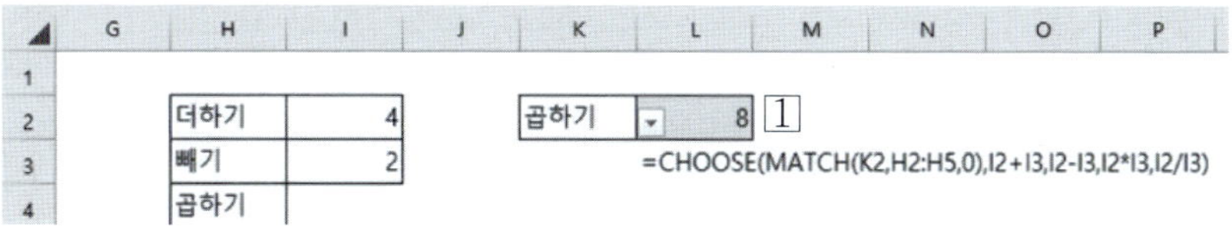

=CHOOSE(C77,"월", "화", "수", "목", "금", "토", "일") 함수를 풀어보면 A2셀 값인 3은 첫 번째 "월", 두 번째 "화", 세 번째 "수", 네 번째 "목", 다섯 번째 "금", 여섯 번째 "토", 일곱 번째 "일" 목록 중에서 세 번째에 있는 값을 돌려준 것입니다.

[그림 9-17] ② L2셀([1])값은 =CHOOSE(MATCH(E74, A74:A77,0), C74+C75, C74-C75, C7*C75, C74/C75)의 결과값입니다.

셀 K2값을 바꿔보세요. 그러면 MATCH함수에서 알려주는 더하기, 빼기, 곱하기, 나누기에 따라 값이 변하는 것을 볼 수 있습니다.

CHOOSE라는 함수가 MATCH함수에서 얻어온 값을 사용하고 있습니다. MATCH함수가 CHOOSE함수를 도와주는 헬퍼 노릇을 한 셈입니다.

❹ MATCH함수, CHOOSE함수와 데이터 유효성 검사

자, 그럼 이제 [예제 9-3]을 다시 봅시다. 데이터 유효성 검사, MATCH함수와 CHOOSE함수를 활용하여 단위당 원가를 구할 때 핵심이 되는 배부기준을 선택할 수 있게 합시다.

그리고 배부기준에 맞춰 제조간접원가, 단위당 원가가 계산되도록 만들어 봅시다.

그림 9-18 **엑셀프로그램을 이용한 배부기준에 맞춘 원가계산 프로그래밍**

	A	B	C
66			
67	배부기준		직접재료원가
68	제조간접원가배부율		0.4
69	제조간접원가		10,000

	A	B	C	D
57			제품A	제품B
58	직접재료원가		₩10,000	₩15,000
59	직접노무원가		6,000	8,000
60	직접노무시간		30시간	70시간
61	제조간접원가		4,000	6,000
62	생산량		10단위	20단위
63	단위당원가		₩2,000	₩1,450
64				

[그림 9-18]에서 먼저 배부기준을 만들었습니다. C67셀은 데이터 유효성 검사로 처리하였고, C68은 =CHOOSE(MATCH(C67,A58:66,0),C69/(C58+D58), C69/(C59+D59), C69/(C60+D60)) 결과값입니다.

즉 배부기준의 값을 읽어서 직접재료원가, 직접노무원가, 직접노무시간에 해당하는 각각의 제조간접원가 배부율의 값을 가져옵니다.

C67셀 값에 따라 단위당 원가가 변하는 것을 확인할 수 있을 것입니다.

이렇게 수식과 엑셀의 주어진 기능만으로 배부기준에 맞춘 원가계산 프로그래밍이 된 셈입니다. 이제 배부기준에 따른 단위당 원가를 확인할 때 매번 계산해야 하는 번거로움을 줄일 수 있고, 더 나아가 원가정보 데이터 정리와 데이터 분석을 수행할 수 있을 거라 자신합니다.

/ 주요 용어정리 /

- **원가:** 특정 재화의 제조나 용역의 제공을 위해 소비되는 경제가치를 화폐단위로 측정한 것
- **원가회계:** 어떤 제품을 생산하거나, 서비스를 제공하거나, 어떠한 활동을 수행함에 있어 소요되는 원가를 결정하는 회계
- **가치사슬:** 기업이 고객에게 가치를 제공하는 데 관련되는 일련의 활동들을 체계적으로 분석하여 전략적인 가치창출을 위해 몇 개의 가치활동으로 구분해 배열하는 것
- **주활동:** 가치사슬의 한 부분으로서 현장업무와 같은 활동
- **지원활동:** 가치사슬의 한 부분으로서 현장활동을 지원하는 제반업무
- **공정:** 자원을 투입하여 제품(서비스)을 생산하기 위해 거치는 일련의 작업단계
- **직접재료원가:** 제품생산에 사용된 재료 중 제품의 실체를 구성하는 주요 재료의 원가
- **직접노무원가:** 제품의 제조에 직접 참여하는 제조부문 작업자들에게 지급되는 임금
- **제조간접원가:** 직접재료원가와 직접노무원가를 제외한 모든 제조원가
- **제조원가:** 완성품으로 가공하는 제조과정에서 소요되는 모든 원가
- **변동원가:** 생산량 같은 원가요인이 변동되는 경우 비례하여 원가총액이 증감하는 원가
- **고정원가:** 원가요인의 변동과 관계없이 원가총액이 변하지 않는 원가
- **준변동원가:** 고정원가와 변동원가 두 부분으로 구성된 원가
- **준고정원가:** 일정 범위 조업도 수준에서는 발생액이 일정하나 범위를 벗어나면 원가총액이 일정액만큼 증가하고, 새로운 범위 내에서는 다시 총원가가 일정한 원가
- **직접원가:** 직접재료원가와 직접노무원가를 합한 것으로 추적이 가능한 원가
- **간접원가:** 특정 제품 또는 특정 부문과 관련하여 물리적으로 명확하게 추적할 수 없는 원가
- **관련원가:** 여러 대안 사이 차이가 나며 의사결정으로 인해 직접 변동되는 미래원가
- **비관련원가:** 각 대안에 차이가 없어 대안을 선택하는 의사결정에 영향을 주지 않는 원가
- **기회원가:** 경제적 재화 또는 용역에 2개 이상의 용도가 있을 때, 1개를 취하고 다른 것을 포기하기 때문에 잃게 되는 이익 또는 수익
- **매몰원가:** 경영자가 통제할 수 없는 과거의 의사결정으로부터 발생한 역사적 원가
- **통제가능원가:** 경영자가 일정 기간 동안 특정 원가를 통제하고 책임질 수 있는 권한을 가지

고 있어 실질적인 영향을 미칠 수 있는 원가

- **통제불능원가:** 경영자가 원가발생을 통제할 수 없으며 책임도 없는 원가
- **통제가능성:** 기업이나 조직에서 특정 관리자에 의해 일정 기간 동안 크게 영향을 미칠 수 있는 능력
- **추적가능성:** 여러 제품이나 서비스 원가계산 시 각 제품에 들어가는 원가가 얼마인지 추적이 가능한 능력
- **재공품:** 제품 또는 반제품이 되기 위해 현재 제조과정에 있는 것
- **제품:** 제조기업에서 완전히 제조공정을 마친 완제품
- **제조원가명세서:** 각 공정별로 생산수량과 원가자료를 요약하여 이를 근거로 완성된 제품의 원가와 기말재공품원가를 계산한 문서
- **당기총제조원가:** 한 회계기간에 발생한 모든 제조원가
- **당기제품제조원가:** 당기에 제품으로 완성되어 제조공정에서 제품창고로 대체된 물량의 원가
- **제품원가:** 매입이나 제조과정에서 발생한 원가
- **원가대상:** 원가정보의 이용목적에 따라 독립적으로 원가를 집계하고 측정할 필요가 있는 목적물
- **조업도:** 가능한 생산능력에 대한 실제 생산량의 비율
- **제조간접원가배부율:** 제조간접원가계정에 집계된 금액을 배부기준의 조업도로 나누어 구해진 비율
- **배부기준:** 제조간접비를 제품에 일괄하여 배부계산하는 경우 그 계산에 대한 기준

CHAPTER

10

관리의사결정에는 어떤 회계정보를 활용할까?

CHAPTER 10

관리의사결정에는 어떤 회계정보를 활용할까?

기업 내부의 의사결정자인 최고경영자에게는 어떤 정보가 필요할까? 최고경영자가 어떤 일을 하는지를 알면 어떤 정보가 필요한지 알 수 있을 것이다. 경영자는 경영계획을 수립하고, 계획을 실행할 수 있도록 조직을 지휘·통솔하며, 지속적인 모니터링을 통해 조직의 성과를 평가하는 등의 제반 의사결정을 하는 사람이다. 따라서 경영자에게는 계획하고 추진하기 위한 정보가 필요하다. 기업은 가격과 비용의 차이인 이익을 극대화하기 위해 노력하는 사람이다. 기업의 이익을 극대화하기 위해 환경의 변화에 맞게 장기적인 전략을 변경(예, 기술과 제품, 경쟁업체의 전략 등을 고려하여 수익모델을 변경)하기도 하며, 이에 따라 투자활동을 한다. 그렇기 때문에 경영자가 올바른 판단과 의사결정을 하기 위해서는 자사의 기술 및 원가경쟁력에 대한 정보뿐만 아니라 경쟁사의 기술 및 원가경쟁력에 대한 정보가 필요하다.

경영자에게는 계획을 실행할 수 있도록 조직을 지휘·통솔하며, 지속적인 모니터링을 하기 위한 정보가 필요하고, 조직의 성과를 평가하는 등의 제반 의사결정에 필요한 성과평가 정보가 필요하다. 계획대비 실적에 대한 차이분석정보, 재무정보 외에 비재무적 정보 등도 의사결정에는 유용한 정보들이다.

그런데 기업이 직면한 의사결정의 상황에 따라 적용되는 원가의 개념은 9장에서 배운 것처럼 의사결정목적에 따라 다양한 분류기준을 가지고 있기 때문에 카멜레온처럼 그때그때마다 변한다. 이를 '상이한 목적에는 상이한 원가(different costs for different purpose)'라는 말로 표현했었다. 참고로 9장에서 설명했던 원가분류법을 제시한다. 경영자들은 의사결정과 경영관리라는 목적을 위해 같은 원가라도 다양한 관점에서 바라보아야 한다.

원가의 분류는 제품원가산정목적인지, 내부통제목적, 특히 성과평가용인지에 따라 그 유용성이 달라지기 때문이다. 원가정보는 주어진 상황에 따라 변신하는 카멜레온 같은 것이다. 다시 강조하는데, '상이한 의사결정을 위해서는 의사결정목적에 맞는 상이한 원가(different costs for different purpose)'를 적용해야 함을 잊지 말자.

원가분류	원가항목
자원소비유형에 따른 분류	재료원가, 노무원가, 경비
원가행태에 따른 분류	변동원가, 고정원가, 준변동원가, 준고정원가
추적가능성에 따른 분류	직접원가, 간접원가
의사결정과의 관련성에 따른 분류	관련원가, 비관련원가, 기회원가, 매몰원가
통제가능성에 따른 분류	통제가능원가, 통제불능원가

1 관리회계란 무엇일까?

관리회계(management accounting)의 개념은 재무회계의 개념과 대비되어 정의된다. 본서의 초반부에 언급된 것처럼 기업에는 기업활동에 관심을 갖고 있는 다양한 이해관계자들이 있으며, 이들은 자신들의 경제적 의사결정에 필요한 다양한 형태의 회계정보를 기업에게 요구하고 있다. 회계담당자들의 중요한 기능 중의 하나는 주주(투자자), 채권자, 정부기관 등과 같은 기업 외부의 이해관계자들에게 다양한 형태의 회계정보를 제공하는 것이며, 회계의 이러한 측면을 강조하는 것을 재무회계라 한다.

반면에 기업의 내부 이해관계자인 경영자에게 경영의사결정에 유용한 다양한 회계정보를 제공해 주는 회계의 영역을 관리회계라 한다. 기업의 경영자들은 기업의 목표를 설정(plan)하고, 설정된 목표를 보다 효율적이고 효과적으로 달성(do and control)하고, 이의 달성 여부를 확인(see)하기 위하여 다양한 형태의 회계정보를 필요로 한다. 경영자에게 제공되는 회계정보는 재무회계정보와는 다른 형태로 제공될 수도 있기 때문에 다양한 기법을 통해 산출되며, 관리회계에서는 경영자들의 의사결정에 유용한 정보유형과 이들 정보를 산출하는 다양한 기법을 다루게 된다. 따라서 관리회계는 경영자들에게 정보를 제공하는 전체 경영정보시스템의 중요한 일부분이라고 정의내릴 수도 있다. 관리회계는 영리추구를 목표로 하는 기업조직뿐만 아니라 정부기관, 대학교, 교회와 같은 비영리조직에도 적용될 수 있으므로 어떤 조직을 막론하고 경제적 자원의 운용을 다루는 조직의 경영자는 관리회계의 개념을 이해하고 있어야 한다.

2 생산량이 증가하면 원가도 비례하여 증가할까?

2.1 어느 기업의 성과평가 사례

성과평가제도를 어떻게 설계할 것인가는 기업의 성패를 좌우하는 중요한 이슈가 된다. 피평가자들은 성과평가기준에만 관심을 집중하는 경향이 있기 때문이다. 조직구성원들은 설계된 성과평가제도에 따라 움직이려는 성향을 갖고 있기 때문에 평가대상, 책임과 권한, 성과평가측정치, 보상 등의 문제는 신중히 결정하여야 할 중요한 문제이다.

전통적으로 기업 내 사업부문을 평가할 때에는 재무적인 수익성지표를 많이 사용하였다. 매출이익률이나 투자수익률 등이 그 예이다. 기본적으로 재무제표상의 사업부문이익이 증가하게 되면 사업부문의 성과평가결과도 높게 나타난다. 그러나 수익성을 중심으로 한 재무성과평가는 많은 문제점을 낳기도 하였다. 미국 모 기업의 실제 사례를 간략히 살펴보자.

K이사는 (주)유니콘의 한 사업부장으로 2년간 근무하면서 그 사업부의 수익성을 크게 개선시킨 공로를 인정받아 승진하게 되었다. 그러나 K이사가 그 자리에서 물러난 후 그 사업부의 생산성은 크게 저하되었으며, 또 앞으로도 수익성이 하락할 것이라는 분석이 나왔다. K이사가 재임하는 기간 동안의 활동을 면밀히 분석한 결과 다음과 같은 사실이 밝혀졌다.

① 수익성증대는 예기치 않은 수요증대에 따라 그 부서의 생산설비가 거의 모두 풀가동되었기 때문이다. 이와 같은 생산증가에도 불구하고, 그 사업부의 시장점유율은 오히려 감소하였다.
② 제품원가를 절감하였는데, 이는 정상조업을 초과하여, 설비를 무리하게 가동함으로써 이룩한 것이며, 또 새로운 장비구입이나 제품개발에는 전혀 투자하지 않고, 작업자들로 하여금 소외감을 느낄 정도로 스트레스를 가하면서 이룩한 것이다.
③ 재임기간 중 재고자산이 상당히 늘어났는데, 제품원가의 상당부분이 늘어난 이 재고자산에 흡수되어 버렸다.

이 시점에서 벌써 K이사는 안전하게 상위직에 올라가 있으며, 그가 재임하던 당시 그 사업부가 올렸던 높은 이익 덕분에 여전히 신망을 받고 있다.

이 사례는 간단하긴 하지만 성과평가 측정치의 선정이 얼마나 중요한지를 보여주는 좋은 사례이다. 이 기업은 수익성으로 각 사업부문을 평가하였기 때문에 이러한 문제가 생기게 되었다. K이사가 위와 같은 문제를 발생시킨 이유를 생산량과 원가 간의 관계를 이용하여 살펴보자.

2.2 생산량이 증가하면 제품원가는?

생산량을 늘리면 제품원가는 어떻게 될까? 예를 들어, 제품 한 단위당 원가가 ₩100이었다면, 제품생산량을 배로 늘렸을 때 원가는 ₩200이 될까? 아마도 많은 사람들이 그렇다고 생각할 수 있을 것이다. 예를 들어, 제품 10개를 생산하는 데 10개의 재료가 소요된다면, 20개를 생산하는 데는 20개의 재료가 소요되고, 작업시간도 더 필요하고, 수도광열비도 더 필요하기 때문에 생산량이 두 배로 증가하면 원가도 반드시 두 배로 증가할 것이라고 생각할 수 있다.

앞서 얘기했듯이 원가는 주어진 상황에 따라 변신하는 카멜레온 같은 것이기 때문에 우리는 다양한 원가의 개념과 종류에 대한 이해를 해야 한다. 이런 측면에서 제품원가는 [표 10-1]과 같이 변동원가와 고정원가로도 구분할 수 있다는 것을 이해해야 한다.

[표 10-1] **변동원가와 고정원가**

제품원가 3요소	원가행태	예
직접재료원가	변동원가	직접재료
직접노무원가	변동원가	직접작업시간
제조간접원가	변동원가	수도광열비
	고정원가	기계감가상각비

재료는 제품생산량이 한 단위 증가할 때마다 그만큼의 재료가 더 소요되는 특성을 갖는다. 이를 변동원가(variable cost)라 한다. 즉 변동원가는 조업도(기업활동)[1]에 따라 비례적으로 증감하는 특성을 가지고 있다. 직접재료원가가 좋은 예이며, 직접노무원가도 회계학에서는 변동원가로 간주한다.

변동원가와 고정원가의 원가행태는 다음 [그림 10-1], [그림 10-2]와 같다.

1) 조업도는 제조업기준으로는 생산량, 판매량, 기계작업시간, 노동시간처럼 원가에 영향을 미치는 활동량을 통칭하는 말이다. 서비스업을 기준으로 한다면 고객의 수(예, 영화관객 수, 병원 환자 수, 식당 고객 수, 자문고객 수 등)를 말한다.

그림 10-1 **변동원가와 조업도의 관계**

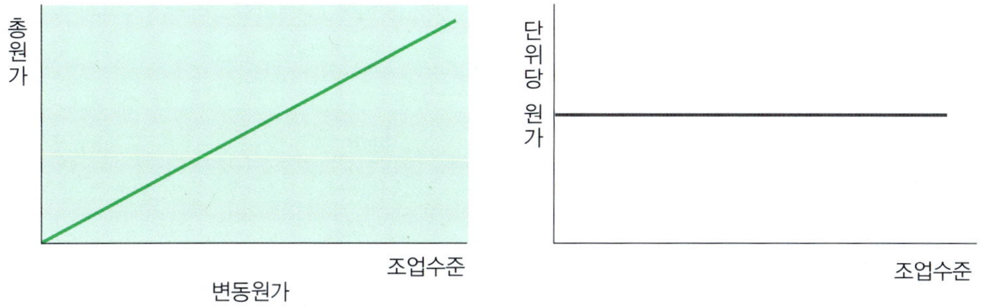

그림 10-2 **고정원가와 조업도의 관계**

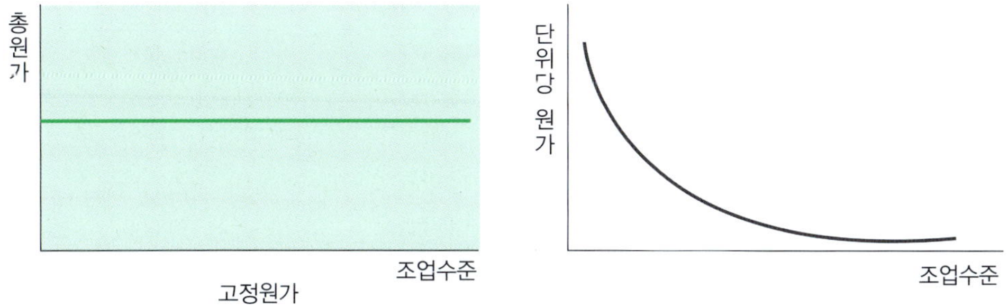

반면에 일정한 조업도 범위 내에서는 조업도가 변화하더라도 원가가 증감하지 않는 것도 있다. 이를 고정원가(fixed cost)라 한다. 제조간접원가에 속하는 기계의 감가상각비는 그 기계의 생산력 내에서 제품생산량이 0이거나 혹은 100개이거나 매년 동일한 감가상각비가 발생하기 때문에 고정원가의 대표적인 예이다.

따라서 생산량이 두 배로 증가하면 원가가 반드시 두 배로 증가할 것이라는 논리는 변동원가 개념으로는 100% 맞는 말이 되지만, 고정원가의 개념으로는 전혀 맞지 않는다. [예제 10-1]을 통해 생산량과 원가 간의 관계를 구체적으로 살펴보자.

예제 10-1

(주)유니콘은 컴퓨터를 10단위 생산하는 데 다음과 같이 원가가 발생하였다. 제조간접원가 가운데 50%는 고정원가이다.

직접재료원가	₩100,000
직접노무원가	50,000
제조간접원가	60,000
합계	₩210,000

| 요구사항 |

컴퓨터를 20단위 생산할 때 단위당 제품원가는 얼마인가?

| 해답 |

	10단위 생산	20단위 생산
직접재료원가	₩100,000	₩200,000
직접노무원가	50,000	100,000
제조간접원가		
변동원가	30,000	60,000
고정원가	30,000	30,000
소계	₩210,000	₩390,000
생산량	10	20
단위당 원가	₩21,000	₩19,500

[예제 10-1]에서 보는 바와 같이 컴퓨터 10단위를 생산할 때 단위당 원가는 ₩21,000이었지만, 생산량이 20단위로 증가하였을 때 ₩19,500으로 산출되었다. 그 이유는 바로 제조간접원가에 포함된 고정원가 때문이다. 변동원가는 생산량이 증가함에 따라 비례적으로 늘어났지만, 고정원가는 생산량에 관계없이 일정하게 발생한다. 따라서 10단위 생산 시 단위당 부과되는 고정원가가 20단위 생산 시 단위당 부과되는 금액보다 더 높게 나타난다. 이것은 규모의 경제의 한 예라고 할 수 있다.

2.3 생산량을 늘리면 이익은?

앞의 예에서 생산량과 원가 간의 관계에 대해 살펴보았다. 이번에는 생산량과 이익 간의 관계에 대해 살펴보자. 앞의 (주)유니콘의 사례에서 K이사가 생산량을 증가시키려고 한 이유는 무엇일가? 여러 가지 이유가 있을 것이다. 만약 K이사가 사업부의 이익을 증가시키면 능력 있는 사람으로 평가받을 것이며, 진급도 보장될 것이다. 실제로 K이사는 신망을 받고 있으며, 진급도 하였다. 그렇다면 생산량이 증가하면 이익도 증가할까? [예제 10-2]를 통해 생산량과 이익 간의 관계를 살펴보도록 하자.

예제 10-2

[예제 10-1]의 자료를 그대로 이용한다. 컴퓨터1대당 ₩30,000에 총 7대를 판매하였다. 단, 기초재고는 없다고 가정한다.

| 요구사항 |

컴퓨터 10대 생산 시와 20대 생산 시 각각의 매출총이익은 얼마인가?

| 해답 |

손익계산서

	10단위 생산		20단위 생산	
매출		210,000		210,000
매출원가				
기초제품재고액	0		0	
당기제품제조원가	210,000		390,000	
기말제품재고액	63,000	147,000	253,500	136,500
매출총이익		63,000		73,500

[예제 10-2]에서 보는 바와 같이 매출과 기초제품재고액은 모두 동일하다. 즉 매출량은 동일하다는 뜻이다. 차이가 나는 것은 생산량의 차이에 기인하는 당기제품제조원가와 기말제품재고액이다. 이것은 생산량이 10대인지, 아니면 20대인지, 즉 생산량의 차이로 인한 결과이다. 계산결과를 보면 매출액이 동일함에도 불구하고 생산량이 높은 경우 이익이

더 높았다.

왜 이런 현상이 나타나는가? 그 이유는 생산량이 많아지면 제품의 한 단위당 원가가 낮게 산출되기 때문이다. 앞의 [예제 10-1]에서 10대 생산인 경우 단위당 원가는 ₩21,000이나, 20대 생산인 경우 단위당 원가는 ₩19,500으로 계산되었음을 이미 알고 있다. 이러한 단위당 원가의 차이는 당기제품제조원가와 기말제품재고액에 차이를 미친다. 즉 10대 생산인 경우, 당기제품제조원가는 ₩210,000(=@₩21,000×10개)이나, 20대 생산인 경우, 당기제품제조원가는 ₩390,000(=@₩19,500×20개)이다. 그리고 10대 생산인 경우, 당기제품제조원가는 ₩63,000(=@₩21,000×3개)이나, 20대 생산인 경우, 기말제품재고액 원가는 ₩253,500(=@₩19,500×13개)이다. 생산량이 많은 경우 기말재고가 큰 폭으로 증가하였음을 알 수 있다. 즉 동일한 컴퓨터를 7단위 판매하였지만 생산량이 많은 경우 단위당 원가가 낮게 산출되었고, 단위당 원가의 차이가 당기제품제조원가와 기말제품재고액의 차이를 가져와 결국 매출원가도 다르게 나타났으며, 이에 따라 이익에 영향을 미치게 된 것이다.

다양한 원가개념을 적용하여 의사결정을 하지 않고 자원의 소비유형에 따른 원가의 분류만을 가지고 의사결정을 하는 경우, 기업의 최고목표가 이익이라고만 가정하고 의시결정을 할 경우, 전통적인 이익극대화의 논리가 오늘날의 경쟁환경하에서는 오히려 이익을 감소시키는 전혀 다른 결과를 초래할 수 있음을 살펴보았다. 이제 기업의 수익성을 다양한 관점에서 살펴보아야 한다.

3 높은 수익성은 어디서 나올까?

3.1 생산량과 재고의 관계

앞서 [예제 10-2]에서 우리가 알 수 있는 것은 다른 어떤 원가절감활동보다도 생산량을 늘리는 것이 이익을 증가시키는 가장 쉬우면서도 가장 효과적인 방법임을 알게 되었다. 그렇다면 이 방법으로 기업들이 과연 정말로 높은 수익성을 유지할 수 있을까? 생산량 증가가 이익증가의 제1영향요인이라면, 왜 모든 기업들이 이런 방법을 사용하지 않을까?

일반적으로 늘어난 생산량만큼 판매량이 늘지 못하면 이익증가라는 장점보다 더 큰 문제점이 발생하게 된다. 그것은 재고량의 증가이다. 재고자산의 증가는 여러 가지의 문제점들을 유발한다. 그 문제점들의 예를 몇 가지 들어보면 다음과 같다.

첫째, 생산량을 증가시켜 절감시킨 단위당 제품원가의 감소는 실질적인 원가절감노력에 의한 절감효과가 아니다. 즉 기업체질을 혁신하려는 다른 어떤 변화노력도 없이 단지 생산량의 증가 때문에 제품원가가 감소한 것이기 때문에 바람직한 기업의 혁신활동이라고 볼 수 없다.

둘째, 기업들이 재고자산을 보유하려는 이유는 시장의 갑작스런 수요증가에 대응하기 위해서이다. 이를 위해서는 적정재고량만 보유하면 된다. 그러나 시장의 수요변화에 대처하고도 남는 과다한 재고보유는 악성재고로 남게 된다. 제품생산에 투입된 투자비는 빨리 회수하여 기업의 현금창출능력을 향상시켜 나가야 하는데, 재고자산으로만 보유를 하게 되면, 기업의 현금순환활동에 영향을 미쳐 도산위기에 처할 수도 있다. 예를 들어, 노란 옷이 유행하다가 갑자기 푸른색으로 수요가 변화했다면 노란 옷 재고는 원가 이하의 헐값에 처분할 수밖에 없으며, 이런 식으로 처분활동을 계속한다면 장기적으로 그 기업은 적자기업이 되어 도산하고 말 것이다.

셋째, 늘어난 재고자산 때문에 상당한 규모의 관리비용이 발생한다. 예를 들어, 재고자산을 보관할 수 있는 창고가 필요하며(창고보관료), 창고보험료, 창고관리인 인건비, 창고

관리시스템 도입비용도 필요할 수 있다. 이러한 비용들은 재고자산이 없었더라면 발생하지 않았을 불필요한 것들이다.

넷째, 앞선 (주)○○의 사례와 같이 생산량을 강조하게 되면 작업자들은 생산량 증가에만 관심을 집중하게 된다. 이런 경우 일반적으로 불량품이 많이 발생하게 된다. 만약 품질검사 소홀로 불량품이 정상품이 되어 시장에 유통될 경우, 이로 인해 엄청난 규모의 관련 비용이 발생하게 될 것이다. 단순히 계산해 보더라도 서비스요원이 불량품 구매자를 찾아가 수리해 줄 수 있는 제품의 수와 비용의 합보다는 공장 내에서 불량품을 수리하는 비용이 훨씬 적게 들 것임은 자명한 일이다. 서비스요원의 수만 하더라도 엄청난 숫자이다. 뿐만 아니라 불량품 구매자는 그 불만사항을 다른 사람에게 알리게 되므로 기업 입장에서는 제품 판매기회의 상실로 인한 기회비용의 발생도 무시할 수 없게 된다.

이러한 문제점에도 불구하고 생산량을 증가시키려는 유인이 왜 존재하는가? 이는 과거 생산량을 강조하던 사고가 기업 내에 팽배해 있기 때문으로 보는 시각이 설득력을 갖는다. 과거 생산자 중심의 시장에서는 제품을 만드는 것이 우선 과제였다. 시장에서는 항상 수요가 존재하고 있으며, 제품생산이 이루어지기만 하면 제품은 팔려나갔다. 과거 1970년대 초 우리나라에서도 TV를 구입하려면 예약을 해야 했던 웃지 못할 시대가 있었다. [그림 10-3]에서 보는 것처럼 생산목표를 달성하려는 동기부여가 크면 품질은 뒷전일 가능성이 크다. 따라서 불량품이 과다하게 발생하게 되고, 때로는 불량품이 무리하게 판매되기도 한다. 이렇게 이루어진 무리한 판매는 고객의 불만을 야기하며 부실채권을 발생시키고, 결국에는 매출과 이익이 감소하는 악순환이 계속된다. 게다가 악성재고의 증가는 관리비 상승과 기업의 현금창출능력을 저해하여 현금 순환에 방해요소로 작용하기도 한다. 그런데 이보다 더 큰 문제는 불량품에 대한 구성원들의 인식이 좀처럼 바뀌지 않는다는 점이다. 사람들의 인식이 바뀌지 않는 이상 불량품을 제거한다는 것은 멀기만 한다.

그림 10-3 생산량 중심 사고의 악순환

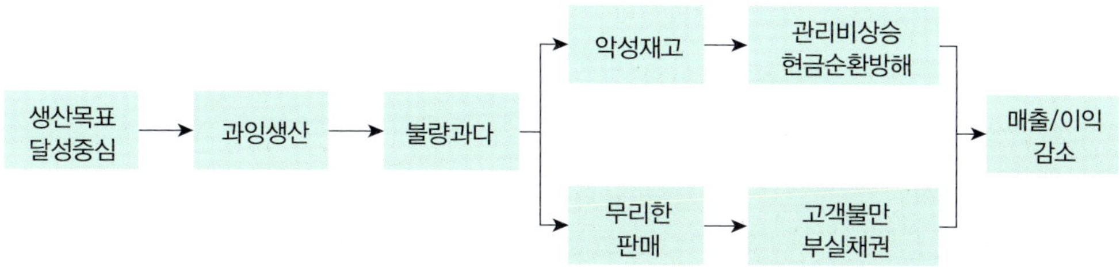

반면에 [그림 10-4]에서 보는 것처럼 양질의 제품은 소비자를 만족시키면서 기업의 매출과 이익을 증가시키는 순환고리를 가지고 있다.

그림 10-4 품질 중심 사고의 순환고리

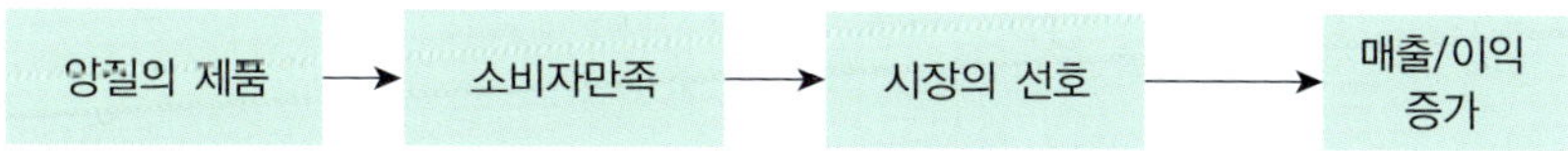

3.2 균형성과표(BSC)란 무엇일까?

기업은 재무적 수익성을 극대화시키는 것이 궁극적인 목표이다. 그래서 전통적으로 기업들이 기업을 성과평가하기 위해 투자수익률(ROA, ROI 등), 잔여이익(RI), 경제적 부가가치(EVA), 원가절감률 등의 재무성과지표를 이용하여 왔다. 그러나 이들 재무성과지표들은 과거의 재무성과를 나타내는 지표이기 때문에 정보화시대의 고객과 공급자, 프로세스 혁신, 종업원 역량 등과 같은 기업의 현재 및 미래가치를 평가하기에는 역부족이다.

하나의 예에 불과하긴 하지만 위의 사례와 같이 생산량만을 증가시켜 원가를 감소시키는 방법은 기업의 생존을 위협할 수도 있다. 기업들이 생존 및 경쟁능력을 갖추기 위해서는 원가절감이라는 한 가지(그것도 재무적인) 측면만을 강조해서는 안 된다. 원가절감뿐만 아니라 품질향상, 납기달성, 고객과 공급자, 프로세스 혁신, 종업원 역량 등 여러 측면의 경쟁요소에 대해 관심을 가져야 한다. 또한 그러한 경쟁력을 강화시킬 수 있는 방법들을 찾아내야 하고, 그런 방법들이 기업의 수익성에 어떻게 연결되는지를 종업원들이 이해하고 있어야 한다.

아래의 대화를 한 번 살펴보자. 신형 제트 비행기의 조정실에 들어가서 단 하나의 계기반(計器盤)만을 보면서 운항을 하고 있는 비행기의 기장과 다음과 같은 이야기를 하고 있다고 가정해 보자.

승객: 당신이 단 하나만의 계기반을 보면서 비행기를 조종하고 있는 모습을 보니 놀라지 않을 수 없군요. 그런데 그 계기반으로 무엇을 측정하나요?

기장: 비행기 속도죠. 저는 이번 비행에서 비행기 속도에만 신경을 쓰고 있습니다.

승객: 비행기 속도가 중요하긴 합니다만, 고도는 어떻습니까? 고도계는 필요하지 않나요?

기장: 저는 지난 몇 차례의 비행에서 고도에 신경을 썼고, 그리고 꽤 좋은 점수를 얻었습니다. 이제 저는 비행기 속도가 적절한가에만 신경을 집중해야 합니다.

승객: 그런데 연료계측기마저도 없네요. 그것은 유용하지 않습니까?

기장: 연료도 중요합니다. 그러나 저는 너무나도 많은 사항들을 동시에 잘 처리하는 데에 노력을 집중할 수 없습니다. 그래서 이번 비행에서는 비행기 속도에만 주의를 기울이고 있습니다. 제가 일단 고도뿐만 아니라 비행기 속도에 대해서도 능숙하게 되면, 다음 비행부터는 연료계측에 관심을 가질 계획입니다.

출처: R. S. Kaplan and D. P. Norton 저, 송경근·성시중 역, 가치실현을 위한 통합경영지표: BSC, 한언, 2000.

위 대화를 듣고 과연 당신은 그 비행기를 탈 수 있겠는가? 사고가 날지도 모른다는 불안감에 탑승을 하고 싶지 않을 것이다. 위의 예는 한 가지 측면만을 강조한다는 것이 얼마나 조직의 활동에 악영향을 미치는지를 말해 준다.

그동안 기업들은 원가를 낮추는 데, 재무이익을 향상시키는 데만, 주로 관심을 가져왔으며, 일부의 기업들만이 재무 이외의 품질향상지표의 제고에 혹은 대응시간을 줄이면서 동시에 기존 프로세스들의 성과를 증진시키는 데 노력을 기울여 왔다. 대부분의 기업들이 단기적이고 지엽적인 문제의 개선을 위해 노력해 왔을 뿐이다.

하지만 급변하는 경영환경하에서 조직의 미션과 비전을 달성하기 위한 전략적인 프로세스들(조직의 전략을 성공적으로 달성하기 위하여 특출하게 수행되어야만 할)이 무엇인가에 대해 규명하려는 노력이 요구된다. 그러면 기업의 재무적 수익성을 재고시키기 위한 장기적·전략적 프로세스 요인들에는 어떤 것들이 있는가?

카플란과 노튼(Kaplan and Norton)에 따르면, [그림 10-5]에서 보는 것처럼 기업 내부 역량의 강화(학습성장 관점)가 기업의 프로세스 개선(내부 프로세스 관점)을 통해 고객만족(고객 관점)을 시키면 재무적 수익성(재무적 관점)이 증가한다고 주장한다. 즉 기업 내부 역량을 강화시킴으로써 프로세스 개선과 같은 주요 경쟁요소에 대한 경쟁력을 확보할 수 있으며, 이것이 고객만족을 위한 노력과 결합되어 최종적으로 재무적 수익성 향상에 기여하게 되기 때문이다. 이때 재무적 수익성, 고객만족, 프로세스 개선 및 기업 내부 역량 강화와 같은 이들 요소들은 서로 인과과계를 가지고 있다.

그런데 여기서 한 가지 주의하여야 할 것은 이러한 모든 요소들의 기업의 전략적 목표에서 도출되어야 한다는 점이며, 기업의 전략적 목표는 그 기업의 미션 및 비전에 근거하여 도출되어야 한다는 것이다. 즉 기업의 장기적인 미션-비전과 전략목표를 달성하기 위

그림 10-5 **카플란과 노튼의 균형성과표(Balanced Scorecard: BSC)**

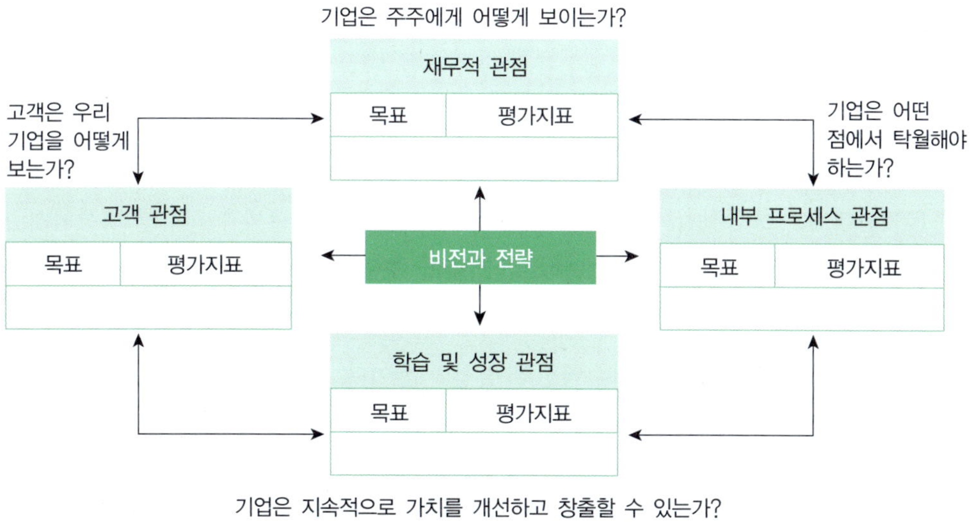

한 핵심성공요인(Critical Success Factor: CSF)을 이러한 다양한 요인(BSC에서는 이를 4가지 관점이라고 표현한다)별로 추출하여야 기업의 장기적 성장에 균형이 잡힌다고 말한다. 이러한 기업의 관점별 균형을 강조하면서 주요성과지표(Key Performance Indicator: KPI)만을 가지고 조직을 성과평가하는 것이 균형성과표(Balanced Scorecard: BSC)이다.

▪ 고객만족(고객 관점)

기업의 수익성은 고객으로부터 나온다. 포드자동차의 예를 보자. 포드는 1900년대 컨베이어시스템과 3S, 즉 부품표준화(standardization), 제품단순화(simplification), 작업전문화(specialization)를 결합하여 자동차가격을 큰 폭으로 낮출 수 있었다. 그 결과 부유층의 사치품이었던 자동차는 일반서민들도 애용하는 생필품이 되었고, 포드의 시장점유율은 1921년 55.7%에 이르렀다.

그 이후 1920년대 중반부터 소비자의 취향이 사회적 신분과 소득수준에 따라 다양한 차종을 선호하는 방향으로 변하게 되었지만 포드는 원가절감을 이유로 표준형 모델만 고집했다. 소비자들은 값이 싸긴 하지만 너무 단순하고 표준화된 모델에 싫증을 느끼기 시작했다. 더 나아가 포드 1세는 제강고장, 유리공장, 타이어공장을 건설했고, 브라질의 고무농장, 미네소타의 철광산을 매입했다. 이들 원자재를 디트로이트까지 수송하기 위한 선박과 철도망도 손에 넣었다.

그러나 이렇게 다양한 구성요소와 복잡한 구조를 가진 거대 조직은 관리비용을 상승시켰다. 결국 소비자들은 자기들 취향에 맞는 모델을 내놓은 제너럴모터스(GM) 쪽으로 옮겨가기 시작했고, 포드의 시장점유율은 1927년 9.3%까지 하락, GM에 1위 자리를 내어주고 1930년대에는 도산위기까지 맞게 되었다. 1940년대에 포드2세가 회사를 정상화시켰으나 일본 및 한국의 신흥 자동차 생산업체에 밀려 옛날의 그 아성을 찾지는 못하고 있다.

포드와 같이 고객의 욕구를 정확하게 파악하여 이를 제품에 반영하지 못하면 큰 실패를 경험하게 된다. 고객만족이 기업수익성의 원천인 셈이다. 어떤 사람은 고객만족의 차원을 넘어 고객감동 또는 고객낙루(落淚)의 시대라고 현재의 시장을 정의하기도 한다. 고객이 기업의 제품이나 서비스에 너무 감동하여 눈물을 뚝뚝 흘린다는 말이다. 특히 기존 단골

고객의 이탈률을 줄이는 것이 고객관리의 핵심 이유로 떠오르고 있다. 그 이유는 단골고객은 총고객의 15~20% 정도에 불과하지만 기업 이익의 70~80%가 이들 단골고객으로부터 나오기 때문이다.

또한 기회비용을 포함해서 신규고객을 확보하는 데 드는 총비용은 기존 고객에게 상품을 판매할 때 드는 비용보다 5배 이상 높으며 일부 산업은 10배 이상 높다. 그리고 애프터서비스 및 서비스센터 운영비용의 대부분이 수익성이 낮은 고객 때문에 발생한다. 즉 단골고객이 많으면 많을수록 애프터서비스 비용이 적게 든다. 일례로 홈쇼핑업체의 가장 큰 비용이 반품서비스에 드는 비용인데 반품을 가장 많이 하는 고객들은 바로 '1회성 고객'들이라는 조사결과도 있다. 결론적으로 단골고객을 어떻게 관리하느냐는 기업의 수익성과 직결되는 중요한 사안이다.

▪ 프로세스 개선(내부 프로세스 관점)

고객만족은 가격이나 품질, 납기 등의 프로세스의 개선에서 나온다. 낮은 가격으로 높은 품질의 제품을 고객이 필요로 하는 적기에 제공해 줄 수 있어야 한다는 말이다. 특히 현대에서는 품질에 대해 강조하고 있다. 품질이 높아지면 원가절감에도 크게 기여하며, 납기달성에도 기여하기 때문이다. 예를 들어, 컴퓨터부품인 레지스터(resistor)를 ₩20에 구입하였다고 하자. 만약 그 레지스터의 결함을 컴퓨터 조립 전에 발견하여 폐기했다면 ₩20의 손실을 보게 된다. 그러나 컴퓨터 조립 후에 부품결함을 발견하였다면, 그것을 수리하는 데 ₩2,000이 소요된다. 만약 그 컴퓨터가 소비자에게 판매되었다면, 그 수리비용은 수만 원 혹은 수십만 원에 달하게 될 것이다. 따라서 품질관련 원가를 절감하기 위해서는 초기에 이러한 결함을 발견하여 그 원인을 제거하는 것이 가장 효과적이다. 실제로 이러한 품질관련 원가가 매출액의 20~30%나 된다고 보고되고 있다.

▪ 기업 내부 역량의 강화(학습성장 관점)

이와 같은 품질이나 가격, 납기 등의 경쟁요소를 확충하기 위해서는 기업 내부 역량이 강화되어야 한다. 내부 역량을 강화하기 위해서는 종업원에 대한 교육훈련뿐만 아니라 정보시스템 역량도 갖춰져야 한다. 만약 원가절감이나 이익의 극대화를 필요로 한다면 단기적으로는 이러한 교육훈련과 정보시스템에 대한 투자를 하지 않는 것이 효과적이다. 그러나 이러한 것에 투자를 하지 않는 것은 장기적으로는 기업의 경쟁력을 상실시키는 주요 원인이 될 수도 있다.

어떤 한 기업의 비전(미션)과 전략목표로부터 핵심성공요인(CSF) 및 주요성과지표(KPI)가 도출되고, 이러한 성과지표가 구체적인 실행계획(이니시어티브)으로 정렬(arrangement)되는 과정을 일목요연하게 그림으로 보여주면 [그림 10-6]과 같다.

그림 10-6 BSC의 구현 프로세스

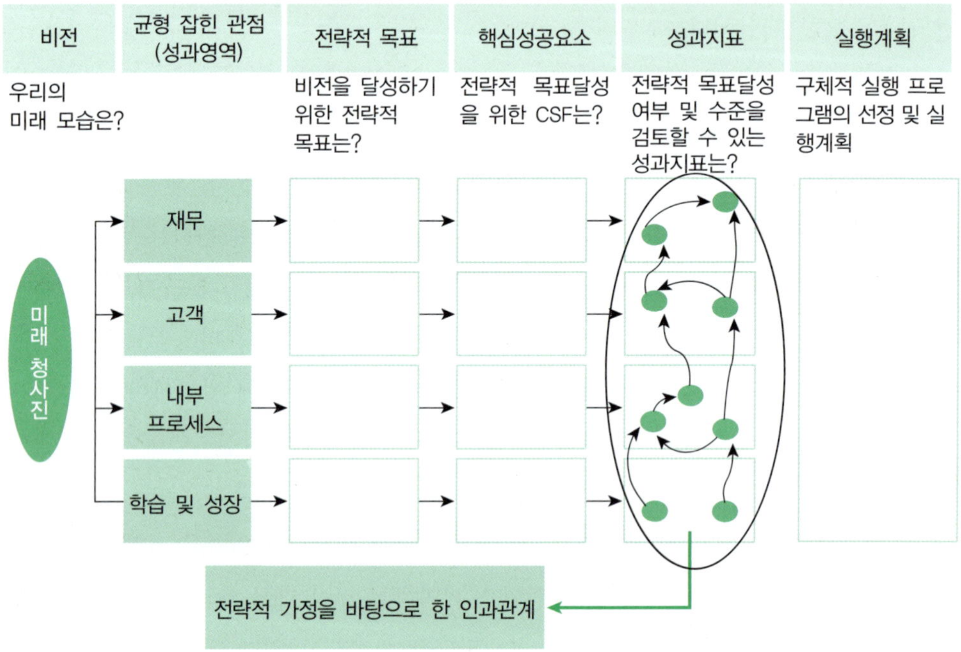

앞의 (주)○○의 사례에서 보이는 그 결과도 그 기업이 단기적인 수익성만을 강조했기 때문에 나타난 결과라고 보아야 한다. 만약 (주)○○의 K이사를 애초부터 2년이 아닌 10년 동안 근무하도록 발령했다면 K이사가 그런 의사결정을 할 수 있었을까? 물론 10년을 근무하도록 발령하는 것이 바람직하다는 것은 아니다. 그러나 그 결과에 대한 책임을 스스로가 지게 만들었다면 적어도 그러한 의사결정은 하지 않았을 것이며, 만약 그럼에도 불구하고 그러한 의사결정을 했다면 아마도 승진하기 어렵지 않았을까?

4 다양한 관리의사결정 사례

4.1 제품원가계산용과 이익계획용 손익계산서는 다르다

우리는 9장에서 원가행태에 따른 원가의 분류법인 고정비와 변동비에 대해 배웠다. 생산활동이나 판매활동이 발생할 때마다 발생하는 원가는 변동원가, 생산활동이나 판매활동의 발생과는 무관한 원가는 고정원가라고 말이다. 9장에서 배운 제품원가의 3요소(직접재료원가, 직접노무원가 및 제조간접비)가 모두 제품원가에 포함되는 원가계산법은 전부원가계산이라고 한다. 반면, 변동(직접)원가만 제품원가에 포함되고 고정원가는 재품원가에 포함시키지 않는 원가계산방법을 변동원가계산이라고 부른다.

전부원가계산과 변동(직접)원가계산은 양쪽 모두 경영자나 다른 정보이용자들에게 유용한 재무정보를 제공한다. 그러나 각 방법은 각기 다른 유형의 정보를 제공한다. 전부원가계산에서는 원가를 제조, 판매 및 관리 등의 기능에 따라 분류한다. 따라서 전부원가계산하에서의 손익계산서는 먼저 수익에서 소멸된 제조원가인 매출원가를 차감하여 매출총이익을 산출한 후 여기서 판매비와 관리비를 차감하여 순이익을 산출한다. 이러한 방법은 외부보고목적의 전통적인 손익계산서 작성방법인데 이를 기능손익계산서(functional income statement)라 한다.

한편, 변동(직접)원가계산에서는 원가를 그 행태에 따라서 변동원가와 고정원가로 분류한다. 따라서 변동원가계산 하에서의 손익계산서는 먼저 수익에서 변동원가를 차감하여 공헌이익(Contribution Margin: CM)을 산출한 후 여기서 고정원가를 차감하여 순이익을 산출한다. 이러한 손익계산서를 공헌손익계산서(contribution income statement)라 한다. 변동원가계산은 원가를 변동원가와 고정원가로 분리함으로써 기업의 BEP 계산 및 원가-조업도-이익(cost-volume-profit)관계에 관한 정보를 제공할 뿐만 아니라, 기업의 제반 단기적 의사결정 및 이익계획 등의 관리회계 측면에서 유용한 정보를 제공한다.

4.2 얼마를 벌어야 손해를 안 볼까: BEP분석

새로운 사업을 시작하려면 수많은 의사결정 상황에 놓이게 될 것이다. 자금의 조달은 어떻게 할 것인지, 조달된 자금을 어디에 투자할 것인지, 어떤 사업 아이템을 가지고 어떻게 영업활동을 할 것이며, 영업활동의 결과로 얼마나 많은 이익을 벌게 될 것인지 등에 대해 고민하고 의사결정을 해야 한다. 그중에서도 가장 중요한 것은 지금 하려는 사업에서 이익을 얻을 수 있을까라는 점일 것이다. 이는 사업의 시작 여부를 가름할 중요한 질문이다.

이 때문에 새로운 사업을 시작할 때는 과연 몇 개의 상품을 팔아야 이익을 얻을 수 있는지를 먼저 분석해 보아야 한다. 이익이 0이 되는 지점, 즉 매출액과 비용이 같아지는 지점의 판매량을 손익분기점(Break-Even Point: BEP) 수량이라고 한다. 이 수량을 기준으로 이 수량보다 적게 판매하면 손실이, 많이 판매하면 이익이 발생하기 때문에 BEP 개념은 사업계획서 작성 시 유용한 기법이다. BEP는 손익계산서를 작성해 보거나 [그림 10-7]과 같이 원가-조업도-이익 그림을 그려봄으로써 알 수 있다.

그림 10-7 **원가-조업도-이익 그림**

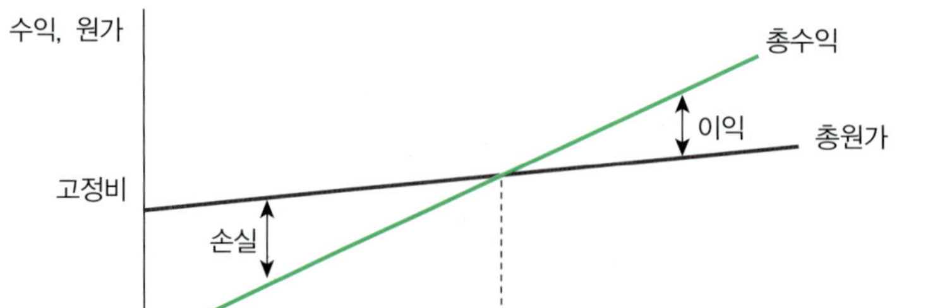

예제 10-3

김모 씨는 현재의 직장을 그만두고 피자집을 개업할까 고민 중이다. 시장 조사결과 웰빙 약초피자의 수요가 높을 것으로 예상되었다. 그래서 약초피자 한 종류만을 판매하기로 하고 다음과 같은 정보를 수집하였다.

약초피자 단위당 가격	₩10,000
약초피자 단위당 직접재료원가	3,000
약초피자 단위당 음료서비스	600(1병)
피자기계	500,000
점포세(월)	100,000
종업원 고정급료(월)	500,000

| 요구사항 |

몇 단위를 팔아야 최소한 손해를 보지 않을까? 손익계산서를 이용하여 판단하시오.

| 해답 |

x를 판매수량이라 하면,

손익계산서

직접재료원가	$3,000x$	매출	$10,000x$
음료서비스	$600x$		
피자기계	500,000		
점포세	100,000		
종업원 급료	500,000		
	$3,600x+1,100,000$		$10,000x$

손익분기점은 수익과 비용이 같아서 이익이 0이 되는 지점이므로

∴ 수익=비용에 대입하면,

$10,000x=3,600x+1,100,000$

$x=172$단위/월

한편, [예제 10-3]을 보면 판매수량 x에 따라 변동하는 직접재료와 음료서비스와 같은 원가가 있는 반면, 판매수량에 관계없이 일정하게 발생하는 피자기계, 점포세 그리고 종업원 급료 등과 같은 원가가 있다. 앞서 살펴본 바와 같이 전자를 변동원가(variable cost)

라 하며, 후자를 고정원가(fixed cost)라 한다. 변동원가와 고정원가의 개념을 이용하여 [예제 10-3]을 다시 풀이해 보면 다음과 같다.

$$\text{손익분기점 판매수량} = \frac{1{,}100{,}000}{10{,}000 - 3{,}600} = 172\text{단위/월}$$

즉 [식 10-1]

$$\text{손익분기점 판매수량}(x) = \frac{\text{총고정원가}}{\text{판매단가} - \text{단위당 변동원가}}$$

[식 10-1]을 이용하면 손익분기점을 간단하게 구할 수 있다. 이 식에서 분모인 (판매단가-단위당 변동원가)는 앞에서 배운 공헌이익(contribution margin)이다. 공헌이익 개념은 학문적으로나 실무적으로 다양한 경영의사결정에 이용되는 중요한 개념이니 꼭 익히기를 바란다.

공헌이익 개념을 이용한 간단한 예를 두 개만 더 살펴보자.

예제 10-4

앞의 [예제 10-3]의 자료를 그대로 이용한다. 단 아래의 두 요구사항은 독립적 상황을 가정한다.

| 요구사항 |

1. 김모 씨는 현재 재직 중인 회사에서 받는 월급여 ₩800,000만큼의 이익을 최소한 벌어야 한다고 생각한다. ₩800,000의 이익을 얻기 위해서는 몇 단위를 팔아야 하나? 공헌이익을 이용하여 판단하시오.
2. 영업을 시작하여 현재 월 900단위를 판매하고 있다. 이는 예상보다 낮은 판매량이기 때문에 종업원의 급여체계를 바꾸고자 한다. 즉 현재 종업원에게 지급되는 고정급여 대신 피자 판매단위당 ₩500의 성과급 지급으로 변경하려고 한다. 성과급으로 바꾸게 되면 판매량이 50단위 증가할 것으로 예상한다. 이때 단위당 공헌이익은 얼마인가? 또한 어느 것이 더 유리한가?

| 해답 |

1. 목표이익

관리회계라는 과목에서 더 자세히 배우겠지만, 목표이익의 개념이 포함되면, 손익분기점 판매수량의 분자에 영향을 미치게 된다.

$$\therefore \text{손익분기점 판매수량}(x) = \frac{(1{,}100{,}000 + 800{,}000)}{(10{,}000 - 3{,}600)} = 297\text{단위/월}$$

2. 고정급과 성과급

고정급 급여가 변동급 급여로 바뀌게 되면, 고정비 ₩500,000은 줄어들지만, 변동비는 상승하여 ₩3,600에서 ₩4,100이 된다. 그런데 변동비의 증가는 단위당 공헌이익에 영향을 미치므로

현재의 단위당 공헌이익: 10,000−3,600=₩6,400
새로운 단위당 공헌이익: 10,000−4,100=₩5,900

게다가 급여체계의 변경은 판매량에 영향을 미쳤으므로

예상 총공헌이이(₩5,900×950단위)		₩5,605,000
현재의 총공헌이익(₩6,400×900단위)		(5,760,00)
고정급여 감소액	500,000	
공헌이익 증가액	₩345,000	

4.3 모든 원가요소가 의사결정에 사용되지는 않는다

국내 모 자동차회사는 한때 국내외 환경의 경기침체 여파로 인해 생산설비의 가동률이 40%일 때가 있었다. 이 말은 나머지 60%는 놀고 있었다(유휴설비)는 말이다. 생산설비가 100% 가동될 때는 그만큼 신나게 일할 수 있겠지만, 가동률이 절반에도 못 미치는 상황에서는 경영자도 작업자도 힘이 든다.

그런데 이와 같이 유휴설비가 있을 때 어떤 구매자가 다량의 제품을 구매하겠다고 제의하였다면 어떤 결정을 내려야 할까? 당연히 받아들이는 것이 옳은 결정이다. 그런데 단위당 제품원가가 ₩100인데 ₩70에 구매하겠다고 한다면 어떤 결정을 내려야 할까? 이 경우 최소한 변동원가 이상을 회수할 수 있다면 판매하는 것이 올바른 결정이다. 왜냐하면 추

가 생산하지 않더라도 고정원가는 고정적으로 발생되기 때문에 변동원가보다 제품의 판매금액이 크다면 적어도 그 차액만큼은 이익이 되기 때문이다. 이와 같은 상황에서는 고정원가가 의사결정에 영향을 미치지 못하고 있다.

다른 예를 보자. 길을 가다 보면 '대바겐 세일'이라는 문구를 자주 보게 된다. 이 같은 할인판매는 왜 하는 것일까? 원가가 ₩100,000인 옷 한 벌을 ₩30,000에 팔겠다는 문구도 보인다. 원가 ₩100,000의 옷을 원가에도 훨씬 못 미치는 ₩30,000에 팔겠다니... 그러면 손해를 보는 것이 아닐까? 이런 경우 ₩100,000이라는 원가를 생각하면 절대 ₩30,000에 팔 수 없다. 원가 ₩100,000을 기억 속에서 지워버려야 ₩30,000에 판매하겠다는 의사결정이 나올 수 있다. 판매가 되지 않은 채 재고로 쌓아두기보다는 원가를 조금이라도 건져 현금을 회수하는 것이 기업에 이익이 되기 때문에 그러한 의사결정이 가능하게 된다. 이와 같이 의사결정에 영향을 미치지 않는 역사적 원가를 매몰원가(sunk cost)라 한다.

예제 10-5

다음 요구사항에 답하시오.

| 요구사항 |

1. 제품 A를 ₩150에 판매하고 있다. 그런데 어떤 구매자가 100개 제품을 ₩80에 구입하겠다고 제의하였다. 단위당 제품원가의 구성이 다음과 같을 때 이 제안을 받아들일 경우 회사의 이익에는 어떤 영향을 미치는가? 단, 이 주문의 생산을 위한 유휴설비는 충분하며, 또한 추가적으로 드는 발생비용은 없다고 가정한다.

직접재료원가	₩30
직접노무원가	30
변동재조간접원가	30
고정제조간접원가	30
	₩90

2. 양복점에서 철 지난 옷 10벌을 가지고 있는데 폐기하려고 생각 중이다. 단위당 ₩10,000에 구입하여, 단위당 ₩20,000에 판매하였던 것들이다. 그런데 어떤 소비자가 1벌당 ₩1,000에 판매하라는 제의가 들어왔다. 이 주문을 받아들일 경우 기업의 손익에 어떤 영향을 미치는가?

| 해답 |

1. 표면적으로 보면 제조원가가 ₩90인데, 판매가격이 ₩80이므로 손실이 발생할 것처럼 보이지만, 이런 경우의 의사결정에서는 고정원가를 의사결정요소에서 제외하여 분석하여야 한다. 왜냐하면 고정원가는 이 주문의 수락 여부에 관계없이 고정적으로 발생하는 금액이기 때문에, 의사결정에는 변동원가만을 가지고 판단하여야 하기 때문이다. 따라서 제안가격이 ₩80이고 단위당 변동비가 ₩60이기 때문에 단위당 ₩20의 이익을 얻을 수 있다. 결국 설비를 가동하지 않는 것보다 이 주문을 받아들임으로써 기업의 이익을 ₩2,000 증가시킬 수 있다.

2. 이 예에서도 표면적으로 보면 손실이 발생하기 때문에 판매하지 않는 것이 유리해 보일 수 있다. 그러나 판매하지 않으면 폐기해야 하기 때문에(이때는 이익이 0임. 극단적으로는 오히려 폐기비용이 추가 발생할 수도 있음) 단위당 ₩1,000에라도 판매해야 손실 폭을 줄일 수 있게 된다.

4.4 손실인 제품은 생산중단해야 하나?

기존 제품라인의 폐쇄 혹은 신제품 추가 등과 관련된 의사결정은 경영자가 판단하기 어려운 문제 중 하나이다. 이러한 의사결정에는 많은 정보들이 고려되어야 한다. 궁극적으로는 의사결정의 결과가 기업이익에 미치는 영향에 따라 판단하게 될 것이며, 그러기 위해서는 관련된 원가를 치밀하게 분석하여야 한다. [예제 10-6]을 통해 살펴보기로 하자.

예제 10-6

(주)유니콘은 일반약품, 화장품 그리고 기능성약품을 제조판매하고 있다. 이 가운데 일반약품의 수익성이 악화되어 이 제품라인을 폐쇄할 것을 신중하게 고려하고 있다. 각 제품별 손익계산은 다음과 같이 나타났다.

	일반약품	화장품	기능성약품	총계
매출액	100,000	200,000	150,000	450,000
변동비	60,000	110,000	70,000	250,000
공헌이익	40,00	90,000	80,000	200,000
고정비				
급여	15,000	10,000	20,000	45,000
감가상각비	30,000	40,000	20,000	90,000
영업이익	(5,000)	40,000	40,000	70,000

- 급여는 각 제품라인에 소속된 사람들에 대한 것으로 일반약품을 생산중단하게 되면 일반약품 생산사인의 종업원은 모두 해고할 수 있다.
- 일반약품의 감가상각비는 공장건물에 대한 것이며, 생산을 중단하더라도 발생금액의 2/3는 계속 발생한다.

| 요구사항 |

일반약품 생산을 중단하는 것이 기업이익에 어떤 영향을 미치는가?

| 해답 |

일반약품 생산라인 종업원의 급여 ₩15,000은 모두 회피가능하고, 감가상각비는 발생액의 1/3인 ₩10,000은 회피가능하므로

일반약품 폐쇄 시 공헌이익	(₩40,000)
회피가능원가	25,000
기업이익의 감소액	(₩15,000)

따라서 일반약품의 생산을 중단할 경우 오히려 기업이익이 ₩15,000 감소하기 때문에 계속 생산하는 것이 유리하다.

[예제 10-6]에서 보는 바와 같이 비록 일반약품이 손실을 보이고 있지만 생산을 지속하는 것이 더 유리한 것으로 나타났다. 그 이유는 일반약품 생산을 중단하게 되면 근로자를 모두 해고할 수 있어 급여 ₩15,000이 더 이상 발생하지 않으며, 감가상각비 발생액의 1/3인 ₩10,000도 더 이상 발생하지 않기 때문인데, 이를 회피가능원가(avoidable costs)라고 한다. 반대로 감가상각비 가운데 2/3인 ₩20,000은 생산중단과 관계없이 계속 발생하게 되는데, 이처럼 생산을 하든 중단하든 계속 발생하는 원가를 회피불능원가(unavoidable costs)라고 한다. 이를 요약해 보면 [표 10-2]와 같다. 다시 한번 더 강조하지만, '상이한 목적에는 상이한 원가(different costs for different purpose)'를 적용해야 하므로 다양한 원가 개념을 숙지하여 다양한 의사결정 상황에 적용하여야 할 것이다.

[표 10-2] **회피불능원가와 회피가능원가**

	총금액	회피불능원가	회피가능원가
급여	₩15,000	₩0	₩15,000
감가상각비	30,000	20,000	10,000
	₩45,000	₩20,000	₩25,000

/ 연 / 습 / 문 / 제 /

01. 다른 조건이 동일할 때 생산량이 증가하면 단위당 제품원가는 ① 증가・감소하며, 이에 따라 매출원가는 ② 증가・감소하게 되고, 재고자산이 ③ 증가・감소하게 된다. 이러한 관계는 결국 기업의 이익을 ④ 증가・감소시키게 된다. 해당 란에 맞는 말에 ○표 하시오.

02. 기업의 수익성은 ① __________가 그 원천이 되며, ① __________의 원천은 ② __________이다. 또한 ② __________을 위해서는 ② __________ 강화를 위하여 노력하여야 한다. 이와 같이 균형성과의 관점에서 보면 성과평가지표들 간의 ④ __________ 관계에 의한 시스템의 설계가 매우 중요하다. 각 번호에 맞는 용어나 말을 넣으시오.

03. 다음 항목을 변동원가와 고정원가로 구분하시오.

	변동원가	고정원가
책상의 못		
옷의 옷감		
옷의 재봉실		
공장청소담당임금		
기계감가상각비		
공장감독자의 급여		
공장관리부 여사원급여		

04. (주)유니콘의 원자자료를 집계해 본 결과, 단위당 변동비는 전년도와 같이 변화가 없는데, 총고정비는 감소하는 것으로 나타났다.

| 요구사항 |

1. 공헌이익은 어떻게 변화하는가(증가・불변・감소)?
2. 손익분기점은 어떻게 변화하는가?

05. 어떤 기업의 총고정원가가 15% 증가하였다. 다른 조건이 일정하다면 손익분기점 판매량은 어떻게 변화하는가?

06. 단위당 제품가격은 ₩100, 단위당 변동비는 ₩60, 총고정비는 ₩9,000이다. 예상판매수량은 300단위이다.

| 요구사항 |

1. 단위당 공헌이익은 얼마인가?
2. 손익분기점수량은 몇 단위인가?
3. 판매수량이 1단위 늘어날 때마다 증가되는 단위당 이익은 얼마인가?

07. 20×1년 1월 제품 A를 10개 생산하였으며, 2월에는 20개 생산할 것으로 기대된다. 1월의 원가요소별 발생원가가 다음과 같다.

직접재료비	₩20,000	직접노무비	₩10,000
변동제조간접비	5,000	고정제조간접비	10,000

| 요구사항 |

2월의 단위당 제품원가는 얼마로 예상되는가? 단, 생산량 10개와 20개는 관련범위 내에 있으며, 직접재료비와 직접노무비는 모두 변동비이다.

08. ₩5,000,000에 구입하였던 기계설비를 사용할 수 없게 되었다. ₩2,000,000을 들여 이 기계를 수리하면 ₩3,000,000에 판매할 수 있으며, 그렇지 않으면 고물상에 ₩500,000에 처분할 수 있다.

| 요구사항 |

1. 매몰원가는 얼마인가?
2. 어느 대안이 유리한가?

09. (주)유니콘의 XYZ부서의 공헌이익은 ₩100,000이다. 회사 전체의 공통원가를 XYZ부서에 ₩60,000 배부하였는데, XYZ부서를 폐쇄하더라도 ₩20,000은 계속 발생한다. XYZ부서를 폐쇄했을 때 회사의 이익은 어떻게 변하는가?

10. (주)유니콘은 다음과 같은 단위당 원가구조를 가진 부품 A를 생산판매하고 있다.

직접재료비	₩20	직접노무비	₩10
변동제조간접비	5	고정제조간접비	10

부품 A를 단위당 ₩70에 판매하고 있다. 그런데 어느 한 업체가 단위당 ₩60에 1,000개의 부품을 구입하겠다는 제의를 해왔다.

| 요구사항 |

1. 단위당 공헌이익은 얼마인가?
2. (주)유니콘에서는 생산여력이 전혀 없다. 이 제의를 수락하는 것이 타당한가?

11. (주)유니콘은 단위당 가격이 ₩70인 A제품을 판매하고 있다. A제품의 단위당 변동비는 ₩40이고, 총고정비는 연간 ₩90,000이다.

| 요구사항 |

1. 단위당 공헌이익은 얼마인가?
2. 손익분기점의 판매량과 매출액은 얼마인가?
3. 목표이익 ₩37,500을 얻기 위해서는 몇 단위를 판매하여야 하는가?

12. (주)유니콘은 다음과 같은 단위당 원가구조를 가진 부품 A를 생산판매하고 있다.

직접재료비	₩20	직접노무비	₩10
변동제조간접비	5	고정제조간접비	10

| 요구사항 | (단, 요구사항은 서로 독립적인 상황이다.)

1. A제품의 부품을 ₩10 구입하고 있다. 이를 ₩20짜리 고급부품으로 바꾸려고 한다. 이때 A제품 판매량 800단위가 늘어날 것으로 예상된다. 고급부품 구입이 타당한지 분석하시오. 단, 현재 판매량은 3,500단위이다.
2. A제품의 판매가격을 ₩70에서 ₩80으로 인상하고, ₩10짜리 부품을 ₩20짜리 고급부품으로 교체하려고 한다. 이때 A제품 판매량이 500단위가 늘어난다면 어떤 결정을 하는 것이 타당한지 분석하시오. 단, 현재 판매량은 3,500단위이다.
3. A제품을 ₩50에 60단위를 구입하려는 특별주문이 들어왔다. 이 주문을 받아들이더라도 정상적인 영업활동에는 지장이 없다. 이 주문을 받아들이는 것이 타당한지 분석하시오.
4. A제품 40단위를 구입하겠다는 특별주문이 들어왔으며, 이 주문은 정상적인 영업활동에 지장이 없다. 이 주문으로 ₩1,000의 이익을 얻기 위해서는 판매가격을 얼마로 하여야 하는가?

13. (주)유니콘은 제품 5,000개를 판매할 계획이다. 이때 고정비는 ₩2,000,000이며, 공헌이익률은 60%이다. ₩1,000,000의 이익을 얻기 위해서는 제품단위당 가격을 얼마로 하여야 하는가?

14. (주)유니콘의 한 부서는 매년 20,000개의 부품을 생산하고 있다. 이 부품의 단위당 제조원가는 ₩56.7인데 그 구성을 보면 다음과 같다.

직접재료원가	₩24.7	직접노무원가	₩16.3
변동제조간접원가	₩2.3	고정제조간접원가	₩13.5

한 외부공급업자가 (주)유니콘이 필요로 하는 부품을 ₩51.8에 공급하겠다는 제안을 해왔다. 만약 이 제안을 수락한다면 이 부품을 제조하는 기존의 시설은 기존 부품보다 수요가 많은 부품을 만드는 데 사용할 수 있고, 이때 회사의 공헌이익이 매년 ₩44,000 증가할 것으로 예상한다. 또한 이 제안을 수락하면 모든 직접노무원가를 절감할 수 있고, 고정제조간접원가 가운데 ₩8.3을 절약할 수 있다.

| 요구사항 |

1. 이 제안을 수락할 경우 절감할 수 있는 단위당 원가는 얼마인가?
2. 이 제안을 수락할 경우 발생하는 증분손익은 얼마인가?
3. 20,000단위 모두 외부 구입한다면 (주)유니콘이 지급할 수 있는 단위당 최대가격은 얼마가 되는가?

15. 다음은 (주)유니콘의 20×1년 3월의 재무자료이다.

	A	B	합계
매출액	80,000	120,000)	200,000
변동비	32,000	84,000)	116,000
공헌이익	48,000	36,000)	84,000
급여	20,000	40,000)	60,000
광고비	4,000	6,000)	10,000
영업이익	24,000	(10,000)	14,000

각 부서의 급여 가운데 3/4은 부서 폐쇄 시 절감할 수 있으며, 광고비는 매출액 규모에 따라 배분한 것이다. B부서를 폐쇄할 때 A부서의 매출이 10% 감소할 것이다. B부서를 폐쇄할 때 기업 전체의 이익에 미치는 영향은?

읽을거리

서비스업(영화산업)도 손익분기점이 중요하다 〈영화 손익분기점 계산과 영화표 가격의 수익배분율〉

1. 영화 손익분기점 계산과 영화표 가격의 수익배분율을 알기 위한 영화제작과정

(1) 투자금 확보

최근 영화 한 편을 제작하기 위해서는 엄청난 돈이 필요합니다. 그래서 옛날처럼 개인 자산만으로 영화를 만드는 경우는 거의 없습니다. 요즘 개봉하는 대작들의 경우 제작비가 100억 원을 훌쩍 넘는 경우가 많습니다. 그럼 제작에 필요한 돈은 어떻게 만들어질까요. 바로 투자를 받습니다. 1970~80년대에는 제작사, 즉 영화를 만드는 회사에서 대부분의 제작비를 충당했지만 2000년에 넘어오면서 미디어 산업의 수익률이 좋아져 여러 벤처캐피탈에서 전문적으로 영화펀드를 조성하는 경우가 많습니다. 그 펀드 중에 일정 금액은 정부에서 지원 형식의 투자를 하기도 합니다. 그런데 최근 들어 투자, 제작, 배급, 상영까지 관여하는 매머드급 미디어 그룹들이 시장을 점유하고 있습니다.

(2) 영화 제작

돈이 생겼으니 본격적으로 영화 제작에 들어갑니다. 영화를 제작하는 과정은 프리프로덕션(Pre-production), 프로덕션(Production), 포스트프로덕션(Post-Production)의 세 단계로 나뉩니다. 프리프로덕션은 영화의 기획, 글작업, 콘티, 캐스팅과 같은 실제 촬영 전 단계를 말하는데, 캐스팅에 따라 추가로 투자를 받거나 투자 자체가 사라지는 경우도 있습니다. 그리고 프로덕션은 실제 영화를 필름에 담아내는 촬영작업을 말합니다. 마지막으로 포스트프로덕션은 촬영 후 편집이나 보정, 음향, CG 등의 후반작업을 뜻합니다.

(3) 영화 배급

영화를 다 만들었으면 극장에 필름을 팔아야 합니다. 그런데 제작사가 그 많은 극장들과 일일이 접촉해서 영화 상영을 조율하는 것은 거의 불가능합니다. 그래서 영화 유통을 전문적으로 담당하는 배급사가 나서게 됩니다. 배급사는 몇 개의 극장에서 몇 번을 상영할지 어떤 필름을 사용할지 등을 조율해 배급망을 통해 영화의 유통을 책임지게 됩니다. 우리나라는 CJ엔터테인먼트, 쇼박스, 롯데엔터테인먼트 등이 가장 유명한데 이들은 대개 영화 투자도 함께 진행하기에 투자배급사라고 합니다.

(4) 영화 상영

이젠 극장에서 관객들이 영화를 볼 수 있게 됩니다. 배급사가 각 극장에 필름을 배급하면 극장에서 상영을 시작합니다. 우리나라는 예전과는 다르게 세계적인 추세에 따라 멀티플렉스가 대부분입니다. CGV, 메가박스, 롯네시네마가 우리나라 스크린의 90% 이상을 점유하고 있다고 봐야 합니다. 그래서 특정 영화를 밀어주거나 경우에 따라서는 단체로 보이콧을 하기도 합니다.

2. 영화 수입 배분율

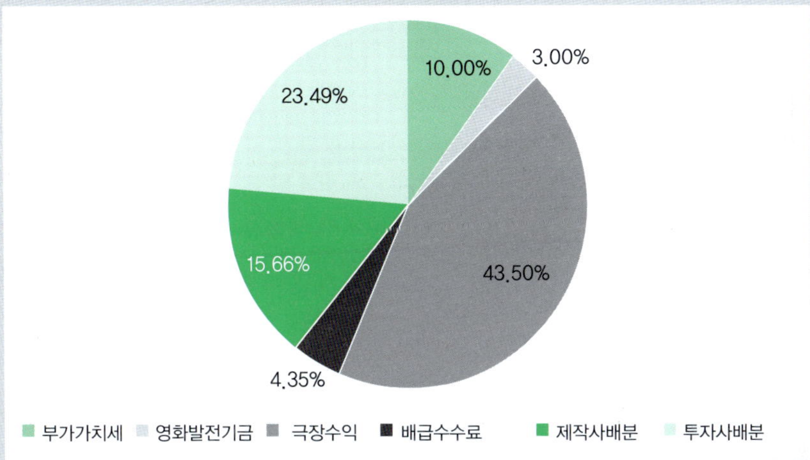

요즘 우리가 영화 한 편을 볼 때 조조, 할인 등을 포함해 평균 8천억 원 정도에 봅니다. 그중 극장, 제작사, 배급사, 투자사 등이 일정한 비율로 돈을 나눠 갖게 됩니다.

부가가치세 10 %
영화발전기금 3%
극장상영수익 43.5% (대략적으로 국내영화 기준이며 외화의 경우는 34.8%입니다.)
배급사수수료 4.35% (극장 상영수입의 10%인데 평균 8~12%라고 합니다.)
제작사배분 15.66% (총 금액에서 위의 합계을 뺀 금액의 약 40%)
투자사배분 23.49% (투자 비율에 따라 각각 분배)

위의 비율은 대략적이며 일반적인 금액입니다. 그리고 영화 중 제작비를 통한 수익은 제작사와 투자사의 배분합계에서 따로 계산해야 합니다.

영화 손익분기점 계산을 위한 제작비와 누적매출 (1)

'히말라야' & '나를 잊지 말아요' 관객 수와 매출액

손익분기점 계산을 위해 비슷한 시기에 극장에 개봉했던 두 작품을 비교해 보겠습니다. 일단 2016년 1월 29일 기준 '히말라야'의 누적관객은 7,579,149명이었습니다. 그리고 누적매출은 59,653,574,315원입니다. 반면 '나를 잊지 말아요'는 누적관객은 423,658명, 누적매출은 3,394,526,000원입니다. 영화의 총제작비는 영화를 만드는 비용인 '순제작비'와 'P&A비용'을 합한 금액입니다. '히말라야' 제작사인 'JK필름'에서 발표한 순제작비는 100억 원이고, '나를 잊지 말아요'의 제작사가 발표한 순제작비는 29억 원입니다. 여기다 P&A비용을 합산해 총제작비를 알아보겠습니다. P&A는 'Print & Advertising'을 뜻합니다. 즉 필름을 찍어내는 금액과 홍보 마케팅 비용을 말합니다. 영화필름을 찍어내는 비용이 한 벌에 약 200~250만 원 정도인데, 상영관이 500개면 약 10억 원 이상의 금액이죠. '히말라야'와 '나를 잊지 말아요'는 개봉 당시 약 500~700개 정도의 상영관을 확보했었으니 총제작비가 얼추 확인이 됩니다(최근 디지털 압축방식으로 필름 자체를 사용하지 않고 촬영한 영화도 많습니다).

영화 손익분기점 계산을 위한 제작비와 누적매출 (2)

'암살' & '대호' 관객 수와 매출액

두 영화 모두 대작입니다. '암살'은 180억 원, '대호'는 170억 원이 투입된 엄청난 블록버스터입니다. 하지만 두 영화의 희비는 크게 엇갈렸었습니다. '암살'이 누적매출 98,463,132,781원, 누적관객 12,705,700명인 반면, '대호'는 13,483,299,632원, 누적관객 1,761,337명이라는 초라한 흥행성적을 거둡니다.

'히말라야' 손익분기점은 약 395만 명, '나를 잊지 말아요' 손익분기점은 약 124만 명 정도가 됩니다. 위의 표에서 보듯 어떤 영화의 투자는 관객의 관심도와 호응 정도를 정확히 예측하기 어려워 '고위험 & 고수익군' 투자라고 합니다(High Risk & High Return). 그래서 요즘 개봉하는 영화 중에 100억 원 이상의 제작비가 투입된 작품의 손익분기점은 대략 350만 명쯤으로 보면 될 듯합니다.

영화 손익분기점 한눈에 보기

구분	분배율	장당가격	히말라야	나를잊지말아요	암 살	대 호
부가가치세	10.00%	787	5,965,357,432	339,452,600	9,846,313,278	1,348,329,963
영화발전기금	3.00%	236	1,789,607,229	101,835,780	2,953,893,983	404,498,989
극장수익	43.50%	3,423	25,949,304,827	1,476,618,810	42,831,462,760	5,865,235,340
배급수수료	4.35%	342	2,594,930,483	147,661,881	4,283,146,276	586,523,534
제작사배분	15.66%	1,232	9,341,749,738	531,582,772	15,419,326,594	2,111,484,722
투자사배분	23.49%	1,849	14,012,624,607	797,374,157	23,128,989,890	3,167,227,084
제작사 & 투자사 총배분	39.15%		23,354,374,344	1,328,956,929	38,548,316,484	5,278,711,806
제작사 & 투자사 순이익 (투자배분 - 제작비)			11,354,374,344	-2,571,043,071	20,548,316,484	-11,721,288,194
총 누적매출 (원)			59,653,574,315	3,394,526,000	98,463,132,781	13,483,299,632
일인당 평균 금액 (원)			7,755	8,012	7,750	7,655
총 제작비용 (원)			12,000,000,000	3,900,000,000	18,000,000,000	17,000,000,000
총 누적관객 (명)			7,691,992	423,658	12,705,700	1,761,337
손익분기점 (명)			3,952,318	1,243,280	5,932,882	5,672,355
기준 이월 관객 수			3,739,674	-819,622	6,772,818	-3,911,018

Illustrator : Dr.Leepark, owner : Polite Bear, http://goodnine.tistory.com

(P&A 비용 메인투자사 선공제 약 20억 원, 배우 러닝캐런티 별로)

Illustrator : Dr.Leepark, owner : Polite Bear, http://goodnine.tistory.com

총 제작비는 제작사 발표, P&A 비용 및 산정 기준은 일반적인 비율이므로 실재 금액과 차이가 있음.

손익분기점 : 이해를 돕기 위한 일반적이면 개략적인 계산이므로 실재 금액과 차이가 있을 수 있음.

출처: https://goodnine.tistory.com/268

엑셀 이야기 + 10장

기업이 직면한 의사결정 상황에 따라 적용되는 원가의 개념도 다릅니다. 기업의 최고 목표가 이익이라고 할 때, 사업을 하고 있거나 혹은 처음 시작하려는 사람들에게 장기적인 기업전략을 수립하는데 원가회계정보를 이용한 의사결정은 도움이 될 것입니다.

[그림 10-8]은 [예제 10-1]을 엑셀프로그램에 기록한 것입니다. 제조간접원가에 포함된 고정원가 때문에 10단위 생산할 경우 단위당 원가는 D15셀인 21,000원이지만, 생산량이 20단위로 증가하였을 때 G15셀인 19,500으로 산출된다는 것에 대한 계산식을 정리한 것입니다. 이탤릭체로 표현된 것이 계산식입니다.

그림 10-8 **[예제 10-1] 단위당 원가계산**

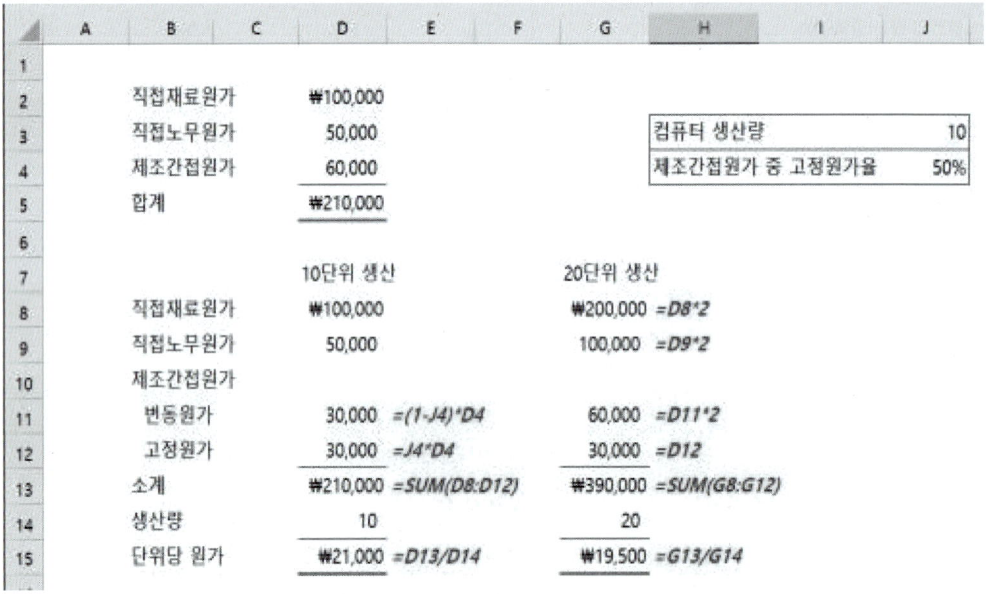

	A	B	C	D	E	F	G	H	I	J
1										
2		직접재료원가		₩100,000						
3		직접노무원가		50,000				컴퓨터 생산량		10
4		제조간접원가		60,000				제조간접원가 중 고정원가율		50%
5		합계		₩210,000						
6										
7				10단위 생산			20단위 생산			
8		직접재료원가		₩100,000			₩200,000	*=D8*2*		
9		직접노무원가		50,000			100,000	*=D9*2*		
10		제조간접원가								
11		변동원가		30,000	*=(1-J4)*D4*		60,000	*=D11*2*		
12		고정원가		30,000	*=J4*D4*		30,000	*=D12*		
13		소계		₩210,000	*=SUM(D8:D12)*		₩390,000	*=SUM(G8:G12)*		
14		생산량		10			20			
15		단위당 원가		₩21,000	*=D13/D14*		₩19,500	*=G13/G14*		

[그림 10-9]는 [예제 10-2]를 엑셀프로그램에 기록한 것입니다. 생산량 차이에 기인한 당기제품제조원가와 기말제품재고액 차이로 매출액이 동일함에도 불구하고 생산량이 높은 경우 이익이 더 높아진다는 것에 대한 계산식을 정리한 것입니다. 화살표로 정리된 계산식을 볼 때 [그림 10-8]에 있는 값을 참고하면서 보면 됩니다.

그림 10-9 [예제 10-2] 계산식

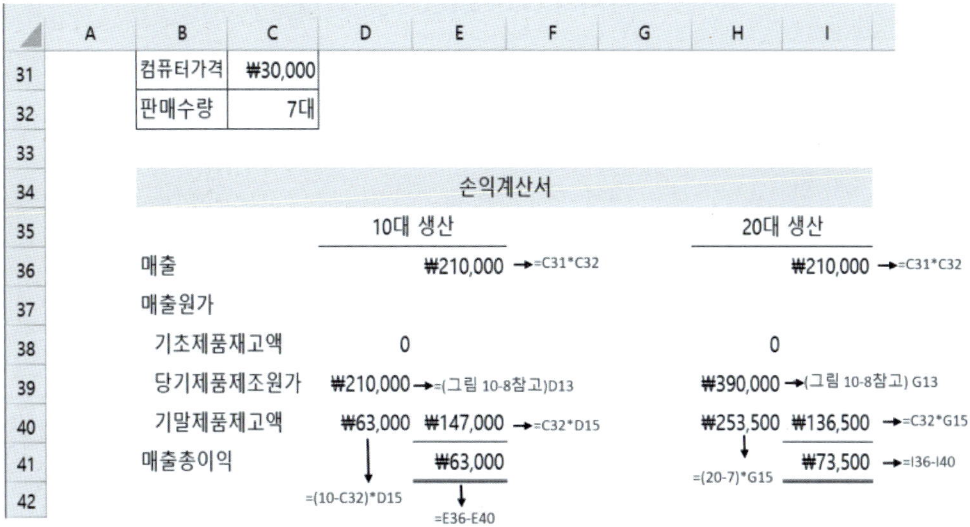

❶ 양식 컨트롤

[그림 10-8], [예제 10-1], [그림 10-9], [예제 10-2]를 통해 변동원가와 고정원가 그리고 생산량과 이익의 관계를 알았습니다.

그런데 매번 몇 단위 생산을 하면 원가는 얼마나 되고 매출총이익은 얼마가 된다는 것을 확인하기 위해 일일이 생산량을 입력하고, 판매량을 입력하는 등 번거롭습니다. 엑셀프로그램의 기능을 활용하여 자동화를 해봅시다.

우선 [예제 10-1], [예제 10-2]를 [그림 10-10]와 같이 엑셀프로그램에 정리를 해봅시다.

[그림 10-10]의 D45:D53은 [그림 10-8] 고정원가율과 컴퓨터 생산량을 활용하여 컴퓨터 1단위 생산할 경우 변동원가와 고정원가로 구분하여 정리한 것입니다.

그림 10-10 **변동원가와 고정원가 구분 정리**

	A	B	C	D	E	F
44						
45		컴퓨터 생산량		1		
46		컴퓨터 판매량		7		
47		컴퓨터 판매가격		30,000		
48		제조간접원가 중 고정원가율		50%	=J4	
49		직접재료원가		10,000	=D2/J3	
50		직접노무원가		5,000	=D3/J3	
51		제조간접원가				
52		변동원가		3,000	=((1-J4)*D4)/J3	
53		고정원가		30,000	=D4*J4	
54						

양식 컨트롤이라고 하는 것이 있습니다. 무엇을 이야기하는지 일단 엑셀프로그램에 만들어 놓고 봅시다.

[그림 10-11]처럼 양식 컨트롤은 엑셀 프로그램 메뉴의 개발 도구 탭을 선택하고, 삽입을 누르면 많은 양식 컨트롤 모음이 표시됩니다.

양식 컨트롤 모음에서 점선 네모 박스인 스핀단추를 선택 후 [그림 10-12]처럼 E60셀 안에 그려 넣습니다.

셀 내에 쏙 들어가게 그리려면 Alt키를 누르고 그리면 정확한 셀의 크기에 맞게 그려집니다. 크기를 맞추려고 쩔쩔맬 필요 없습니다.

그림 10-11 **엑셀프로그램 컨트롤 메뉴**

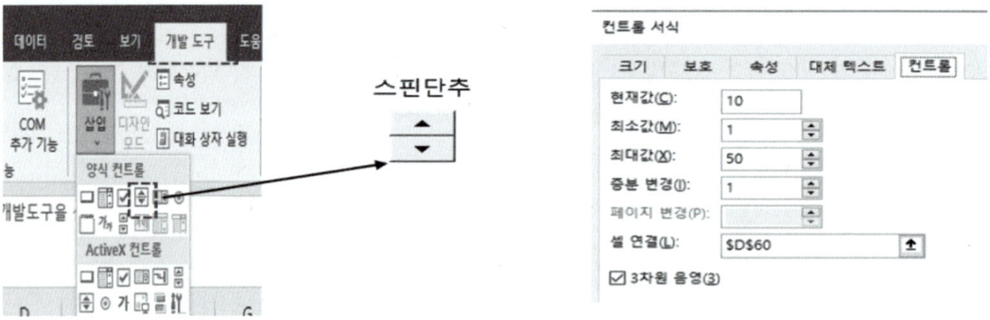

[그림 10-11] 양식 컨트롤(스핀단추)을 마우스로 선택 후 오른쪽 메뉴에서 [컨트롤 서식] 메뉴를 클릭합니다.

컨트롤 서식 대화상자에서 최소값은 1, 최대값은 50으로 하고 증분변경은 화살표를 클릭할 때마다 이동값을 1로 합니다.

중요한 것은 셀연결입니다. 이것은 컨트롤을 클릭할 때마다 발생하는 값을 어느 셀에 표현하겠느냐는 것입니다.

이것을 D60셀을 마우스로 선택하면 자동 입력됩니다.

그림 10-12 **엑셀프로그램 스핀단추**

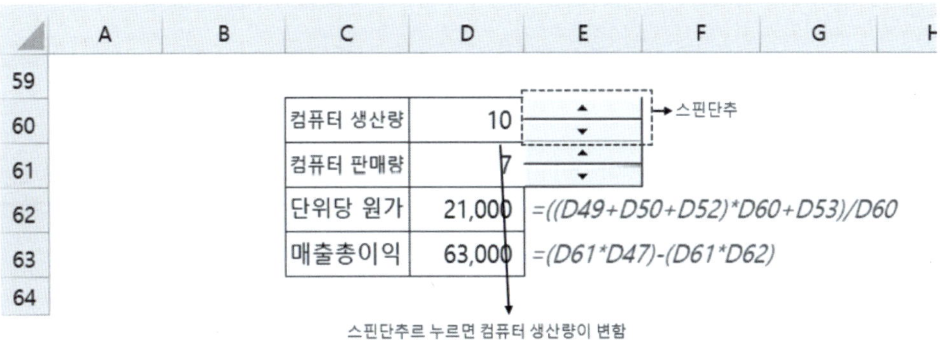

[그림 10-12] 점선 박스에 있는 스핀단추가 셀의 크기에 맞게 잘 입력되었습니다.

컴퓨터 생산량 옆에 있는 스핀단추를 누르면 컴퓨터 생산량 D60값이 1단위로 변하고, 컴퓨터 판매량 옆에 있는 스핀단추를 누르면 컴퓨터 판매량 D61값이 1단위로 변하는 것을 확인할 수 있습니다.

컴퓨터 생산량과 판매량 변화에 따른 단위당 원가와 매출총이익도 변합니다.

양식 컨트롤 사용을 하여 사용자의 정보를 간단히 마우스로만 클릭을 하여 전달하여 주는 것이 편리한 것이고, 그래서 양식 컨트롤이 만들어졌고 사용을 하는 것입니다.

이렇게 컴퓨터 생산량에 따라서 단위당 원가를 발생하고 싶을 때, 여러분들이 계획대로 세팅하면 됩니다. 그리고 양식 컨트롤을 클릭하면 연결된 셀(D62)에서 컨트롤에서 발생하는 숫자를 받고 있는 것을 알 수 있습니다.

즉 컴퓨터 생산량 옆에 있는 컨트롤을 클릭할 때마다 연결된 셀(단위당 원가 =((D49+D50+D52)*D60+D53)/D60에 떨어지는 값을 연결하여 처리하면 됩니다.

컨트롤이 없다면 일일이 사용자가 자판으로 입력을 해야 합니다. 여러분이 어떤 프로그램을 만들 때는 이렇게 양식 컨트롤들을 최대한 활용을 하여 만드는 것이 좋은 것이고, 그러려면 컨트롤을 충분히 이해를 하여야 하는 것이 당연합니다.

❷ 양식 컨트롤: 스핀단추와 DATE함수

스핀단추는 연결셀이 필요하고, 어느 숫자와 어느 숫자의 사이를 나타낼 것인가의 설정이 필요한 것입니다.

예를 들어 [그림 10-13]과 같이 응용을 할 수 있습니다.

그림 10-13 **엑셀프로그램 양식 컨트롤 활용 예시**

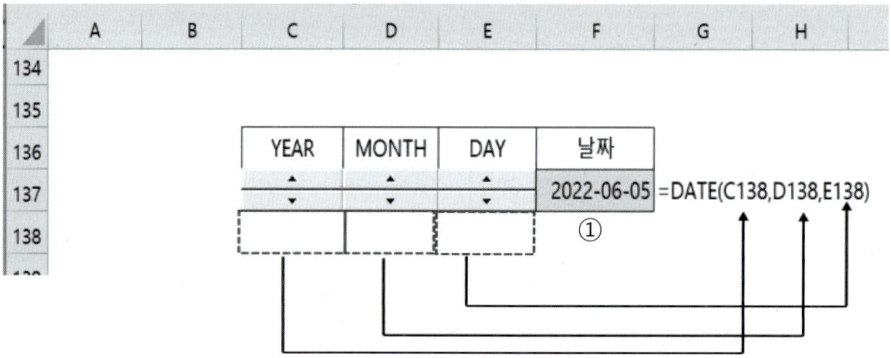

DATA함수가 있습니다. 날짜를 만드는 함수입니다. DATE함수는 3가지의 변수를 받습니다. YEAR, MONTH, DAY입니다.

[그림 10-13]은 양식 컨트롤 스핀단추를 활용하여 이 3가지의 변수를 적용한 것입니다.

날짜인 F137셀(①)값은 =DATE(C138,D138,E138)로 날짜가 입력됩니다. 3가지 변수인 연도, 월, 일자는 C138, D138, E138인데 글자색을 하얀색으로 처리하여 눈에 보이지 않게 만들었습니다.

원하는 날짜를 스핀단추를 통해 자유롭게 세팅할 수 있고, 입력 오류도 방지하였습니다.

❸ 양식 컨트롤 활용 손익분기점 수량계산

새로운 사업을 시작하려면 수많은 의사결정 상황에 놓입니다. 그중에서도 가장 중요한 것은 지금 하려는 사업에서 이익을 얻을 수 있을까라는 점일 것입니다.

이 때문에 새로운 사업을 시작할 때는 몇 개의 상품을 팔아야 이익을 얻을 수 있는지를 분석해 보아야 합니다.

매출액과 비용이 같아지는 지점의 판매량을 손익분기점(Break-Even Point: BEP) 수량이란 것을 배웠습니다. BEP 개념은 사업계획서 작성 시 유용한 기법입니다.

[그림 10-14]는 [예제 10-3]을 이용하여 BEP 손익계산서를 작성해 봄으로써 알 수 있습니다.

그림 10-14 [예제 10-3] 손익분기점 수량계산

① 기초자료

	A	B	C	D	E
146			약초피자 단위당 가격		₩10,000
147			약초피자 단위당 직접재료원가		3,000
148			약초피자 단위당 음료서비스		600(1병)
149			피자가게		500,000
150			점포세(월)		100,000
151			종업원 고정급료(월)		500,000
152					

	A	B	C	D
59	③	판매량	1	

	A	B	C	D	E	F	G	H
155								
156			② 손이계산서					
157			직접재료원가		3,000	매출		10,000
158			음료서비스		600			
159			피자가게		500,000			
160			점포세(월)		100,000			
161			종업원 고정급료(월)		500,000			
162					1,103,600			10,000
163								

몇 단위를 팔아야 최소한 손해를 보지 않을까? [그림 10-14]는 ① 기초자료를 바탕으로 약초피자 1개를 생산하고 1개를 팔 경우의 ② 손익계산서입니다. ① 기초자료 중 직접재료원가와 음료서비스는 변동원가이고 손익분기점 판매량은 매출이 원가를 막 지나는 시점입니다. ③ 판매량을 1개에서 계속 증가시키면서 손익계산서상의 매출과 원가의 변동을 확인할 수 있습니다.

손익분기점 판매량=총고정원가/단위당 판매단가-단위당 변동원가)이고, 이를 적용하여 스핀단추를 눌러 확인하면 손익분기점 판매량이 172개임을 확인할 수 있습니다.

/ 주요 용어정리 /

- **매출총이익률**: 매출로부터 얼마만큼의 이익을 얻느냐를 나타내는 재무비율
- **투자수익률**: 기업의 순이익을 투자액으로 나누어 산출하는 비율로서 경영성과의 측정기준 비율 중 하나
- **균형성과표**: 기업의 비전과 전략을 조직 내외부의 핵심성과지표로 재구성하여 전체 조직이 목표달성을 위한 활동에 집중하도록 하는 전략경영시스템
- **공헌이익**: 손익분기점을 산출하는 방법 중 하나로 수익에서 변동원가를 차감하여 계산
- **공헌손익계산서**: 공헌이익에서 고정원가를 차감하여 순이익을 산출한 손익계산서
- **손익분기점**: 일정 기간 수익과 비용이 같아서 이익도 손실도 생기지 않는 경우의 매출액

CHAPTER

11

알아두면 쓸모 있는 세무상식은 무엇일까?

1. 세금에 대한 일반상식
2. 직장인의 세금상식
3. 상속 · 증여에 대한 세금상식
4. 창업할 때의 세금상식
5. 재테크 세금상식

CHAPTER 11

알아두면 쓸모 있는 세무상식은 무엇일까?

1 세금에 대한 일반상식

1.1 우리가 내는 세금

우리는 일상생활을 하면서 알게 모르게 많은 세금을 내고 있다. 사업을 해서 돈을 벌었으면 소득세를 내야 하고 번 돈을 가지고 부동산이나 자동차를 사면 취득세를 내야 하며, 집이나 자동차 등을 가지고 있으면 재산세, 종합부동산세, 자동차세 등을 내야 한다. 뿐만 아니라 부동산을 팔면 양도소득세를 내야 하고, 자식에게 증여를 하면 증여세를, 부모가 사망하여 재산을 물려받으면 상속세를 내야 한다.

이런 세금은 그래도 알고 내는 세금이지만 우리가 알지 못하는 사이에 내는 세금도 한두 가지가 아니다. 물건을 사거나 음식을 먹으면 그 값에 부가가치세가 포함되어 있고, 귀금속을 사면 특별소비세가, 술값에는 주세가, 담뱃값에는 담배소비세가 포함되어 있다. 어디 그뿐인가? 계약서를 작성하면 인지세, 면허를 가지고 있으면 등록면허세를 내야 하는 등등... 우리의 일상생활 속에서 세금문제는 피할 수가 없다. 소득과 재산이 있거나 거래가 이루어지는 곳에는 항상 세금이 따라 다니기 때문이다.

그림 11-1 과세대상에 따른 세금의 분류

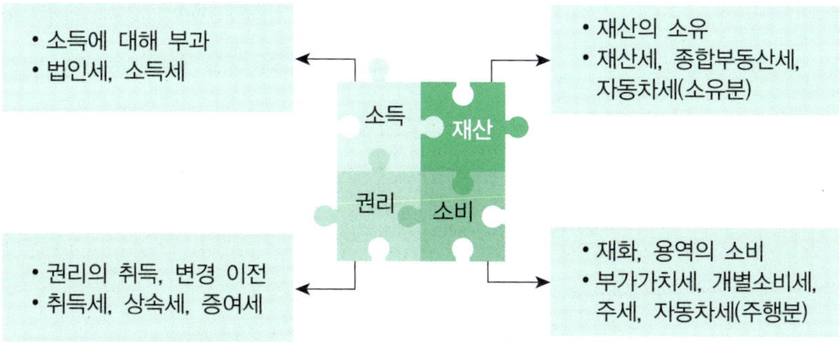

세금은 국가나 지방자치단체가 그 재정수요에 충당하기 위하여 개별적인 보상 없이 국민으로부터 강제적으로 징수하는 것이다. 우리는 세금에 대하여 무관심하거나 피하려고 하지 말고 내가 내야 하는 세금에는 어떤 것이 있으며, 나는 그 세금을 적정하게 내고 있는지 또는 절세할 부분은 없는지 등에 대한 관심을 가지는 것이 필요하다. 그래야 우리가 세금과 관련된 어떤 의사결정을 하더라도 나중에 후회하는 일이 없을 것이다.

1.2 알아두면 유용한 세금 용어

[표 11-1]은 우리나라 조세의 분류체계를 나타낸다. 세금은 분류기준에 따라 다양하게 구분되는데 세금을 걷고, 귀속되는 주체인 징수권자에 따라 구분해 보면 크게 국세와 지방세로 구분할 수 있다. 국세는 국가가 징수하는 조세이며, 지방세는 지방자치단체(특별시, 광역시, 도, 시·군·구 등)가 징수한다. 또한 국세는 내국세와 관세로 구분되는데 내국세는 국내에서 부과되는 세금이며, 관세는 물품을 외국으로부터 수입할 때 부과되는 세금이다.

조세는 전가유무에 따라 직접세와 간접세로 구분되는데, 법률상 납세자와 부담자인 담세자가 일치하는 경우 직접세라 하며 다른 경우를 간접세라 한다. 세금의 대부분이 납세자와 담세자가 동일한 직접세에 해당한다. 간접세의 가장 대표적인 예로는 재화 및 용역의 소비행위를 하는 경우의 부가가치세이다. 부가가치세는 매출액의 10%가 부과된다. 예를 들어, 소비자가 지불하는 식사대가 총 5만 원이라면 이 중 100/110에 해당하는 부분인 45,455원은 순수한 음식값으로 식당 사장의 매출이고, 매출액의 10%인 4,545원은 식당 사장이 소비자에게 부가가치세를 받아 관할세무서에 납부하는 것이다. 여기서 납세의무자는 식당 사장이 될 것이고, 담세자는 바로 소비자이다.

또한 부가(附加)세는 다른 조세에 붙여서 부과되는 조세이며 조세의 사용목적에 따라 보통세와 목적세로 구분된다. 보통세는 국가 혹은 지방자치단체의 일반적인 재정수요를 충족시키기 위해 부과징수하는 세금을 말하며, 목적세는 조세수입의 용도를 특별히 정한 목적달성을 위하여 부과징수하는 것이다.

[표 11-1] **조세의 분류체계**

			세목
국세	내국세	직접세	법인세, 소득세, 상속세 및 증여세, 종합부동산세
		간접세	부가가치세, 개별소비세, 주세, 교통・에너지・환경세, 인지세, 증권거래세
		부가세	교육세, 농어촌특별세
	관세		관세(국경을 통과하여 수입되는 물품에 부과되는 세금)
지방세	도세	보통세	취득세, 레저세, 등록면허세
		목적세	지역자원시설세, 지방교육세
	시・군세	보통세	지방소득세, 재산세, 자동차세, 농업소득세, 담배소비세
		목적세	도시계획세, 사업소세

세금과 관련된 용어를 ① 누가 ② 언제 ③ 어떻게 ④ 어디에 ⑤ 얼마를 납부하는가로 나누어 보면 '① 누가'에 해당하는 용어가 '납세의무자'이다. 납세의무자란 세법에 따라 세금을 납부할 의무가 있는 자를 말하며 법률상의 의무자로서, 담세자와는 다르다. '② 언제'에 해당하는 것이 '납부기한'이다. 즉 언제까지 세금을 납부해야 하느냐에 해당한다. '③ 어떻게'는 '과세방법'을 의미하는 것으로 자진신고납부와 정부부과방법으로 나눌 수 있다. 자진신고납부방법이란 납세의무자가 신고납부기한 내에 과세관청에 자진신고・납부하는

것이고, 정부부과는 과세관청의 부과에 의해서 세금납부하는 것을 의미한다. '④ 어디에'는 '납세지 관할세무서'를 의미하며 '⑤ 얼마를'은 과세표준에서 세율을 곱한 '산출세액'이라는 용어로 쓴다.

모든 세금(산출세액)은 과세표준에 세율을 곱하여 계산된다. 여기서 과세표준은 세금 산출의 기초가 되는 과세물건의 수량 또는 금액을 말하며, 세율은 과세표준에 대한 세액의 비율을 말한다. 세율은 누진세율과 비례세율이 있는데 비례세율은 과세표준의 크기와 관계없이 세율이 일정하게 고정된 세율을 말하며, 누진세율은 과세표준의 크기가 증가함에 따라서 세율도 증가한다. 따라서 소득, 즉 과세표준의 크기에 따라서 비례세율보다 누진세율의 세부담은 증가하게 된다.

1.3 절세와 탈세는 어떻게 다른가?

세금은 징수당하는 국민의 입장에서 보면 가능한 한 세금을 적게 내거나 줄여서 내고 싶은 것이 솔직한 심정일 것이다. 그렇다고 무조건 적게 낼 수는 없는 노릇이다. 왜냐하면 국민으로서 마땅히 지켜야 할 법을 위반하게 될 수도 있기 때문이다. 절세와 탈세는 모두 납세자가 자기의 세금부담을 줄이고자 하는 목적에서 행해진다는 점에서 같다고 할 수 있다. 그러나 그 방법이 세법이 허용하는 범위 내에 있을 때는 절세라고 할 수 있으나, 사기 기타 부정한 방법으로 세금부담을 줄이는 것은 탈세로서 「조세범처벌법」에 의하여 처벌을 받게 된다.

절세(tax saving)란 세법이 인정하는 범위 내에서 합법적으로 세금을 줄이는 행위를 말한다. 절세에 특별한 비결이 있는 것은 아니며, 세법을 충분히 이해하고 법테두리 안에서 세금을 줄일 수 있는 가장 유리한 방법을 찾는 것이 절세의 지름길이다. 사업과 관련된 세금을 절세하려면 첫째, 평소 증빙자료를 철저히 수집하고 장부정리를 꼼꼼하게 하여 납부하지 않아도 될 세금은 최대한 내지 않도록 한다. 둘째, 세법에서 인정하고 있는 각종 소득공제, 세액공제, 준비금, 충당금 등의 조세지원제도를 충분히 활용한다. 셋째, 세법이 정하고 있는 각종 의무사항을 성실히 이행함으로써 부가가치세 매입세액불공제나 가산세 등의 불이익 처분을 받지 않도록 하여야 한다.

탈세(tax evasion)란 고의로 사실을 왜곡하는 등의 불법적인 방법을 동원해서 세금부담을 줄이는 행위를 말한다. 탈세의 유형은 여러 가지가 있으나 대표적인 것을 살펴보면 수입금액 누락, 실물거래가 없는데도 비용을 지출한 것으로 처리하는 가공경비계상, 실제보다 비용을 부풀려 처리하는 비용의 과대계상, 허위계약서 작성, 명의위장, 공문서위조 등이 있다. 탈세는 국가재정을 축내는 행위이기도 하지만, 더 중요한 것은 탈세한 세금은 결국 다른 사람이 부담해야 하기 때문에, 성실한 납세자가 피해를 볼 수도 있다는 점이다. 신용카드의 사용, 입장권 전산발매시스템 등의 제도는 과세근거를 자동 포착하여 탈세를 예방할 수 있는 제도이다.

이와 유사한 개념으로 조세회피가 있는데, 조세회피(tax avoidance)란 세법이 예상하는 거래형식을 따르지 아니하고 우회행위 등 이상한 거래형식을 취하여 통상의 거래형식을 취한 경우와 동일한 효과를 거두면서 세금부담을 줄이는 것을 말한다. 조세회피는 사회적 비난의 대상은 될 수 있으나 세법상 처벌대상이 되지는 아니한다. 전환사채를 이용하여 사실상 주식을 증여하는 행위 또는 비상장 주식을 증여한 후에 상장하여 시세차익을 얻게 하는 행위 등이 이에 속한다. 절세가 합법적인 조세절약행위라고 한다면 조세회피는 합법적인 탈세라고 할 수 있다.

1.4 세금을 제때 못 내면 어떤 불이익을 받게 되나?

세금은 내야 하는 기한이 정해져 있는데, 이를 납부기한이라 한다. 납부기한 내에 세금을 내지 못하면 재제조치를 받게 된다. 신고납부하는 모든 세목에는 납부기한이 지나도록 세금을 신고하지 않거나 신고하여야 할 세금보다 적게 신고하고 납부한 경우에는 무신고(과소신고)가산세와 납부지연가산세를 추가로 내야 한다. 만일, 법인사업자가 매출액 1억 원을 세금신고 시 누락하여 3년(1,000일)후에 세무조사 시 적발당하였다면, 매출누락에 대한 부가가치세, 법인세와 소득세에 대한 미납분뿐만 아니라 가산세가 부과되어 최대 1.05억 원의 세금과 가산세를 추징당할 수 있다. 즉 누락된 매출누락보다 많은 세금을 납부할 수도 있으니 유의하여야 한다. 가산세는 세법마다 다른 종류가 다양하게 있으니 개별세법마다 고려하여야 한다.

[표 11-2] 매출 1억원 누락 시 가산세 예시

	세목	산출근거	금액
부가가치세	부가가치세	100,000,000×10%	10,000,000
	부당과소신고가산세	10,000,000×40%	4,000,000
	납부지연가산세	10,000,000×2.2/10,000×1,000일	2,200,000
법인세	법인세	100,000,000×20%	20,000,000
	부당과소신고가산세	20,000,000×40%	8,000,000
	납부지연가산세	20,000,000×2.2/10,000×1,000일	4,400,000
소득세	소득세	100,000,000×35%	35,000,000
	신고불성실가산세	35,000,000×40%	14,000,000
	납부지연가산세	35,000,000×2.2/10,000×1,000일	7,700,000
계			105,300,000

주) 법인세 한계세율 20% 가정, 개인 소득세 한계세율 40% 가정, 지방세 제외

만약 세금을 체납하게 되면 세무서에서는 체납세액을 징수하기 위하여 체납자의 재산을 압류하며 그래도 계속하여 세금을 내지 않으면 압류한 재산을 매각하여 그 대금으로 체납세금을 충당한다.

또한 세금을 체납하면 행정적인 규제가 따르게 되는데, 첫째, 허가사업의 제한이 따른다. 허가, 인가, 면허 등을 받아 사업을 경영하는 자가 국세를 3회 이상 체납하는 때에는 사업정지, 허가의 취소 등의 불이익을 받는다. 둘째, 국세를 체납한 경우는 출국금지 또는 여권발급의 제한이 있을 수 있다. 셋째, 신용정보기관(은행연합회)에 신용불량자로 등록된다. 넷째, 고액상습체납자는 그 명단이 공개된다.

1.5 억울한 세금! 어떻게 구제받을 수 있나?

사업을 하다 보면 세금과 관련하여 부당한 처분을 받거나 필요한 처분을 받지 못하여 억울하다고 생각되는 경우가 있을 수 있다. 이런 경우에는 다음과 같은 제도를 이용하여 불복을 청구함으로써 침해된 권리를 구제받을 수 있다.

먼저, 행정적인 권리구제제도에는 납세자보호담당관제도와 과세전 적부심사제도 등이 있다. 납세자보호담당관제도는 세무관서에 설치되어 있는데, 세금과 관련된 모든 고충을 납세자의 편에 서서 적극적으로 처리해 줌으로써 납세자의 권익을 실질적으로 보호하기 위해 도입한 제도이다. 납세자는 국세청에서 담당하는 세금과 관련된 애로 및 불편사항에 대하여 고충을 청구할 수 있다. 고충청구는 기한이나 형식에 제한이 없으며, 접수된 고충은 납세자 보호담당관이 성심껏 처리해 주고 있다.

과세전 적부심사제도는 세무조사 후 과세할 내용을 미리 납세자에게 알려준 뒤, 납세자가 이의가 있을 때 관할 세무서에 심사를 청구하도록 하는 제도이다. 납세자는 세무조사 결정 전 통지를 받은 날로부터 20일 이내에 세무서장 혹은 지방국세청장에게 청구서를 제출하고, 세무서장 등은 30일 이내에 결정한 후 납세자에게 통보하게 된다.

그림 11-2 **국세불복절차에 의한 권리구제제도**

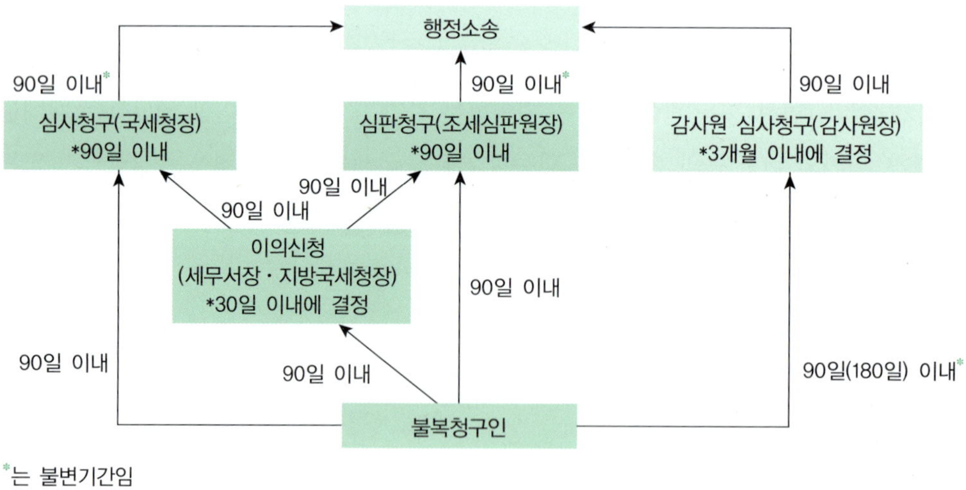

행정적 제도로 권리구제가 안 되면 법에 의한 권리구제제도를 이용할 수 있다. [그림 11-2]를 보면 법에 의한 권리구제절차를 밟고자 하는 경우에는 1단계로 심사청구, 심판청구, 감사원 심사청구 중 하나의 방법을 선택하여 청구할 수 있으며, 1단계에서 구제를 받지 못한 경우에는 2단계로 법원에 행정소송을 제기할 수 있다. 또한 심사청구나 심판청구 전에 이의신청을 제기할 수도 있다.

2 직장인의 세금상식

2.1 소득세란 무엇일까?

소득세는 개인이 얻은 소득에 대하여 그 개인에게 부과되는 조세이다. 소득세는 신고납부하는 세목이고, 조세수입이 중앙정부에 귀속되는 국세이며, 조세수입의 목적이 특정되지 않는 보통세이다. 또한 세금을 신고납부하는 납세의무자와 세금을 부담하는 담세자가 일치하여 직접세에 해당한다.

소득세는 국내에 주소를 둔 개인이 1월 1일부터 12월 31일까지의 기간 동안 발생한 소득에 대해 다음해 5월에 신고납부하여 과세한다. 우리나라 「소득세법」은 원칙적으로 개인을 단위로 과세하며 부부 또는 가족의 소득을 합산하여 과세하지 않는다. 또한 소득세는 생활하는 개인에게 과세되는 것이므로 부담능력에 따른 과세와 소득재분배기능이 매우 강조되고 있다. 즉 현행 소득세법은 원칙적으로 6~45%의 누진세율을 채택하고 있으며, 부양가족 등의 사정을 고려하여 소득공제방식의 인적공제제도를 두고 있다. 또한 소득의 크기가 같더라도 그 종류에 따라 담세력이 다르기 때문에 소득종류별로 차별적인 취급을 하고 있다.

소득이란 개인이 얻은 수익에서 비용을 차감한 후의 이익(차액)을 의미하며 소득세법에서는 수익 대신 총수입금액, 비용 대신 필요경비 및 이익(차액) 대신 소득이라는 용어를 사용하며 개인이 얻은 8가지의 소득(① 이자소득 ② 배당소득 ③ 사업소득 ④ 근로소득 ⑤ 연금소득 ⑥ 기타소득 ⑦ 퇴직소득 ⑧ 양도소득)에 대해서 과세하고 있다. 또한 소득별로 총수입금액과 필요경비의 범위를 정하고 있는데, 이자소득과 배당소득은 소득을 얻기 위하여 지출하는 필요경비를 인정하지 않으며, 근로소득과 연금소득은 소득의 일정 부분을 필요경비로 인정하는 소득공제를 활용하고 있다.

[표 11-3] 소득세 소득금액의 계산구조

소득	총수입금액	필요경비	소득금액	과세방법
이자소득	총수입금액	미인정	이자소득금액	종합소득금액
배당소득	총수입금액	미인정	배당소득금액	
사업소득	총수입금액	(−)필요경비	사업소득금액	
근로소득	총수입금액	(−)근로소득공제	근로소득금액	
연금소득	총수입금액	(−)연금소득공제	연금소득금액	
기타소득	총수입금액	(−)필요경비	기타소득금액	
퇴직소득	총수입금액	미인정	퇴직소득금액	퇴직소득금액
양도소득	총수입금액	(−)필요경비	양도소득금액	양도소득금액

또한 이들 소득을 종합과세, 분류과세, 분리과세의 3가지 방법으로 과세하고 있다. 먼저, 소득세는 다양한 유형의 소득이 발생하지만 개인이 일일이 신고하는 것은 번거롭기 때문에 한 해 동안 발생한 서로 다른 유형의 소득을 합하여 다음해 5월에 신고납부하는데 이를 종합과세라고 한다. 이자·배당·사업·근로·연금·기타소득을 일정한 기간을 단위로 합산하여 종합과세한다. 또한 개인의 소득 중 매년 발생하는 것이 아닌 가끔 발생하는 퇴직소득과 양도소득은 다른 소득과 합산하지 않고 별도로 과세하는데 이를 '분류과세'라고 한다. 마지막으로 소득을 합산하지 않고 그 소득이 지급될 때 소득세를 원천징수함으로써 과세를 종결하는 분리과세가 있는데 이는 주로 소득이 크지 않을 때 다음연도에 납세자가 별도로 신고납부(종합과세)하는 번거로움을 덜어주기 위해 도입된 제도라고 할 수 있다.

2.2 들어는 봤나, 원천징수?

만일 아르바이트를 하여 하루 10만 원을 벌었다면 여기서 세금 3.3%인 3,300원을 차감하여 지급받게 된다. 아르바이트비를 지급하는 사장은 세금 3,300원을 세무서에 신고하고 납부해야 하는 의무가 있지만 소득을 지급받는 아르바이트생은 세금에 대해 별도의 신고납부를 할 필요가 없다. 이렇게 소득을 지급하는 자가 지급받는 자의 세금을 징수하여 정부에 납부하는 제도가 원천징수이다. 즉 소득을 지급하는 자는 그 소득에 대한 원천징수세액을 차감한 잔액만을 지급하고 원천징수된 세금은 정부에 납부하는 것이다.

소득세의 납세의무자는 그 숫자가 대단히 많고, 모든 이들이 개별적으로 신고납부하는 것을 기대하기 어렵다. 따라서 세원의 탈루를 최소화하고 납세편의를 도모하기 위하여 현행 소득세법은 원천징수제도를 광범위하게 활용하고 있다. 그러면 소득을 지급받는 자는 원천징수를 당한 경우 더 이상 별도로 세금을 신고할 필요가 없이 납세의무가 종결되는데 이것이 바로 분리과세이다. 물론 원천징수되었다고 해서 모두 분리과세되는 것은 아니다. 일정수준 이상의 소득금액이 발생하면 원천징수되었다고 하더라도 종합소득세 신고를 하여야 하고, 이미 원천징수된 부분은 납부할 금액에서 차감하여 세금을 납부한다.

2.3 소득이 많을수록 세금이 많아

개인이 실제 발생된 소득에 대해 종합과세, 분류과세, 분리과세가 되는지 여부는 굉장히 중요하다. 왜냐하면 서로 다른 유형의 소득이 합산되면 전체 소득의 규모가 커져서 높은 세율이 적용되어 그만큼 납부해야 할 세금이 증가하기 때문이다. [표 11-4]는 2022년 기준 종합소득세율표를 나타낸다. 종합소득세율은 누진세율을 적용하여 소득구간마다 세율차등을 주기 때문에 소득이 증가할수록 높은 세율을 적용받게 되어 세금이 증가되는 구조이다. 예를 들어, 4,000만 원의 과세표준이 발생했다면, 1,200만 원에 대해서는 6%, 2,800만 원에 대해서는 15%의 세율이 적용되어 세액은 492만 원(72만 원+420만 원)이 된다. 이러한 번거로움을 피하기 위하여 [표 11-4]와 같은 종합소득세율표를 활용한다. 이 표를 활용하면 4,000만 원에 대해 15%를 적용하고, 여기에 108만 원을 공제하면 492만 원이 산출된다. 또한 여기에 지방소득세가 가산된다.

[표 11-4] 2022년 적용 종합소득세율

과세표준	세율	누진공제
1,200만 원 이하	6%	-
1,200만 원~4,600만 원 이하	15%	108만 원
4,600만 원~8,800만 원 이하	24%	522만 원
8,800만 원~1억 5,000만 원 이하	35%	1,490만 원
1억 5,000만 원~3억 원 이하	38%	1,940만 원
3억 원~5억 원 이하	40%	2,540만 원
5억 원~10억 원 이하	42%	3,540만 원
10억 원 초과	45%	6,540만 원

2.4 내 월급 다 어디로 갔나?

우리가 월급이나 연봉을 이야기할 때 세전인지 세후인지를 물어보기도 한다. 왜냐하면 세금과 4대보험요율에 따라 실질적으로 수령하는 금액이 달라지고 급여가 높을수록 4대보험이 높아지므로 이들을 고려하는 것은 매우 중요한 문제이기 때문이다. 세후는 세금과 4대보험을 공제한 후의 금액을 말하고 세전은 이들을 공제하기 전의 금액을 말한다.

먼저 급여를 받게 되면 소득세, 국민연금보험료, 건강보험료, 장기요양보험료, 고용보험료를 차감하게 되는데 근로자와 사업주가 부담하는 2022년 기준 4대보험요율은 [표 11-5]와 같다.

예를 들어, 월급이 300만 원인 근로자라면 국민연금 4.5%인 135,000원, 건강보험료 3.495%인 104,850원, 장기요양보험료는 건강보험료의 12.27%인 12,860원, 고용보험료는 0.9%인 24,000원을 부담하며 월 84,850원을 소득세로 원천징수하게 된다.[1] 따라서 사

1) 소득세법이 시행령이 정하는 '근로소득간이세액표'에 따라 소득세를 원천징수하는데 월급여 300만원의 근로소득자에 대해 본인 포함 공제대상 가족 수가 한 명이라고 가정하였다.

[표 11-5] 4대보험요율(2022년 기준)

	보험요율	근로자	사업주
국민연금보험료	9%	4.5%	4.5%
건강보험료	6.99%	3.495%	3.495%
장기요양보험료	건강보험료×12.27%	건강보험료×12.27%	건강보험료×12.27%
고용보험료	1.8%	0.9%	0.9%
산재보험료	업종에 따라 최소 0.7%~최대 18.6%	없음	업종에 따라 최소 0.7%~최대 18.6%

업주는 세금과 4대보험료를 합한 364,565원(소득의 약 12%)을 원천징수한 후 2,635,435원을 지급한다. 이렇게 원천징수한 부분은 각각 세무서, 국민연금공단 등의 기관에 납부된다. 물론 사업주 입장에서도 4대보험 사업주부담분과 산재보험료부담금까지 합하면 근로자에게 지급하는 월급 300만 원에 최소 13%는 추가로 지급된다는 것을 알 수 있다.

2.5 연말정산이란 무엇인가?

우리가 회사에서 받는 근로소득에 대해 사업주는 세법에서 정한 간단한 계산식, 즉 '근로소득간이세액표'에 따라 소득세를 원친징수하여 다음달 10일까지 정부에 납부한다. 하지만 근로소득간이세액표는 말 그대로 간이세액이므로 실제 납부해야 할 세액과 정확하게 일치하지는 않는다.

따라서 연말에 근로자가 납부해야 할 정확한 소득세를 계산하여 둘 사이의 금액을 정산해서 원천징수한 세금이 많다면 환급해 주고, 실제 납부해야 할 세액이 더 많다면 추가로 납부해야 한다. 이렇게 정산하는 과정을 연말정산이라 하는데 이는 다음연도 1~2월에 진행하며 3월에 추가납부하거나 환급세액을 지급받는다.

예를 들어, 꿈미래는 20×1년 1월 1일에 취업에 성공하여 올해의 근로소득 총 3,600만 원이 발생하였다. 그동안 매월 4대보험과 소득세를 원천징수한 후의 금액을 지급받았다. 20×2년 2월에 20×1년에 대한 근로소득을 연말정산해 보니 납부해야 할 세액이 80,000원인데 그동안 원천징수한 세금은 총 1,000,000원이라면 최종적으로 920,000원을 환급받게 된다. 2월을 또 하나의 월급월이라고 부르는 이유가 바로 여기 있다. 매달 원천징수해 놓은 세금이 상대적으로 납부해야 할 세금보다 크다면 연말정산 때 환급을 받지만 매달 원천징수한 세금이 납부해야 할 세금보다 작다면 연말정산 때 추가로 납부해야 하는 금액이 증가한다. 이는 소득이 높을수록 납부해야 할 세액도 증가하므로 소득이 높은 경우 원천징수를 많이 해두면 연말정산 때 추가로 납부해야 할 금액이 적을 수 있다.

3 상속 · 증여에 대한 세금상식

상속세와 증여세는 부의 무상이전에 대해 부과하는 조세이다. 상속이란 사망하거나 실종선고를 받은 자(피상속인)의 지위를 상속인들이 포괄적으로 승계하는 것이고, 증여는 직접 또는 간접적인 방법으로 타인에게 무상으로 유무형의 재산 또는 이익을 이전하거나 타인의 재산가치를 증가시키는 것을 말한다. 상속세와 증여세는 세율이 동일하다.

3.1 상속세란 무엇인가?

상속세는 상속재산 전체에 대해 과세하는 유산과세방식이고, 증여세는 각자 증여받은 재산에 대해 과세하는 취득과세방식이다. 다시 말해, 증여는 수증자가 받은 금액을 기준으로 세금을 부과하고, 상속세는 상속할 전체 재산에 대해 세금이 산출되므로 동일 규모의 재산을 수인에게 상속이나 증여한다면 상속세가 더 높은 세금이 부과된다. 이렇게 산출된 상속세는 분배받은 재산의 비율로 상속인들이 나누어 납부해야 하며 상속개시일(피상속인의 사망일)이 속한 달의 말일부터 6개월 내에 신고납부해야 한다.

가족에게 상속이 된다면 일정 금액을 공제한 후 과세하는데 이를 상속공제라고 한다. 상속공제는 배우자에게는 상속받은 재산을 기준으로 최소 5억 원에서 최대 30억 원이 공제되고, 기타 가족에 대해서는 최소 5억 원이 공제된다. 상속세와 증여세는 세율이 동일하며 1억 원 이하에는 10%의 세율이 적용되지만 과세표준에 따라 최대 50%의 세율이 적용되어 상속받은 재산의 50%를 세금으로 납부해야 하므로 생전 증여 등을 통한 상속재산에 대한 장기적인 절세전략이 필요하다.

3.2 증여세란 무엇인가?

증여란 직접 또는 간접적인 방법으로 타인에게 무상으로 유무형의 재산 또는 이익을 이전하거나 타인의 재산가치를 증가시키는 일을 말한다. 타인으로부터 재산을 증여받은 경우에 그 재산을 증여받은 자는 증여받은 날이 속하는 달의 말일부터 3개월 이내에 국세청에 증여세를 신고납부해야 한다.

재산 또는 이익을 무상으로 이전받은 경우 증여받은 재산의 시가에 상당하는 금액을 증여재산가액으로 본다. 또한 대가를 받더라도 그게 현저하게 시가보다 낮다면 그 차액을 증여로 보아 증여세를 과세한다.[2] 예를 들어, 시가 10억 원의 부동산을 부모님으로부터 5억 원에 구입했다면 시가와 대가의 차액 5억 원에 대해 증여로 보아 증여세를 과세하는 것이다. 또한 부모님으로부터 차용증을 쓰고 돈을 빌렸는데 이자율이 적정이자율(2022년 기준 현행 4.6%)[3]보다 현저하게 낮다면 차액은 증여로 간주될 수 있다.

최근에는 대출을 낀 아파트와 같이 증여재산에 담보된 채무를 수증자가 같이 인수하는 방식으로 증여하는 경우도 있다. 부채를 부담하는 조건으로 증여한다고 하여 이를 '부담부증여'라고 한다. 부담부증여의 경우 부채(대출)는 수증자가 유상으로 인수한다고 보아 양도소득세를 납부하고, 자산에서 부채를 차감한 부문은 증여로 보아 증여세를 납부하게 된다. 부담부증여, 양도, 증여 중 어느 것이 세부담에서 유리한지는 상황에 따라 다를 수 있으므로 꼼꼼하게 따져 봐야 한다.

---

2) 이 경우에는 시가와 대가의 차액이 3억 원 이상이거나 시가의 30% 이상인 경우에만 적용한다.
3) '적정이자율'이란 기획재정부령으로 정하는 당좌대출이자율(연간 4.6%)을 말한다.

가족 간의 증여 시에는 일정 금액을 공제한 후 과세하는데 이를 증여공제라고 한다. 증여공제는 10년간 합산하여 공제하며 수증자를 기준으로 4개의 그룹별로 공제하는데 ① 배우자는 6억 원, ② 직계존속 5천만 원(미성년자 2천만 원), ③ 직계존비속 5천만 원 ④ 6촌 이내 혈족과 4촌 이내 인척으로부터 증여받은 경우는 1천만 원이다. 예를 들어, 아들이 할아버지와 아버지로부터 각각 5천만 원을 증여받았을 경우, 이들은 모두 아들인 수증자의 입장에서는 직계존속에 해당하므로 10년 동안 5천만 원의 증여공제가 적용된다.

세무전문가들이 이야기하는 최고의 증여절세법은 '하루라도 빨리'이다. 왜냐하면 증여세는 10년마다 공제를 받을 수 있기 때문이다. 수증자를 대상으로 증여재산공제를 한도로 태어나자마자 출생신고 후 증여를 하고, 이후 10년 단위로 증여하여 30세가 될 때까지 총 1억 4천만 원을 증여세 없이 증여가 가능하기 때문이다. 증여세는 완전포괄주의를 취하고 있어 일상에서 발생하는 재산이나 부의 무상이전 모두가 증여세 과세대상이 될 수 있다. 따라서 기존의 관행이나 관습에 따라서 무심코 행한 행동이 증여세 과세대상이 될 수 있음을 인지하고 살펴야 한다.

3.3 자금출처조사! 미리미리 대처하자

자금출처조사는 재산을 취득하거나 부채를 상환했을 때, 그 사람의 직업과 연령, 소득, 재산상태 등을 고려해 스스로 재산을 마련하거나 부채를 상환했다고 보기 어려운 경우 자금의 출처를 확인하기 위해 실시하는 조사를 말한다. 이 과정에서 자금의 출처를 입증하지 못하거나 증여받은 걸로 추정될 때는 증여세를 과세한다. 자금출처의 대상을 누구라고 콕 집어 특정하기는 어렵다. 국세청이 세금 탈루 혐의가 있다고 판단하는 경우에는 누구든 자금출처 조사대상이 될 수 있기 때문이다. 최근에는 주택을 매입할 때 반드시 자금조달계획서도 제출하여 재산취득에 있어 어떻게 자금이 형성되었는지를 구체적으로 증명해야 한다.[4)]

4) 규제지역은 6억 이상 주택거래 신고 시 자금조달계획서를 작성하고, 2020년 9월 법개정 후부터 투기과열지구, 조정대상지역의 경우 주택가액과 무관하게 주택거래 신고시 주택취득자금 조달 및 입주계획서(자금조달계획서) 제출의무가 있다.

주택취득자금을 증여로 추정하지 않는 기준으로 30세 미만일 경우에는 주택취득기준으로 5천만 원, 30세 이상이면 1억 5천만 원, 40세 이상이면 3억 원까지 면제해 준다. 채무상환의 경우에는 5천만 원까지 면제해 준다. 재산취득일 전 또는 채무상환일 전 10년 이내라 하더라도 당해 재산취득금액 및 상환가액이 아래의 기준금액 미만인 경우에는 증여추정규정을 적용하지 아니한다.

[표 11-6] **주택취득자금 증여추정 배제기준(2020년 10월 개정)**

구분	취득재산		채무상환
	주택	기타 재산	
30세 미만	5천만 원	5천만 원	5천만 원
30세 이상	1억 5천만 원	5천만 원	5천만 원
40세 이상	3억 원	1억 원	5천만 원

이 밖에도 주식 등을 구입할 때나 신규로 사업을 할 때는 구입자의 직업이나 그동안의 소득세 납부실적 그리고 연령 등으로 보아 자력으로 사용자금을 조달했다고 보기 어려운 경우 세무서에서는 자금출처를 조사하고 소요자금의 출처를 제시하지 못하면 부모님으로부터 무상으로 받았거나 제3자로부터 증여받은 것으로 추정하여 증여세를 물게 한다. 따라서 증여의 경우 신중하게 해야 하며 증여추정배제는 해당 금액기준까지 행정편의상의 기준이지 조사를 하지 않겠다는 뜻이 아니므로 증여세 면제기준으로 착각하고 신고를 하지 않는 경우 가산세까지 물 수 있다.

4 창업할 때의 세금상식

4.1 사업자가 부담하여야 할 세금

사업을 하기 위해서는 개인이든 법인이든 사업자등록을 하고 사업을 개시하여야 한다. 사업자는 매출액(재화 또는 용역의 공급가액)의 10%를 부가가치세로 납부하여야 한다. 또한 1년 동안 발생한 수익에서 비용을 차감한 이익에 대해 소득세 및 법인세를 납부하여야 한다. 또한 종업원에게 급여를 지급할 때 원천징수한 세금도 납부하여야한다. 한편, 개별소비세 과세대상 업종을 영위한다면 부가가치세 이외에 개별소비세를 납부해야 하며 인터넷으로 물건을 사고파는 사업자라면 통신판매업신고도 해야 한다.

그림 11-3 사업자가 부담하여야 할 세금

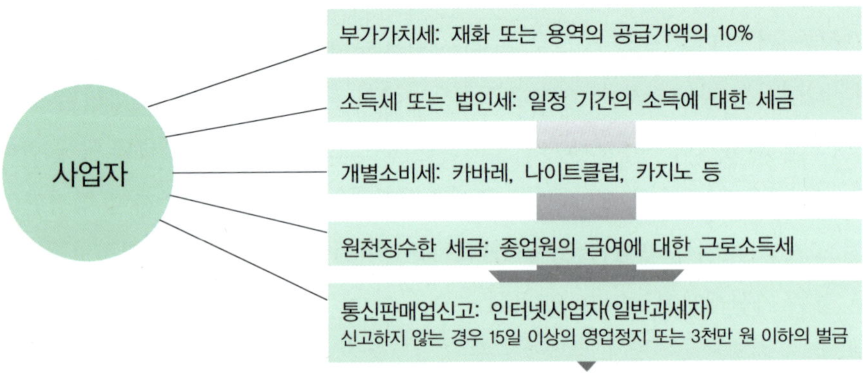

4.2 개인으로 할까, 법인을 설립할까?

개인기업으로 사업을 할 경우에는 설립절차가 비교적 쉽고 비용이 적게 들어 사업규모나 자본이 적은 사업을 하기에 적합한 반면, 법인기업은 설립등기를 해야 하는 등 절차가 다소 까다롭고 자본금확보 및 등록세, 채권매입비용 등의 설립비용이 필요하다.

개인의 최고소득세율 45%인 데 반해 법인세율은 22%로 세부담 측면에서 보면 개인기업이 유리할 수 있다. 하지만 개인기업은 사업자금이나 이익금을 사용하는 데는 제약을 받지 않아 사업자금을 사업주 개인의 부동산 투자에 사용하든 생활비로 쓰든 전혀 간섭을 받지 않는 데 반해 법인은 주주와 별개로 독자적인 경제주체이므로 자본금으로 들어간 돈과 이익금은 적법한 절차를 통해서만 인출이 가능하다. 주주총회의 배당결의가 있어야 인출이 가능하고 주주가 법인의 돈을 가져다 쓰려면 적정한 이자를 낸 후 빌려가야 한다.

개인기업은 경영상 발생하는 위험을 사업주 혼자서 책임져야 한다. 따라서 만약 사업에 실패해서 부채와 세금 등을 완납하지 못한 경우에는 다른 기업에 취업해서 받는 월급에도 압류를 당할 수 있다. 법인기업의 경우 주주는 출자한 지분의 한도 내에서만 책임을 지므로 기업이 도산할 경우 피해를 최소화할 수 있다. 대외신인도 면에서는 개인기업의 신인도는 사업자 개인의 신용과 재력에 따라 평가받으므로 법인기업보다 낮다고 보아야 한다.

개인기업으로 할지, 법인기업으로 할지는 창업하려는 개개인의 사정에 따라 달라진다. 어느 유형으로 할지 확신이 서지 않으면 일단은 창업하기가 쉽고 비용도 적게 드는 개인기업으로 먼저 시작하고 나중에 사업규모가 커지면 그때 법인으로 전환하는 방법을 고려해 보는 것이 좋다. 일반적으로 기업의 규모가 커질수록 주식회사의 형태가 유리하며, 반대로 기업규모가 작다면 개인기업의 형태가 유리하다. 기업의 영속성·성장성 측면에서는 주식회사가 유리하다.

특히, 벤처기업을 창업하는 경우에는 개인기업보다는 주식회사의 형태로 하는 것이 유리하다고 할 수 있다. 주식회사는 개인기업보다 대외공신력과 신용도가 높기 때문에 신주 및 회사채 발행을 통한 자금조달이 용이하고, 영업수행에 있어서도 기업의 이미지가 제고되어 유리한 점이 많다. 그러나 채권자나 투자자의 입장에서 보면 모든 법인기업에게 무작정 투자하지 않는다는 점을 알아야 한다. 또한 개인에서 법인으로 전환할 때도 세금을 내지 않는 방법이 있으므로 법인전환 시 전문가에게 미리 상담을 받아 절세를 하는 것이 필요하다.

4.3 사업을 시작할 때의 세금전략

사업자에게 가장 중요한 세금은 부가가치세라 할 수 있다. 부가가치세는 이익이나 손실 여부에 관계없이 매출액의 10%를 납부해야 하고, 세금계산서에 근거한 부가가치세 신고자료를 바탕으로 기업의 결산을 하고 이에 대해 법인세와 소득세가 계산되므로 부가가치세를 챙기는 것이 기업에서 세금관리의 기본이며 절세의 지름길이라 할 수 있다. 이렇게 중요한 부가가치세에 대한 신고와 절세를 하려면 어떤 부분을 신경을 써야 할까?

첫 번째, 사업개시일로부터 늦어도 20일 이내에는 사업자등록을 신청해야 한다. 그렇지 않으면 매입세액이 불공제되어 매입할 때 부담한 부가가치세를 환급받지 못하거나 가산세가 부과된다. 상가를 신축하여 임대하거나 개업 전에 비품 등을 구입할 때도 반드시 세금계산서를 받아 두어야 불이익을 당하지 않는다. 한다. 만일 사업자등록 전이라면 세금계산서는 개인의 주민번호로도 발급받을 수 있으며 사업장을 임차한 경우에는 확정일자를 받아 놓도록 하자.

두 번째, 부가가치세 신고할 때 매출액은 빠지는 부분 없이 정확하게 신고하여야 한다. 부가가치세는 동일한 거래에 대하여 거래를 한 당사자들이 세금계산서를 통해 매출신고와 매입신고가 동시에 되므로, 국세청에서는 사업자 간 상호 대사가 이루어진다. 따라서 어느 한쪽이 매출을 누락하더라도 매입자 쪽에서 매입신고를 하게 되면, 매출을 누락한 것이 적발된다. 매출누락은 바로 가산세부과대상이다. 국세청은 사업자에 대한 과세정보를 누적관리하고 있다가 세무조사를 할 때 한꺼번에 추징하는 것이 기본방침이다. 따라서 매출을 누락하다 세무조사대상에 선정되어 조사를 받게 되면 당해 건만 추징이 되는 것이 아니라 과거 국세청이 누적관리해 온 매출누락분까지 추징이 되므로 사업에 큰 타격을 받게 된다. 매출할 때 신용카드로 결제받거나 현금영수증 등을 발급하는 경우에도 매출액의 10%를 부가가치세로 납부하여야 한다. 국세청은 매출을 양성화하기 위해 카드매출과 현금영수증 매출에 대해 일정률을 사업자가 납부할 부가가치세액에서 차감시켜 주는 제도(신용카드 등 발행에 따른 세액공제)를 적용하고 있다.

세 번째, 부가가치세 절세를 위해서는 매입세액을 공제받는 것이 중요한데 매입과 관련된 정규증빙을 꼼꼼히 챙겨야 한다. 정규증빙이란 사업관련 물품 또는 비용에 대한 금액을 지불하면서 상대방 사업자로부터 받는 세금계산서, 계산서, 신용카드매출전표, 현금영수증 등이다. 간이영수증, 거래명세표 등은 정규증빙에 해당하지 않는다. 또한 임대료, 재료비, 인건비에 대한 세금계산서와 지출증빙을 챙기는 것이 중요하다. 전기료, 통신비 같은 것도 매입세액공제를 받을 수 있는데 명의가 개인이 아닌 사업자 명의로 되어 있어야 하며, 부가가치세가 따로 기재된 세금계산서용으로 고지서를 받아야 한다.

마지막으로 다른 사람이 사업하는 데 명의를 빌려주면 큰 손해를 볼 수 있다. 명의대여 사업자의 처벌 형량 강화, 명의를 빌려간 사람의 세금 대납, 소유재산 압류, 건강보험료 부담 증가 등이 있다.

4.4 세무조사의 사전 대비는 어떻게 해야 할까?

세무조사는 대부분의 사업자에게 공포의 대상일 수밖에 없다. 이것은 세금문제에 있어서는 그 누구도 자유로울 수 없다는 인식 때문일 것이다. 즉 세무조사는 법률상의 문제와 시장의 차이는 명백하게 존재하지만 이를 무시하고 법률의 잣대로 사업자를 조사하는 것이기 때문일 것이다. 국가는 법률상의 입장뿐만 아니라 사업자에 비해 엄청난 정보를 보유하고 있고 또한 내부와 외부의 고발자들로부터도 사업자는 자유로울 수 없다. 너무 겁을 먹을 필요는 없지만 세무조사에 너무 안이하게 대처하는 것도 위험하다. 그러므로 있는 그대로 객관적이고 냉정하게 바라보아야 한다.

통상적으로 세무조사에 선정될 가능성이 높은 납세자들을 살펴보면 다음과 같다. 단, 상속·증여세의 경우는 대부분 조사한다. 세무조사대상 선정은 크게 정기선정과 수시선정으로 구분된다. 정기선정은 신고성실도 평가 등의 기준으로 선정하며, 수시선정은 탈세제보, 무자료거래, 위장/가공거래 등으로 선정하게 된다. 정기선정에 의한 세무조사대상자 선정의 1차 기준은 사업자의 신고내용을 기초로 국세청의 '신고성실도 측정프로그램'을 분석한다.

신고성실도 측정요소에는 국세청의 사전안내항목이 포함되며 탈루가능성이 있는 28개

항목을 미리 알려주는데 주요 내용은 가공인건비, 법인카드 사적 사용, 세무조사 이후 신고소득률 하락 법인, 동종업종 비교, 최근 호황업종 등이 성실도 측정에 가미된다. 그중에서도 가능성이 높은 경우는 ① 세금계산서 및 지급조서의 작성/제출 등 납세협력의무 불이행자, ② 신고내용 중 탈루나 오류관련 명백한 자료가 있는 경우, ③ 국세청 성실도 분석결과 불성실혐의 등에 해당된다.

가장 쉽게 세무조사를 대비하는 길은 위와 같이 종합소득세나 법인세 신고안내문의 사전안내항목을 요주의하여 만약 신고불성실의 안내항목이 있다면 곧바로 수정조치를 취하고 성실히 세무신고를 하는 길일 것이다.

5 재테크 세금상식

5.1 주식투자를 하면 어떤 세금을 낼까?

요즘은 월급을 모아서는 절대 재산을 형성할 수 없다고 이야기한다. 그만큼 자산의 가치가 급등하였다는 이야기이다. 따라서 재테크에 관심이 없이는 자산을 모으기가 어렵고, 2030을 비롯한 모든 세대에게 주식, 코인, 부동산 투자는 큰 관심이 아닐 수 없다. 주식투자는 주식시장 활성화 차원에서 부동산투자보다는 세금 및 거래비용이 낮은 편이라 상대적으로 손쉽게 거래할 수 있고 환금성이 높다는 장점이 있다. 하지만 세금과 수수료는 주식투자 수익에 상관없이 손실을 보더라도 내야 하는 비용이기 때문에 반드시 이를 고려하여 투자해야 한다.

주식을 취득할 때는 세금은 없지만 증권회사의 주식매매수수료는 발생한다. 매매수수료는 증권사마다 차이가 있으며 모바일기준 거래대금의 0.01~0.03% 수준이다. 최근 많은 증권사가 고객유치목적으로 비대면으로 주식 계좌를 개설하면 평생무료수수료 행사를 하는 경우도 많으니 잘 알아보면 증권사수수료는 절감할 수 있다.

주식을 양도할 때에는 양도가액의 일정 비율로 증권회사 매매수수료와 증권거래세가 부과되고, 주식을 양도하면서 차익이 발생했다면 양도소득세가 부과된다. 양도소득세는 소액투자자들에게는 부과되지 않고, 대주주(코스피 1%, 코스닥 2% 이상 지분보유, 주식평가액 10억 원 이상)에게만 부과된다. 증권거래세는 2022년 기준 상장된 기업의 주식에 대해 0.23%이지만 2023년까지 단계적으로 0.15%까지 낮아질 예정이다. 증권거래세는 양도가액에 대해 증권사에서 원천징수한 후 나머지 부분이 입금되기 때문에 투자자가 증권거래세를 별도로 신고납부할 필요는 없다.

예를 들어, 주식을 100만 원에 매도하는 경우, 양도 시 증권거래세 2,300원, 수수료 200원 유관기관 수수료 50원 등 총 2,550원의 거래비용이 발생한다. 금액이 적을 때는 수수료가 얼마 안 되지만 매매를 많이 할수록 거래비용이 증가한다. 또한 기업이 많은 이익을 창출하면 이익 중 일부를 주주들에게 배당하기도 하는데 주주가 배당금을 받을 때는 '배당소득세'를 납부해야 한다. 배당소득의 14%는 배당소득세, 1.4%는 지방소득세로 총 15.4%의 세금이 부과된다.

배당소득세도 배당금을 지급해 주는 증권사가 원천징수하므로 별도로 신고납부의무는 없다. 예를 들어, 보유한 주식에 대해 100,000원의 배당금을 받았다면, 15,400원의 배당소득세와 지방소득세가 원천징수되고 나머지 84,600원을 지급받게 된다. 만일 배당금으로 받은 배당소득과 금융기관에서 받은 이자소득을 합하여 연간 2천만 원을 초과하면 다른 소득과 합산하여 종합과세(금융소득종합과세)되는데 다음연도 5월 31일까지 신고·납부해야 한다.

2023년부터는 금융투자소득세가 신설되면서 「자본시장법」상 금융투자상품에서 실현된 모든 소득을 종합해 세금을 부과하게 된다. 다만, 현재는 대주주 요건에 해당하지 않으면 주식양도세는 내지 않지만 금융투자세는 주식보유액이나 지분율에 상관없이 주식매매차익이 연간 5천만 원을 넘으면 과세된다. 연간 5천만 원을 넘는 차익이 3억 원까지는 20%, 3억 원 초과분은 25%의 세율이 과세된다. 지방소득세를 포함하면 통상 22%와 27.5%가 과세된다.

5.2 부동산투자를 하면 어떤 세금을 낼까?

부동산과 관련된 세금은 상대적으로 규모가 크고 다양하고 복잡하기 때문에 부동산투자 시 세금을 고려하지 않으면 실현되는 수익에 큰 차이가 올 수밖에 없다. 여기서는 부동산 중 누구나 관심을 가지는 내 집 마련의 꿈인 주택(아파트)을 중심으로 알아본다.

주택을 취득할 때는 취득세가, 보유할 때는 재산세와 종합부동산세가, 양도 시에는 양도소득세가 부과된다. 여기서 취득세와 재산세는 지방세이며, 나머지 세목은 국세에 해당된다. [표 11-7]은 주택과 관련된 세금을 정리한 표이다.

[표 11-7] **주택과 관련된 세금**

	세목	과세방법	납부시기
취득 시	취득세	신고납부	취득 후 2개월까지
보유 시	재산세 종합부동산세	정부부과 정부부과	매년 7월 말, 9월 말 매년 12월 말
양도 시	양도소득세	신고납부	양도 후 2개월 이내

먼저, 주택을 유상으로 구입할 때는 취득세를 납부한다. 처음으로 주택을 취득하여 1주택자가 되는 경우 최소 1.1~3.5%의 취득세와 지방교육세가 부과된다.[5] 주택을 보유하고 있는 동안은 매년 보유세인 재산세와 종합부동산세를 납부해야 한다. 재산세는 매년 6월 1일을 기준으로 주택 등을 보유하고 있으면 과세관청에서 납부고지서를 발송하는데 총 납부해야 할 세액의 1/2을 7월 말과 9월 말에 각각 납부해야 한다. 종합부동산세는 매년 6월 1일 기준으로 인별로 합산하여 공시가액 합계액이 6억 원을 초과하는 부분에 대해 세금을 부과한다.

주택을 양도할 때 차익이 발생하면 양도소득세를 부과한다. 양도차익은 양도가액에 주택의 취득원가와 부동산수수료 및 등기비용 등의 필요경비를 차감하여 계산한다. 예를 들

5) 1주택자는 취득 당시 주택가액이 6억 원 이하는 1.1%, 9억 원을 초과하는 경우에는 3.5%의 세율이 적용된다. 2주택자부터는 조정대상지역과 비조정대상지역에 따라 취득세가 달라지는데 조정대상지역의 경우 2주택부터 8.8%, 3주택의 경우 13.2%가 부과되고, 비조정대상지역의 경우 2주택까지는 1.1%가 부과되며 3주택부터 8.8%, 4주택 이상은 13.2%가 부과된다.

어, 취득원가 3억 원, 필요경비 1천만 원인 주택을 5억 원에 양도했다면 차익은 1.9억 원(5억 원−3억 원−1천만 원)이고 이에 대해 38%의 종합소득세율이 적용되어 52,800,000원(190,000,000원×38%−19,400,000)의 세금이 산출된다. 양도세를 줄이기 위해서는 집을 사면서 내는 부동산수수료 등과 집의 수리비용 등에 대해 현금영수증이나 세금계산서, 신용카드영수증을 챙기면 필요경비로 인정받아 결과적으로 절세할 수 있게 된다.

한편, 서민의 주거생활 안정화를 위하여 1세대 1주택에 대해서는 양도소득을 비과세(12억 원을 초과하는 고가주택 제외)하고 재산세 및 종합부동산세 부담을 완화하고 있다. 1세대 1주택이란 "1세대가 양도일 현재 국내에 1주택을 보유하고 있는 경우로서 해당 주택의 보유기간이 2년 이상"인 것을 말한다. 하지만 각 세법에서 정하는 주택의 범위와 정의가 다르므로 시기마다 적용될 세목에 대해 확인하는 것이 필요하다. 예를 들어, 취득세에서는 주거용 오피스텔을 주택으로 보지 않아 4.4%의 취득세율이 부과되지만, 보유 시에는 주택으로 보아 재산세와 종합부동산세를 부과하며, 양도 시에도 주택으로 판단하여 과세한다.

/ 연 / 습 / 문 / 제 /

01. 직접세와 간접세의 차이에 대해 설명하시오.

02. 절세와 탈세란 무엇인지를 설명하시오.

03. 원천징수제도에 대해 설명하시오.

05. 연말정산이란 무엇인가?

06. 주택취득자금을 증여로 추정하지 않는 기준에 대해 설명하시오.

07. 사업자가 부담하여야 하는 세금에 대해 열거하시오.

08. 주식투자 시 부담하여야 하는 세금에 대해 설명하시오.

09. 주택(아파트)과 관련된 세금을 설명하시오.

삼성 이부진, 재산분할 피하려 '편법상속' 스스로 인정

읽을거리

삼성그룹의 장녀 이부진 호텔 신라 사장이 남편 임우재 전 삼성전기 고문을 상대로 낸 이혼 및 친권자 지정 소송이 7월 20일 법원에서 받아들여졌다. 그런데 이혼소송과정에서 이부진 씨가 재산분할요구를 피하기 위해 그동안 사회적으로 비난받아 온 '편법상속'을 고스란히 인정한 사실이 뉴스타파 취재결과 확인됐다.

이 사건 1심 판결을 맡은 서울가정법원 가사4부(권양희 부장판사)는 두 사람이 이혼하되 이부진 씨는 임우재 씨에게 86억 원을 지급하라고 판결했다. 자녀에 대한 친권과 양육권 역시 이부진 씨에게 주되 임우재 씨에게는 한 달에 한 차례 자녀를 만날 수 있는 면접교섭권을 인정했다.

뉴스타파는 그동안 이 사건에 관심을 두고 꾸준히 추적을 해왔다. 두 사람의 이혼소송과정에서 삼성전자 이건희 회장이 자녀들에게 어떻게 편법으로 재산을 증여해 왔는지, 그 내막이 드러날 가능성이 있다고 봤기 때문이다.

이부진 측 '보유 재산 1조 7천 46억 원'

뉴스타파가 확보한 이부진 씨 측의 준비서면에 의하면, 이부진 씨는 재판부에 1조 7천 46억 2천만 9백만 원가량의 재산을 보유하고 있다고 밝혔다. 이 가운데 주식이 약 1조 6천 780억 7천만 원으로 96% 이상이고, 주식을 제외한 나머지 재산이 676억 3천 5백만 원가량이다. 주식을 제외한 나머지 재산의 내역을 보면 삼성종합화학주식을 매각한 매각대금 채권이 271억 원, 부동산이 195억 3천만 원, 예금이 192억 6천만 원 정도다.

이 밖에 캐딜락과 벤틀리 등 차량 넉 대가 3억 2천만 원, 1억 2천만 원 상당의 다이아몬드 반지를 포함한 보석이 4억 5천 8백만 원, 까르띠에 시계 등 시계 2점과 에르메스 가방 등 가방 7점이 7천 8백만 원 정도다.

이 가운데 주식은 준비서면 제출 당시 2017년 1월 20일 종가를 기준으로 한 것이어서, 현재 시가(7월 20일 종가)를 기준으로 하면 2조 745억 원으로 불어난다. 전체 재산은 따라서 2조 천 412억 원이 된다. 주가상승 덕분에 불과 6개월 만에 재산이 4천억 원 가량 불어난 것이다.

진퇴양난에 빠진 이부진

이 사건은 지난 2015년 2월 이부진 씨가 수원지법 성남지원에 이혼 조정 및 친권자 지정 소송을 제기하면서 시작됐다. 1심에서 이부진 씨가 승소했지만 임우재 씨의 변호인단은 “1심 판결은 재판 관할권을 위반했기 때문에 무효”라고 주장했고, 이 주장이 받아들여지면서 서울 가정법원으로 이송돼 다시 1심이 진행됐다. 이번에 판결이 난 게 바로 이 1심이다. 비슷한 시기 임우재씨 측은 1조 2천억 원대의 재산분할소송을 별도로 제기했다. 임 씨 측은 이 재산분할소송에 대해 “이혼을 피해 가정을 지키겠다는 의지의 표현일 뿐 돈을 바라고 낸 소송은 아니다”라는 입장을 유지해 왔다.

주식	1조6천억원
채권	271억원
부동산	195억원
회원권	4억4천만원
보험	4억3천만원
예금	192억원
차량	3억2천만원
보석	4억5천만원
가방	5천2백만원

출처 이부진측 준비서면
주식평가액 2017년 1월 20일 기준.

임우재 씨 측은 재판과정에서 재판부에 이부진 사장의 재산내역 조회를 요청했다. 재산분할을 요구하려면 재산내역을 정확히 알아야 하니 당연한 절차다. 그 결과가 바로 오른쪽에 나온 도표이다. 임우재 씨는 이 재산을 형성하는 과정에서 자신의 기여가 있었다고 주장했다. 임 씨 측의 주장에 따르면 임 씨는 결혼 3년 전인 1996년부터 이부진 씨와 ‘부부에 가까운 교제’를 해왔고, 그 과정에서 건강이 좋지 않았던 이부진 사장의 건강이 회복되는 데 결정적인 기여를 했다고 한다. 이후 이부진 씨가 호텔 신라의 사장직을 맡는 등 삼성그룹의 경영에 적극적으로 참여할 수 있었던 것은 결혼생활에 따른 건강 회복 덕분이고, 따라서 본인이 재산 형성에 기여한 바가 상당히 크다는 것이다. 또 결혼과정에서 자신의 가족들, 즉 이부진 씨의 시댁 식구들은 며느리와 삼성그룹에 누를 끼치지 않도록 숨어 살다시피 하면서 본인들의 생활을 희생해야 했다고 주장하기도 했다. 즉 본인의 노력과 가족의 희생이 이부진 사장이 현재 보유하고 있는 재산의 유지와 증식에 크게 기여한 만큼 재산분할을 요구할 자격이 있다는 것이다.

이 주장의 진위 여부는 당사자들과 그 측근들만 알 것이다. 그러나 이부진 사장 입장에서 보면, 주장의 진위 여부와 관계없이 딜레마가 생겨난다. 즉 편법 상속을 인정하느냐 아니면 재산분할요구에 응하느냐의 딜레마다. 결혼 뒤 스스로의 힘으로 재산을 형성했다고 인정할 경우 재산분할요구에 응해야 하고, 반대로 스스로의 힘이 아닌 아버지와 삼성그룹의 도움으로 재산을 형성했다고 주장할 경우 재산분할요구에는 응하지 않아도 되지만 그동안 사회적으로 비난받아 온 편법 상속을 인정해야 하는 진퇴양난의 입장에 빠지게 된 것이다.

이부진 사장은 이 딜레마를 어떻게 해결했을까?

이부진, 재산 분할 피하려 '편법 상속' 스스로 인정

이부진 씨 측의 해결책은 간단했다. 재산분할을 피하기 위해 편법 상속을 인정해버린 것이다. 본인의 재산은 수입이 거의 없던 시절에 아버지인 이건희 회장의 재산을 증여받아 형성된 것이며 그 관리는 실질적으로 삼성그룹에서 해왔다는 사실을 이부진 씨 스스로가 인정한 것이다.

이부진 씨가 보유한 삼성물산 주식의 현재 가치는 1조 5천억 원이다. 1996년에 아버지로부터 받은 16억 원으로 에버랜드 전환사채를 샀고 그게 21년 뒤인 현재 1조 5천억 원이 됐다는 얘기다. 이 과정의 전반부는 '에버랜드 전환사채 저가 배정 사건'이라는 이름으로 알려져 있으며 후반부는 '삼성 경영권 승계를 위한 국정농단 사건'으로 알려져 있다. 에버랜드 전환사채 저가 배정 사건은 우여곡절 끝에 삼성 특검을 거쳐 기소가 됐고 2심까지 유죄 판결을 받았지만 대법원에서 무죄 판결을 받았다. '삼성 경영권 승계를 위한 국정농단 사건'은 아직 재판이 진행 중이다.

이부진 씨가 제출한 준비서면에는 삼성 SDS 주식을 취득하게 된 과정도 상세히 나와 있다. 이부진 씨는 3백만 주 정도의 삼성 SDS 주식을 보유하고 있는데, 이 가운데 158만 주는 신주인수권부 사채를 헐값에 사들이는 방법으로 취득했다고 인정했다. 이 사건은 '삼성 SDS 신주인수권부사채 저가 배정 사건'으로 알려져 있으며, 법원은 지난 2009년 8월 이건희 삼성전자 회장에게 징역 3년에 집행유예 5년, 벌금 1,100억 원을 선고한 바 있다. 그러나 유죄 판결을 받은 것은 이건희 회장과 이학수, 김인주 등 측근들뿐이었으며 이재용 3남매는 불법행위로 취득한 재산을 고스란히 유지했다. 현재 삼성 SDS 주식 158만 주의 가치는 3천억 원에 이른다.

재산분할 피하려다...'이재용 법' 통과되면 3천억 원 환수

더불어 민주당 박영선 의원은 지난 19대 국회에서 '특정 재산범죄 수익 환수법', 이른바 '이재용 법'(또는 '이학수 법')을 발의한 바 있다. 이 법안은 19대 임기 만료와 더불어 자동 폐기됐지만 박 의원은 지난 2월 28일 20대 국회에서도 이 법안을 재차 발의했다. 이 법은 50억 원 이상의 횡령 배임이 선고된 사건에 대해 그 범죄 수익을 소급해 환수하는 법으로, 이 법이 통과되면 이부진 씨는 삼성 SDS 신주인수권부 사채를 헐값으로 사들여 벌어들인 3천억 원을 환수당하게 된다. 이 경우 이부진 씨가 재산분할을 피하기 위해 인정해버린 편법상속은 이부진 씨의 재산 환수를 요구할 수 있는 강력한 근거가 될 것이다.

출처: 뉴스타파, 심인보 기자, 2017.07.21.

엑셀 이야기 + 11장

개인이 얻은 소득에 대하여 그 개인에게 부과되는 세금이 소득세입니다. 개개인들의 소득은 국세청이 개개인들의 소득세를 결정하는 데 직접적인 영향을 미칩니다. 소득은 국세청이 소득세를 결정하는데 있어 핵심정보입니다.

엑셀프로그램을 활용하여 간단하게 개인에게 부과되는 소득세 간이계산기를 만들어 봅시다.

❶ VLOOKUP함수, 이름 짓기와 셀 서식 활용 종합소득세 간이 계산기

먼저 종합소득세가 산출되는 구조를 이해합시다. 종합소득세는 개인이 1년 동안 벌어들인 모든 소득에 대한 종합소득금액에서 종합소득공제항목을 제하고 남은 금액이 과세표준금액입니다.

과세표준금액에 맞는 종합소득세율을 적용하는 것이 핵심입니다. 종합소득세율은 조건테이블(참조테이블)로 활용하기 위해 앞장에서 배운 이름 짓기를 이용합시다.

그리고 VLOOKUP함수, 셀서식을 활용하여 과세표준금액에 맞는 종합소득세율이 정해지는 간단한 계산기를 만들어 봅시다.

종합소득공제항목, 표준세액공제 등의 설명은 여기서 하지 않기로 합니다.

A씨는 연 4,000만 원의 근로소득과 아버지에게 물려받은 1,000만 원에 대한 이자소득 100만 원이 있습니다. A씨의 종합소득세를 계산해 봅시다.

먼저 종합소득세를 구할 때 핵심인 것이 종합소득세율입니다. 종합소득세율은 [표 11-4]에 정리돼 있습니다. [표 11-4]에 정리된 값을 엑셀프로그램에 옮겨 봅시다.

그림 11-4 2022년 적용 종합소득세율

② 종합소득세율 | fx 과세표준

2022년 적용 종합소득세율

과세표준	세율	누진공제
1,200만 원 이하	6%	0
12,000,000	15%	③1,080,000
46,000,000	24%	5,220,000
88,000,000	35%	14,900,000
150,000,000	38%	19,400,000
300,000,000	40%	25,400,000
500,000,000	42%	35,400,000
①1,000,000,000초과	45%	65,400,000

[그림 11-4]는 2022년 적용 종합소득세율을 엑셀에 옮긴 것입니다.

[그림 11-4]의 B12셀(①)은 앞장에서 배운 셀 서식을 활용하여 보이는 것은 텍스트 10억 초과로 보이지만 실제 값은 숫자인 10억입니다. 그래야 누진공제금액을 계산할 때 오류가 나지 않습니다.

②는 이름정의 기능을 활용하였습니다. 셀은 고유한 주소를 가지고 있으며 기본적으로 A1과 같이 영문자와 숫자로 구성된다는 것을 앞에서 살펴보았습니다. 복잡한 셀 주소는 사용자가 기억하기 쉬운 이름을 붙여 사용할 수 있습니다.

바로 이름정의 기능입니다. 여기서는 종합소득세율이라는 이름으로 셀 범위인 B4:D12를 이름으로 정의해 사용하였습니다.

특정 범위를 사용자가 기억하기 쉬운 이름으로 지정하면 수식을 입력할 때 바로 활용할 수 있고, 상대주소와 절대주소를 혼동할 일이 없어 오류도 줄일 수 있습니다.

[그림 11-4]의 D6셀(③) 누진공제값은 =(B6*C6)-(B6*C5)+D5의 결과값이고, 나머지는 쭈욱 끌어내리면 자동채우기가 됩니다.

2022년 적용 종합소득세율을 부여하기 위한 조건테이블(참조테이블)이 완성이 됐습니다. 그렇다면 과세표준금액이 나왔을 때, 세율을 어떻게 주어야 할까요?

엑셀이 없다면 과세표준금액을 일일이 확인하며 세율을 적용해야 합니다. 이럴 경우 VLOOKUP함수에서 근사값을 찾도록 하면 되는 것입니다.

A씨의 종합소득세를 통해 종합소득세 간이계산기를 만들어 봅시다.

그림 11-5 A씨 종합소득세 간이계산기

	B	C	D
6	종합소득세 간이계산기		
8	종합소득금액	41,000,000	
9	종합소득공제합계	1,000,000	
10	과세표준	40,000,000	=C8-C9
12	소득세	4,920,000	=C10*VLOOKUP(C10,종합소득세율,2,TRUE)-VLOOKUP(C10,종합소득세율,3,TRUE) (① =C10*VLOOKUP(C10,종합소득세율,2,TRUE), ② VLOOKUP(C10,종합소득세율,3,TRUE))
13	지방세	492,000	=C12*0.1
14	합계금액	5,412,000	=C12+C13
15	(월기준)	451,000	=C14/12

[그림 11-5]는 A씨의 종합소득세 간이계산기입니다.

A씨의 종합소득금액은 연 근로소득 4천만 원과 이자소득 100만 원의 합계인 4,100만 원을 C8셀에 입력합니다.

종합소득공제합계는 1인 공제 100만 원으로 과세표준은 C8셀-C9셀=C10셀 값인 4천만 원입니다. 과세표준금액이 4천만 원입니다.

과세표준금액이 4천만 원일 경우 적용되는 종합소득세율은 VLOOKUP함수를 이용하여 적용하였습니다.

VLOOKUP함수는 내가 ① 필요로 하는 값(과세표준금액)을 ② 어떤 범위(종합소득세율) ③ 몇 번째 열에서(종합소득세율 2번째 열) ④ 정확히 또는 유사한 결과값(찾는 값)을 찾아오도록 하는 함수입니다.

[그림 11-5] ①의 VLOOKUP(① C10, ② 종합소득세율, ③ 2, ④ TRUE)

인수 ① C10: 내가 필요로 하는 값(찾는 값)으로 과세표준금액
인수 ② 종합소득세율: 어떤 범위(찾는 장소)는 종합소득세율(이름정의기능. [그림 11-4])
인수 ③ 2: 어떤 범위에서 가져올 몇 번째 열은 종합소득세율 2번째 열([그림 11-4] C열임)
인수 ④ TRUE: 근사값(비슷한 값)을 찾아라!!

개개인의 과세표준금액이 얼마에서 얼마까지는 종합소득세율을 몇 % 적용하여라!! 이렇게 근사값을 찾아야 하는 경우는 다양한 산업에 널려 있습니다.

근사값(TRUE)을 사용할 때 중요한 포인트가 있다고 앞장 엑셀이야기에서 말하였습니다. 2022년 적용 종합소득세율의 과세표준열은 금액이 오름차 정렬이 되어 있어야 합니다.

정확한 값(FALSE)을 찾는 것은 정렬과 상관이 없지만, 근사값(TRUE)을 찾는 것은 반드시 오름차 정렬한다는 것을 잊지 맙시다.

[그림 11-5]는 이름 짓기, VLOOKUP함수를 이용하여, C8셀에 종합소득금액과 C9셀에 종합소득공제합계만 입력하면 자동으로 종합소득세, 지방세, 합계금액, 월 기준금액이 자동화된 것입니다.

이렇게 수식과 엑셀의 주어진 기능만으로 훌륭한 계산기가 만들어진 셈입니다. 이제 종합소득세를 구할 때 매번 종합소득세율을 찾는 번거로움을 줄이고 엑셀을 활용한 종합소득세를 구할 수 있을 거라 자신합니다.

❷ 절대주소, 상대주소, ROUND함수 활용 4대보험료 계산기

아! 기다리고 기다렸던 첫 월급날! 그런데 급여명세서를 보면서 국민연금보험료, 건강보험료 등등 내 월급이 다 어디로 갔는지 실제 받은 월급이 내가 생각했던 금액이 아니라 당황하셨죠? 바로 여러 세금과 4대보험을 공제한 후 급여를 수령하게 되어서 그런 것입니다.

직종별로 회사별로 공제되는 항목들이 각각 다르겠지만 일반적으로 공제되는 항목은 바로 4대보험(고용보험, 산재보험, 국민연금, 건강보험), 소득세, 주민세가 있습니다.

그중 [표 11-5] 4대 보험요율(2022년 기준)과 엑셀을 활용하여 4대보험료를 계산하는 계산기를 만들어 봅시다.

먼저 4대보험금액이 계산되는 구조를 이해하고, 앞장에서 배운 절대주소와 상대주소를 이해하여 만들어 봅시다.

4대보험금 중 산재보험료는 사업주가 부담하는 부분으로 근로자는 부담하는 금액이 없습니다.

그리고 국민연금보험료, 건강보험료, 고용보험료는 '월 급여×보험요율'로 계산되며, 사업주와 근로자가 각각 50%씩 부담한다. 장기요양보험료는 '건강보험료×보험요율'로 계산되며 이 또한 사업주와 근로자가 각각 50%씩 부담합니다.

위에서 예를 들었던 월 급여 3백만 원인 근로자의 보험률을 구해 봅시다. [그림 11-6]은 4대보험료

계산기입니다.

그림 11-6 **4대보험료 계산기**

	A	B	C	D	E	F	G
1							
2							
3		월 급여	3,000,000	1			
4							
5		구분	보험료율	근로자 부담액	사업자 부담액	합계	
6		국민연금보험료	9%	① 135000	135000	270000	=$C$3*$C6*0.5
7		건강보험료	6.99%	104850	104850	209700	
8		고용보험료	1.80%	27000	27000	54000	
9		장기요양보험료	12.27%	② 12870	12870	25740	=ROUND(D7*$C9,-1)

C3셀(1)에 월 급여를 입력합니다. 국민연금보험료의 근로자 부담액 135,000원의 D6셀 수식 ① = $C$3×$C6*0.5의 결과값입니다.

이때 절대주소와 상대주소를 확인하여 $표시를 합시다. D6셀을 복사하여 건강보험료, 고용보험료 근로자부담액 셀과 사업자부담액 셀에 붙여놓으면 됩니다.

앞장에서 배웠듯이 $기호는 $기호 뒤의 행번호나 열번호를 고정시키라는 의미입니다.

즉 상대주소는 수식이 들어있는 셀이 복사 또는 이동이 되면 상대적으로 셀 주소가 바뀌지만 절대주소는 수식이 들어있는 셀이 복사 또는 이동이 되어도 셀 주소가 변하지 않는 주소형식입니다.

또 장기요양보험료의 근로자 부담액 12,865원의 D9셀 수식 ② =ROUND(D7×$C8, −1)의 결과값입니다.

[그림 11-6]의 장기요양보험료 근로자 부담액 ②인 D9셀 값은 12,865원이 아니라 12,865.095원입니다. 원단위를 1로 올려주었습니다. 이럴 때 사용하는 함수가 ROUNDUP함수입니다.

금액을 다루는 데이터를 가공할 때는 소수점 이하의 자릿수를 올림, 반올림, 내림으로 처리하고 10원 단위의 금액은 절사하거나 100원 단위에서 반올림해야 하는 경우가 있습니다.

또한 택시요금처럼 특정 거리별 요금을 계산하기 위해 10원 단위가 아닌 특정 거리단위로 금액을 올림해야 할 경우도 있습니다. 이 역시 엑셀의 함수를 이용하여 간단히 해결할 수 있습니다.

ROUNDUP함수도 그런 함수 중의 하나입니다. ROUNDUP함수는 지정한 자릿수 이하의 값을 반올림을 하지 않고 무조건 1로 올려주는 함수입니다.

[그림 11-7]의 B4셀(①) 값은 23.5645입니다. 그리고 B5셀 값은 =ROUNDUP(B4, 3)의 결과값인 23.565에서 B9셀 값은 =ROUNDUP(B4, -1) 값이 30까지 올림할 자릿수에 따라 변화하는 결과값을 확인할 수 있습니다.

그림 11-7 ROUNDUP함수 예시

	A	B	C
1			
2			
3			
4		23.5645	①
5		23.565	*=ROUND(B4,3)*
6		23.56	*=ROUND(B4,2)*
7		23.6	*=ROUND(B4,1)*
8		24	*=ROUND(B4,0)*
9		20	*=ROUND(B4,-1)*

이렇게 수식과 엑셀의 주어진 기능만으로 훌륭한 계산기가 만들어진 셈입니다. 엑셀은 사용자들을 스마트하게 만들어 주는 이런 다양한 함수들을 갖추고 사용되기를 기다리고 있습니다.

/ 주요 용어정리 /

- **세금**: 국가나 지방자치단체가 일반국민으로부터 강제적으로 징수하는 금전 또는 재물
- **법인세**: 법인이 얻은 소득에 대하여 그 법인에게 부과되는 조세
- **소득세**: 자연인이 얻은 소득에 대하여 그에게 부과되는 조세
- **부가가치세**: 생산 및 유통의 각 단계에서 생성되는 부가가치에 대해 부과되는 조세
- **과세당국**: 납세지 관활세무서장 또는 지방국세청장
- **직접세**: 세금을 내야 하는 의무가 있는 사람(납세의무자)과 실제 세금을 납부하는 사람(담세자)이 동일한 세금
- **간접세**: 세금을 납부하는 사람과 실제로 부담하는 사람이 다른 세금
- **국세**: 국가가 부과하는 조세
- **지방세**: 지방세법에서 규정하는 제세
- **절세**: 세법이 인정하고 있는 바에 따라 세액의 감소 내지 경감을 도모하는 행위
- **탈세**: 법령을 위반하여 조세부담을 감소시키는 목적의 행위
- **가산세**: 성실한 납세 이행을 확보하기 위하여 세법에 따라 산출한 세액에 가산하여 징수하는 금액
- **조세회피**: 비정상적인 과정을 통하여 조세를 회피하는 행위
- **납부기한**: 세금을 내야 하는 기간
- **납세자보호담당관제도**: 세금을 억울하게 부과받았거나 세무조사과정에서 부당한 대우를 받은 사람을 보호하기 위한 담당관제도
- **과세전적부심사제도**: 납세자가 세무조사결과에 대한 통지를 받은 때에 지방자치단체의 장에게 통지된 내용에 따른 과세가 적법한지의 여부에 관한 심사를 청구할 수 있는 제도
- **권리구제제도**: 국민이 위법 또는 부당한 행정처분에 의하여 자신의 권리 또는 이익이 침해당하였을 경우 행정심판법 등에 의해 그 시정을 요구하여 구제받는 제도
- **종합과세**: 소득을 그 종류에 관계없이 일정한 기간을 단위로 합산하여 과세하는 방식
- **분류과세**: 소득을 그 종류별로 구분하여 각각 별도로 과세하는 방식
- **분리과세**: 기간별로 합산하지 않고 그 소득이 지급될 때 소득세를 원천징수함으로써 종결하

는 과세

- 원천징수: 소득을 지급하는 자가 그 지급받는 자의 조세를 징수하여 정부에 납부하는 제도
- 연말정산: 급여소득에서 원천징수한 세액의 과부족을 연말에 정산하는 일
- 증여세: 재산을 증여받은 자에 부과하는 조세
- 사업자등록: 부가가치세 납세의무자에 해당하는 사업자 및 그에 관계된 사업내용을 관할세무서의 대장에 수록하는 것
- 개인기업: 소요자본의 전부 또는 대부분을 한 개인이 출자하고, 그 자본운영에 관한 책임을 그 출자자가 전적으로 지는 기업
- 법인기업: 자연인 이외의 법률상 권리의무의 주체가 되는 자
- 벤처기업: 첨단의 신기술과 아이디어를 개발하여 사업에 도전하는 기술집약형 중소기업
- 취득세: 일정한 자산의 취득에 대하여 그 취득자에게 부과되는 조세
- 재산세: 토지, 건축물, 주택 등의 보유에 대하여 그 보유자에게 부과되는 조세
- 양도소득세: 재고자산 이외의 자산의 양도로 인한 자본이익에 대한 세금
- 종합부동산세: 부동산 보유 정도에 따라 조세의 부담비율을 달리하여 납세의 형평성을 제고한 국세

CHAPTER

12

재무제표의 신뢰성을 어떻게 확보할까?: 회계감사

CHAPTER 12

재무제표의 신뢰성을 어떻게 확보할까?: 회계감사

1 회계감사

1.1 회계감사는 왜 필요한가?

회계의 기본적인 목적은 회계정보이용자가 기업과 관련된 다양한 의사결정(예를 들면, 투자나 신용 의사결정 등)을 할 때 유용한 정보를 제공하는 것이다. 회계정보이용자는 회계정보에 편의(bias)가 존재하거나 왜곡된 정보를 제공받아 투자의사결정을 하게 되면 그로 인해 피해를 보게 된다. 그렇기 때문에 기업에서 작성된 재무보고서를 외부의 이용자가 안심하고 사용할 수 있게 하기 위해서는 기업과는 아무런 이해관계가 없는 독립적인 제3자가 재무제표에 대해서 확인을 한 후 믿을 만한지에 대해 전문가로서의 의견을 표시하는 절차가 있어야 한다. 그렇지 않으면 정보위험(information risk)이 발생한다. 정보위험이란 왜곡되거나 잘못된 정보에 근거하여 의사결정을 하였을 때 결과적으로 정보이용자가 피해를 보게 되는 위험을 말한다. 회계와 관련된 정보위험으로는 정보이용자에게 오류가 포함되거나 왜곡된 재무제표가 검증 없이 제공될 경우 발생할 수 있다.

이러한 정보위험을 줄이기 위한 수단으로는 정보이용자가 직접 정보를 검증하거나, 정보이용자와 정보제공자가 공동으로 정보위험을 분담하거나, 제공된 정보를 독립적인 제3자가 검증하는 방법 등을 생각해 볼 수 있다. 회계와 관련하여 첫째 방법은 국세청의 세무조사를 들 수 있고, 둘째 방법은 독립적이고 전문가로서의 자격을 갖춘 제3자인 공인회계사[1]에 의한 회계감사를 들 수 있다.

1.2 감사에는 어떤 것이 있나?

경영이나 회계처리가 관련 법률이나 규정에 따라 수행되고 있는지를 검증하는 것을 감사(audit)라고 하는데, 회계감사는 재무제표의 신뢰성을 제고하여 이해관계자가 부정확한 재무제표에 근거하여 잘못된 의사결정을 할 가능성, 즉 정보위험(information risk)을 감소시키는 장점이 있다.

감사(auditing)의 종류는 크게 감사를 실시하는 기본목적에 따라 재무제표감사(financial statement audit), 업무감사(operational audit), 이행감사(compliance audit) 및 포괄감사로 나눈다. 감사 주체에 따라 외부감사, 내부감사 및 상법상 감사(감사위원회)로도 구분된다.

1) 감사를 실시하는 기본목적에 따른 분류

▪ 재무제표감사

재무제표감사(financial statement audit)는 기업의 회계정보인 재무제표가 기업회계기준 등에서 정하는 절차에 따라 어느 이해관계자집단에게 치우침이 없이 공정하게 작성되었는지를 검증하는 것을 말한다. 일반적으로 회계감사라고 할 때에는 재무제표감사를 말하는 것이 대부분이다.

기업의 경영자는 기업의 주인인 주주의 이익을 최우선으로 하여 회사를 경영할 책임과 의무를 진다. 그러나 기업경영에 직접 참가하지 않는 일반주주들로서는 경영자가 자신들

1) 공인회계사(Certified Public Accountant: CPA)라는 말은 미국에서 시작되었다. 전문적인 회계사는 영국에서 시작되었는데 영국에서는 칙허회계사(Chartered Accountant: CA)라고 부른다. 19세기 미국의 은행은 돈을 빌려주기 위하여 대차대조표를 이용해서 신용을 판단하였다. 이를 알게 된 기업들이 대차대조표를 허위로 작성하는 수가 많아서 은행은 이를 확인하기 위한 전문회계사를 필요로 하였다. 처음에는 영국의 칙허회계사들이 미국으로 출장을 나가는 방법으로 회계감사를 맡았으나 그 수요가 커지게 되자 미국은 독자적으로 공인회계사제도를 갖추게 되었다. 이때 미국은 황실이 없기 때문에 칙허(Chartered)란 말 대신에 공인(Certified)이란 용어를 사용하였으며 그 이후 공인회계사라는 말이 널리 사용되고 있다.

의 이익을 위하여 성실히 업무수행을 하였는지 그리고 경영자의 책임하에 작성된 재무제표는 믿을 수 있는 것인지 여부를 직접 확인하기가 어렵다. 이에 전문적 지식을 가진 제3자(감사인)로 하여금 경영자의 책임하에 작성된 재무제표를 감사하여 그 재무제표의 신뢰성을 검증하려는 것이다.

재무제표의 신뢰성 검증에 대한 필요성은 주주에게만 있는 것이 아니다. 채권자들의 경우에는 자신의 신용의사결정을 위해 기업의 신뢰성 있는 재무제표정보가 필요하며, 증권관련 기관, 세무당국, 종업원 및 노조 등 기업과 관련된 모든 이해관계자들의 의사결정을 위해 재무제표정보의 신뢰성은 보장될 필요가 있다.

▪ 업무감사

어떤 조직의 경영활동이나 업무활동에 대하여 그 능률이나 효과를 평가할 목적으로 실시하는 감사를 업무감사(operational audit)라고 한다. 이 감사는 사전에 미리 설정한 조직의 목표가 효과적으로 수행되고 있는지 또는 인적·물자지원이 효율적으로 관리되고 있는지를 평가하려는 것이다.

업무감사는 조직의 장·단점을 파악하고 그에 따라 업무의 개선을 위한 권고사항을 확인하고 지도적 기능을 주로 하는 감사이다. 업무감사의 감사인은 반드시 독립적인 제3자일 필요는 없으며 조직의 내부업무를 잘 이해하는 자로 구성되는 것이 보통이다.

▪ 이행감사

어떤 조직이 정부나 상급기관에서 정하는 특별법, 절차, 의무규정 등을 제대로 준수하고 있는지를 결정할 목적으로 실시하는 감사를 이행감사(compliance audit)라고 하며, 이행감사는 기업, 비영리조직 및 정부기관의 감사에도 적용된다. 기업의 경우 세법과 근로기준법의 준수 여부를 감사하는 것을 그 예로 들 수 있고, 사립학교의 경우 사립학교법과 교육부의 지시사항이 제대로 이행되고 있는지 감사하는 것을 그 예로 들 수 있다.

이행감사의 정보이용자는 주로 상급기관, 조직 내의 상급자, 감독기관 및 정부이고 감사인은 외부감사인뿐만 아니라 내부감사인도 될 수 있다. 정부의 감사원은 업무감사와 회계감사도 수행하나 이행감사를 주로 하는 기관이다.

■ **포괄감사**

위의 세 가지 목적을 모두 포함하는 광의의 감사로서 포괄감사(comprehensive auditing)가 있다. 포괄감사는 정부조직 및 그 관련 기관과 행정법규 등에 의해 정부의 직접적인 통제를 받는 기관을 감사하는 정부기관감사에 주로 사용된다. 포괄감사는 첫째, 재무활동 및 규정준수에 대한 평가, 둘째 성과와 능률에 대한 평가, 셋째 특정 사업의 수행성과에 대한 평가로서 위에서 설명한 세 가지 감사목적을 달성하기 위해 실시하고 있다.

2) 감사 주체에 따른 분류

■ **외부감사**

외부감사(external audit)란 피감인과는 독립된 감사인이 감사를 시행하는 경우를 말한다. 주로 공인회계사와 같은 전문직업인이나 상급감독기관이 시행하게 되며, 이해관계가 없는 제3자가 감사를 실시하기 때문에 불편공정한 의견을 기대할 수 있다. 외부감사는 일반적으로 강제성을 띠는 경우가 많으며 외부감사인은 다수의 이해관계자집단을 조정하고 보호할 책임을 진다.

■ **내부감사**

내부감사(internal audit)란 조직 내부의 종업원이나 임원에 의하여 실시되는 감사를 말한다. 내부감사인은 업무감사를 실시하는 경우가 대부분이므로 일상적으로 내부감사와 업무감사를 동일한 뜻으로 쓰이기도 한다. 미국내부감사인협회(The Institute of Internal Auditors: IIA)는 기업 내의 경영층이 관리업무를 효율적으로 수행하는 데 도움을 주기 위해 내부통제의 적정성과 업무수행의 질을 평가하는 것을 내부감사라고 규정함으로써, 조직의 효율성과 업적평가, 즉 자문기능을 주내용으로 하는 업무감사의 성격을 강조하고 있다.

■ **상법상의 감사(감사위원회)**

「상법」에서 규정하고 있는 감사는 내부감사로서 업무감사 중심의 내부감사와는 그 성격이 매우 다르다. 상법상의 감사는 주주와 채권자의 이익을 보호하기 위하여 선임된 주식회사의 기관으로 경영자를 감시하는 기능을 수행하며, 이사회와 이사진의 업무집행을 감시하면서도 배당가능이익의 산정에 대한 정당성과 재산의 보전상태 등을 감사하는 것을 주목적으로 하고 있다. 상법상의 감사는 감사보고 이용자가 주주나 채권자이며 법정감사이다. 우리나라의 상법에는 자산총액 1,000억 원 이상인 상장법인의 경우 임기 3년의 상근감사를 두고, 자산 총액 2조 원 이상의 대형 상장법인이나 증권회사에 있어서는 감사위원회(auditing committee)를 두도록 규정하고 있다.[2)]

1.3 감사보고서와 감사의견의 종류

회계감사가 완료되면 감사과정에서 수집된 감사증거를 기초로 하여 합당한 감사의견을 감사보고서에서 표명한다. 감사의견은 반드시 충분하고도 적격한 감사증거에 의해 뒷받침되어야 하며, 주관적인 평가나 개인적 판단에 의해 영향을 받지 않아야 한다.

■ **감사보고서**

감사보고서는 감사결과의 최종산물로서 전문가적 의견표명으로 재무제표의 신뢰성을 제고시키고, 기타사항의 기술 등으로 감사인의 독자적 정보전달기능을 가지며, 감사업무 전반에 대한 책임소재의 최종 근거로 사용된다.

[그림 12-1]은 감사인에 의해 작성된 표준감사보고서를 예시하고 있다. 감사보고서는 회사의 경영자가 아닌 주주 및 이사회를 수신인으로 하여 작성된다. 표준감사보고서의 본문은 감사의견, 감사의견근거, 핵심감사사항, 재무제표에 대한 경영진과 지배기구의 책임, 재무제표감사에 대한 감사인의 책임, 업무수행이사의 이름으로 구성된다. 해당 사항이 있으면 계속기업, 강조사항과 기타사항이 추가된다.

2) 감사위원회는 회사의 업무감독과 회계감독권을 가지고 있는 이사회 내 위원회이다. 외부이사 또는 별도의 감사 3명의 감사위원회를 구성, 내부통제를 강화하기 위해 도입된 제도이다.

그림 12-1 **감사보고서**

독립된 감사인의 감사보고서

ABC주식회사의 주주 귀중

[재무제표에 대한 보고]

〈감사의견〉

우리는 ABC주식회사(이하 "회사")의 재무제표를 감사하였습니다. 해당 재무제표는 20×1년 12월 31일 현재의 재무상태표, 동일로 종료되는 보고기간의 손익계산서(또는 포괄손익계산서), 자본변동표, 현금흐름표 그리고 유의적인 회계정책의 요약을 포함한 재무제표의 주석으로 구성되어 있습니다.

우리의 의견으로는 별첨된 회사의 재무제표는 회사의 20×1년 12월 31일 현재의 재무상태와 동일로 종료되는 보고기간의 재무성과 및 현금흐름을 한국채택국제회계기준에 따라 중요성의 관점에서 공정하게 표시하고 [또는 "…현금흐름에 대하여 한국채택국제회계기준에 따라 진실하고 공정한 관점을 제시하고"] 있습니다.

〈감사의견 근거〉

우리는 감사기준에 따라 감사를 수행하였습니다. 이 기준에 따른 우리의 책임은 이 감사보고서의 재무제표감사에 대한 감사인의 책임 단락에 기술되어 있습니다. 우리는 재무제표감사와 관련된 대한민국의 윤리적 요구사항에 따라 회사로부터 독립적이며 그러한 요구사항에 따른 기타의 윤리적 책임들을 이행하였습니다. 우리가 입수한 감사증거가 감사의견을 위한 근거로서 충분하고 적합하다고 우리는 믿습니다.

〈강조사항〉

재무제표이용자는 재무제표에 대한 주석 X에 주의를 기울여야 할 필요가 있습니다. 재무제표에 대한 주석 X는 회사의 생산설비 화재의 영향을 기술하고 있습니다. 우리의 의견은 이 사항으로부터 영향을 받지 아니합니다.

〈핵심 감사사항〉

핵심 감사사항은 우리의 전문가적 판단에 따라 당기재무제표감사에서 가장 유의적인 감사사항들입니다. 해당 사항들은 전체재무제표감사의 관점에서 우리의 의견형성 시 다루어졌으며, 우리는 이런 사항에 대하여 별도의 의견을 제공하지는 않습니다.

〈기타사항〉

ABC주식회사의 20×0년 12월 31일로 종료된 보고기간의 재무제표는 타감사인이 감사하였으며 이 감사인의 20×1년 3월 31일자 감사보고서에는 해당 재무제표에 대하여 적정의견이 표명되었습니다.

〈재무제표에 대한 경영진과 지배기구의 책임〉

경영진은 한국채택국제회계기준에 따라 이 재무제표를 작성하고 공정하게 표시할 책임이 있으며, 부정이나 오류로 인한 중요한 왜곡표시가 없는 재무제표를 작성하는 데 필요하다고 결정한 내부통제에 대해서도 책임이 있습니다.

경영진은 재무제표를 작성할 때, 회사의 계속기업으로서의 존속능력을 평가하고 해당되는 경우 계속기업 관련 사항을 공시할 책임이 있습니다. 그리고 경영진이 기업을 청산하거나 영업을 중단할 의도가 없는 한 또는 그 외에는 다른 현실적인 대안이 없는 한, 회계의 계속기업전제의 사용에 대해서도 책임이 있습니다.

〈재무제표감사에 대한 감사인의 책임〉

우리의 목적은 재무제표에 전체적으로 부정이나 오류로 인한 중요한 왜곡표시가 없는지에 대하여 합리적인 확신을 얻어 우리의 의견이 포함된 감사보고서를 발행하는 데 있습니다. 합리적인 확신은 높은 수준의 확인을 의미하나 감사기준에 따라 수행된 감사가 항상 중요한 왜곡표시를 발견한다는 것을 보장하지는 않습니다. 왜곡표시는 부정이나 오류로부터 발생할 수 있으며 왜곡표시가 재무제표를 근거로 하는 이용자의 경제적 의사결정에 개별적으로 또는 집합적으로 영향을 미칠 것이 합리적으로 예상되면 그 왜곡표시는 중요하다고 간주됩니다.

[기타 법규의 요구사항에 대한 보고]

(감사보고서에서 이 단락의 형태와 내용을 해당 지역의 법규 및 감사기준에 규정된 감사인의 기타의 보고책임에 대한 성격에 따라 달라질 것임)

이 독립된 감사인의 감사보고서의 근거가 된 감사를 실시한 업무수행이사는 [이름]입니다.

[회계법인의 명칭이나 감사인 개인이름]

[감사인의 주소]

[감사보고서일]

'감사의견' 문단에는 감사를 실시한 결과 재무제표가 회계기준에 따라 공정하게 작성되었는지에 대한 감사인의 의견을 간략히 표명한다. 이어서 '감사의견근거'라는 제목의 문단을 포함해야 하며, 이 '감사의견근거' 문단에는 감사가 감사기준에 따라 수행되었다는 사실 등을 기재해야 한다.

만약 감사인이 재무제표에 대한 의견을 변형하는 경우, 감사의견의 변형을 초래하는 사항에 따라 감사의견 문단의 제목을 적합하게 수정해야 한다. 예를 들어, 한정의견의 경우 제목을 '한정의견'으로 변경한다. 또한 감사인이 감사의견을 변형하지는 않지만 정보이용자의 의사결정에 중요하리라고 판단되는 사항 등이 있을 때에는 그 내용을 '강조사항' 또는 '기타사항' 문단에 추가하여 기재한다. 예를 들어, 특수관계자와의 거래, 계속기업으로서의 존속 여부에 의문이 갈 수 있는 불확실한 사항, 재무상태표일 이후에 발생한 중요한 사항들이 포함된다.

'재무제표에 대한 경영진과 지배기구의 책임'과 '감사인의 책임' 문단에는 회사 경영자와 지배기구 및 감사인 각각의 책임내용을 정보이용자에게 알린다. 재무제표를 작성하고 공정하게 표시할 책임은 회사의 경영자에게 있으며, 감사인은 회계기준에 따라 재무제표가 작성되고 공정하게 표시되어 있는지를 감사하고 이에 대한 의견을 표명할 책임이 있음을 명시한다. 한편, 상장기업에 대한 감사보고서와 관련하여 감사인은 당기 재무제표감사에서 가장 유의적 감사사항을 '핵심감사사항'으로 기재해야 하며 업무수행이사의 이름을 공시해야 한다.

감사의견이란 기업이 제시하는 재무제표가 기업회계기준에 따라 적정하게 작성(fair presentation)되었는지에 대하여 독립적인 제3자인 공인회계가가 표명하는 의견이다. 즉 감사의견은 감사인으로 하여금 재무제표의 신뢰성에 대하여 전문가로서의 의견을 말한다. 감사의견의 종류에는 적정의견, 한정의견, 부적정의견, 의견거절이 있다.

■ 적정의견

적정의견(unqualified opinion)은 회사의 재무제표가 기업회계기준에서 정하는 바에 따라 적정하게 표시되어 있음을 나타내는 의견이다. 감사보고서상에서 적정의견이라는 의미는 기업의 경영성과나 재무상태가 적정하거나 양호하다는 의미가 아니다. 기업의 경영성과는 나쁘다고 할지라도 기업의 회계처리가 기업회계기준에 따라 사실대로 표현되어 있으면 그 재무제표는 적정하다는 의견이 표명되기 때문이다.

▪ 한정의견

한정의견(qualified opinion)은 어떤 특정 사실이나 특정 부분을 제외하고는 재무제표가 기업회계기준에 따라 적정하게 표시되어 있음을 나타내는 의견이다. 예를 들어, "회사의 회계변경 사실이 주석에 적절하게 표시되어 있지 않는 점을 제외하고는 적정하게 표시되어 있습니다"라고 의견이 표명되어 있으면 이것은 한정의견이다.

▪ 부적정의견

부적정의견(adverse opinion)은 회사의 재무제표가 기업회계기준에 위배되어 표시된 사항들이 특정 부문에 한정되지 않고 재무제표 전체가 기업회계기준에 따라 적정하게 표시되지 못하고 있음을 나타내는 의견이다. 예를 들어, 기업회계기준을 위배하여 당기순이익이 70%나 과대계상되어 있다면 손익계산서 자체가 전체적으로 무의미하므로 부적정의견이 표명된다.

▪ 의견거절

의견거절(disclaimer of opinion)은 감사인이 감사를 수행할 때 감사범위가 광범위하게 제한되어 감사의견을 형성하기에 충분할 정도로 감사증거를 수집하지 못하였거나, 독립성이 결여되었을 경우 나타내는 의견이다, 이때에는 감사보고서의 감사의견 문단에 "감사의견의 표명을 거절합니다"라는 것을 기술한다.

[표 12-1] 감사의견의 종류

감사의견	감사보고서 문구	의미
적정의견	적정	적정하게 표시되어 있습니다. 오류의 중요성이 경미함
한정의견	~을 제외하고는 적정	~을 제외하고는 적정하게 표시되어 있습니다. 오류의 중요성이 중요함
부적정의견	적정하지 않음	적정하게 표시되어 있지 않습니다. 오류의 중요성이 매우 중요함
의견거절	거절	감사의견의 표명을 거절합니다. 독립성결여 및 오류의 중요성이 매우 중요함

2 회계부정과 내부통제

2.1 회계부정

1997년 외환위기 이후 회계부정이니 분식회계니 부실감사라는 말들이 우리 사회에 널리 회자되기 시작하였으나 회계전문가들을 제외한 일반대중들에게는 다소 생소한 용어들이었다. 그러면 이들 용어의 진정한 의미는 무엇인가? 회계부정은 분식회계,[3] 회계조작, 꾸밈회계, 회계사기라고도 한다. 내부 경영진이나 관련 연관자들이 비정상적인 방법으로 자금을 운용하거나 매출액 과대계상, 지출액(비용) 축소계상, 자산가치 허위계상, 부채 축소계상 등의 다양한 방법으로 재무변화를 허위로 조작하여 재무제표를 비정상적인 금액으로 보고하는 행위를 말한다.

회계부정을 하는 이유는 자금조달의 동기, 경영자의 지위 보장 및 보상, 사회제도를 유리하게 이용하기 위한 목적 등 다음과 같이 다양하다.

3) 분식회계(window dressing)는 분칠회계, 회계조작, 장부조작 등의 의미로 사용되다가 최근에는 더욱 발전하여 회계정보이용자들을 고의적으로 속이는 회계부정(accounting fraud)까지를 포함하게 되었다. 즉 분식회계는 기업이 고의적으로 잘못된 재무제표를 작성하는 것으로서 기업회계기준을 위반하여 허위의 재무제표를 만드는 것을 말한다.

① 증권시장으로의 진입이나 퇴출(상장(IPO)폐지나 관리대상 회사가 되는 것 방지) 방지를 위해서이다.
② 금융기관으로부터의 대출조건 및 펀드, 은행 공모 등 추가 투자를 받기 위해서이다.
③ 창업자 혹은 주주가 회사를 비싸게 팔 목적으로 밸류에이션을 높게 하기 위해서이다.
④ 고위임원이 스톡옵션을 높은 가격에 팔기 위해서이다.
⑤ 세금을 적게 내기 위해서이다.
⑥ 노조와의 협상에서 유리한 조건을 달성하기 위해서이다.

회계부정의 목적을 달성하기 위해 기업은 다양한 방법을 동원할 수 있다. 대표적인 회계부정의 유형으로는 다음과 같은 것이 있다.

▪ 자산 및 수익의 과대계상

매출채권과 재고자산의 과대계상이 대표적이다. 존재하지 않는 매출채권과 재고자산을 장부에 계상하여 그만큼 이익을 증가시킨다. 재고자산방법을 선입선출법으로 처리하여 재고자산을 과대계상하거나, 실제로 없는 재고자산을 있는 것처럼 계상하는 방법이다. 실제로 매출하지 않았음에도 불구하고 매출한 것처럼 계상하는 경우라든지, 다음 회계연도의 매출분을 당기로 미리 계상하는 경우도 있다.

▪ 비용의 누락 혹은 과소계상

실제 발생한 비용을 누락하거나 회계추정이나 대체적 회계처리방법을 이용하여 감가상각비나 대손상각비 등의 비용을 과소계상하여 이익을 증가 시키는 경우가 대표적이다. 필요한 비용지출(예, 연구개발비)을 대폭 축소하여 비용이 절감된 것처럼 꾸미기도 한다.

▪ 부채의 누락 혹은 과소계상

부채를 누락하거나 과소계상하면, 이자비용 등의 비용도 과소계상되기 때문에 전형적인 회계부정이다. 또한 이익에는 영향을 미치지 않되 재무상태를 좋게 보이기 위해 부채를 누락시키는 경우도 있다. 리스 분류조건을 이용하여 금융리스를 마치 운용리스인 양 기록하여 관련 부채와 자산을 장부에 기록하지 않는 것이 대표적인 예이다.

■ 기타의 이익조정

회계처리방법이나 회계추정을 변경하여 이익을 증감시키는 경우도 있다. 감가상각내용연수의 조정, 재고자산이나 유형자산 평가방법의 변경, 금융자산 분류 및 평가방법의 변경 등으로 이익이 크게 영향을 받게 된다. 특수관계자와의 거래(예, 이전가격의 조정, 가공판매, 관계회사의 담보 제공 등)도 회계부정이다.

사실, 분식회계의 메커니즘은 매우 간단하다. 복잡하게 생각할 필요가 없다. [표 12-2]의 재무제표의 구조를 참고하여 설명하기로 한다. (주)은하수의 제1차 연도 재무제표가 [표 12-2]와 같다고 하자.

[표 12-2] (주)은하수의 재무제표

재무상태표

자산	1,000억	부채	700억
		자본금	200억
		이익잉여금	100억
	1,000억		1,000억

손익계산서

비용	1,900억	매출	2,000억
순이익	100억		
	2,000억		2,000억

[표 12-2]에서 우선 재무상태표를 보면 총자산이 1,000억 원이고 부채가 700억 원, 자본금이 200억 원이고 당기순이익이 100억 원이다. 제1차 연도의 당기순이익을 200억 원으로 분식회계를 하려면 자산을 100억 원을 과대계상하여 1,100억 원으로 조작하면 된다. 이것

은 회계등식(자산=부채+자본)에서 알 수 있다.

다음은 손익계산서의 당기순이익을 200억 원으로 조작하여야 한다. 그러기 위해서는 매출액을 2,100억 원으로 조작하거나 비용을 1,800억 원으로 조작해야 한다. 이것은 손익계산서등식(수익=비용+이익)에서 알 수 있다.

기업이 분식회계를 할 경우 일차적으로 자산을 과대계상하고 매출액을 과대계상하거나 비용을 과소계상하는 방법으로 회계조작을 한다. 그리고 제2차 연도에도 당기순이익을 200억 원 과대계상하려면 이와 같은 방법으로 분식회계를 행한다. 그러나 제3차 연도에 당기순이익을 300억 원 과대계상하려면 자산의 과대계상이나 매출액의 과대계상 내지 비용의 과소계상으로는 조작하기가 어려워진다.

그 이유는 첫째 제3차 연도에 걸쳐 600억 원의 이익을 조작하여 자산의 규모가 1,600억 원이 되었다는 것은 그동안에 특별한 투자가 없었기 때문에 거짓임이 들어날 것이다. 다음은 기업의 이해관계자들이 (주)은하수의 기업규모를 대체적으로 알고 있기 때문에 터무니없는 허위의 재무제표를 작성한다는 것은 금방 들통이 나기 때문이다.

이러한 경우 분식회계수단으로 동원할 수 있는 것은 부채를 줄이는 방법, 즉 부외부채를 형성하면서 매출액을 과대계상하거나 비용을 과소계상하는 것이다. 이처럼 부채 숨기기를 자행하여 이익을 조작하는 것은 마지막 수단이며 기업의 생명이 거의 끝이 난 상태라고 보면 된다. 회계부정이나 분식회계의 메커니즘은 회계등식이나 손익계산서등식을 이해하고 있으면 간단히 알 수 있다.

고의로 자산이나 이익 등을 부풀려 재무제표를 작성함으로써 회사의 실적을 실제보다 더 높게 보고하여 주가를 높이고, 금융기관으로부터의 자금조달을 용이하게 할 목적으로 분식회계를 하든, 탈세나 비자금의 유출, 임금인상의 회피 등을 위해 자산이나 이익을 과소계상(숫자를 되레 안 좋아 보이게 하는 것)하는 방식의 역분식회계를 하든 모두 회계부정이라는 면에서는 동일하며, 이는 기업의 이해관계자에게 제공되는 회계정보의 신뢰를 저해하는 중대한 일이다.

이에 정부에서는 국제적 수준의 회계 인프라 구축을 위해 회계전문 제정기구(한국회계기준원) 설립(1999년), 회계법인 품질관리 감리제도 도입(2007년), 국제회계기준(IFRS) 적용 의무화(2011년) 등 제도적 기반을 마련해 왔으며, 2020년에는 '주식회사의 외부감사에 관한 법률'을 전면 개정하여 제도적인 뒷받침을 계속하고 있다.

개정이유는 상장주식회사 중심의 회계투명성 제고과정에서 나타난 유한회사의 주식회사 상장기피 등 부작용을 방지하기 위하여 유한회사를 외부감사 규율대상에 포함하고, 감사인의 독립성과 책임성을 강화하고 감사업무의 품질을 높이기 위하여 회사의 외부감사인 선임절차 등을 개선하며, 회계법인의 품질관리에 관한 제도적 장치를 마련하는 한편, 회계감사기준 위반 등에 대한 행정조치를 정비하고, 회사의 회계 관련 내부통제를 강화하는 가운데, 감사의 독립성과 전문성을 확보할 수 있는 감사인 주기적 지정제를 도입하는 등 현행 제도의 운영과정에서 드러난 미비점을 개선·보완하려는 것이다.

그 밖에도 비영리법인 회계원칙 마련, 외부감사대상 요건에 매출액 기준 도입, 외부감사인 선임절차 개선, 회사의 재무제표 대리작성 요청 등 금지, 감사인 품질관리제도 확립, 회사 및 감사인에 대한 행정조치 정비 및 과징금 도입 등 회계투명성 제고를 위한 제도 개선에도 노력을 하고 있다.

정부의 노력과는 별개로 개별 기업의 입장에서는 이러한 회계부정 사례를 예방하기 위해서는 기업의 내부통제제도를 잘 구축하여 운영해야 한다.

2.2 내부통제

내부통제제도란 회사 경영자의 사업목적 달성을 지원하기 위하여 회사가 채택한 모든 정책과 절차를 말한다. 회사와 경영자는 제반 경영목표를 효과적으로 달성하기 위해 내부통제제도를 설계하여 운용한다. 내부통제제도는 기본적으로 다음의 네 가지 목적달성에 일차적인 관심을 갖는다.

① **경영정책의 준수를 포함한 업무의 효율적 수행**: 경영자는 회사의 여러 목적을 달성하기 위해 필요한 경영방침을 설정하고 일상적인 업무지침에 필요한 제반 규정을 제정한다. 이를 통하여 자원의 낭비와 업무의 중복 등을 억제하고 이러한 비능률이 사전에 조정되도록 내부통제제도가 효율적으로 운용되어야 한다.

② **자산의 보호:** 현금, 재고자산 및 유형자산 등과 같은 물리적 형태의 자산은 도난, 횡령 혹은 파손 등으로부터 보호되어야 하며, 매출채권, 대여금 및 기타 회계기록이나 증빙서류도 변조나 도난당하지 않도록 안전하게 보존되어야 한다.

③ **부정과 오류의 사전예방과 적시발견:** 내부통제제도는 회사의 업무와 관련하여 발생할 수 있는 모든 유형의 부정과 오류를 미리 예방하거나, 예방되지 못한 오류가 실제 발생했을 때 이를 적시에 발견할 수 있도록 설계·운용되어야 한다.

④ **회계기록의 적시성 및 신뢰성 유지:** 경영의사결정이나 일상적인 영업활동을 위해서 신뢰성 있는 자료가 적시에 제공되어야 한다.

내부통제가 부정과 오류를 사전에 예방하거나 발생 즉시 탐지하고, 회계기록의 정확성과 신뢰성을 유지하기 위해서는 다음과 같은 몇 가지 기본원칙을 지켜야 한다.

▪ 책임의 설정

주어진 일의 책임을 개별 종업원에게 부여해야 한다. 책임의 설정(establishment of responsibility) 없이는 누가 오류나 부정을 저질렀는지 알 수 없다.

▪ 업무의 분장

업무의 분장(segregation of duties)도 내부통제의 기본원칙이다. 이는 ① 관련된 업무는 서로 다른 사람에게 시켜야 하고, ② 특정 자산을 보관하고 관리하는 종업원에게는 해당 자산과 관련된 회계기록업무를 시키지 말아야 한다는 원칙이다. 관련된 업무를 분장시키지 않으면 오류나 부정의 발생가능성을 높이게 된다.

▪ 문서화

어떤 거래나 사건이 발생했을 때 이러한 사실을 문서화(documentation)하면 해당 거래나 사건에 대한 분명한 증거가 된다. 문서화를 할 때에는 중요한 문서에는 일련번호를 부여하면 동일한 거래를 기록할 때 빠뜨리거나 중복해서 기록할 가능성을 예방할 수 있다.

▪ 접근제한

특정자산에 접근을 제한하기 위해서는 물리적·기계적·전자적 통제장치가 사용된다. 예를 들어, 금고를 아무나 열지 못하게 잠가 놓거나, 창고문을 열쇠로 잠그거나, 경비원을 두거나, 특정 컴퓨터 프로그램이나 웹사이트에 들어가기 위해 ID와 비밀번호 또한 공인인증서를 입력하도록 하는 것이 좋은 예이다.

▪ 독립적 내부검증

독립적 검증(independent verification)도 내부통제의 중요한 원칙이다. 다른 사람이 한 일을 독립적인 제3자로 하여금 검토·확인시키는 절차이다.

▪ 기타의 원칙

이외에도 효율적인 내부통제를 위해 다음의 사항을 검토하는 것도 좋은 방법이다.

① 엄격한 예산통제절차를 갖춘다.

② 모든 거래는 승인된 절차에 따라서 정상적으로 집행되도록 한다.

③ 맡은 업무에 대하여 종업원을 교육시키고 내부통제의 중요성을 인식시킨다.

④ 종업원 간에 맡은 업무를 순환하여 담당하게 한다. 또한 강제휴가를 주어 그 기간 동안 다른 종업원으로 하여금 그 업무를 대신 수행하게 한다. 이 방법은 종업원의 부정이나 횡령 또는 오류를 예방할 수 있고, 사후에 다른 사람이 과거의 잘못을 발견할 기회를 제공한다.

/ 연 / 습 / 문 / 제 /

01. 회계감사의 필요성을 설명하시오.

02. 감사를 실시하는 기본목적에 따른 감사의 종류를 설명하시오.

03. 감사 주체에 따른 감사의 종류를 설명하시오.

04. 감사보고서란 무엇인지 설명하시오.

05. 감사의견의 종류를 설명하시오.

06. 회계부정이란 무엇인가?

07. 회계부정의 동기 및 유형을 설명하시오.

08. 회계부정을 줄이기 위한 정부의 노력은 무엇인가?

09. 내부통제제도란 무엇인가?

10. 내부통제제도의 기본원칙을 설명하시오.

읽을거리

분식회계 등 적발된 상장기업 비율 급증

지난해 분식회계 등으로 금융당국 검사에서 적발된 상장기업 비율이 높아진 것으로 나타났다. 금융감독원은 26일 지난해 상장법인 101곳을 표본으로 선정해 검사한 결과 재고자산이나 당기손익을 부풀리는 등 행위로 31건이 적발돼 30.7%의 지적 비율을 보였다고 밝혔다. 217개 기업을 표본 검사한 2010년과 비교하면 지적 건수는 7건 줄었지만 지적 비율은 13.2% 포인트 높아졌다.

지적 사항을 유형별로 보면 '자산 과대계상·대손충당금 과소계상 등을 통한 당기손익 과대계상'이 79건으로 가장 많았으며, 자산·부채 과대계상 3건, 주석 미기재 22건, 계정과목 분류 오류 등이 2건, 외부감사방해 등 회계기준 외의 관련 법규 위반사항 8건으로 나타났다.

금감원은 "상장폐지 회피, 횡령·배임 은폐 등을 위한 분식회계 수법이 갈수록 교묘해지고 있다"고 분석했다.

법인들은 대여금 등의 회수가능성을 증명하기 위해 허위의 계약서를 제출하거나 수익인식방법의 적정성을 확인할 수 있는 내부 생산보고서 등을 위조하기도 했고 과대평가된 외부평가보고서를 이용해 비상장주식을 고가로 취득한 것처럼 위장하기도 했다. 또 에스크로(조건부 제3자 예탁)계약을 가장해 결산일 현재 자금을 보유하고 있는 것처럼 처리하는 등 수법을 동원한 것으로 드러났다.

금감원은 회계부정의 가능성이 큰 기업에 중점적인 감리를 실시하고, 분식회계·부실감사에 대해 엄중 조치할 방침이다.

금감원은 국제회계기준(IFRS) 조기 정착을 위해 IFRS 재무사항 충실성 점검에 감리인력을 우선 투입하고 IFRS 해석 및 적용상 논란이 있는 항목 등 단순위반사항에 대해선 신속한 자진수정을 유도하는 등 계도 위주의 감독을 실시할 방침이다.

출처: 경향신문, 2011.1.26.
(https://www.khan.co.kr/economy/market-trend/article/201201261436271)

[분식회계의 窓] 상장폐지 확률 60%

241개 분식기업 중 146개 기업이 상장폐지
이름만 바꾸는 우회상장으로 연명하기도

분식회계의 끝은 암울했다. 상당수 상장기업들이 분식회계사실이 적발된 시점을 기준으로 길어야 5년 내에 상장이 폐지됐다. 2005년 이후 분식회계가 확인된 241개 상장기업 중 146개 기업이 상장폐지의 쓴맛을 봤다. 상장폐지될 확률은 무려 60.6%다.

일부는 감독당국에 적발되기도 전에 상장이 폐지됐고, 대부분은 감독당국에 적발된 뒤 1년 이내에 상장이 폐지됐다. 적발된 지 4~5년 후에 상장폐지를 맞은 기업도 우회상장 등으로 버틴 때문이지, 상대적으로 더 우량하거나 좋은 기업은 아니었다. 오히려 상장폐지까지 가지 않기 위해 회계를 덧칠하면서 화장의 두께는 더 두꺼워졌다. 거짓이 거짓을 부르는 분식회계의 악순환을 거치다 결국 상장폐지되기도 했다.

분식회계 많았던 업종서 상장폐지도 많아

분식회계 적발 기업이 가장 많았던 소프트웨어 개발 공급업체의 경우 상장폐지 기업의 숫자도 많았다. 2005년 이후 상장이 폐지된 소프트웨어 개발업체는 18개 기업으로 같은 기간 분식회계가 적발된 소프트웨어 개발업체 24곳 중 75%에 달했다.

어울림정보기술, 어울림엘시스, 골드카운티, 에스브이에이치, 하이스마텍, 코스모스피엘씨, 넷시큐어테크놀러지, 신지소프트, 한국통신데이타, 티에스엠홀딩스, 아이씨엠, 여리인터내셔널, 트라이콤, 에이트픽스, 조이토토, 이네트, 세종로봇, 벅스인터랙티브, 코어비트, 하이콤정보통신 등이 모두 상장폐지됐다.

서울상호저축은행, 에이치케이상호저축은행, 신민상호저축은행, 부산상호저축은행 등 상호저축은행 업종은 적발된 4곳 모두가 상장폐지돼 상장폐지율 100%를 보였고, 반도체 제조용 기계 제조업종에서는 유비프리시젼(아이팩토리) 한 곳을 제외한 유일엔시스, 이지에스, 단성일렉트론, 아이알디, 테스텍이 모두 상장폐지 수순을 밟았다.

간판 바꾸고 우회상장으로 버티기도

거래소의 상장폐지 실질심사단계까지 갔지만 겨우 상장폐지를 면한 사례도 많았다. 대한전

선도 상장폐지 실질심사에 올랐으나 계열사인 대한광통신과의 관계를 정리하면서 지난 7일 극적으로 상장유지 결정을 받은 사례다.

신일산업은 20여 일간 거래정지까지 갔다가 해제됐고, 성광은 자본잠식으로 상장폐지 위기에서 유상증자로 겨우 탈출했다. 연예인 배용준이 투자한 기업으로 유명했던 오토윈테크도 2006년 자본 전액잠식으로 퇴출위기에 처했지만 배용준과 소프트뱅크가 유상증자에 참여하면서 자본잠식에서 탈피했다. 오토윈테크는 키이스트로 이름을 바꿔 상장했으나 2007년에 과거 분식회계 사실이 또 불거지기도 했다.

서원아이앤비는 2006년 3월 감사의견 거절로 퇴출이 결정됐지만 법원에 상장폐지 가처분 소송을 제기하고 감사의견 적정을 받아내 퇴출을 모면했다. 피에스엠씨는 전 임직원 횡령문제로 2013년 상장폐지심사대상에 올랐으나 흑자전환으로 폐지를 면했고, 수성 역시 200억 원대 횡령사건이 발생해 상폐위기까지 갔었던 기업이다. 케이에스피, 스멕스, 씨오텍 등도 상장폐지심사까지 거쳤다 극적으로 살아난 기업들이다.

우회상장으로도 상장폐지를 막지 못한 경우도 있었다. 파로스이앤아이는 태창가족을 흡수합병하면서 태창파로스로 명칭변경해서 상장을 유지했지만 2015년에 다시 분식회계문제로 상장이 폐지됐다. 2012년 상장폐지 기로에서 극적으로 상장이 유지된 에어파크는 퍼시픽바이오로 이름을 바꾼 지금도 회계처리 등의 문제로 거래가 정지된 상황이다.

간판을 수없이 바꿔달았지만 결국 상장폐지된 사례도 있다. 올 초 상장폐지된 영진코퍼레이션은 2000년 제일기전으로 시작한 기업인데 이후 제일엔테크→세지→영진인프라→와이제이브릭스→영진코퍼레이션으로 6차례 사명을 변경하며 연명하다 상장폐지된 사례다.

유아이에너지의 상장폐지문제는 현재진행형이다. 2012년 9월에 상장폐지 통보를 받았지만 상장폐지 처분 취소소송을 제기해 재판이 진행 중이다. 1심은 유아이에너지의 손을 들었지만 2심은 거래소와 증권선물위원회의 결정이 옳다고 봤다. 아직 대법원의 판단이 남은 상황이다.

출처: 비즈니스워치, 2015.12.30. (http://news.bizwatch.co.kr/article/tax/2015/ 12/29/0041)

자산 1,000억 원 미만 상장사 회계감사 부담 완화된다

김병욱 더불어민주당 의원 외부감사법 개정안 대표발의
28일 국회 본회의 통과

자산총액 1,000억 원 미만 소규모 상장사의 회계감사 부담이 완화된다. 내년부터 소규모 상장사로 확대될 예정이었던 내부회계 관리제도 외부감사 의무화를 면제하는 법안이 국회를 통과한 데 따른 것이다.

29일 김병욱 더불어민주당 의원은 주식회사 등의 외부감사에 관한 법률(외부감사법) 일부 개정안이 지난 28일 국회 본회의를 통과했다고 밝혔다.

앞서 김 의원은 지난 4월 해당 법안을 발의했다. 현행 외부감사법은 2023년부터 내부회계 관리제도 운영실태에 대한 외부감사를 자산 1,000억 원 미만 소규모 회사를 포함한 모든 상장법인으로 확대하도록 규정하고 있다.

내부회계관리제도는 신뢰성 있는 회계정보 작성과 공시를 위해 회사가 갖추고 지켜야 할 내부통제장치다. 내부회계관리제도 감사보고서는 재무제표에 대한 감사보고서와는 별도로 작성돼 재무제표 감사보고서에 첨부된다.

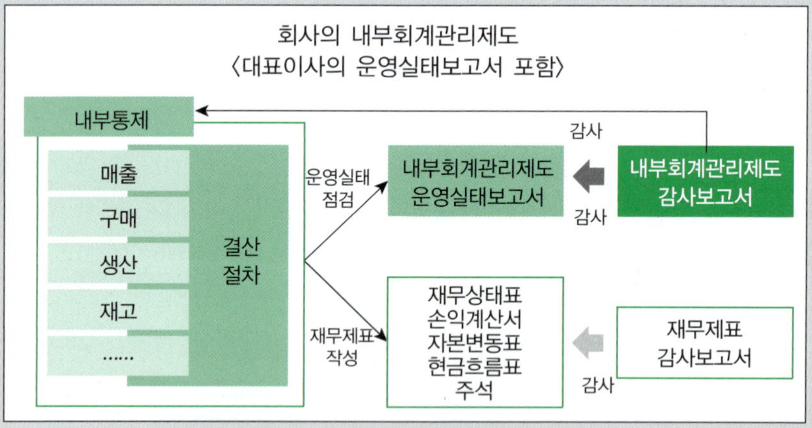

2017년 외부감사법이 개정되면서 상장법인에 대한 내부회계관리제도 감사가 의무화됐다. 다

만 사업연도기준 2019년에는 자산총액 2조 원 이상 상장법인부터 순차적으로 적용됐고, 전체 상장법인으로는 2023년부터 시행될 예정이었다.

이에 대해 경제계에서는 소규모 상장사에 대해 내부회계관리제도 감사를 의무화하는 것은 회계감사에 대한 부담을 가중시킬 수 있다는 의견이 제기됐다.

한국상장회사협의회와 코스닥협회는 "상장법인 회계투명성 제고를 위한 주기적 감사인지정제와 표준감사시간제 등이 시행 중으로 이미 기업들이 감당하고 있는 회계감사 관련 비용 부담이 상당하다"며 "소규모 법인에 대해서는 내부회계관리제도 감사를 면제할 필요가 있다"고 요구했다.

코스닥협회에 따르면 145개 코스닥 상장사 중 110개사(75.9%)가 내부회계관리제도 검증 강화에 부담을 매우 크게 느끼고 있다고 응답했다. 감사를 실시할 경우 3,000~5,000만 원의 비용이 추가로 발생한다는 조사결과도 나왔다.

미국에서도 2010년부터 시가총액 7,500만 달러 미만 상장사에 대해서는 내부회계관리제도 감사의무를 면제하고 있다.

김 의원은 "상장법인은 회계투명성 제고는 꼭 필요하지만 회계감사 부담이 과도하다는 지적도 있었다"며 "이번 법안이 중소기업에 대한 과도한 회계 부담을 해소해 민생경제 발전에 기여했으면 좋겠다"고 말했다.

출처: 한경, 오형주 기자, 2022.12.29. (https://www.hankyung.com/politics/article/202212299251i)

중형회계법인, 품질관리 인력 확보 '발등의 불'

품질 인력 강화안 시행 앞두고 너도나도 다급하게 구인공고
"성과에 치중, 품질관리는 뒷전 독립채산제 회계법인의 한계"

중형 회계법인들이 금융당국의 품질관리 인력 요건 강화 방안 시행을 앞두고 대규모로 관련 인력 채용에 나서고 있다. 하지만 중소형 회계법인에 관련 인력풀이 적은 데다 삼일, 삼정 등 대형 회계법인 인력들은 중형 법인으로의 이동을 꺼리고 있어 구인난을 겪고 있다. 당국의 요건을 충족하지 못하는 회계법인은 한 단계 낮은 군(群)으로 강등되면서 상장사 등을 감사하는 데 제약을 받을 것으로 예상된다.

회계법인 군별 감사가능한 상장사

회계법인군	감사가능 상장사
가군	자산 2조 원 이상
나군	자산 5,000억~2조 원 미만
다군	자산 1,000억~5,000억 원 미만
라군	자산 100억 원 미만

21일 한국공인회계사회에 따르면 이달 들어 등록회계법인 군 분류상 나·다군에 속하는 삼덕·한울·우리 등 중형 회계법인 10곳 안팎이 품질관리 인력 채용을 공고했다. 품질관리 인력은 회계감사 실무부서와 의견을 조율하면서 감사품질을 유지하고 관련 위험을 관리하는 업무를 담당한다.

중형 회계법인들이 일제히 채용에 나선 것은 강화된 품질관리 인력 요건의 유예기간 만료가 3개월 앞으로 다가왔기 때문이다. 제도가 시행되면 상장사나 대형 비상장사를 감사할 수 있는 등록회계법인 중 나군에 해당하는 중형 회계법인은 기본 품질관리업무 담당자 수의 140%, 다군은 120% 이상을 뽑아야 한다.

예컨대, 공인회계사가 300명인 일반 회계법인은 기본적으로 6명의 기본 품질관리업무 인력을 두면 되지만, 등록회계법인 나군이면 여기에 3명, 다군이면 2명 이상을 더 유지해야 한다. 등록회계법인 중 가군은 자산 2조 원 이상, 나군은 5,000억~2조 원 미만, 다군은 1,000억~,5000억 원 미만, 라군은 1,000억 원 미만의 상장사 또는 대형 비상장사를 감사할 수 있다.

하지만 채용은 쉽지 않다는 게 중형 회계법인들의 설명이다. 다군에 속하는 한 회계법인 대표는 "계속 품질관리 인력 공고를 하고 있지만 다른 회계법인들도 한꺼번에 뽑고 있어 쉽지 않다"고 말했다.

출처: 한경, 류병화 기자, 2022.12.21.
(https://www.hankyung.com/economy/article/2022122119491)

엑셀이야기 + 12장

분식회계는 회계장부를 조작하는 것입니다. 이미 만들어진 장부를 조작한다는 의미가 아니라 기업의 실체를 제대로 반영하지 않도록 회계를 조작하는 것입니다. 분식회계라는 말은 일본에서 왔습니다. 분식(粉飾)은 화장을 꾸민다는 뜻으로 회계 수치를 예쁘게 꾸민다는 의미입니다. 우리는 이를 그대로 받아들인 것입니다.

엑셀프로그램도 정보를 제대로 반영하여야 합니다. 그러기 위해서는 정보의 타입을 잘 이해하여야 합니다. 특히 숫자와 문자의 구분을 잘 인식하고 있어야 합니다.

❶ 문자정보

엑셀프로그램은 정보와 정부가 끊임없이 연결이 되어 이떤 입체직인 관계를 유시하고 있다는 것입니다. [그림 12-2] D4셀(①)에 들어있는 수식은 다음과 같습니다. *=B3 & "와" & B4 & "회계교양책은" & B5 & "입니다."*

그림 12-2 **문자정보 연결**

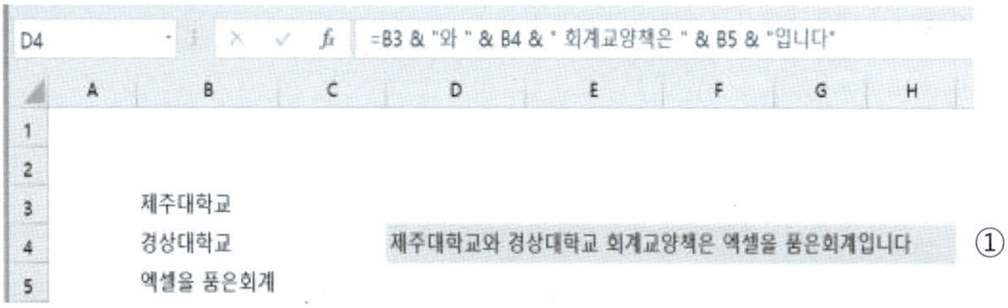

[그림 12-2]에서 보듯 엑셀프로그램은 숫자가 아닌 문자정보도 처리를 하여 줍니다. 즉 B3, B4, B5 셀에 있는 문자정보를 이용하여 D4셀에 있는 문장을 만든 것입니다.

이렇게 셀에 있는 값과 셀에 있는 값을 연결하여 문장을 만드는 것입니다. B3셀 값인 제주대학교를 "서울대학교"로 바꿔보세요. D4셀이 어떻게 바뀌는지 확인하실 수 있을 것입니다.

문자정보를 연결을 할 때는 "&"표시를 문장과 문장을 연결하는 부호로 사용을 합니다. 그리고 직접 " " 따옴표 안에 문자정보를 입력할 수 있습니다. [그림 12-2] D4셀(①)에 입력한 함수를 잘 관찰해 보시기 바랍니다.

❷ TODAY함수

정보에는 숫자정보와 문자정보가 있습니다.

다시 한번 정보를 연결하여 볼까요? [그림 12-3] B6셀(①)에 있은 수식은 = *'B3 & "과" & B4 & "의 결혼식은" &D4-***TODAY()** *& "일이 남았습니다"*'입니다.

결혼일자, 즉 D4셀(②)에 날짜를 적당히 넣어보세요. 결혼일자가 오늘날짜로부터 며칠이 남았는지 계산이 되는 것을 확인할 수 있을 것입니다.

수식에 **TODAY()** 라는 함수가 나오는데 적당한 셀에 '=TODAY()'라고 입력을 하고 엔터키를 눌러 보세요. 현재 날짜가 나타날 것입니다.

물론 여러분의 컴퓨터에 세팅된 날짜가 맞는 것이라면 정확한 날짜를 나타내지만 컴퓨터의 시간이 잘못되게 세팅되어 있다면 오늘 날짜가 아닌 다른 날짜가 나타납니다.

그림 12-3 **문자정보와 숫자정보 연결**

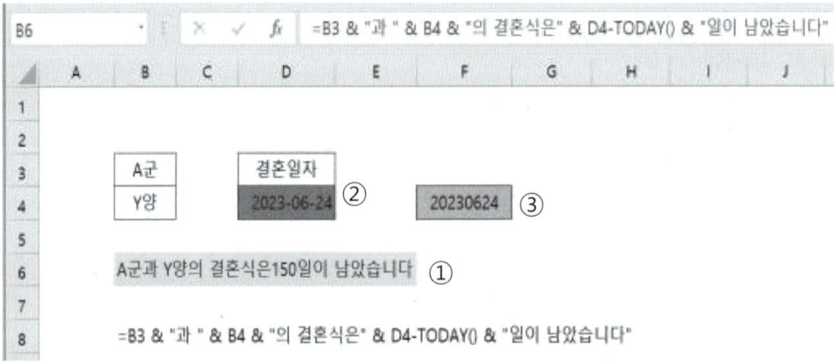

❸ DATE함수, LEFT함수, MID함수, RIGHT함수

그런데 엑셀프로그램에 대해 잘 모르는 누군가 2023년 06월 24일이라는 값으로 [그림 12-3] F4셀(③)과 같이 D4셀(②)에 날짜를 입력하였다면 어떻게 될까요?

여러분들이 해보면 알겠지만 원하는 값이 나타나지 않는다는 것을 알 것입니다. F4셀(③)과 같이 입력한 정보는 날짜로 인식이 되는 유효한 값이 아닙니다.

[그림 12-4] B2셀(①)을 참조하여 1을 더하면 하루가 증가되어야 합니다. 왜냐하면 날짜정보는 수식

에서 **계산**을 할 수 있어야 합니다.

물론 1을 더하니까 B5값처럼 2023년 06월 25일이 된 것이라고 반문할 수 있습니다. 그렇다면 60을 더하면 2개월 뒤 B8값이 20230823이 돼야 하는데 2023년 06월 84일이 됐습니다.

B2셀(①)에 있는 20230624값은 정상적인 날짜가 아닌 것입니다. [그림 12-4] B10셀(②) 값은 정상적인 날짜로 바꿔 보기 위해 날짜를 만드는 DATE함수와 문자열함수인 LEFT, MID, RIGHT함수를 이용해서 정상적인 날짜값을 만들었습니다.

문자열함수를 이용하여 만든 정상적인 날짜값인 B10셀(②)에 100을 더하면 B13처럼 원하는 값을 확인할 수 있습니다.

그림 12-4 올바른 날짜정보와 문자열함수들

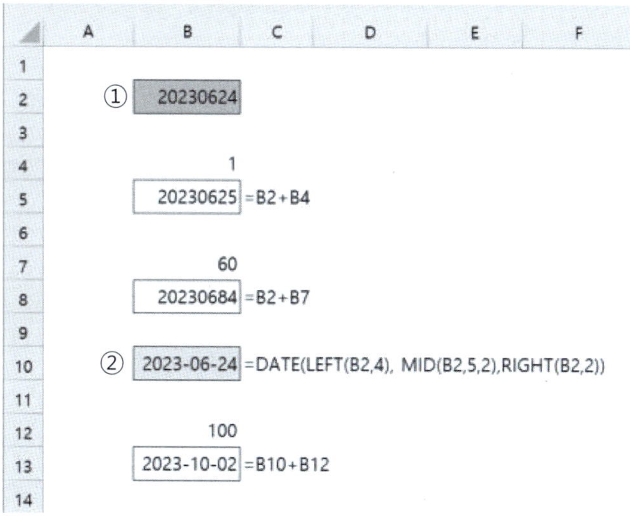

이래서 DATE함수와 문자열함수가 필요한 것입니다.

[그림 12-5]처럼 DATE함수는 =DATE(년도, 월, 일)로 구성이 됩니다.

LEFT함수는 텍스트가 있는 셀에서 왼쪽 문자 몇 개를 갖고 오는 함수입니다.

MID함수는 텍스트가 있는 셀에서 몇 번째 문자에서 문자 몇 개를 갖고 오는 함수입니다.

RIGHT함수는 텍스트가 있는 셀에서 오른쪽 문자 몇 개를 갖고 오는 함수입니다.

그림 12-5 LEFT함수, MID함수, RIGHT함수

	A	B	C	D	E	F	G
1							
2		20230624					
3							
4		년도값	2023	=LEFT(B2,4)			
5		월값	06	=MID(B2,5,2)			
6		일값	24	=RIGHT(B2,2)			
7							
8		날짜	2023-06-24	=DATE(LEFT(B2,4), MID(B2,5,2), RIGHT(B2,2))			
9							

웹이나 다른 곳에서 받은 파일에서 날짜값이 계산이 안 되는 정보라면 이렇게 함수로 분석하여 정상적인 날짜값을 만드는 것이 계산이나 분석에서 선행되어야 하는 작업입니다.

엑셀프로그램을 잘 활용한다고 하는 것은 널린 정보들을 잘 분석하고 가공하여 보기 좋고, 분석할 수 있는 정보로 재생산하는 것이라 생각해도 좋습니다.

이런 의미에서 텍스트함수들은 몇 개 되지는 않지만 없어서는 안 될 귀중한 함수들입니다.

/ 주요 용어정리 /

- **회계감사:** 회계담당자가 작성한 회계기록을 제3자가 검사하는 것
- **정보위험:** 왜곡된 재무제표를 이용할 경우 정보이용자가 처할 수 있는 위험
- **감사:** 사무나 업무의 집행 또는 재산의 상황 및 회계의 진실성을 검사하여 그 정당성 여부를 조사하는 일
- **재무제표감사:** 기업의 회계정보인 재무제표가 기업회계기준 등을 지키며 공정하게 작성되었는가를 검증하는 것
- **업무감사:** 조직의 경영활동이나 업무활동에 대해 그 능률이나 효과를 평가할 목적으로 실시하는 감사
- **이행감사:** 조직이 정부나 상급기관에서 정하는 법률, 절차, 규정 등을 제대로 준수하고 있는지를 결정할 목적으로 실시하는 감사
- **포괄감사:** 재무제표감사, 업무감사, 이행감사 모두를 포함하는 광의의 감사
- **외부감사:** 피감인과 독립된 감사인이 시행하는 감사
- **내부감사:** 조직 내부의 종업원 또는 임원에 의하여 실시되는 감사
- **상법상의 감사(감사위원회):** 주주와 채권자의 이익을 보호하기 위하여 선임된 주식회사의 기관
- **감사보고서:** 감사인이 실시한 감사의 결과를 기재한 문서
- **감사의견:** 회사의 재무제표가 재무상태와 경영성과를 정확하게 반영하고 있는지를 감사인이 객관적으로 감사하여 그 의견을 표시하는 것
- **적정의견:** 감사인이 회계감사기준을 지켜 감사한 결과 재무제표가 기업회계기준에서 위배사항 없이 적정하게 작성되었다고 판단하는 경우 표하는 의견
- **한정의견:** 어떤 특정 사실이나 특정 부분을 제외하고는 재무제표가 기업회계기준에 따라 적정하게 표시되었음을 나타내는 의견
- **부적정의견:** 감사인이 감사 시 기업회계기준에 위배되는 사항이 매우 중대해 재무제표 전체적으로 왜곡 표시되어 무의미하고 인정될 때 표명하는 의견

- **의견거절:** 감사인이 감사 수행에 있어 감사의견을 형성하기에 충분할 정도로 감사 증거를 수집하지 못하였거나, 독립성이 결여되었을 경우 나타내는 의견
- **내부통제:** 효율성을 촉진시키고 정책수행을 확신시켜 자산을 보호하고 부정이나 오류를 적발하기 위해 고안된 회계방법절차, 체계 등의 관리방식

| 부록 | 화폐의 시간가치표

1. 단일금액의 미래가치 $(1+i)^n$

i=이자율, n=기간 수

기간수 (n)	1%	2%	3%	4%	5%	6%	7%	8%	9%	10%
1	1.0100	1.0200	1.0300	1.0400	1.0500	1.0600	1.0700	1.0800	1.0900	1.1000
2	1.0201	1.0404	1.0609	1.0816	1.1025	1.1236	1.1449	1.1554	1.1881	1.2100
3	1.0303	1.0612	1.0927	1.1249	1.1576	1.1910	1.2250	1.2597	1.2950	1.3310
4	1.0406	1.0824	1.1255	1.1699	1.2155	1.2625	1.3108	1.3605	1.4116	1.4641
5	1.0510	1.1041	1.1593	1.2167	1.2763	1.3382	1.4026	1.4693	1.5386	1.6105
6	1.0615	1.1262	1.1941	1.2653	1.3401	1.4185	1.5007	1.5869	1.6771	1.7716
7	1.0721	1.1487	1.2299	1.3159	1.4071	1.5036	1.6058	1.7138	1.8280	1.9487
8	1.0829	1.1717	1.2668	1.3686	1.4775	1.5938	1.7182	1.8509	1.9926	2.1436
9	1.0937	1.1951	1.3048	1.4233	1.5513	1.6895	1.8385	1.9990	2.1719	2.3579
10	1.1046	1.2190	1.3439	1.4802	1.6289	1.7908	1.9672	2.1589	2.3674	2.5937
11	1.1157	1.2434	1.3842	1.5395	1.7103	1.8983	2.1049	2.3316	2.5804	2.8531
12	1.1268	1.2682	1.4258	1.6010	1.7959	2.0122	2.2522	2.5182	2.8127	3.1384
13	1.1381	1.2936	1.4685	1.6651	1.8856	2.1329	2.4098	2.7196	3.0658	3.4523
14	1.1495	1.3195	1.5126	1.7317	1.9799	2.2609	2.5785	2.9372	3.3417	3.7975
15	1.1610	1.3459	1.5580	1.8009	2.0789	2.3966	2.7590	3.1722	3.6425	4.1772
16	1.1726	1.3728	1.6047	1.8730	2.1829	2.5404	2.9522	3.4259	3.9703	4.5950
17	1.1843	1.4002	1.6528	1.9479	2.2920	2.6928	3.1588	3.7000	4.3276	5.0545
18	1.1961	1.4282	1.7024	2.0258	2.4066	2.8543	3.3799	3.9960	4.7171	5.5599
19	1.2081	1.4568	1.7535	2.1068	2.5270	3.0256	3.6165	4.3157	5.1417	6.1159
20	1.2202	1.4859	1.8061	2.1911	2.6533	3.2071	3.8697	4.6610	5.6044	6.7275
21	1.2324	1.5157	1.8603	2.2788	2.7860	3.3996	4.1406	5.0338	6.1088	7.4002
22	1.2447	1.5460	1.9161	2.3699	2.9253	3.6035	4.4304	5.4365	6.6586	8.1403
23	1.2572	1.5769	1.9736	2.4647	3.0715	3.8197	4.7405	5.8715	7.2579	8.9543
24	1.2697	1.6084	2.0328	2.5633	3.2251	4.0489	5.0724	6.3412	7.9111	9.8497
25	1.2824	1.6406	2.0938	2.6658	3.3864	4.2919	5.4274	6.8485	8.6231	10.835
26	1.2953	1.6734	2.1566	2.7725	3.5557	4.5494	5.8074	7.3964	9.3992	11.918
27	1.3082	1.7069	2.2213	2.8834	3.7335	4.8223	6.2139	7.9881	10.245	13.110
28	1.3213	1.7410	2.2879	2.9987	3.9201	5.1117	6.6488	8.6271	11.167	14.421
29	1.3345	1.7758	2.3566	3.1187	4.1161	5.4183	7.1143	9.3173	12.172	15.863
30	1.3478	1.8114	2.4273	3.2434	4.3219	5.7435	7.6123	10.063	13.268	17.449
31	1.4166	1.9999	2.8139	3.9461	5.5160	7.6861	10.676	14.785	20.414	28.102
32	1.4889	2.2080	3.2620	4.8010	7.0400	10.286	14.974	21.725	31.409	45.259
33	1.5648	2.4379	3.7816	5.8412	8.9850	13.765	21.002	31.920	48.327	72.891
34	1.6446	2.6916	4.3839	7.1067	11.467	18.420	29.457	46.902	74.358	117.39
35	1.8167	3.2810	5.8916	10.520	18.679	32.988	57.946	101.26	176.03	304.48

기간수 (n)	11%	12%	13%	14%	15%	16%	17%	18%	19%	20%
1	1.1100	1.1200	1.1300	1.1400	1.1500	1.1600	1 1700	1.1800	1.1900	1.2000
2	1.2321	1.2544	1.2769	1.2996	1.3225	1.3456	1,3689	1.3924	1.4161	1.4400
3	1.3676	1.4049	1.4429	1.4815	1.5209	1.5609	1.6016	1.6430	1.6852	1.7280
4	1.5180	1.5735	1.6305	1.6890	1.7490	1.8106	1.8439	1.9388	2.0053	2.0736
5	1.6851	1.7623	1.8424	1.9254	2.0114	2.1003	2.1924	2.2878	2.3864	2.4883
6	1.8704	1.9738	2.0820	2.1950	2.3131	2.4364	2.5652	2.6996	2.8398	2.9860
7	2.0762	2.2107	2.3526	2.5023	2.6600	2.8262	3.0012	3.1855	3.3793	3.5832
8	2.3045	2.4760	2.6584	2.8526	3.0590	3.2784	3.5005	3.7589	4.0214	4.2998
9	2.5580	2.7731	3.0040	3.2519	3.5179	3.8030	4.1084	4.4355	4.7854	5.1598
10	2.8394	3.1058	3.3946	3.7072	4.0456	4.4114	4.8068	5.2338	5.6947	6.1917
11	3.1518	3.4785	3.8359	4.2262	4.6524	5.1173	5.6240	6.1759	6.7767	7.4301
12	3.4985	3.8960	4.3345	4.8179	5.3503	5.9360	6.5801	7.2876	8.0642	8.9161
13	3.8833	4.3635	4.8980	5.4924	6.1528	6.8858	7.6987	8.5994	9.5964	10.699
14	4.3104	4.8871	5.5348	6.2613	7.0757	7.9875	9.0075	10.147	11.420	12,839
15	4.7846	5.4736	6.2543	7.1379	8.1371	9.2655	10.539	11.974	13.589	15.407
16	5.3109	6.1304	7.0673	8.1372	9.3576	10.748	12.330	14.129	16.172	18.488
17	5.8951	6.8660	7.9861	9.2765	10.761	12.468	14.427	16.672	19.244	22.186
18	6.5436	7.6900	9.0243	10.575	12.375	14.463	16.879	19.673	22.901	26.623
19	7,2633	8.6128	10.197	12.056	14.232	16.777	19.748	23.214	27.252	31.948
20	8.0623	9.6463	11.523	13.743	16.367	19.461	23.106	27.393	32.429	38.338
21	8.9492	10.804	13.021	15.668	18.822	22.574	27.034	32.324	38.591	46.005
22	9.9336	12.100	14.714	17.861	21.645	26.186	31.629	38.142	45.923	55.206
23	11.026	13.522	16.626	20.362	24.891	30.376	37.006	45.008	54.648	66.247
24	12.239	15.179	18.788	23.212	28.625	35.236	43.297	53.109	65.032	79.497
25	13.586	17.000	21.231	26.462	32.919	40.874	50.658	62.669	77.388	95.396
26	15.080	19.040	23.991	30.167	37.857	47.414	59.270	73.949	92.092	114.48
27	16.738	21.325	27.109	34.390	34.535	55.000	69.345	87.260	109.56	137.37
28	18.580	23.884	30.634	39.204	50.066	63.800	81.134	102.97	130.41	164.84
29	20.624	26.750	34.617	44.693	57.575	74.009	94.927	121.50	155.19	197.81
30	22.892	29.960	39.116	50.950	66.212	85.850	111.06	143.37	184.67	237.38
31	38.575	52.800	72.068	98.100	133.18	180.31	243.56	327.99	440.70	590.67
32	65.001	93.051	132.78	188.88	267.86	378.72	533.86	750.38	1051.6	1469.8
33	109.53	163.99	244.64	363.68	538.77	795.44	1170.5	1716.7	2509.6	3657.3
34	184.56	289.00	450.74	700.23	1083.7	1670.7	2566.2	3927.4	5988.9	9100.4
35	524.06	897.60	1530.1	2595.9	4384.0	7370.2	12335.	20555.	34105.	56348.

2. 단일금액의 현재가치 $\frac{1}{(1+i)^n}$

i=이자율, n=기간 수

기간수 (n)	1%	2%	3%	4%	5%	6%	7%	8%	9%	10%
1	.9901	.9804	.9709	.9615	.9524	.9434	.9346	.9259	.9174	.9091
2	.9803	.9612	.9426	.9246	.9070	.8900	.8734	.8573	.8417	.8264
3	.9706	.9423	.9151	.8890	.8638	.8396	.8163	.7938	.7722	.7513
4	.9610	.9238	.8885	.8548	.8227	.7921	.7629	.7350	.7084	.6830
5	.9515	.9057	.8626	.8219	.7835	.7473	.7130	.6806	.6499	.6209
6	.9420	.8880	.8375	.7903	.7462	.7050	.6663	.6302	.5963	.5645
7	.9327	.8706	.8131	.7599	.7107	.6651	.6227	.5835	.5470	.5132
8	.9235	.8535	.7894	.7307	.6768	.6274	.5820	.5403	.5019	.4665
9	.9143	.8368	.7664	.7026	.6446	.5919	.5439	.5002	.4604	.4241
10	.9053	.8203	.7441	.6756	.6139	.5584	.5083	.4632	.4224	.3855
11	.8963	.8043	.7224	.6496	.5847	.5268	.4751	.4289	.3875	.3505
12	.8874	.7885	.7014	.6246	.5568	.4970	.4440	.3971	.3555	.3186
13	.8787	.7730	.6810	.6006	.5303	.4688	.4150	.3677	.3262	.2897
14	.8700	.7579	.6611	.5775	.5051	.4423	.3878	.3405	.2992	.2633
15	.8613	.7430	.6419	.5553	.4810	.4173	.3624	.3152	.2745	.2394
16	.8528	.7284	.6232	.5339	.4581	.3936	.3387	.2919	.2519	.2176
17	.8444	.7142	.6052	.5134	.4363	.3714	.3166	.2703	.2311	.1978
18	.8360	.7002	.5874	.4936	.4155	.3503	.2959	.2502	.2120	.1799
19	.8277	.6864	.5703	.4746	.3957	.3305	.2765	.2317	.1945	.1635
20	.8195	.6730	.5537	.4564	.3769	.3118	.2584	.2145	.1784	.1486
21	.8114	.6598	.5375	.4388	.3589	.2942	.2415	.1987	.1637	.1351
22	.8034	.6468	.5219	.4220	.3418	.2775	.2257	.1839	.1502	.1228
23	.7954	.6324	.5067	.4057	.3256	.2618	.2109	.1703	.1378	.1117
24	.7876	.6217	.4919	.3901	.3101	.2470	.1971	.1577	.1264	.1015
25	.7798	.6095	.4776	.3751	.2953	.2330	.1842	.1460	.1160	.0923
26	.7720	.5976	.4637	.3604	.2812	.2198	.1722	.1352	.1064	.0839
27	.7644	.5859	.4502	.3468	.2678	.2074	.1609	.1252	.0976	.0763
28	.7568	.5744	.4371	.3335	.2551	.1956	.1504	.1159	.0895	.0693
29	.7493	.5631	.4243	.3207	.2429	.1846	.1406	.1073	.0822	.0630
30	.7419	.5521	.4120	.3083	.2314	.1741	.1314	.0994	.0754	.0573
35	.7059	.5000	.3554	.2534	.1813	.1301	.0937	.0676	.0490	.0356
40	.6717	.4529	.3066	.2083	.1420	.0972	.0668	.0460	.0318	.0221
45	.6391	.4102	.2644	.1712	.1113	.0727	.0476	.0313	.0207	.0137
50	.6080	.3715	.2281	.1407	.0872	.0543	.0339	.0213	.0134	.0085
60	.5504	.3048	.1697	.0951	.0535	.0303	.0173	.0099	.0057	.0033

기간수 (n)	11%	12%	13%	14%	15%	16%	17%	18%	19%	20%
1	.9009	.8929	.8850	.8772	.8696	.8621	.8547	.8475	.8403	.8333
2	.8116	.7972	.7831	.7695	.7561	.7432	.7305	.7182	.7062	.6944
3	.7312	.7118	.6931	.6750	.6575	.6407	.6244	.6086	.5934	.5787
4	.6587	.6355	.6133	.5921	.5718	.5523	.5337	.5158	.4987	.4323
5	.5935	.5674	.5428	.5194	.4972	.4761	.4561	.4371	.4190	.4019
6	.5346	.5066	.4803	.4556	.4323	.4104	.3898	.3704	.3521	.3349
7	.4817	.4523	.4251	.3996	.3759	.3538	.3332	.3139	.2959	.2791
8	.4339	.4039	.3762	.3506	.3269	.3050	.2848	.2660	.2487	.2326
9	.3909	.3606	.3329	.3075	.2843	.2630	.2434	.2255	.2090	.1938
10	.3522	.3220	.2946	.2697	.2472	.2267	.2080	.1911	.1756	.1615
11	.3173	.2875	.2607	.2366	.2149	.1954	.1773	.1619	.1476	.1346
12	.2858	.2567	.2307	.2076	.1869	.1685	.1520	.1372	.1240	.1122
13	.2575	.2292	.2042	.1821	.1625	.1452	.1299	.1163	.1042	.0935
14	.2320	.2046	.1807	.1597	.1413	.1252	.1110	.0985	.0876	.0779
15	.2090	.1827	.1599	.1401	.1229	.1079	.0949	.0835	.0736	.0649
16	.1883	.1631	.1415	.1229	.1069	.0930	.0811	.0708	.0618	.0541
17	.1696	.1456	.1252	.1073	.0929	.0802	.0693	.0600	.0520	.0451
18	.1523	.1300	.1103	.0946	.0803	.0691	.0592	.0508	.0437	.0376
19	.1377	.1161	.0981	.0829	.0703	.0596	.0506	.0431	.0367	.0313
20	.1240	.1037	.0863	.0723	.0611	.0514	.0433	.0365	.0303	.0261
21	.1117	.0926	.0768	.0633	.0633	.0443	.0370	.0309	.0259	.0217
22	.1007	.0326	.0680	.0560	.0560	.0382	.0316	.0262	.0218	.0181
23	.0907	.0738	.0601	.0491	.0491	.0329	.0270	.0222	.0183	.0151
24	.0817	.0659	.0532	.0431	.0431	.0284	.0231	.0188	.0154	.0126
25	.0736	.0588	.0471	.0378	.0378	.0245	.0197	.0160	.0129	.0105
26	.0663	.0525	.0417	.0331	.0264	.0211	.0169	.0135	.0109	.0087
27	.0597	.0469	.0369	.0291	.0230	.0182	.0144	.0115	.0091	.0073
28	.0538	.0419	.0325	.0255	.0200	.0157	.0123	.0097	.0077	.0061
29	.0485	.0374	.0289	.0224	.0174	.0135	.0105	.0082	.0064	.0051
30	.0437	.0334	.0256	.0196	.0151	.0116	.0090	.0070	.0054	.0042
35	.0259	.0189	.0139	.0102	.0075	.0055	.0041	.0030	.0023	.0017
40	.0154	.0187	.0075	.0053	.0037	.0026	.0019	.0013	.0010	.0007
45	.0091	.0061	.0041	.0027	.0019	.0013	.0009	.0006	.0004	.0003
50	.0054	.0035	.0022	.0014	.0009	.0006	.0004	.0003	.0002	.0001
60	.0019	.0011	.0007	.0004	.0002	.0001	.00008	.00005	.00003	.00002

3. 연금의 미래가치 $\dfrac{(1+i)^n-1}{i}$

i=이자율, n=기간 수

기간수 (n)	1%	2%	3%	4%	5%	6%	7%	8%	9%	10%
1	1.0000	1.0000	1.0000	1.0000	1.0000	1.0000	1.0000	1.0000	1.0000	1.0000
2	2.0100	2.0200	2.0300	2.0400	2.0500	2.0600	2.0700	2.0800	2.0900	2.1000
3	3.0301	3.0604	3.0909	3.1216	3.0525	3.1836	3.2149	3.2464	3.2781	3.3100
4	4.0604	4.1216	4.1836	4.2465	4.3101	4.3746	4.4399	4.5061	4.5731	4.6410
5	5.1010	5.2040	5.3091	5.4163	5.5256	5.6371	5.7507	5.8666	5.9847	6.1051
6	6.1520	6.3081	6.4684	6.6330	6.8019	6.9753	7.1533	7.3359	7.5233	7.7156
7	7.2135	7.4343	7.6625	7.8983	8.1420	8.3938	8.6540	8.9228	9.2004	9.4872
8	8.2857	8.5830	8.8932	9.2142	9.5491	9.8975	10.260	10.637	11.028	11.436
9	9.3685	9.7546	10.159	10.583	11.027	11.491	11.978	12.488	13.021	13.570
10	10.462	10.950	11.464	12.006	12.578	13.181	13.816	14.487	15.193	15.937
11	11.567	12.169	12.808	13.486	14.207	14.972	15.784	16.645	17.560	18.531
12	12.683	13.412	14.192	15.026	15.917	16.870	17.888	18.977	20.141	21.384
13	13.809	14.680	15.618	16.627	17.713	18.882	20.141	21.495	22.953	24.523
14	14.947	15.974	17.086	18.292	19.599	21.015	22.550	24.215	26.019	27.975
15	16.097	17.293	18.599	20.024	21.579	23.276	25.129	27.152	29.361	31.772
16	17.258	18.639	20.157	21.825	23.657	25.673	27.888	30.324	33.003	35.950
17	18.430	20.012	21.762	23.698	25.840	28.213	30.840	33.750	36.974	40.545
18	19.615	21.412	23.414	25.645	28.132	30.906	33.999	37.450	41.301	45.599
19	20.811	22.841	25.117	27.671	30.539	33.760	37.379	41.446	46.018	51.159
20	22.019	24.297	26.870	29.778	33.066	36.786	40.995	45.762	51.160	57.275
21	23.239	25.783	28.676	31.969	35.719	39.993	44.865	50.423	56.765	64.002
22	24.472	27.299	30.537	34.248	38.505	43.392	49.006	55.457	62.873	71.403
23	25.716	28.845	32.453	36.618	41.430	46.996	53.436	60.893	69.532	79.543
24	26.973	30.422	34.426	39.083	44.502	50.816	58.177	66.765	76.790	88.497
25	28.243	32.030	36.459	41.646	47.727	54.865	63.249	73.106	84.701	98.347
26	29.526	33.671	38.553	44.312	51.113	59.156	68.676	79.954	93.324	109.18
27	30.821	35.344	40.710	47.084	54.669	63.706	74.484	87.351	102.72	121.10
28	32.129	37.051	42.931	49.968	58.403	68.528	80.698	95.339	112.97	134.21
29	33.450	38.792	45.219	52.966	62.323	73.640	87.347	103.97	124.14	148.63
30	34.785	40.568	47.575	56.085	66.439	79.058	94.461	113.28	136.31	164.49
31	41.660	49.994	60.462	73.652	90.320	111.43	138.24	172.32	215.71	271.02
32	48.886	60.402	75.401	95.026	120.80	154.76	199.64	259.06	337.88	442.59
33	56.481	71.893	92.720	121.03	159.70	212.74	285.75	386.51	525.86	718.90
34	64.463	84.579	112.80	152.67	209.35	290.34	406.53	573.77	815.08	1163.9
35	81.670	114.05	163.05	237.99	353.58	533.13	813.52	1253.2	1944.8	3034.8

기간수 (n)	11%	12%	13%	14%	15%	16%	17%	18%	19%	20%
1	1.0000	1.0000	1.0000	1.0000	1.0000	1.0000	1.0000	1.0000	1.0000	1.0000
2	2.1100	2.1200	2.1300	2.1400	2.1500	2.1600	2.1700	2.1800	2.1900	2.2000
3	3.3421	3.3744	3.4069	3.4396	3.4725	3.5056	3.5389	3.5724	3.6061	3.6400
4	4.7097	4.7793	4.8498	4.9211	4.9934	5.0665	5.1405	5.2154	5.2913	5.3580
5	6.2278	6.3528	6.4803	6.6101	6.7424	6.8771	7.0144	7.1542	7.2966	7.4416
6	7.9130	8.1152	8.3230	8.5355	8.7537	8.9775	9.2068	9.4420	9.6830	9.9299
7	9.7830	10.089	10.405	10.730	11.067	11.414	11.772	12.142	12.523	12.916
8	11.859	12.300	12.757	13.233	13.727	14.240	14.773	15.327	15.902	16.499
9	14.163	14.776	15.416	16.085	16.786	17.519	18.285	19.086	19.923	20.799
10	16.722	17.549	18.419	19.337	20.304	21.321	22.393	23.521	24.709	25.959
11	19.561	20.655	21.814	23.045	24.349	25.733	27.199	28.755	30.404	32.150
12	22.713	24.133	25.650	27.271	29.002	30.850	32.823	34.931	37.180	39.581
13	26.211	28.029	29.984	32.089	34.352	36.786	39.404	42.218	45.244	48.497
14	30.095	32.393	34.883	37.581	40.505	43.672	47.103	50.818	54.841	58.196
15	34.405	37.280	40.418	43.842	47.580	51.660	56.110	60.965	56.261	72.035
16	39.199	42.753	46.672	50.980	55.717	60.925	66.649	72.939	79.850	87.442
17	44.501	48.884	53.739	59.118	65.075	71.673	78.979	87.068	96.022	105.93
18	50.396	55.750	61.725	68.394	75.836	84.141	93.406	103.74	115.26	128.12
19	56.939	63.440	70.749	78.969	80.212	98.603	110.29	123.41	138.16	154.74
20	64.203	72.052	80.947	91.025	102.44	115.38	130.03	146.63	155.42	186.69
21	72.265	81.699	92.469	104.77	118.81	134.84	153.14	174.02	197.85	225.03
22	81.214	92.503	105.49	120.44	137.63	157.41	180.17	206.34	236.44	271.03
23	91.148	104.60	120.20	138.30	159.28	183.60	211.80	244.49	282.36	326.24
24	102.17	118.16	136.83	158.66	184.17	213.98	248.81	289.49	337.01	392.48
25	114.41	133.33	155.62	181.87	212.79	249.21	292.21	324.60	402.04	471.98
26	127.99	150.33	176.85	208.33	245.71	290.09	342.76	405.27	497.43	567.38
27	143.08	169.37	200.84	238.50	283.57	337.50	402.03	479.22	571.52	681.85
28	159.82	190.70	227.95	272.89	327.10	392.50	471.38	566.48	681.11	819.22
29	178.39	214.58	258.58	312.09	377.17	456.30	552.51	659.45	811.52	984.07
30	199.02	241.33	293.19	356.79	434.75	530.31	647.44	790.95	966.71	1181.9
31	341.59	431.66	546.68	693.57	881.17	1120.7	1426.4	1816.7	2314.2	2948.3
32	581.83	767.09	1013.7	1342.0	1779.1	2360.8	3134.5	4163.2	5529.8	7343.9
33	986.64	1358.3	1874.2	2590.6	3585.1	4965.3	6879.2	9531.6	13203.	18281.
34	1668.7	2400.0	3459.5	4994.5	7217.7	10436.	15089.	21813.	31515.	45497.
35	4755.1	7471.6	11762.	18535.	29220.	46057.	72555.	114189	179494	281737

4. 연금의 현재가치 $\frac{1-(1+i)^{-n}}{i}$

i=이자율, n=기간 수

기간수 (n)	1%	2%	3%	4%	5%	6%	7%	8%	9%	10%
1	0.9901	0.9804	0.9616	.09615	0.9524	0.9434	0.9346	0.9259	0.9174	0.9091
2	1.9704	1.9416	1.9165	1.8861	1.8594	1.8334	1.8080	1.7833	1.7591	1.7355
3	2.9410	2.8839	2.8286	2.7751	2.7232	2.6730	2.6243	2.5771	2.5313	2.4868
4	3.9020	3.8077	3.7171	3.6299	3.5460	3.4651	3.3872	3.3121	3.2397	3.1699
5	4.8534	4.7135	4.5797	4.4518	4.3295	4.2124	4.1002	3.9927	3.8897	3.7908
6	5.7955	5.6014	5.4172	5.2421	5.0757	4.9173	4.7665	4.6229	4.4859	4.3553
7	6.7282	6.4720	6.2303	6.0021	5.7864	5.5824	5.3893	5.2064	5.0330	4.8684
8	7.6517	7.3255	7.0197	6.7327	6.4632	6.2098	5.9713	5.7466	5.5348	5.3349
9	8.5660	8.1622	7.7861	7.4353	7.1078	6.8017	6.5152	6.2469	5.9952	5.7590
10	9.4713	8.9826	8.5302	8.1109	7.7217	7.3601	7.0236	6.7101	6.4177	6.1446
11	10.368	9.7868	9.2526	8.7605	8.3064	7.8869	7.4987	7.1390	6.8052	6.4951
12	11.255	10.575	9.9540	9.3851	8.8633	8.3838	7.9427	7.5361	7.1607	6.8137
13	12.134	11.348	10.635	9.9856	9.3936	8.8527	8.3577	7.9038	7.4869	7.1034
14	13.004	12.106	11.296	10.563	9.8986	9.2950	8.7455	8.2442	7.7862	7.3667
15	13.865	12.849	11.938	11.118	10.380	9.7122	9.1079	8.5595	8.0607	7.6061
16	14.718	13.578	12.561	11.652	10.838	10.106	9.4466	8.8514	8.3136	7.8237
17	15.562	14.292	13.166	21.166	11.274	10.477	9.7632	9.1216	8.5436	8.0216
18	16.398	14.992	13.756	12.659	11.690	10.828	10.059	9.3719	8.7556	8.2014
19	17.226	15.679	14.324	13.134	12.085	11.158	10.336	9.6036	8.9501	8.3649
20	18.046	16.351	14.877	13.590	12.462	11.470	10.594	9.8181	9.1285	8.5136
21	18.857	17.011	15.415	14.029	12.821	11.764	10.835	10.017	9.2922	8.6487
22	19.660	17.658	15.937	14.451	13.613	12.042	11.061	10.201	9.4424	8.7715
23	20.456	18.292	16.444	14.857	13.489	12.303	11.272	10.371	9.5802	8.8832
24	21.243	18.914	16.935	15.247	13.799	12.550	11.469	10.529	9.7066	8.9847
25	22.023	19.524	17.413	15.622	14.094	12.783	11.654	10.675	9.8266	9.0770
26	22.795	20.121	17.877	15.983	14.375	13.003	11.826	10.810	9.9290	9.1609
27	23.560	20.707	18.327	16.330	14.643	13.210	11.987	10.935	10.027	9.2372
28	24.316	21.281	18.764	16.663	14.898	13.406	12.137	11.051	10.116	9.3066
29	25.066	21.844	19.188	16.984	15.141	13.591	12.278	11.158	10.198	9.3696
30	25.808	22.397	19.600	17.292	15.373	13.765	12.409	11.258	10.274	9.4269
35	29.409	24.999	21.487	18.665	16.374	14.498	12.948	11.655	10.567	9.6442
40	32.835	27.356	23.115	19.793	17.159	15.046	13.332	11.925	10.757	9.7791
45	36.095	29.490	24.519	20.720	17.774	15.456	13.605	12.108	10.881	9.8628
50	39.196	31.424	25.730	21.482	18.256	15.762	13.801	12.233	10.962	9.9148
60	44.955	34.761	27.676	22.623	18.929	16.161	14.039	12.376	11.048	9.9671

기간수 (n)	11%	12%	13%	14%	15%	16%	17%	18%	19%	20%
1	0.9009	0.8929	0.8850	0.8722	0.8696	0.8621	0.8547	0.8475	0.8403	0.8333
2	1.7125	1.6901	1.6681	1.6467	1.6257	1.6052	1.5852	1.5656	1.5465	1.5278
3	2.4437	2.4018	2.3612	2.3216	2.2832	2.2459	2.2096	2.1743	2.1399	2.1065
4	3.1024	3.0373	2.9745	2.9137	2.8550	2.7982	2.7432	2.6901	2.6386	2.5887
5	3.6959	3.6048	3.5172	3.4331	3.3522	3.2743	3.1993	3.1272	3.0576	2.9906
6	4.2305	4.1114	3.9975	3.8887	3.7845	3.6847	3.5892	3.4976	3.4098	3.3255
7	4.7122	4.5638	4.4226	4.2883	4.1604	4.0386	3.9224	3.8115	3.7057	3.6046
8	5.1461	4.9676	4.7988	4.6389	4.4873	4.3436	4.2072	4.0776	3.9544	3.8372
9	5.5370	5.3282	5.1317	4.9464	4.7716	4.6065	4.4506	4.3030	4.1633	4.0310
10	5.8892	5.6502.	5.4262	5.2161	5.0188	4.8332	4.6586	4.4941	4.3389	4.1925
11	6.2065	5.9377	5.6869	5.4527	5.2337	5.0286	4.8364	4.6560	4.4865	4.3271
12	6.4924	6.1944	5.9176	5.6603	5.4206	5.1971	4.9884	4.7932	4.6105	4.4392
13	6.7499	6.4235	6.1218	5.8424	5.5831	5.3423	5.1183	4.9095	4.7147	4.5327
14	6.9819	6.6282	6.3025	6.0021	5.7245	5.4675	5.2293	5.0081	4.8023	4.6106
15	7.1909	6.8109	6.4624	6.1422	5.8474	5.5755	5.3242	5.0916	4.8759	4.6755
16	7.3792	6.9740	6.6039	6.2651	5.9542	5.6685	5.4053	5.1624	4.9377	4.7296
17	7.5488	7.1196	6.7291	6.3729	6.0472	5.7487	5.4746	5.2223	4.9897	4.7746
18	7.7016	7.2497	6.8399	6.4674	6.1280	5.8718	5.5339	5.2732	5.0333	4.8122
19	7.8393	7.3658	6.9380	6.5504	6.1982	5.8775	5.5845	5.3162	5.0700	4.8435
20	7.9633	7.4694	7.0248	6.6231	6.2593	5.9288	5.6278	5.3527	5.1009	4.8696
21	8.0751	7.5620	7.1015	6.6870	6.3125	5.9731	5.6648	5.3837	5.1263	4.8913
22	8.1757	7.6446	7.1695	6.7429	6.3587	6.0113	5.6964	5.4099	5.1486	4.9094
23	8.2664	7.7184	7.2297	6.7921	6.3988	6.0442	5.7234	5.4321	5.1668	4.9245
24	8.3481	7.7843	7.2829	6.8351	6.4338	0.0726	6.7465	5.4509	5.1822	4.9371
25	8.4217	7.8431	7.3300	6.8729	6.4641	6.0971	5.7662	5.4669	5.1951	4.9476
26	8.4881	7.8957	7.3717	6.9061	6.4906	6.1182	5.7831	5.4804	5.2060	4.9563
27	8.5478	7.9426	7.4086	6.9352	6.5135	6.1364	5.7975	5.4919	5.2151	4.9636
28	8.6016	7.9844	7.4412	6.9607	6.5335	6.1520	5.8099	5.5016	5.2223	4.9697
29	8.6501	8.0218	7.4701	6.9830	6.5509	6.1656	5.8204	5.5093	5.2292	4.9747
30	8.6938	8.0522	7.4957	7.0027	6.5660	6.1772	5.8294	5.5168	5.2347	4.9789
35	8.8552	8.1755	7.5856	7.0700	6.6166	6.2153	5.8582	5.5386	5.2512	4.9915
40	8.9511	8.2433	7.6344	7.1050	6.6418	6.2335	5.8713	5.5482	5.2582	4.9966
45	9.0079	8.2825	7.6609	7.1232	6.6543	6.2421	5.8773	5.5523	5.2611	4.9986
50	9.0417	8.3045	7.6572	7.1327	6.6605	6.2463	5.8801	5.5541	5.2623	4.9995
60	9.0736	8.3240	7.6873	7.1401	6.6651	6.2491	5.8819	5.5553	5.2630	4.9999

찾아보기

[엑셀 이야기]

| 저자 소개 |

유순미

경리에서 공인회계사를 거쳐 대학교수로 재직하고 있는 머리부터 발끝까지 뼛속 깊이 회계인이다. 오랜 수험생활로 학생들의 눈높이를 이해하여 한 단계 한 단계 쉽고 체계적으로 회계를 전파하고, 회계가 일상생활에서 쓸모 있음을 널리 알리기를 무던히 노력하는 선생이다. 대학강의에서 공인회계사 10년의 실무경험을 녹아내고 있으며 특히 취업을 앞둔 비전공 학생들과 회계초보자들이 반드시 알아야 할 회계 및 세무의 기본기를 쉽고 재미있게 가르치고 있다. 실무에서 이미 회계는 수작업이 아닌 전산프로그램을 이용하고 있으므로 회계와 엑셀을 접목하여 초보자들이 실무에 가까운 회계기초에 접근할 수 있도록 본 교재에서 노력하였다. 대외적으로는 회계감사와 세무자문 경험 등을 토대로 기업 및 공공기관 등에 자문위원 등으로도 활발히 활동하고 있다.

정순여

대학 진학 바로 직전에 우연히 본 플래카드 덕에 회계학을 전공하기로 마음먹었다. 대학원 재학시절 전국에 있는 제조기업 현장방문을 하며 운명적으로 관리자의 의사결정을 돕는 관리회계와 만났다. 원래 실용적인 학문이지만, 회계학이 쉬우면서도 실용적이고, 특히 각종 의사결정에 유용하다는 것을 알리는 교육활동을 열심히 하고 있다. 이 과정에서 다양한 교수법을 적용하고 실패하고 다시 새로운 교수법을 적용하면서 회계가 이론뿐만 아니라 실무와 긴밀히 연계되어 있음을 알려주기 위해 엑셀과 회계를 접목한 책을 쓰게 되었다. 대외적으로는 영리기업뿐만 아니라, 공공기관이나 지역커뮤니티에서 각종 의사결정자문을 하며 회계의 쓸모를 알리는 활동을 하고 있다.

양인하

일상적인 업무 이외에도, 엑셀을 이용해 여러 가지 문제를 해결하며 삶의 많은 영역에서 활용할 수 있다는 것을 깨달아 많은 사람들에게 엑셀의 기초적인 사용법을 알리고자 하는 정보시스템과 회계전공자다. 회사에서 엑셀을 이용해 업무 프로세스를 최적화하는 방안을 제안하고, 자동화하는 작업을 수행했다. 일상생활에서는 개인 여행 경비를 관리하고 분석하고, 가계부를 만들어 보다 더 효율적이고 스마트한 선택을 할 수 있는 솔루션을 만들어 왔다. 어떤 문제가 주어지더라도 엑셀을 통해 효율적이고 직관적인 해결책을 찾고, 엑셀을 좋아하는 사람들과 함께, 더 많은 분들이 엑셀의 매력을 느끼며 더욱 효율적으로 일을 처리할 수 있도록 돕는 파워 엑셀러로 활동하고 있다.

EXCEL 품은 회계기초

2023년 3월 10일 1판 1쇄 인쇄
2023년 3월 15일 1판 1쇄 발행

저　자 | 유순미 · 정순여 · 양인하
발행인 | 이수영
발행처 | 도서출판 청람
서울시 마포구 독막로 288(대흥동, 세양상가 109호)
전　화 | 02)3272-2601~2
팩　스 | 02)3272-2603
E-mail | crbooks@daum.net
홈페이지 | http://www.crbooks.co.kr
등　록 | 2000년 8월 26일 제6-0509호

ISBN 978-89-5972-952-4 93320　　[정가 29,000원]